Medien Kunst Interaktion

Media Art Interaction

Rudolf Frieling_Dieter Daniels

Medien Kunst Interaktion

Die 80er und 90er Jahre in Deutschland

Media Art Interaction

The 1980s and 1990s in Germany

Goethe-Institut

ZKM | Zentrum für Kunst und Medientechnologie Karlsruhe

SpringerWienNewYork

Inhalt

Contents

Vorwort

Der große Erfolg der 1997 veröffentlichten CD-ROM und Buchpublikation „Medien Kunst Aktion" im Verbund mit einem Programmpaket, das unter dem Titel „Medien Kunst Aktuell: Video, CD-ROM und Internetprojekte aus Deutschland" drei Jahre lang weltweit auf Tournee ging, hat uns trotz angespannter Etats keinen Moment zögern lassen, den angekündigten zweiten Band zur Vervollständigung des historischen Rückblicks folgen zu lassen. Für das Goethe-Institut verbindet sich mit der vorliegenden Publikation auch ein nachdrückliches Bekenntnis zur Förderung der (kunst)historischen Reflexion. Daß ein Verständnis medialer Produktion den Einsatz multimedialer Produktionsmittel nahelegt, hat schon die erste Publikation eindrücklich unter Beweis gestellt. Ein derart umfangreiches Unternehmen, das erstmals eine kunstgeschichtliche Rezeption vieler Werke und Projekte aus dem Bereich der Medienkunst im Zusammenhang ermöglicht, wird in den Rezensionen des ersten Bandes zurecht als Standardwerk gepriesen. Der Fokus auf nun insgesamt 40 Jahre Produktion in Deutschland macht deutlich, daß Deutschland ein herausragender Standort künstlerischer medialer Produktion war und weiterhin ist, was nicht zuletzt die fruchtbare Zusammenarbeit von ZKM und Goethe-Institut belegt.

Für das Gelingen dieser Koproduktion danken wir einerseits Dr. Norbert Spitz und Regina Wyrwoll, die auf Seiten des Goethe-Instituts die Publikation mit allem Einsatz gefördert haben, andererseits auf Seiten des ZKM Rudolf Frieling (Projektleitung) und Prof. Dr. Dieter Daniels (HGB Leipzig), die im Team für die kuratorische Auswahl der Werke und Texte verantwortlich zeichnen. Für ihre wesentliche Mitarbeit an der Gesamtkonzeption der CD-ROM und der Realisation danken wir Sybille Weber (Redaktion und Koordination) und Christian Ziegler (Design und Programmierung). Schließlich gilt dem Springer-Verlag Wien New York und besonders den Künstlern unser aufrichtiger Dank für die bereitwillige Kooperation.

Wir hoffen, daß mit diesem Panorama von über 200 künstlerischen Positionen ein ebenso lehrreicher wie faszinierender Grundstein gelegt ist für die weitere Auseinandersetzung mit dem Spannungsfeld „Medien Kunst Interaktion".

Dr. Joachim Sartorius
Generalsekretär, Goethe-Institut, München

Prof. Peter Weibel
Vorstand, Zentrum für Kunst und Medientechnologie Karlsruhe

Foreword

In view of the considerable success of 'Media Art Action', the CD-ROM and book that in conjunction with a presentation entitled 'Current Media Art: Video, CD-ROM and Internet projects from Germany' for three years toured the world after its publication in 1997, we did not hesitate, despite budgetary constraints, to go ahead with the compilation of the promised second volume to complete the historical survey. For the Goethe Institute, the current publication also represents an emphatic commitment to promoting reflection about (art) history. The first publication was impressive proof that media production can best be understood if conveyed through the means of multimedia resources. An enterprise on this extensive scale, which for the first time made it possible to address many works and projects from the field of media art in terms of art history, was rightly acclaimed as a standard work in the reviews of the first volume. Focusing on what is now 40 years of production in Germany, it becomes clear that Germany was, and remains, an outstanding location for media art; this is confirmed not least by the fruitful co-operation between the Center for Art and Media (ZKM) and the Goethe Institute.

We would like to thank Dr. Norbert Spitz and Regina Wyrwoll, who have energetically promoted the publication for the Goethe Institute, for the success of this co-production, and on the ZKM side Rudolf Frieling (project direction) and Prof. Dieter Daniels (HGB Leipzig), who jointly made the curatorial selection of the works and texts. We thank Sybille Weber (editing and co-ordination) and Christian Ziegler (design and programming) for their essential work on the overall concept of the CD-ROM. Finally we offer our sincere thanks especially to the artists and to Springer-Verlag Wien New York for their ready co-operation.

We hope that this panorama of more than 200 artistic stances will serve as a foundation stone that is as instructive as it is fascinating for further work on the field of tension composed by 'Media Art Interaction'.

Dr. Joachim Sartorius
General Secretary, Goethe Institute, Munich

Prof. Peter Weibel
Chairman, Center for Art and Media, Karlsruhe

Medien Kunst Interaktion

Eine konzeptionelle Einführung

„Medien Kunst Aktion“ (1960–1980) setzen wir fort mit „Medien Kunst Interaktion“ (1980–1999).[1] Der damit vorliegende Überblick zu vier Jahrzehnten zeigt weder in der Kunst- noch der Mediengeschichte nur einen linearen Fortschritt. Vielmehr prägen zyklisch wiederkehrende Motive und Utopien ebenso wie erneut aufbrechende Gegensätze und Antithesen das Bild. Die Erweiterung kultureller Grenzen durch Aktionismus oder Intermedia der 60er Jahre findet ihren Reflex in Interaktivität und Interneteuphorie der 90er Jahre. Der anfänglichen politischen Radikalisierung und De-Materialisierung steht die postmoderne Enttäuschung der 80er Jahre mit ihrer Rückkehr zu konventionellen Kunstformen gegenüber. Der Flucht aus den Museen folgt der Museumsboom, der nach den „neuen Wilden“ auch die Medienkunst erfaßt. Dagegen werden die autonomen Videoutopien der frühen 80er Jahre ebenso wie die Netzutopien der frühen 90er Jahre von der Rasanz der industriellen Kommerzialisierung des Medium überholt. Die kulturellen Folgen der 68er-Bewegung lassen sich, zumindest in Ostdeutschland, in mancher Hinsicht denen der Wende von 1989 vergleichen. Durch sie rücken auch deutsch-deutsche Parallelen in den Blick, wie die der „genialen Dilettanten“ im Westen zu Underground-Performance und Super-8-Film in der DDR. Die wechselseitige Abhängigkeit von kultureller und medientechnischer Entwicklung zeigt die Transformation einer linearen Medienästhetik, charakterisiert durch Video als Träger für Clips und Kunst, hin zu einer offenen, nicht-linearen, multimedialen und netzwerkartigen Kunst und Technokultur der 90er Jahre. Aus diesem Wechselspiel von Erneuerung und Wiederkehr einerseits sowie Differenzen und Heterogenität andererseits ergibt sich, daß die zwei Bände und CD-ROMs als Ganzes zu verstehen sind.

Die Vermittlung von Medienkunst wird im Kunstkontext meist gerade durch ihre technischen Spezifika erschwert. Die (kunsthistorischen) Akzeptanzprozesse dauern in den „schnelleren“ Medien oft länger. Einige frühe Arbeiten der 60er wurden erst in den 80er Jahren zu Klassikern, aus den letzten zwei Jahrzehnten gibt es hingegen viel (wieder) zu entdecken. Nach der repräsentativen Auswahl von Künstlern für Band 1 dokumentiert die „randvolle“ CD-ROM des zweiten Bandes deshalb durch ein breites Panorama mit Werken von über 200 Künstlern die explodierende Vielfalt der künstlerischen Positionen. Unser Ziel war es, sowohl historisch relevanten Positionen gerecht zu werden, als auch die Bandbreite der künstlerischen Praxis in und mit den Medien im Spannungsfeld von Fernsehen, Film, Bildender und Darstellender Kunst deutlich werden zu lassen. Wo immer uns Mischformen, Interventionen und Interferenzen auffielen, haben wir versucht, diesem Aspekt besonders Rechnung zu tragen. Dies schließt auch punktuelle Verweise auf parallele Kontexte wie den Experimentalfilm, die Klanginstallation oder die medialen Strategien politischer Aktivisten in ausgewählten Beispielen mit ein.

Im Gegensatz zur Verlangsamung der kulturellen Akzeptanzprozesse durch Medien folgt aus der beschleunigten technischen Entwicklung eine ebenso rasante Historisierung der Kunst, die sich dieser Mittel bedient. Während aus den 60er Jahren oft nur spärliche mediale Relikte vorlagen, stellt gerade die Datenmenge mancher Werke und Installationen eine auf der CD-ROM kaum noch erfaßbare Komplexität dar. Die bereits im Verschwinden begriffenen Anfänge der „Netzkunst" verdeutlichen hingegen die Vorteile einer interaktiven „CD-Konserve". Wir haben daher angestrebt, einige Internetprojekte wenigstens auschnittsweise interaktiv als Offline-Option auf der CD-ROM anzubieten, nicht zuletzt auch für die nicht vernetzten Kunstinteressierten.

Die Gestaltung und Konzeption der CD-ROM dient vor allem der Kontextualisierung der Werke. Dynamische Navigationsbänder erschließen das multimediale Material. Neben einer formalen Kategorie und der chronologischen Anordnung stellt eine dritte Option assoziative, subjektive Querverbindungen anhand von 37 Schlagworten von „Apparat" bis „Überwachung" her. Der Index schließlich dient dem gezielten, enzyklopädischen Zugriff. Die Lektüre originaler Künstlertexte im Buch ermöglicht einen weiteren Perspektivwechsel, auch in bezug auf den rauschenden Diskurs der medientheoretischen Debatten. Der entsprechend der Vielfalt breit angelegte Reader mit Reprints und Auszügen aus verstreuten, oft schwer zugänglichen Quellen sowie zusammenfassenden Texten der Herausgeber läßt neben dem „Zeitgeist" die Schwerpunkte, Parallelen, Differenzen und Konkurrenzen all der künstlerischen Praktiken und Haltungen deutlich werden, die an eine technologische Entwicklung gekoppelt sind und die gerade in ihrem Zeitbezug die Interferenz von wechselnden Kunsttendenzen und medialer Innovation erkennen lassen.

„Medien Kunst Interaktion" liefert darüberhinaus dic Basis für cinc aktuellc Fortsetzung von Dokumentation und Diskurs im Internet. Auf dem Server des Goethe-Instituts finden sich Links zu den Internetprojekten, Homepages der Künstler, Institutionen wie auch das Feedback der Leser/Nutzer.[2] Neben einer ständigen Aktualisierung und Erweiterung der Information ist das nächste Ziel, eine neue Plattform für den Diskurs über Medienkunst im Netz zu schaffen, um die Vernetzung zwischen Künstlern, Zentren und Hochschulen im kommenden Jahrzehnt auch international produktiv zu machen.

Rudolf Frieling, Dieter Daniels
ZKM Karlsruhe, HGB Leipzig

1 Rudolf Frieling/Dieter Daniels, „Medien Kunst Aktion – Die 60er und 70er Jahre in Deutschland", Goethe-Institut/Zentrum für Kunst und Medientechnologie Karlsruhe (Hrsg.), Springer-Verlag Wien, New York 1997; Verweise in den Texten auf die jeweilige CD-ROM: (MKA) = „Medien Kunst Aktion" – (MKI) = „Medien Kunst Interaktion".

2 http://www.goethe.de/medienkunstnetz

Media Art Interaction

A Conceptual Introduction

'Media Art Interaction' (1980–1999) is the sequel to 'Media Art Action' (1960–1980)[1]. The four-decade survey provided by the two volumes shows that the progress of art and media history has not been linear, but marked by the key features of recurring motifs and utopias as well as disagreements and antitheses. The extension of cultural boundaries by the action and intermedia art of the '60s finds its pendant in the interactivity and Internet euphoria of the '90s. The postmodern disillusionment that marked the '80s along with the return to conventional art-forms sharply contrasts with the radical politics and dematerialization that made the pioneering era distinctive. The voluntary exile of media artists from the museums gave way to a boom in museum exhibitions that began with the Neo-Expressionist painters and later extended to media art. The autonomous video utopias of the early '80s and the Net visions of the early '90s were subsequently overtaken by the breakneck pace of the medium's commercialization. The cultural consequences of the '68 movement can in many ways be compared with the aftermath, in East Germany at least, of the fall of the Berlin Wall in 1989. These changes also draw attention to parallels in the two Germanies, like that between the 'geniale Dilletanten' ('brilliant dilettantes') in the West and underground performance and Super-8 film in the GDR. The mutual dependence of cultural development and technical development in the media shows the transformation from a linear media aesthetic, typified by video as a medium for clips and art to an open, non-linear and network-like culture of art and techno in the '90s. This interplay of renewal and repetition on the one hand, and differences and ambivalence on the other hand, means that the two volumes plus CD-ROMs must be seen as a whole.

The technical characteristics of media art often make it difficult to convey its significance in traditional art contexts. Art-historical acceptance processes often take longer in the 'faster' media. Pioneering works of the '60s first achieved the status of classics in the '80s, and much remains to be (re-)discovered from the past two decades. After the representative choice of artists for the first volume, the packed CD-ROM accompanying the sequel offers a broad panorama of work by over 200 artists and so records the exploding diversity of artistic positions. Our aim was both to do justice to historical relevance and also the bandwidth of artistic presence created in and with the media in the field of tension encompassing television, film, and the visual and performing arts. We focused on striking examples pointing to aspects of hybrid forms, interventions and interference, including selected references to parallel contexts like experimental film, sound installations or the media strategies of political activists.

Contrasting with the slower pace of media-induced cultural acceptance, the accelerated speed of technical development has led to an equally rapid historicization of art using these resources. While little remains of many '60s media products, some contemporary works and installations involve considerable data volumes exceeding the capacity of a CD-ROM. At the same time, the ability to document the beginnings of 'Net Art', whose traces are already starting to disappear, underlines the advantages of interactive CD conservation. Some Internet projects are therefore offered, in part at least, with offline interactive options aimed also at users without Net access.

The design and concept of the CD-ROM serves above all to place the works in context. Dynamic navigation bands provide access to the multimedia material. Alongside formal category and chronological arrangement, a third option offers associative, subjective cross-references using 37 keywords ranging from 'apparatus' to 'surveillance'. Finally, an index is available for targeted, encyclopaedic access. Reading original texts by artists in the book makes another change of perspective possible, also in relation to the heated debates surrounding media theory. Broad enough in scope to meet the level of diversity, the anthology offers reprints and excerpts from scattered sources often difficult to access, in combination with general essays by the editors. As well as pinpointing the 'zeitgeist', this also reveals the key points, parallels, differences and rivalries relating to all the artistic practices and attitudes that are linked with a technical development and make it possible to identify the mutual interference of changing art tendencies and media innovation, particularly in relation to their period.

'Media Art Interaction' also provides a basis for on-going documentation and discourse on the Internet. The Goethe Institute's server offers links to the Net-art projects presented, to the home pages of artists and institutions, and also feedback from readers and users.[2] This information will be subject to continuous online updating and expansion. Our next target is the creation of a new Net platform for discourse on media art at international level, with a view to making productive in the coming decade the networking among artists, media centres and higher education institutions.

Rudolf Frieling, Dieter Daniels
ZKM Karlsruhe, HGB Leipzig

1 Rudolf Frieling/Dieter Daniels, 'Media Art Action – The 1960s and '70s in Germany', Goethe-Institut/Zentrum für Kunst und Medientechnologie Karlsruhe (eds.), Vienna, New York, 1997; references in the texts to the CD-ROMs are in accordance with the following scheme: (MKA) = 'Media Art Action' – (MKI) = 'Media Art Interaction'.

2 http://www.goethe.de/medienkunstnetz

Rudolf Frieling

Kontext Video Kunst

„Video doesn't exist: it insists." (Jean-Paul Fargier)[1]

Diskurs

Schon von Beginn an war die Medienkunst – vor allem durch visionäre, poetische oder provokative Aphorismen ihrer Protagonisten – mit der Historisierung, Kontextualisierung, „Verschlagwortung" und Verankerung des Mediums Video im Kunstdiskurs beschäftigt. Die Gleichsetzung von Kamera und Pinsel, Bleistift oder Meißel und dementsprechend dem Monitor als der zu bearbeitenden Fläche galt damals vor allem der Einschreibung der neuen Kunstform in eine uralte, längst anerkannte Tradition. Das Insistieren auf dieser kunsthistorisch unterfütterten Genealogie nach der ersten Phase der reinen Experimentation erscheint als ein symptomatisches Phänomen, das bis zu Beginn der 80er Jahre immer neue Rechtfertigungen mit sich bringt und ex negativo auf die mangelnde Akzeptanz im Kunstkontext weist. Die Parallelisierung und Rechtfertigung einer neuen Praxis läßt sich zur technologischen Entwicklung[2] und künstlerischen Nutzung in Bezug setzen, ohne daß damit bereits die Frage beantwortet wäre, in welcher Interdependenz die Pole Kunst und Technik im Fall der Videotechnologie stehen.

Kamera und Monitor gelten als die ersten (und damit im emphatischen Sinne ursprünglichen) videospezifischen Arbeitsmittel, wie sie in den Closed-circuit-Installationen und Performances von Valie Export, Wolf Kahlen, Richard Kriesche, Marcel Odenbach, Ulrike Rosenbach, Peter Weibel[3] und vielen anderen eingesetzt wurden. Die Konzentration auf den räumlichen Bezug dominierte in den 70er Jahren so ausschließlich den Medienkunst-Diskurs, daß Paik dies auch für die 80er Jahre als die wegweisende künstlerische Form prognostizierte.[4] Es lag nahe, daß im Kunstkontext gerade der Bezug des „Luminous Image" (leuchtenden Bildes) zum Raum und zur Figur diskursiv rezipiert wurde, erst in zweiter Linie dagegen die narrativen Bezüge zum Film oder Fernsehen. So überrascht nicht, wenn auch die klassische Palette der Topoi und kunsthistorischen Kategorisierungen ins Feld geführt wurden, so daß ein Brian Eno als Plastiker des Lichts unvermutet in einer jahrhundertealten Tradition seit Rembrandt steht.[5] Nach den medienspezifischen Analysen von „Video als Video" und „Film als Film"[6] splitterte sich

1 Jean-Paul Fargier, „The Hidden Side of the Moon", in: „The Luminous Image", Dorine Mignot (Hrsg.), Stedelijk Museum, Amsterdam 1984, S. 36.

2 Das klassische Beispiel, das in der Literatur immer wieder für ganze Argumentationsketten dient, ist die Einführung der SONY Portapak Mitte der 60er Jahre – nach Siegfried Zielinski genau 1967 – als Beginn der Ära des unabhängigen künstlerischen Videotapes.

3 Vgl. (MKA), um hier nur einige der Künstler und Künstlerinnen des Bandes „Medien Kunst Aktion" zu zitieren, die parallel zu den amerikanischen Pionieren wie Dan Graham, Peter Campus oder Bruce Nauman gearbeitet haben.

4 Siehe Rudolf Frieling, „VT ≠ TV – Die Anfänge der Videokunst", in: Rudolf Frieling/Dieter Daniels, „Medien Kunst Aktion", Springer: Wien, New York 1997, S. 115–124.

das Feld kategorialer Bestimmungen weiter auf und produzierte „Video als Malerei", „Video als Skulptur" etc. Offen bleibt unser Erkenntnisgewinn in einer solchen Reihung. Peter Weibels Emphase von 1986, Video sei das „Fundbüro des Lichts"[7], hilft uns in dieser Hinsicht auch nicht weiter, funkelt aber ebenso poetisch wie die Videokunst als Poetik des elektronischen Bildes.

Und doch – diese Kunst ließ sich, trotz aller Kreativität in der Schaffung signierter Editionen, nicht auf traditionellem Wege verkaufen, wie bereits zu Anfang der 70er Jahre das Scheitern der Fernsehgalerie von Gerry Schum deutlich gemacht hatte. Auch die diskursive kunsthistorische Einbindung konnte die potentiellen Kustoden in den Museen und Käufer in den Galerien nicht überzeugen. Zu offensichtlich negierte das prinzipiell unauratische Medium die Konventionen des Marktes. So notwendig diese Argumentation zu Beginn der Video-Ära für die Herausbildung einer differenzierten Wahrnehmung dieser künstlerischen neuen Formen gewesen sein mag, sie verstellt zugleich den Blick auf die Ungleichzeitigkeiten und Differenzen zur Tradition. Schon Gene Youngblood hat in diesem Zusammenhang von der Ära des Bildtauschs von Mensch zu Mensch gesprochen, das heißt, von einem Tauschverhältnis von Immaterialitäten, das Werte, Intensitäten und Emotionen transportieren kann und als abstrakt bleibendes, technologisch begründetes Tauschverhältnis ein gesellschaftliches Symptom darstellt. Videokunst ist in dieser Perspektive also auch ein Indikator für gesellschaftliche Prozesse, der sich nicht auf die kunstimmanente Diskussion von Stilen und Ästhetiken reduzieren läßt. Im Spannungsfeld zwischen Gesellschaftstheorie, Technik- und Kunstgeschichte bleibt für uns hier vor allem die Frage: Warum hat sich trotz aller Bemühungen bis heute im wesentlichen kein kritischer und kunsthistorischer Diskurs zu einzelnen Werken etabliert?

Update

Wie jede Software bedarf auch ein kritischer Diskurs des regelmäßigen „Updates" in Form einer kontinuierlichen Reflexion in Publikationen, offline wie heute natürlich auch online. Wenn man die holländische Zeitschrift „Mediamatic" einmal als Ausnahme von der Regel betrachtet, gab es weder in Deutschland noch woanders in der Welt jenseits der Festivalkultur eine regelmäßige wissenschaftliche Auseinandersetzung mit den Werken der jeweils aktuellen Medienkunst. Die Schwierigkeiten der Rezeption medialer Werke sind nicht zu übersehen, wenn bei Performances und Installationen der Besucher/Leser nicht vor Ort sein konnte. Die Präsentation von Videotapes muß bis heute jeweils neue Formen finden zwischen Kino-, Galerie-, Fernseh- und Café- oder Clubsituation. Ob als Ausstel-

5 Dorine Mignot vergleicht unter dem Stichwort „Angst" auch Hieronymus Bosch und Francis Bacon mit Vito Acconci, Michael Klier und Dara Birnbaum. Zur „Geschichte" reiht sie Jannis Kounellis und Anselm Kiefer mit Marcel Odenbach und Francesc Torres. Schon der Titel der Ausstellung verweist auf den „Bildcharakter" und nicht auf den Kontext Film oder Fernsehen. Dorine Mignot in der Einleitung zu „The Luminous Image", a.a.O., S. 11f.

6 Titel der von Birgit Hein und Wulf Herzogenrath 1977 kuratierten Ausstellung, die jedoch, nach Einschätzung der Filmemacherin Birgit Hein, ein singulärer Versuch der Einbindung des Experimentalfilms in den Kunstkontext ohne weitere Folgen blieb.

7 Siehe Text im vorliegenden Band.

lungsstück, à la carte in einer Videothek oder als lineare Programmierung, das Pro und Contra dieser Modi sind in der Vergangenheit ausführlich Gegenstand von Debatten gewesen. Fazit blieb immer, daß die Präsentation von Video eigene Bedingung erfordert, die in bereits bestehenden Kontexten nur schwer zu erfüllen sind. Die Rezeption der Videotapes scheitert daher meist an ihrer mangelnden öffentlichen Sichtbarkeit, im Gegensatz etwa zum funktionierenden Netzwerk anspruchsvoller Kinematheken, das sich in Deutschland in den 70er Jahren gebildet hatte, um ein Forum für den unabhängigen Autorenfilm zu sein. Kataloge, oft bloß schwarzweiß, mit Kurzbeschreibungen und ein oder zwei Videostills, sind meist eher Anhaltspunkte der Orientierung in einem vielfältigen Programm, ohne jedoch eine angemessene, kritische Rezeption aus der zeitlichen und räumlichen Distanz zu ermöglichen, wie dies nun wenigstens ansatzweise mit Multimedia- oder Netzpublikationen möglich geworden ist und in der vorliegenden CD-ROM versucht wird. Dennoch – das visuelle Medium Video bleibt paradoxerweise vielfach unsichtbar. Ein „Update" der Information würde jedoch bereits voraussetzen, daß ein erstes „Date", eine An-Sicht, stattgefunden hat.

Als zweiter Punkt fällt daher auf, daß der Diskurs über die Videokunst und genereller der Medienkunst ungebrochen bis heute vor allem den Systemaspekten gilt, der Differenz zwischen Videokunst und Fernsehen –, zwischen linear und non-linear, auch wenn viele Künstler nach der Technologiedebatte der Anfänge nun darauf drängten, endlich die „Software" zu diskutieren.[8] Warum gibt es einen seit Jahrzehnten andauernden Diskurs über „neue Medien" – hier reicht ein Blick in die gesammelten Kataloge der Ars Electronica in Linz –, aber z. B. keine kunsthistorische Praxis der Rezension von Installationen und Videobändern (Ausnahmen in bezug auf Klassiker wie Bill Viola oder Gary Hill bestätigen zumindest seit einigen Jahren die Regel)? Warum hat sich jenseits des Reizwortes „Interaktivität" kein kritisches Vokabular der elektronischen Bild- und Tonsprache etabliert?[9] Die Sprachlosigkeit angesichts der Fülle von experimentellen, konzeptuellen oder erzählerischen Bändern, z. B. bei den eher an Messen erinnernden Festivals, verschlägt den Rezensenten meist die Sprache. Gemeinsamer Nenner ist die sich wandelnde Technologie, die damit zur Grundbedingung der Analyse einer ästhetischen Praxis erhoben wird. So wie heute Microsoft die Diskussion vor allem der 'net community' gerade als Antipode beherrscht, so war SONY schon seit den Anfängen Schrittmacher der Medienkunst.[10] Je schneller die Industrie die meist inkompatiblen Medienformate revolutioniert, desto atemloser versuchen Kritiker und Analytiker der Medienkunst, damit Schritt zu halten.

8 Ingo Günther noch 1989 im Video zur Ausstellung „Video-Skulptur aktuell und retrospektiv 1963–1989" u. a. im Kölnischen Kunstverein 1989.

9 Es würde sich lohnen zu untersuchen, inwiefern die Wahrnehmung der Videokunst sich schablonenartig an schwammige Begriffe klammert wie z. B. der notorischen „Sprengung unserer Seh-Gewohnheiten".

10 In der Zeitschrift „Cut In" der alternativen Medienzentren ist ein interessanter Disput um die Haltbarkeit der ersten U-matic-Bänder und die daraus abgeleiteten Schadenersatzforderungen an SONY nachzulesen. Die „Szene" verhandelte mit dem Konzern und konnte dabei durchaus praktische Erfolge erzielen. Es setzt sich damit eine Abhängigkeit von der Industrie fort, die schon Walther Ruttmann 1930 in seinem Aufsatz „Kunst und Technik" für den Film angeprangert hatte. Walther Ruttmann in: „Film als Film – 1910 bis heute", Birgit Hein/Wulf Herzogenrath (Hrsg.), Stuttgart 1977, S. 65.

White Cube – Black Cube

Schaffen und erforschen die Medienkünstler nicht nur neue Präsentationsformen und Räume, sondern auch ihre eigenen Arbeitsmittel, oder benutzen sie nur die existierenden Werkzeuge? Anfang der 80er Jahre schienen neu entwickelte Synthesizer und technologische Experimente etwa von Nam June Paik oder Steina und Woody Vasulka von nur noch marginaler Relevanz. Nicht die Erforschung der Vektoren der Bildproduktion, sondern das Interesse an anderen Inhalten und einer subjektiven wie narrativen Bildsprache in einem gegebenen Rahmen interessierte Künstler wie Klaus vom Bruch, Gábor Bódy, Marcel Odenbach oder Ingo Günther. So wie in den 80er Jahren der neutrale „White Cube" einen puristischen Standard im Ausstellungswesen durchsetzte, so sorgte der „Black Cube"-Monitor von SONY für neutrales Design und standardisierte Bildgrößen.

Mit der Einführung immer lichtstärkerer Projektoren änderten sich auch die Dimensionen der Rauminstallationen, so daß die Künstler ihr „Rahmenformat" nun selber bestimmen konnten. „Size matters" – vom Fuji-Miniprojektor, vom amerikanischen Künstler Tony Oursler geradezu zum Markenzeichen seiner skulpturalen Ensembles erkoren, den Laserinstallationen Paiks bis zur großformatigen Installation eines Bill Viola oder bis zum großen elektronischen Kinoprojektor: Die Formatfrage ist seit den 80er Jahren nicht mehr an den Monitor gebunden, der die vermeintlichen Ursprünge aus dem Fernsehkontext transportiert. Das elektronische Bild hat sich in vielfältige Präsentationsformen „emanzipiert". Es geht nicht um die Frage „Ist Video Kunst?" – oder eben doch nur anderes Fernsehen –, sondern um die Spuren, die Video in der Kunst und der Gesellschaft hinterläßt. Wir stoßen bei der Recherche gerade nicht auf die Rembrandts und da Vincis des elektronischen Zeitalters, sondern auf eine vielfältige Kunstpraxis, die sich in den letzten 20 Jahren grundlegend gewandelt hat.[11]

Video – Die flüchtige Utopie

Es ist inzwischen eine Binsenweisheit, daß sich, noch verstärkt durch den Einsatz der elektronischen Medien, der Werkbegriff seit Happening, Fluxus und Performance zusehends verflüchtigt hat. Bei aller Tendenz zur Auflösung kategorialen Denkens und zur Entdeckung neuer Aktionsfelder – „Fuck Art, Lets Dance" lautet ein Zeitgeistslogan für die T-Shirt-Generation – halten Künstler und Künstlerinnen bemerkenswerterweise in den 80er Jahren am Kunstbegriff fest, doch koppeln sie die Auseinandersetzung mit einer bewußt die Kunst auflösenden Kunstpraxis durch die künstlerische Verwertung der jeweils neuesten Technologie. Dies muß nicht immer High-Tech bedeuten, wie der Erfolg der amerikanischen Künstlerin Sadie Benning beweist, die mit ihrer Spielzeugkamera von

11 Zu den gattungsgeschichtlichen wie historischen Entwicklungen der Videokunst vgl. „Video Culture – A Critical Investigation", John Hanhardt (Hrsg.), New York (1986) 1990; „Illuminating Video – An Essential Guide to Video Art", Doug Hall/Sally Jo Fifer (Hrsg.), New York, 1990; sowie neuere Publikationen wie Rudolf Frieling, „VT ≠ TV", a. a. O., 1997; Friedemann Malsch, Dagmar Streckel, Ursula Perucchi-Petri (Hrsg.), „Künstler-Videos – Entwicklung und Bedeutung", Kunsthaus Zürich, Ostfildern 1996; Heinrich Klotz, „Video Art", in: „Media Scape", Guggenheim Museum/ZKM Center for Art and Media (Hrsg.), New York 1996.

Fisher Price krude schwarzweiße Bilder auf einer Audiokassette aufzeichnete und damit Anfang der 90er Jahre auf radikale Weise Low-Tech im Videobereich wieder einführte. Doch ist der Einsatz einer solch temporären Technologie, die inzwischen längst vom Markt verschwunden ist, immer mit dem Risiko verhaftet, eher ein begrenztes zeitgeschichtliches Phänomen zu bleiben. Ob High-Tech oder Low-Tech, die Künstler und Künstlerinnen selber haben auch dazu beigetragen, daß es in der Rezeption nicht darum ging, eine differenzierte Praxis auch am künstlerischen Werk oder Projekt zu reflektieren, sondern damals wie heute immer nur den Blick auf das Ganze zu richten, auf die Tendenz und die technologische Zukunft. Nicht Sadie Bennings ästhetische Umsetzung eines lesbischen Coming-outs wird formal untersucht, sondern die Bedeutung des Einsatzes einer Spielzeugkamera. Der subjektive Faktor tritt hinter dem technologischen Faktor zurück.

Die immer weiter auseinander klaffende Schere zwischen technologischer Innovation der Wachstumsgesellschaft und der nur noch von immer weniger Spezialisten zu leistenden Rezeption der ästhetischen bzw. gesellschaftlichen Implikationen kann man für den Verlust an ganzheitlichen Utopien einer „anderen" und partizipatorischen medialen Praxis verantwortlich machen. 1966 träumte Nam June Paik davon, in einer Videothek nicht nur alle wichtigen visuellen Zeugnisse sehen zu können, seine selbstverständlich eingeschlossen, sondern endlich einen forschenden, kreativen Umgang mit Bildmaterial und Konkordanzen ermöglicht zu bekommem, wie es bei der Shakespeare-Sekundärliteratur längst der Fall sei.[12] Listig wie immer mag er dabei an sich als dem Video-Shakespeare gedacht haben. Erstaunlich ist jedoch, daß wir heute, mehr als dreißig Jahre später, erst anfangen, diesen Traum durch die digitalen Speichermedien ansatzweise zu erfüllen. Immerhin, das utopische Moment der Videokunst muß nicht ewig ortlos bleiben: Was Paik 1976 als Vision einer elektronischen Sixtinischen Kapelle vor sich sah, wurde ansatzweise mit der Lasertechnologie schon 1980 als „Laser Video Space I" sichtbar[13], schließlich aber mit dem ironischen Titel „Sistine Chapel Before Restoration" in Venedig 1993 im deutschen Pavillon mit Hilfe einer „Batterie" von Videoprojektoren realisiert. (MKI) Die Zeit für Paiks allumfassendes multimediales Raumerlebnis war bereits nach 25 Jahren gekommen. Nicht alle Utopien verflüchtigen sich also, je mehr wir uns ihnen nähern. Aber ist die Schaffung einer potentiell allumfassenden Verfügbarkeit digitalen Materials und die Realisierung immersiver elektronischer Bildräume noch als Aspekt einer gesellschaftlichen Utopie zu begreifen? Im folgenden wird noch einmal deutlich, daß der schleichende Verlust der medienpolitischen Utopie eines partizipatorischen Umgangs mit Video in der Produktion und Distribution erst in den 90er Jahren wieder auf der Basis einer neuen Technologie thematisiert wurde.[14]

12 Nam June Paik, „Niederschriften eines Kulturnomaden. Aphorismen – Briefe – Texte", Köln 1992, S. 121.
13 Ebd., S. 141; für Paiks erste mit Horst H. Baumann realisierte Laserinstallation in der Städtischen Kunsthalle Düsseldorf verwendete er das Band „Merce by Merce by Paik" (1975), 1982 dann auf der Internationalen Funkausstellung Berlin im „Video Laser Environment" einen Mix aus „Global Groove" und „Placid '80".
14 Vgl. dazu ausführlicher den Text von Dieter Daniels im vorliegenden Band.

Video – Aspekte einer ideologischen Debatte

Wie wenig tatsächlich die Medienkünstler die Probleme der Nutzung der Massenmedien kreativ lösen konnten, verdeutlicht der historische Streit um die „richtige“ Distribution bzw. Präsentation. Ganze Debatten entsponnen sich an den Oppositionen Monitor – Projektor, Film – Video, Museum – Fernsehen usw.[15] Auf dem Höhepunkt des Videobooms 1985 konkurrierten zwei Modelle: Detlef Kuhlbrodts Apologie einer avantgardistischen Praxis „Videostrategie als Lebenskunst“ („die Fernbedienung ist die Herrschaft des Bildverbrauchers“) wurde gekontert von Oliver Hirschbiegels Plädoyer für ein unprätentiöses Speichermedium im Rahmen einer umfassenderen künstlerischen Praxis unter dem Slogan „No Videokunst!“, denn die sei „zu 98% einfach dämlich und oft viel zu lang“.[16] Subkategorien wie Videoclip, -skulptur, -tanz, -theater, -oper, -grafik, -installation und natürlich -tape entstehen im Kontext einer eigenen Gattung „Video-Kunst“, oft als „Bindestrich-Kunst“ kritisiert. Doch der Streit um eine eigene Gattung „Video-Kunst“ im Unterschied zu Video als einem unter vielen Mitteln künstlerischer Praxis war eine Diskussion falscher Alternativen, die zum Teil theologische Züge annahm: „Godard behauptet, Film und Video seien wie Kain und Abel. [...] Kain und Abel sind in Wirklichkeit Fernsehen und Video“.[17] Ob Fernsehen, Film oder Museum – das Medium Video schien immer zwischen den Ideologien zu sitzen – unbequem, unterfinanziert, ökonomisch nicht verwertbar, vom öffentlichen Diskurs jenseits der Insidertreffen de facto ausgegrenzt. Als Medium konnte es die utopischen Ansprüche von vornherein nur enttäuschen.

Allenfalls in der alternativen Medienszene schien sich noch ein Bewußtsein für die Utopie einer anderen Öffentlichkeit ein paar Jahre länger zu halten. 1982 gründeten neun deutsche Medienzentren kollektiv den „Cut In – Videoinformationsdienst für den subversiven Bandzug“. Immer wieder wurden hier Anspruch und Realität der alternativen Videoarbeit kontrovers diskutiert. Als Zeitdokument kommt diesem zirkulierenden Infoblatt die gleiche Bedeutung zu wie den heutigen Mailinglisten „nettime“ oder „Rhizome“. Doch blieb auch die alternative Szene von den Bedrängnissen der Warenästhetik nicht verschont. Auf dem Höhepunkt der Diskussionen zur Relevanz von Professionalisierung und stärkerer formaler Experimentation schuf die Medienwerkstatt Freiburg mit „Geisterfahrer“ (MKI) eine kunstvolle, vom Fernsehen produzierte Parabel auf den Ausverkauf linker Inhalte im Zuge der Institutionalisierung der Alternativbewegung. Man kann sich heute kaum noch vorstellen, mit welcher Vehemenz hier High- und Low-Tech ideologisch

15 So zum Beispiel Ingo Petzke, langjähriger Leiter des Osnabrücker Experimentalfilmworkshops, der 1989 etwas betriebsblind konstatiert, daß in den 80er Jahren der Experimentalfilm boomte („Alle Macht der Super-8“), aber die „‚Video-Art‘ nach wie vor zum Großteil mit Arbeiten langweilte, deren Konzepte oder Form oft bereits vom Avantgardefilm früher und besser umgesetzt worden war.“ In: „Das Experimentalfilm-Handbuch“, Ingo Petzke (Hrsg.), Deutsches Filmmuseum, Frankfurt/M. 1989, S. 97. Vgl. zum gesamten Komplex die Diskussion von Dieter Daniels, Birgit und Wilhelm Hein, Dietrich Kuhlbrodt, Philomene Magers, Uwe Rüth, Lydia Schouten, Maria Vedder, Peter Weibel und Gästen in Bonn 1985, abgedruckt in: „Infermental 1980–1986“, Vera Bódy (Hrsg.), Köln 1986, S. 100–109.

16 Beide Texte finden sich in: „Axis“, Gábor und Vera Bódy (Hrsg.), Köln 1986; Hirschbiegels Text war als Antwort auf Kuhlbrodt vom Autor deklariert.

17 Peter Weibel im vorliegenden Band.

gegeneinander ausgespielt wurden: „Wer U-matic wählt, wählt das Kapital!“[18] Die Mediengruppen laborierten in endlosen Debatten an den Problemen einer besseren Gestaltung der Inhalte, denn auch die Klientel der politischen Szene verlangt endlich nach mehr Form. Doch die basisdemokratische Position war genauso zum Scheitern verurteilt wie die Hoffnung, mit professioneller Technik eher linke Inhalte einer größeren Öffentlichkeit näherbringen zu können.

Die Zeit der Häuserbesetzungen, Anti-AKW und Großdemonstrationen war vorbei, alle Beteiligten legalisiert oder professionalisiert und die nachkommende Generation der 90er Jahre mit ihren Raves und Technoparties vollends entpolitisiert – „Utopie light“ für Massen von Jugendlichen, „agitiert“ vom DJ-Star. Man kann wahrlich nicht behaupten, daß der Technoclub der Ort eines kritischen Diskurses ist. Von hohem Aussagewert ist jedoch das „Clubbing“, die Idee des Clubs als eine Art postmodernem Salon von Gleichgesinnten und Aktivisten, der Ausdruck eines komplexen Gewebes zwischen Kunst, Szene und Kommerz ist. Verschiedene technologische und kulturelle Fäden durchziehen dieses Gewebe voller Ungleichzeitigkeiten, Rückkopplungen und Revivals. Zur Diskussion dieser dynamischen und ständig neu abgemischten Textur aus Kunst, Technik und Ideologie werden im folgenden einige Fäden des in vielen parallelen Strängen verknüpften Feldes aufgerollt.

Serialität und Segmentierung

Mit der Einführung des Videocassettenrecorders und insbesondere der Durchsetzung des Standards VHS (Video Home System), der 1975 in den Markt für den sogenannten „Konsumer-Bereich“ eingeführt wurde,[19] wird das klassische Fernsehen mit dem „Durchlauferhitzer“ Videorecorder (Siegfried Zielinski) potentiell destrukturiert, zeitversetzt rezipiert, von Künstlern überhaupt erst als reicher Materialfundus „gefunden“[20] und weiter verarbeitet bzw. als Film auf Video, von Raubkopisten in der Videotheke um die Ecke feilgeboten. Die Sender reagieren in der Folge und „signieren“ ihre Bilder mit dem Sendelogo, dem massenmedialen Relikt einer künstlerischen Signatur.[21] Der konzeptuelle Videokünstler sieht sich im Konkurrenzkampf um mediale Öffentlichkeit in den 80er Jahren überrollt von der „Neuen Deutschen Welle“ der Videoclip-Generation einerseits und von der neo-expressiven Malerei andererseits. Die in Deutschland immer schon strenger

18 „Cut In“, Nr. 11, 1982, S. 24; vgl. zum folgenden auch den Text „Das andere Video“ im vorliegenden Band und das Fazit zur alternativen Medienarbeit von Margret Köhler in: „Cut In“, Nr. 24, 1984, S. 8–12.
19 Für eine detaillierte Geschichte der technologischen Entwicklung und der heutzutage längst vergessenen Formate siehe Siegfried Zielinski, „Zur Geschichte des Videorecorders“, Berlin 1986, und ders., „Audiovisionen – Kino und Fernsehen als Zwischenspiele in der Geschichte“, Reinbek 1989.
20 Auch hier zeigt sich wieder das Fehlen eines geeigneten Vokabulars: Im englischen Sprachgebrauch ist die Rede von „found footage“, im deutschen von „Archivmaterial“. Beide Begrifflichkeiten führen in die Irre, da es sich meist um „geraubtes“ Material handelt, so daß paradoxerweise genau die Videotapes, die sich mit dem Fernsehmaterial originär auseinandersetzen, aus Gründen des Copyrights oft den Weg zurück ins Fernsehen versperrt finden.
21 Eine Reaktion sicher auf die grassierenden Raubkopien für die überall entstehenden Videotheken, aber doch ein interessanter medialer Prozeß des Corporate-Identity -Bewußtseins: Erst der Markenname und das Signet des Senders machen das elektronische Bild identifizierbar.

und ideologischer als anderswo geführte Debatte um scheinbare Oppositionen wie E (ernste Kunst) und U (Unterhaltung) oder auch Seriosität und Popularität verband sich mit der Diskussion der angemessenen Kontexte zur Wahrnehmung der Videokunst. Nach den heroischen Tagen der Erprobung fernsehtypischer Interventionen durch etwa Keith Arnatt, Peter Weibel, Valie Export[22] oder auch David Hall in Schottland oder Chris Burden in den USA bot das Fernsehen zwar noch immer die potentiell avisierte Massendistribution, doch leider auch ein zunehmend als kompromittierend empfundenes Umfeld durch die Liberalisierung und damit einhergehend Kommerzialisierung der gesamten bundesdeutschen Fernsehlandschaft. Ausnahmen wie das Nischenfernsehen der Reihe „Das kleine Fernsehspiel" des ZDF, das dem Medium Video vor allem im Rahmen einer erzählerischen Experimentation Möglichkeiten bot, bestätigen die Regel.

Die Angst des Fernsehens vor Experimenten der Wahrnehmung, die dem Zuschauer nicht zugemutet werden konnten, hatte nicht zuletzt zu dem Schlagwort geführt: VT ≠ TV. Eben dieses Motto der Videothek der documenta 6, 1977, und die Demonstration eines autonomen Anti-Fernsehens durch die Übertragung von Videobändern im Dritten Programm der ARD bereitete den televisionären „Boden", um nach einer fernsehadäquaten künstlerischen Aussage zu forschen, die nicht zugleich auch die Systemfrage fundamentalistisch stellte. Nachdem die „Aspekte"-Redaktion des ZDF zur documenta eine eben solche reflektierende TV-Aktion von Richard Kriesche produziert hatte, nahm 1978 „Das kleine Fernsehspiel" als erste Redaktion im deutschen Fernsehen das künstlerische Video so ernst wie den boomenden deutschen Autorenfilm. Bemerkenswert ist allerdings die Tatsache, daß mit „Video 50" von Robert Wilson die erste Videokunstproduktion einem prominenten amerikanischen Theaterregisseur anvertraut wurde. Noch vor der Einführung von MTV hatte Wilson aus seiner amerikanischen Perspektive erkannt, daß Fernsehen nicht ein Medium der Konzentration und Indoktrination, sondern der Zerstreuung, Beiläufigkeit und Serialität ist.[23] Sein Band reflektierte dies durch die Reihung von 50 Szenen zu je 30 Sekunden, deren Verknüpfung nicht dramaturgisch, sondern assoziativ war, ganz ähnlich wie die Verknüpfung der 1'30-Nachrichtenspots zwar eine Rangfolge der Wichtigkeit behauptet, aber keinen allgemeinen Zusammenhang herstellen kann (weswegen gerade die Bemühungen um Überleitungen so krampfhaft wirken). Wilson ging es damit also nicht um die Brechung eines strukturellen TV-Standards, gar um die kritische Entlarvung eines solchen, sondern um die künstlerische Nutzung der faktischen Rahmenbedingungen. Er bewies damit, daß die immer wieder aufgestellte Differenz zwischen Fernse-

22 Vgl. die Debatte um die experimentelle TV-Produktion von 1969: „Black Gate Cologne" von Otto Piene und Aldo Tambellini (MKA) oder auch die Distanzierung des Moderators Peter Iden, Hessischer Rundfunk, von den Inhalten der Live-Satelliten-Eröffnung der documenta 6, 1977.

23 Serielle Videoarbeiten finden sich seit den frühen 80er Jahren z. B. bei Herbert Wentscher in „Alles bestens – Videolieder" (MKI), Jenny Holzer in ihren „TV Ads", Stan Douglas in „Monodramas" und bei dem französischen Künstler Robert Cahen in „Cartes Postales". Gemeinsam ist diesen Konzepten, daß sie für Programmlücken des Fernsehens gedacht sind und nicht als eine lineare Reihe von Szenen auf Videoband. Die extreme Standardisierung der Zeitschienen aus Gründen der Programmplanung formatiert bis heute die Produktion, so wie der Videoclip auf einer maximalen Länge von ca. drei bis vier Minuten basiert.

hen als visualisiertem Radio und dem experimentellen Medium Video keine essentielle, sondern eine historische und kontextuelle Differenz ist.

Einer der beliebtesten deutschen Talkmaster jener Zeit, Robert Lembke, glaubte, daß sich mit der Einführung des Fernsehens in die deutschen Wohnzimmer, bildlich gesprochen, der Kreis ums Lagerfeuer zu einem Halbkreis geöffnet habe. Diese in Deutschland charakteristische Überschätzung der manipulativen und suggestiven Macht des Fernsehens, die an der Ausrichtung auch der Möblierung des Wohnzimmers auf die Fernsehperspektive abzulesen ist, löste sich unter amerikanischem Vorzeichen mehr und mehr zu einem bewegten Tapetenmuster auf. Nam June Paiks Recycling und Remixing seines Materials ist daher ein so offensichtlich amerikanisches, ornamentales „Schnittmuster", eine selbstreferentielle Tautologie, gegen die sich in Deutschland immer Widerstand geregt hatte. Das Fernsehen blieb schon in der Kritischen Theorie Adornos und Horkheimers der Apparat, der „alles mit Ähnlichkeit schlägt"[24]. Wenn man mit Siegfried Zielinski Fernsehen als seriellen Supertext immer schon fragmentarisch, dispersiv, variabel begreift, mußte man schon wie Klaus vom Bruch an den meditativen Sog des Loops glauben – „Ich habe den Anspruch, daß Du ein Tape von mir hundert Mal sehen kannst"[25] –, um das Fernsehen mit der Potenzierung seiner eigenen Mittel schlagen zu wollen: extreme Verdichtung gegen extreme Zerstreuung. Interessanterweise hält vom Bruch diese Ökonomie der Aufmerksamkeit des extrem verdichteten Augenblicks für die adäquate Haltung sowohl gegenüber dem Fernsehen als auch dem Museumskontext. Ob serielles Muster oder verdichteter Loop – hier wie dort ist es keine Frage der naturalistischen Abbildung der Realität, sei es 1:1 oder im Format 16:9.

Ökonomie des Marktes

Ein institutionelles Medienlabor – eine alte Forderung Brechts an das staatliche Radio, Ruttmanns an die Filmindustrie und der Videokünstler an das Fernsehen generell – realisierte sich in Deutschland nur im Bereich der elektronischen Musik und akustischen Kunst beim WDR.[26] Die bekannte Anti-Haltung besonders der deutschen Künstler zum Staatsfernsehen resultierte nur in subversiven Aktionen illegalen „Mikro-Fernsehens" – von Individuum zu Individuum aus dem eigenen Studio. Die erste deutsche Produzentengruppe ATV (Alternativ TV) mit Klaus vom Bruch, Marcel Odenbach und Ulrike Rosenbach reagierte auf die faktische Sendeblockade mit einer eigenen Strategie der Sendung

24 Adorno/Horkheimer zit. in: Siegfried Zielinski, „Audiovisionen – Kino und Fernsehen als Zwischenspiele in der Geschichte", Reinbek 1989, S. 288.

25 „Der Künstler und der Clip", Klaus vom Bruch in: SPEX, April 1984, S. 37.

26 Vgl. Dieter Daniels, „Kunst und Medien", in: „Die Epoche der Moderne, Kunst im 20. Jahrhundert", Christos M. Joachimides/Norman Rosenthal (Hrsg.), Ostfildern 1997, S. 559. Neben dem elektronischen Studio von Karlheinz Stockhausen schuf Klaus Schöning in den 60er Jahren bereits das Studio Akustische Kunst im WDR. In den USA sind verschiedene Labs zum Teil für Künstler sehr fördernd gewesen, hier z. B. WGBH in Boston und WNET 13 in New York. In Deutschland wird erst in den 90er Jahren mit der Schaffung der Kunsthochschule für Medien in Köln sowie dem Zentrum für Kunst und Medientechnologie Karlsruhe eine staatlich geförderte künstlerische Laborsituation für den Fernseh- wie auch den musealen Kontext realisiert.

für Nachbarn und Freunde im Umkreis von ein paar hundert Metern.[27] (MKA) Einer anderen Stimme Gehör zu verschaffen im Konzert der Massenmedien, das versuchten auch die Aktivisten des Radio Dreyecklands Mitte der 80er Jahre. Ihr illegaler Sender in den oberrheinischen Wäldern sendete regelmäßig 10 Minuten lang (eben nur wenig kürzer, als die Post zum Anpeilen des Senders benötigte) Gegeninformationen zur politischen Protestbewegung aus der Sicht der Beteiligten und Betroffenen.

Doch nicht nur das Fernsehen stellte Barrieren dar, auch der Kunstmarkt weigerte sich beharrlich, Videokünstler aufzunehmen. Symptomatisch war die Ausstellung „Westkunst“ in Köln 1979, die erstmalig und offenkundig demonstrierte, daß sich zu den konzeptionellen Schwierigkeiten, Video als nicht-auratisches Medium zu vermarkten, nun auch die Vorliebe der Galeristen und Kuratoren gesellte, sich der „frischen“ und auch vermarktbaren Attitüde der jungen expressiven Maler aus Köln oder Berlin-Kreuzberg Raum zu geben. Marcel Odenbach hat ein eindrückliches Resumee dieser neuen Situation um 1980 gegeben.[28] Es bleibt auch der Verdacht, daß es gerade die Maler waren, die wußten, wie sie die Medien zu nutzen hatten, die also medial dachten: „Die Präsentationsweise 'Wir, die Maler' war immer eine Mediengeschichte, also so modern wie möglich, die Produktionsweise, die Malerei, so antik wie möglich.“[29] Die Medien zu nutzen, hieß hier, die Öffentlichkeit als Markt zu nutzen. Genau dies gelang paradoxerweise den Videokünstlern durch ihr ambivalentes Verhältnis zu den Massenmedien nicht. Nicht Produktions-, sondern Distributionsfragen waren entscheidend geworden.

„Good Morning, Mr. Orwell“

Der Neo-Liberalismus der 80er Jahre stellte mit Macht die Frage nach der Deregulierung des Medienmarktes. Vorreiter war hierbei die konservative Thatcher-Regierung in England mit der Gründung von Channel 4. Gedacht als ein Korrektiv zur unabhängigen BBC, wurde dieser Sender jedoch ironscherweise von den Redakteuren in einer Weise realisiert, die Raum für eine andere Art von Fernsehen, für Experimente und auch Videokunst im Fernsehen bot. Die Zerschlagung des staatlichen Fernsehmonopols in Deutschland durch die Öffnung zum Privatfernsehen war 1984 von der CDU-Regierung – Thatcher flugs imitierend – ermöglicht worden, zunächst mit RTL plus, ein Jahr später gefolgt von Sat 1 (1985). Die Ära der Kommerzialisierung der Medienwelt begann in Deutschland am 1. Januar 1984, just an dem Tag, an dem Nam June Paik sein fulminantes Satellitenprojekt „Good Morning, Mr. Orwell“ mit viel Eigenkapital realisierte.[30] Hier singt die Pop-Sängerin Sappho „TV frißt euer Hirn auf“, Beuys und seine Tochter Jessyka setzen die Aktion „Hose für das 21. Jahrhundert“ in Szene und prangern den Materialismus der Welt

27 Nach der Terminologie von Makro-, Meso- und Mikro-Fernsehen von René Berger, zit. in: „Videokunst in Deutschland 1963–1982“, Wulf Herzogenrath (Hrsg.), Stuttgart 1982, S. 14.
28 (MKA); siehe auch den Text von Marcel Odenbach im vorliegenden Band.
29 Der Maler Peter Bömmels in: SPEX, a. a. O., S. 36.
30 (MKI); an dieser Kooperation zwischen New York und Paris (Centre Pompidou) beteiligte sich wie schon an der Satellitensendung 1977 der immer an möglichst großer Distribution seiner Ideen interessierte Joseph Beuys. Siehe auch den Text von Nam June Paik im vorliegenden Band.

an, John Cage, Allen Ginsberg, Laurie Anderson und viele andere tragen zu diesem Mega-Mix in der Tradition von „Global Groove“ (1973) bei. Mit der Gratwanderung zwischen E- und U-Kunst erreicht Paik über 10 Millionen Menschen, inklusive der späteren Wiederholungen sogar über 25 Millionen weltweit. Was 1977 Douglas Davis nur in seiner Performance „Die letzten neun Minuten“ eine Verständigung von Mensch zu Mensch per Satellit simulierte, wird hier zur globalen Probe der Völkerverständigung in Echtzeit von West nach Ost und zurück via Paris. Damit steht Paik wie ein Solitär in der künstlerischen Szene, ein Mittler zwischen Kommerz und Kunstanspruch, während zur gleichen Zeit Filmemacher und Künstler in Deutschland eher düstere Orwell-Fantasien aufzeichneten und inszenierten – siehe Michael Kliers „Der Riese“ (1983) und Dieter Froeses komplexe Closed-circuit-Installation „Unpräzise Angaben (Not a Model for Big Brother's Spy-Cycle)“ von 1985.[31]

Looping the Loop

Paiks Bildermix war nicht nur ein Modell, er profitierte auch noch von dem Erfolg des amerikanischen Musikkanals MTV (Music Television), der weltweit über Satellit oder Kabel einen 24-Stunden-Endlosloop der Musikindustrie sendet, ein Kult-Fernsehen, daß die Erfolge des Beat-Clubs von Radio Bremen Anfang der 70er weit in den Schatten stellte und selbst die rebellischsten Gegenbewegungen wie Punk bereits seit 1981 in sein Programmschema integrierte. Video wurde zum kommerziellen Standard, aber anders als es sich die Pioniere der ersten Dekade vorgestellt hatten. Die kritisch mit den Bildern und gegen die Systeme operierende Videokunst sah sich plötzlich rechts überholt von einer explodierenden Bildsprache, die zwar bei genauerer Betrachtung nur wenige Stilmittel unendlich variierte und zu einem Dauerloop formte, aber den skeptischen Fernsehzuschauern ein Wahrnehmungstempo abverlangte, daß diese schließlich kapitulieren ließ. Im Zuge der postmodernen Theorien setzte MTV ganz neue Bildstandards und „production values“, die weder kritisch noch alternativ zu korrigieren waren. Die Videokunst geriet spätestens jetzt in den Ruch einer längst obsoleten Opposition oder eines peinlichen Dilettantismus. Mit MTV verwischten die Grenzen zwischen Kunst, Fernsehen und Kommerz vollends.[32] Die Frage stand im Raum: In welchem Kontext kann das elektronische Bild noch als ein künstlerisches wahrgenommen werden?

Die forcierte Wiederholung, der auf das Prägnanteste reduzierte Loop oder die permanent mutierende Bilderkette sind die logische Variation zum tautologischen Videofeedback der Generation der 70er Jahre. Als Material findet ein Künstler wie Klaus vom Bruch im Prinzip die ganze „Welt“, denn die „Welt ist alles, was ins Fernsehen fällt“[33], formuliert er noch 1999, salopp Wittgenstein paraphrasierend. Das Rauschen des Fernsehers ohne Signal wird abgelöst vom unendlichen Fluß der Programme. Die Sendelücken

31 (MKl); siehe auch das Interview mit Michael Klier im vorliegenden Band.
32 Vera Bódy und Peter Weibel dokumentieren die Bandbreite des Phänomens in ihrer Video- und Buchpublikation „Clip Klapp Bumm“, Köln 1986
33 Siehe Interview im vorliegenden Band.

schließen sich, nach dem Videorecorder übernimmt nun auch das Zapping im Sinne Vostells die „Dé-coll/age" der Programmeinheit, und damit verabschiedet sich das Fernsehen endgültig von der Idee eines Sozialität begründenden Mediums, dem „Kaminfeuer", das Jan Dibbets schon 1969 in die Fernsehstuben zum Ende des Programms sendete.[34] Die These vom Fernsehen als Abbild der Realität, als „Fenster zur Welt", wurde nun offenkundig als mediale „Produktion von Welt" erkennbar. Adib Fricke karikiert diese narzißtische Selbstbezüglichkeit auch in der Kunstwelt, wenn er ein zufallsgesteuertes Sprachprogramm als scheinbaren Dialog zweier Rechner installiert. Der Kunstinteressierte schaut der sprachlichen und semantischen Akrobatik amüsiert zu, als handle es sich um ein digitales linguistisches Mobile. Mit „Ontom", „Smorp", „Yemmels", „Flogo" und anderen Wortschöpfungen geht Fricke später soweit, seine künstlerische Forschung mit dem Trademark „TWC" (The Word Company) zu versehen. (MKI) Man benötigt eine diversifizierte Produktpalette, wenn man „Welt" produzieren will, die sich auch verkaufen läßt.

„Wahrscheinlich guckt wieder kein Schwein."

Was so parodistisch daherkommt, weist auf eine der wesentlichsten Konstanten des Fernsehens hin: Im Gegensatz zum Kino oder zur Ausstellung bleibt der TV-Zuschauer eine virtuelle Größe – für die Kunst, die an Austausch und Kritik interessiert ist, eine untragbare Bedingung. Dennoch wurden von Anfang an Projekte zum interaktiven Fernsehen mit Skepsis aufgenommen, zumal wenn sie von staatlicher Seite lanciert wurden. Im Rahmen des öffentlich-rechtlichen Rundfunks der BRD und der föderalen Struktur der ARD benötigten die deutschen Politiker ein „bildungspolitisches" Argument für die Privatisierung des Fernsehens über die Kabeltechnologie. Die Ludwigshafener Programmgesellschaft für Kabel und Satellitensendungen (PKS) fungierte daher als medienpolitisches Feigenblatt mit ihrem Konzept der „Offenen Kanäle", die nachdem amerikanischem Vorbild der Public-Access-TV-Stationen entstanden. Zu Anfang noch als Pilotprojekt mit Rückkanälen ausgestattet, die den Traum vom interaktiven Fernsehen zumindest in Form von direkter Programmbewertung als Ja – Nein oder simplen Multiple-choice-Fragen ins Visier nahm, rief dies jedoch im Jahr Orwells auch virulente Ängste der Bürger vor staatlicher Kontrollmöglichkeit der Privatsphäre hervor. Heute hat sich das weitergehende partizipatorische Konzept des Rückkanals und des Zweiweg-Fernsehens, von dem schon Paik träumte, auf die bloße Markt- und Quotenerfassung eines statistischen Querschnitts reduziert.

In den Offenen Kanälen kann jedoch noch heute jeder Bürger nach festgelegtem Schema freien Zugang zu einfachsten Produktionsmitteln und Sendeplätzen erhalten (einzige Bedingung für Equipmentausleihe und ein paar Stunden Schnittzeit: Die Produzenten müssen kostenlos senden!). Doch ließ sich weder die Alternativszene, die in ihrem Professionalisierungstrend keine unbezahlte Sendung hätte produzieren wollen, noch die

34 (MKA) Helmut Mark simulierte später dann wieder dies verlorengegangene Rauschen als „mediative Skulptur" (MKI).

künstlerische Szene zu einer nachhaltigen Nutzung dieser Kapazitäten bewegen. Zu diffus und kontaminös erschien der Kontext und ein nennenswertes Publikum war auch nach Jahren noch nicht in Sicht. Dieser Kontext, prinzipiell offen auch für linke wie rechte Positionen, konnte auch Fragen nach Zensur aufwerfen wie z. B.: Dürfen die islamischen Fundamentalisten ihre Propaganda staatlich gefördert senden? Der „Offene Kanal“ – nicht dem Prinzip nach, aber als „real existierender Kanal“– erwies sich zumindest in utopischer Perspektive als Sackgasse, denn auch tolerante Medienbenutzer erwarten zurecht eine medial „ansprechende“ bzw. „entsprechende“ Aufbereitung der Information. Niemand erträgt auf Dauer langweiliges Fernsehen.[35] Ein Medium, das zu niemandem vermittelt, führt sich aber selbst ad absurdum.

Exkurs: Good morning, Mr. Honecker

Während im Westen die Angst vor dem Orwellschen Überwachungsstaat zunahm, auch wenn Paik 1984 die Negativ-Utopie Orwells mit seinem fröhlichen „Good Morning, Mr. Orwell“ beantwortete, erlebten die Künstler der DDR spätestens mit der Ausbürgerung Wolf Biermanns 1979 ihr Land als einen offen restriktiven Überwachungsstaat, der künstlerische Kritik auch nicht mehr im Ansatz zuließ. Untergrundszenen von Performern, Malern und Filmemachern bildeten sich, wie sie die Video- und Buchpublikation „Gegenbilder“ ausführlich dokumentiert.[36] Der Fall der Mauer brachte hier eine Fülle künstlerischer Reaktionen. Auch wenn vor dem Fall der Mauer nur in seltenen Fällen das deutsch-deutsche Verhältnis Thema einer Arbeit war – eine Ausnahme war hier z. B. Hartmut Jahn mit seinem Tape „Deutsch-deutsche Fragmente“(1985) – , reagierten Rike Anders, Egon Bunne, Antal Lux, Marcel Odenbach und viele andere direkt auf die Entwicklung in Deutschland nach dem Fall der Mauer. (MKI) Wie sehr das Verhältnis BRD-DDR jedoch als propagandistisches Verhältnis verschiedener Massenmedien genauer zu analysieren war, erarbeiteten mit etwas mehr Abstand z. B. Frieder Schnock und Renata Stih (1997) zum Thema Print-Propaganda oder Julian Rosefeldt und Piero Steinle zum Thema der TV-Nachrichten (1998)[37].

Von dem elementaren Bedürfnis nach Informationsaustausch zwischen Ost und West profitierte im Frühjahr 1990 der Leipziger Piratensender Kanal X (als Name mit einem Augenzwinkern zur Kategorie X-rated – „nur für Erwachsene“ – in der amerikanischen Filmzensur).[38] (MKI) Solange unklar war, wer was in der formal noch existierenden DDR zu sagen hatte und auch noch die Macht besaß, es durchzusetzen, solange konnten entste-

35 Im Public Broadcasting System der USA gingen die alternativen Medienaktivisten von Paper Tiger Television dagegen alle 14 Tage mit festem Programmplatz auf Sendung. Auch „Unser Fernsehen“ (UTV) stellt noch einmal Mitte der 90er Jahre konkrete Überlegungen zu einer anderen TV-Ökonomie an. (MKI)

36 Vgl. „Gegenbilder – filmische Subversion in der DDR 1976-1989“, Karin Fritzsche/Claus Löser (Hrsg.), Berlin 1996; Videoproduktionen konnten aufgrund der fehlenden Produktionsmittel praktisch nicht realisiert werden. Erst sehr spät, ab 1987, gab es staatlicherseits erste Versuche, hier ein begrenztes Experimentierfeld zuzulassen, so in der Videowerkstatt der FdJ und des VBK, Verbandes Bildender Künstler der DDR (MKI).

37 (MKI): Frieder Schnock/Renata Stih, „Neues Deutschland BILD“ (1997), und Julian Rosefeldt/Piero Steinle, „News“ (1998).

38 X bezeichnet allerdings auch „ungelöste Fälle“ in archivarischen Signaturen.

hende Freiräume besetzt werden. Kanal X, dessen Hardware als „Kunstwerk" vom westdeutschen Künstler Ingo Günther über die damals noch bestehende deutsch-deutsche Grenze transportiert wurde, installierte einen TV-Sender auf dem Dach des von der Bürgerbewegung „Neues Forum" besetzten „Hauses der Demokratie" in Leipzig und wurde so zum einzigen unabhängigen Fernsehsender in der Geschichte der DDR. Als „Kunstwerk" importiert, von einem Ost-Kurator (Joerg Seyde) und einem West-Künstler (Norbert Meissner) sowie einer Gruppe von Aktivisten über ein Jahr lang betrieben, gelang ein Transfer künstlerischer Impulse in die Massenmedien, der deutsch-deutsche Mediengeschichte schrieb. Diese war bis dato geprägt von den Auswirkungen der Propaganda des Kalten Krieges und einer medialen Hegemonie des westdeutschen Fernsehens über das ostdeutsche mit seiner legendären Magazinsendung „Der Schwarze Kanal" zur Denunziation der BRD. Während im institutionalisierten DDR-Fernsehen die Jugendsendung „1199" (Postleitzahl der Produktionsstätten in Berlin-Adlershof) erste Gehversuche in unabhängigem Journalismus und MTV-poppigem Tempo wagte (Katrin Willim z.B. mit ihrem Clip „Born in the GDR"), realisierte Kanal X aus der Illegalität heraus ein echtes Bürgerfernsehen, das auch als Exportmodell für Osteuropa gedacht war: „Ingo Günthers Absicht war es gewesen, hiermit einen Modellfall für autonome Oppositions-Medien in der gesamten Umwälzung in Osteuropa zu schaffen. So sollten auch der Sender und das Studio von Kanal X nach dessen Wandlung zu einer professionellen TV-Produktion nach Rumänien weiterreisen, wo sie allerdings noch bis zum heutigen Tage vom Zoll beschlagnahmt an der Grenze festliegen. Wie schon Lenin wußte, gelingt der Export von Utopien nur in seltenen Fällen."[39]

Windows 84

Vom „Fenster zur Welt" und dem Ausguck einer imaginierten Zentrale auf die Welt durch ein Netz von Überwachungskameras führt eine Entwicklung hin zum selbstreferentiellen „Fenster im Fenster". Ohne sich vielleicht des strukturellen Zusammenhangs bewußt zu sein, übertrugen die politisch Verantwortlichen, nicht ganz der liberalen Deregulierung trauend, das Prinzip des Apple-Betriebssystems mit seinen „Windows" (heute erfolgreich von Microsoft usurpiert) auf das Fernsehsystem der BRD. Auf der stets fliessenden Oberflächentapete des Kommerzfernsehens installierten sie per Gesetz kleine Zeitfenster für unabhängige Produzenten von „Qualitätsfernsehen", so daß indirekt auch die privaten Kommerzsender ihr Scherflein zum bildungsbürgerlichen Programmauftrag beitragen müsse. Plötzlich entstanden Nischen für z.B. die westdeutschen Produzenten Kanal 4 um den ehemaligen ZDF-Redakteur Carl Ludwig Rettinger oder die Firma des Filmemachers Alexander Kluge DCTP (Development Company for Television Programs), die mit Hilfe des „Spiegel TV" und des japanischen Konzerns Dentsu seitdem regelmäßig essayistische Sendungen programmiert. Wie ein U-Boot im Meer der ausufernden „Ver-

39 Dieter Daniels, „Utopie – Wozu?", in: Ingo Günther, „Republik.com", Susanne Rennert/Stephan von Wiese (Hrsg.), Ostfildern 1998, S. 56.

dummung“[40] reizen sie den Kontrast zum kommerziellen Umfeld von RTL oder Sat 1 bis zum Äußersten aus. Alexander Kluge verband damit anfangs sogar die Hoffnung auf eine neue Art von Kinematografie. Das reduzierte Design mit Reminiszenzen an die Zwischentitel der Stummfilmära wirkte auch stilbildend für eine neue, Bild und Text verbindende Magazinform, aber die unvorstellbare inhaltliche Dominanz des Interviewers Kluge wie auch die hochkulturelle Esoterik ließ nicht nur den RTL-Chef Thoma an den Sendungen verzweifeln. Mit der Etablierung des deutsch-französischen Kultursenders ARTE verloren diese „Fenster“ schließlich an Bedeutung. Die „Säuberung“ in eine diversifizierte Produktpalette von Programmkanälen hatte begonnen.

Doch zuvor wurde der Siegeszug der Privatsender noch begleitet von durchaus unerwarteten Experimenten: 1989 organisierten die Bonner Galeristin Philomene Magers und der Kunstjournalistin Regina Wyrwoll ein einwöchiges Experiment. Der „Kunstkanal“ auf RTL plus präsentierte eine ungewöhnliche Mischung aus Kunstberichterstattung, künstlerischen Tapes und medialen Interventionen.[41] Daß die „Appropriation“ der Privatsender kein Modell einer längerfristigen Kooperation sein konnte, versteht sich von selbst, auch wenn RTL in der Folge immer wieder einer publikumswirksamen Präsentation von Kunst in bezug auf das Fernsehen aufgeschlossen war, wie z.B. 1997 die Unterstützung der Ausstellung „Der Traum vom Sehen“ zur Kulturgeschichte des Fernsehens unter Beweis stellte.[42]

Distribution und Präsentation

Das Fernsehen wiederholte damit eine Entwicklung, wie sie auch im eher unfreiwillig gewählten „Exil“ der überall boomenden Videofestivals sich zeigte. Diese Ära setzte im deutschen Raum ebenfalls 1984 mit der Videonale Bonn und dem Marler Video-Kunst-Preis ein.[43] Sie trugen der Tatsache Rechnung, daß weder die Integration/Infiltration des Fernsehens noch der Galerien/Museen für das künstlerische Medium Video von Erfolg gekrönt war und somit eine regelmäßige Präsentation und Förderung dringend not tat.[44] Die damals noch vorherrschende Form des Videotapes schien einerseits einen regelrechten Boom zu generieren (eine Frage der besseren und billigeren Videostandards, aber auch dies nicht zuletzt ein MTV-Effekt), andererseits zur virtuellen Unsichtbarkeit verdammt. Die boomende künstlerische Produktion fand noch immer keine Gelegenheit zu

40 Interview mit Alexander Kluge in: „Intervalli tra film video televisione“, Valentina Valentini (Hrsg.), Palermo 1989, S. 101.

41 Siehe Text von Regina Wyrwoll im vorliegenden Band. Nach ihrer mündlichen Aussage realisierte sich die Initiative aufgrund einer subversiven Aktion einer Abteilungsleiterin – ein eingeschmuggeltes Formular in der Unterschriftenmappe des RTL-Fernsehdirektors Thoma. Der ORF sendete 1986 ebenfalls eine Woche seine „Videonale“ mit Videotapes, Debatten und Live-Events; siehe Heidi Grundmann, „Television in Austria 1955–1987“, in: „Revision – Art Programmes on European Television Stations“, Dorine Mignot (Hrsg.), Stedelijk Museum, Amsterdam 1987, S. 15.

42 „Der Traum vom Sehen – Zeitalter der Televisionen“, Ausstellung im Gasometer Oberhausen 1997, organisiert von Triad Berlin „auf Initiative von RTL Television“, so der Credit im Katalog.

43 In den frühen 80er Jahren entstanden die ersten europäischen Videofestivals in Locarno, Bologna, Den Haag, Montbéliard. 1988 war dann das Gründungsjahr der heute wichtigsten jährlichen Festivals in Deutschland, des Europäischen Medienkunstfestivals Osnabrück und des VideoFests (heute transmediale) in Berlin.

öffentlicher Aufmerksamkeit. Der Publikumserfolg der Neuen Wilden, die Kommerzialisierung des MTV-Modells, die mit Furor geführten Grundsatzdebatten von Filmemachern[45] und Fernsehprofis, die Skepsis der Galeristen und die historisierende Perspektive der Museumskuratoren, all dies ließ das Bedürfnis nach einem eigenen Ort der Aktualität, des Austauschs und der Diskussion entstehen. Die bewußte Abkopplung von diesen höchst negativ aufgeladenen Kontexten ließ eine bis heute stark vernetzte Medienkunstszene erst entstehen, die auch andere Distributionsformen jenseits des etablierten Kunstmarktes erprobte.[46] Neue Querverbindungen wurden lokal wie formal gesucht. „Fusion" allerorten: in der Musik wie beim bewegten Bild. Film, Video, Videogames und Computeranimationen schufen eine neue, multiperspektivische Bildsprache jenseits der kanonischen Kunsttradition.

Crossculture

Heterogenität, prozessuales Denken und kollektive Produktion im medialen Raum trägt zur Durchkreuzung hegemonialer Ansprüche bei. Einer der wichtigsten Motoren dieser dynamischen Gruppenprozesse war das netzwerkartige Projekt Infermental von Gábor und Vera Bódy, das sich von 1980, dem ersten Ideenentwurf, bis zu seiner Auflösung 1991 als ein Informationsspeicher definiert hat, der jenseits aller Schablonen und Kategorisierungen einmal im Jahr an einem anderen Ort der Welt ein Periodikum von vier bis sechs Stunden visuellen Materials kompilierte. Die Videocassette erwies sich als ideales Zirkulationsmedium. Ein Manko, wenn auch nur aus heutiger Sicht, war die zu wenig verbreitete und teure Nutzung der Bildplatte bzw. Videodisc, die einen punktuelleren Zugriff und eine bessere Realisierung des Magazingedankens ermöglicht hätte.[47] Dieser einzigartige Speicher der Trends, Theorien, Bilder und Bewegungen der 80er Jahre vermittelt auch einen Einblick in die Topoi der Medienkünstler: New Narrative oder die Subjektivitäten von Helden und Exzentrikern waren durchgängige Genres; 1985 wurden globale Phänomene als Ethno-Mondiale und Ethno-Occidentale untersucht; postmoderne Theorien schienen das Interesse an „Ritueller Mechanik", „Media Mystik" und „Simulacre" zu nähren, während 1986 eine komplette Edition unter dem Titel „The Image of Fiction" kompiliert wurde, ein Titel, der sich auf einen Großteil der künstlerischen Bänder-

44 Daran konnte auch die erste umfassende Retrospektive „Videokunst in Deutschland von 1963–1982", von Wulf Herzogenrath – als erste Station im Kölnischen Kunstverein ausgerichtet –, nichts ändern – im Gegenteil: Der Rückblick auf die konzeptuellen Ansätze der Pioniere in Deutschland wie Jochen Gerz, Ulrike Rosenbach u. a. sowie ein zeitintensiver „Besuch" der gesamten Ausstellung entsprachen kaum dem neo-expressiven, schnellebigen Zeitgeist. So wichtig die Ausstellung auch war, für einige kam sie zu früh – „Zur Hölle mit der Videokunst", Alfred Nemeczek in „Art", Nr. 3, März 1983, S. 96ff. – oder zu spät, siehe Marcel Odenbachs Text im vorliegenden Band.

45 Siehe stellvertretend dazu das Interview mit Michael Klier im vorliegenden Band.

46 Das publizistische Interesse des DuMont-Verlages an einer Aufarbeitung des Phänomens Videokunst ging so weit, daß sie 1986 erstmals auch mit dem von Vera und Gábor Bódy herausgegebenen Band „Axis" ein Buch inklusive VHS-Cassette auf den kommerziellen Buchmarkt brachten. Zuvor hatte schon einmal eine U-matic-Cassette des Lijnbaanzentrums Rotterdam die Performances der Ausstellung „Projekt 74" in Köln dokumentiert, aber nie den Zirkel der Kunstzentren verlassen.

47 Die gesammelten Infermental-Editionen sind heute in der ZKM Mediathek zugänglich. Ein zweites Videomagazin war der „Videocongress" aus dem Kölner Raum.

produktion der 80er Jahre beziehen läßt. Selbst die Analysen des Überwachungsstaates wie „Der Riese", zusammengesetzt allein aus Aufzeichnungen von Überwachungskameras, folgte einer narrativen Filmlogik in der Montage und im Soundtrack. Die Mediatisierung der Lebenswelt, gerade am Vorabend des Orwellschen 1984, wurde als umfassende Fiktionalisierung der Gesellschaft gefeiert – „We need more fiction" (Jean-Paul Fargier) – oder aus kritischer Sicht denunzieren. Den Prozeß des Übergangs vom „Fenster zur Welt" zur globalen „Produktion von Welt" überhaupt erst anschaulich werden zu lassen, das gelang dem „Crosscultural Television" von Antoni Muntadas und Hank Bull (1986). Das im Rahmen von Infermental distribuierte einstündige Kompilationsband visualisierte die Formen der globalen TV-Hegemonie, indem die strukturellen Gemeinsamkeiten der Fernsehformate auf der ganzen Welt kompiliert und analysiert wurden.[48] In dieser Veranschaulichung einer Fiktionalisierung und medialen Formatierung unserer Wahrnehmung wird die Herkunft des Begriffs „Crossculture" aus der amerikanischen Kultursoziologie auf das Medium Fernsehen und den Kontext Kunst übertragen.

Festivals boten für grenzüberschreitende und vernetzte Projekte einen idealen Ort der Präsentation und Kommunikation, deren Produktion zuallererst sich aus anderen Lebens- und Arbeitszusammenhänge generierte. „Cross Culture" nannte Wolfgang Max Faust bereits 1985 auch das Phänomen einer Gegenstrategie zu den sich isolierenden Subkulturformen, die sich jenseits aller Formatfragen mit Gruppenphänomenen verbindet: „statt der Isolation die Verkettung, die permanente Vermengung von Eigenem und Fremdem".[49] Im Gegensatz zum Jazz, Rock und Pop mixende Fusion-Begriff, mit dem etwa die Musiker und Performer der „Notorischen Reflexe" operierten, verblüffte die Berliner Gruppe „Die Tödliche Doris" mit dem Konzept des „Durchkreuzens" von Stilen, Erwartungen, Traditionen. (MKI) Ihre mediale Haltung bestand weniger in der Verbindung von Musik und Bild, Play und Replay, als vielmehr in der Schaffung einer eigenen Art von privater Öffentlichkeit und der parodierenden und dilettierenden Verkettung von Medien, Aktionen und Konzepten. Unterschiedliches zusammenzufügen, ohne ein Drehbuch oder eine übergeordnete Struktur zu verfolgen, die Lust an der Überkreuzung und Konterkarierung, das dilettierende Basteln als Antwort auf kommerzielle „production values", ein bewußtes Außenseitertum mit Affinitäten zum fröhlichen Abseits und dem parasitären Zitat – der Werkbegriff und das Konzept einer autonomen Kunst werden zwar nicht negiert, aber sie stehen hier nur probeweise neben einer Reihe anderer Aggregatzustände von „Die Tödliche Doris". Kunst und Leben sind auch in Zeiten des postmodernen Diskurses ineinander verwoben, aber als eine vielfältige mediale Praxis ohne utopischen Anspruch.

In der Post-Punk-Ära Mitte der 80er Jahre in Berlin beharrte „Die Tödliche Doris" auf Widerspruch zur Vereinnahmung. Dies macht sie zum paradigmatischen Aushängeschild einer Crossculture-Szene, die sich gerade nicht als „Szene" begreift, sondern als

48 Gusztáv Hamós und Christoph Dreher hatten 1983 bereits ähnliches in dem Band „Commercials" unternommen.
49 Wolfgang Max Faust, „Cross Culture – eine neue Tendenz in der Kunst", in: Kunstforum, Bd. 77/78, 1985, S. 166.

Gast in den verschiedensten Kontexten. Von dieser Praxis des selbstverständlichen Agierens in unterschiedlichsten Rollen lassen sich, gerade auch aus Sicht der Positionen der 90er vielfältige Verknüpfungen herstellen zu den frühen Performern als Dienstleistern in der Kunst wie M. Raskin Stichting Ens. oder der Gruppe um Minus Delta t, aus der später das Ponton European Media Lab[50] hervorgegangen ist. Die Produzenten agieren in variablen Kontexten: Musiker und Künstler Carsten Nicolai spielt z.B. sowohl auf dem Klavier der Plattenlabel wie dem der musealen Präsentation. Allein die Wahrnehmung des Publikums hinkt hinterher: Zeitgenossenschaft dokumentiert sich noch immer vornehmlich in geschlossenen Kreisen der Kunst- oder Musikszene.

Intermezzo: Video-Skulptur

Ganz unberührt von diesen querlaufenden, anti-institutionellen Entwicklungen wurde gegen Ende der 80er Jahre ein finanzielles wie technologisches Handicap der Videokunst deutlich: die Abhängigkeit von den Sponsoren der Industrie, ohne die keine größere Ausstellung zu finanzieren war. „Video-Skulptur aktuell und retrospektiv 1963–1989", von Wulf Herzogenrath und Edith Decker 1989 in Köln, Berlin und Zürich präsentiert, inszenierte mit der Hilfe von Sponsoren wie u. a. RTL eine Schau der Superlative, der es zu verdanken ist, daß das Medium Video nach einem Vierteljahrhundert faktischer Außenseiterexistenz und eines bereits nachhaltigen Revivals zur documenta 8, 1987, endgültig an den Kunstmarkt gekoppelt werden konnte. Die Popularisierung konnte jedoch wohl kaum früher erfolgen, da erst die vollkommene Umgestaltung des Fernsehens in den 80er Jahren den Boden bereitet hatte. Überdimensionierte Installationen von Nam June Paik oder Marie-Jo Lafontaine setzten mit monumentaler Macht visuelle Verführungskünste ein. Eher kritisch operierende Positionen wie Marcel Odenbach, Klaus vom Bruch oder Dara Birnbaum profitierten zwar von der Popularitätswelle, konnten aber keine spezifisch neuen Akzente mehr setzen. Video hatte sich vom konzeptuellen zum sinnlichen Medium gewandelt, mit den Elementen des Fernsehens wie der Kunstgeschichte zitatweise souverän spielend. Dem Vorwurf des postmodernen Beliebigkeit widerstanden die auf dem materiellen Aspekt beharrenden Videoskulpturen. Die über einige Jahre nun herrschende Dominanz des Skulpturbegriffs im Zusammenhang mit der Medienkunst war ein populistischer Rückschritt, sei es aus Gründen der Vermarktung oder, wie Vito Acconci schon früh vermutete, des „schlechten Gewissens"[51], der sich in den 90er Jahren beinahe so schnell dem Wandel des Kunstverständnisses beugen mußte wie zuvor die schnell verheizten neoexpressiven Maler. Installationen begannen, sich von allen Referenzen auf einen realen Objektcharakter eines Werks zu befreien und eine Ära der reinen Bildinstallation, linear oder interaktiv, einzuläuten. Die poetische Fusion paralleler, sich überlagernder, konkurrierender, kommentierender Erzählungen im elektronischen Bild spiegelt dabei in nuce das

50 Siehe Infermental-Manifest im vorliegenden Band.

51 Vito Acconcis Urteil über die Künstler, die sich der Video-Skulptur verschrieben haben, lautete schon 1984: „a person who is afraid of being out-dated, embarassed about clinging so hard to the past", in: „The Luminous Image", a. a. O., S. 22.

Prinzip der Videoinstallation, d.h. die räumliche Aufspaltung einer Erzählung oder eines visuellen Konzepts in mehrere Kanäle.

Copy-and-Paste oder die produktiven Verkettungen der 90er Jahre

Die Geschlossenheit des skulpturalen Werks, die Beliebigkeit der ausufernden Produktion von Artefakten, an der Paik kräftig mitstrickte, und das wachsende Desinteresse junger Künstler und Künstlerinnen an einer musealen Präsentation im „White Cube“ lassen die Videoskulptur als Intermezzo auf dem Weg zum offenen medialen Kunstwerk erscheinen. Die Bezüge und Affinitäten der heterogenen und multimedialen Produzentengruppen der 80er Jahre zu den aktuellen Positionen der 90er Jahre unter dem Vorzeichen eines vernetzten Kontextes spannen retrospektiv das sinnfälligere Netz. Die (emotionale) Partizipation, Grundlage vieler interaktiver Installationen, und die Faszination durch potentiell offene Strukturen weist auf ein Phänomen hin, das sich mit der öffentlichen Inszenierung von Arbeitsprozessen, Workshops und Kommunikationsorten in Bezug setzen läßt.[52] Heute wie damals wird die prozessuale Verkettung disparater Elemente und Low-Tech-Produktionsformen öffentlich ausgestellt, ein Work-in-progress mit emotionaler Beteiligung des Publikums. Die Intimität wie Absurdität der ausgestellten Dialoge eines Paares, dessen Internetkommunikation inklusive der Widersprüche, Mißverständnisse und Redundanzen Christian Jankowski ausstellt (MKI), nutzt genau diesen Prozeß einer ständigen Verkettung weiterer Medialisierungen: vom Internet zum Theater zum Video zur Ausstellung. Nichts, was nicht über „copy“ und „paste“ in neue Kontexte eingesetzt werden könnte. Auf der anderen Seite wendeten sich Felix Stefan Huber und Philip Pocock gegen die Subsumierung unter einen zu eng gefaßten und vordefinierten Kontext der „Netzkunst“ in einem Computer- und Arbeitsambiente bei der documenta X, 1997. Für ihre „Travel as art“-Projekte ziehen sie das temporär als Lebens- und Arbeitsraum umfunktionierte Museum vor. Die Medien spielen hier zwar die dominante Rolle in der Konstruktion von Erzählung, bleiben aber der oft sehr materialreichen Form der Präsentation untergeordnet.[53]

Zwischen Appropriation des Museums und anti-institutioneller Kritik changiert ein ganzes künstlerisches Spektrum. Der „White Cube“ der 80er Jahre ist inzwischen einem öffentlich ausgestellten Privatraum gewichen, der die Subjektivierung in der Kunst als Schnittmenge und Archiv verschiedenster privater wie öffentlicher Faktoren begreift. Zu den zeitgenössischen Modellen der Dislozierung von Kontexten zählen die Aktionen Johan Grimonprez’ mit seinen Video-Lounges, des Thailänders Rirkrit Tiravanija, der art club berlin, der die Präsentation von Videos mit einem mobilen Clubsystem verbindet, oder auch Künstler wie Carsten Nicolai und Daniel Pflumm mit ihrem Crossover zwischen Clubszene und den Zentren zeitgenössischer Kunst. (MKI) Eine „Fusion“ zwischen Club und Museum ist weder möglich noch überhaupt erwünscht. Doch zeugen diese Grenzgänger von einer multimedialen und multilokalen Präsenz der Künstlers. Subkultur, Kunst und

52 Siehe z. B. das Konzept des HybridWorkSpaces auf der documenta X, 1997.
53 (MKI); siehe auch den Text von Philip Pocock im vorliegenden Band.

Kommerz in der Technobewegung koppeln sich zu einer breiten Bewegung, bewußt mit den Rahmenbedingungen der kapitalistischen Gesellschaft spielend. So spiegelt das Loopen von Corporate Identity Logos und die Generierung sowie Parodierung der bekanntesten Markennamen die Konsequenz einer totalen Innenansicht unserer Gesellschaft. Die Fusion im Sinne der Verschmelzung der Differenzen und der Kreierung eines neuen Stils war noch ein Anliegen der One-World-Generation, die Player und Kombattanten der 90er Jahre haben an die Stelle einer ganzheitlichen Vision nun eine „hybride“ Praxis gesetzt. So verweist der „HybridWorkSpace“ der documenta X sowohl etymologisch gesehen auf sein Zwitterwesen und seine Ambivalenz, als auch auf die vielfach aufscheinende Hybris, auch innerhalb des Kunstkontextes dezidiert an nicht-ästhetisierenden Praktiken festhalten zu können.

Forum

All die Künstler und Künstlerinnen in den Clubs, Galerien und auf den Festivals, die an den vielfältigen Verbindung von Kunst und Netz arbeiten, stehen im Gegensatz zu Versuchen, genau dieses individualistische Kunstschaffen gänzlich für einen offenen demokratischen Diskurs einer Gemeinschaft aufzugeben, der auf die Gesellschaft Rückwirkungen hat. Wolfgang Staehle, der Begründer des Netzwerks „The Thing“ (MKI) in New York, hält 1992 erneut das vehemente Plädoyer der 60er Jahre für den Künstler als gesellschaftlichen Akteur: „Der Kunstkontext ist machtlos, wir wissen alle warum. Die Realität wird woanders konstruiert, und wenn wir als Künstler, Schriftsteller oder sonst was da mitreden wollen, müssen wir diese ganzen so viel mächtigeren Medien unterwandern, damit wir dafür sorgen können, daß unsere Stimme gehört wird.“[54] Als eine der ersten hat das Ponton European Media Lab mit seinem Van Gogh TV auf diese Herausforderung reagiert und den wohl weltweit bekanntesten Versuch für eine interaktive TV-Plattform zur documenta 9, 1992, unternommen. Ihre „Piazza virtuale“ (MKI) wurde kritisch und hämisch als Hallo-TV klassifiziert, doch andererseits in seiner Potentialität ebenso euphorisch von den Medienaktivisten begrüßt. Ingo Günther zählte ebenso dazu wie der damalige Leiter der documenta, Jan Hoet. Auch das öffentlich-rechtliche Satellitenfernsehen 3sat beteiligte sich in der Hoffnung, hier einen Vorgeschmack auf seine eigene Zukunft zu bekommen.

Erfolg und Mißerfolg der „Offenen Kanäle“, die von der Netz Community heute simplifizierend mit der Existenz geheimer oder offener Zensur linker und innovativer Produktionsformen in Verbindung gebracht wird,[55] sind in den 90er Jahren angesichts einer neuen partizipatorischen Technologie wieder ein wichtiger Vorläufer in der Diskussion um

54 Wolfgang Staehle in einer Debatte des Bulletin Board Systems „The Thing“ am 26.6.1992; siehe auch Text im vorliegendem Band. Friedrich Kittler formuliert dies so: „Kunst unter Computerbedingungen [wird] abgelöst von einer Zauberei, die nicht mehr Allmacht beschwört, sondern Realität [...]. Von dieser Macht über das Reelle sind Künstler, wenn sie nicht selber zu Ingenieuren oder Programmierern werden, schlichtweg ausgeschlossen.“ In: „Künstler – Technohelden und Chipschamanen der Zukunft?“, „Medienkunstpreis 1993“, Heinrich Klotz/Michael Roßnagl (Hrsg.), Ostfildern 1993, S. 47 und 51.

55 Diese Verschwörungstheorie findet sich z. B. im Text „Utopian Promises – Net Realities“ (1995) von Pit Schultz unter: http://www.is.in-berlin.de/~pit/ZKM/promises.asc

„Elektronische Cafés", „virtuelle Foren", „Webcams" etc. Spuren der frühen, eher anarchischen Ideologie tauchen plötzlich vermittels des neuen Mediums Internet wieder auf. Die Philosophie des Webcastings der Berliner Netzaktivisten von „convex tv." dient hier als Schlaglicht: „In den Traditionen von Do-It-Yourself-Kultur, Piratenradio, Audio Art, Improvisation, Feintune-Journalismus etc. senden temporäre Kollektive und Einzelpersonen von ihren Rechnern aus meist irreguläre Programme, die im Zweifelsfall auch ohne Publikum oder content auskommen wollen. [...] Die widersinnige Forderung, jedem sein eigenes Massenmedium' erfindet sich hier ihre eigene Kulturpraxis des dezentralen Webcastings. Wenn jeder ungleichzeitig sendet, entstehen zusätzliche Kanäle von selbst."[56] Die medienpolitisch entscheidende Botschaft steckt in „dezentral" und „eigen". Aber was heißt das konkret? Jeder produziert am Ende parallel und wieder „hört oder guckt kein Schwein zu"? Alle Webnarziße verfolgen nur ihre eigenen Sendungen, besessen von der permanenten Produktion? Web-TV oder Web Anti-TV für einen Kreis von Insidern und Ingroups? Erst mit speziellen Events scheint sich überhaupt eine Aufmerksamkeit für solch vernetztes Senden herstellen zu lassen, wie schon die „Piazza virtuale" der documenta 9, die ja auch eine „piazza reale" vor Ort war, bewies.

Zwar beginnen wir erst, das Potential des Webcastings mit der Verbesserung der Software zum Videostreaming zu erahnen, doch die problematische Kopplung von Technologie und medialer, gar künstlerischer Wirkung ist damit auch in Zukunft nicht lösbar. Low-Tech und Do-It-Yourself, heute kurz DIY, werden als subversive Strategien ohne Anspruch auf „Reichweite" geschätzt. Von ATV, dem „Alternativ TV", zu UTV, „Unserem Fernsehen" (MKI) gibt es eine immer wieder aufflackernde Diskussion utopischer Fernsehkonzepte, die einen prinzipiellen Rollentausch zwischen Produzenten und Rezipienten vorsehen. Im geschützten Kunstkontext können Funktionen öffentlicher Räume umdefiniert werden, ein funktionierendes Fernsehmodell werden UTV oder „convex tv." dadurch nicht. Die Aktivisten bleiben, daran wird sich auch im 21. Jahrhundert nichts ändern, eine kleine radikale Minderheit.

„Zeitgebundene Information und Random-Access-Information unterscheiden sich durch den Prozeß des Abrufens. Das „Buch" ist die älteste Form von Random-Access-Information. Der einzige Grund, weshalb Videobänder so langweilig und Fernsehen so schlecht ist, ist, daß sie zeitgebundene Information sind."[57] Nam June Paik, wohl der früheste Visionär multimedialer Interaktion, kann 1980 nicht voraussehen, daß gegen Ende des Jahrhunderts das lineare Videoband in Form von Videoinstallationen und räumlichen Projektionen ein überraschendes Revival erfährt – der Erfolg von Pipilotti Rist wie der Erfolg

56 Selbstdarstellung des Netzradios im Katalog des Kasseler Dokumentar- und Videofests 1998.

57 Nam June Paik (1992), a. a. O., S. 149; nicht-lineares Erzählen ist inzwischen, 16 Jahre nach Paiks Diktum, die große Herausforderung der Medienkunst geworden. Leider werden wir in bezug auf non-linearen TV-Konsum beim Zapping nicht in der Weise fündig, wie er das in einem Flugblatt 1965 imaginierte: „Wegen der VVHF des LASERS werden wir genügend Radiosender haben, um uns Nur-Mozart-Sender, Nur-Cage-Sender, Nur-Bogart-TV-Sender, Nur-Untergrundfilm-TV-Sender etc. etc. etc. leisten zu können." (ebd., S. 116) Doch ob Laser oder Glasfaserkabel, die zukünftigen Spartenprogramme versprechen zur Zeit keine erweiterte TV-Praxis, sondern nur eine unendliche Reproduktion an Sendungen für Konsumenten.

der jungen britischen Kunst (Douglas Gordon, Tracey Emin u.a.) ist eindeutiges Indiz dafür. Wie in einem langen Gärungsprozeß scheint traditionelles Museumsterrain endlich reif für mediale Aktivitäten. An der Schwelle zur Institutionalisierung, Etablierung finden wir genau für die Arbeitsfelder einen beginnenden Prozeß der Historisierung und „Archäologie", die nicht mehr mit der neuesten Technologie assoziiert werden – in diesem Fall das auch technisch bald obsolet gewordene Videotape.[58] So wird verständlich, daß z.B. 1999 das Museum für Neue Kunst im ZKM eine große Ausstellung unter dem Titel „video cult/ures" ausschließlich diesem Medium widmen kann und sich damit zugleich im Einklang mit dem Kunstmarkt befindet. Die im Boom der 80er Jahre entstandenen Sparten und gattungsspezifischen Ableitungen der „Video-Kunst"sind aufgegangen in einer „Video-Kultur" von Klaus vom Bruch bis Daniel Pflumm, Nam June Paik bis Pipilotti Rist. Die Selbstverständlichkeit des Umgangs mit dem Medium, für die 80er Jahre reklamiert, kann man nun tatsächlich konstatieren. Video ist ein unspektakuläres Medium unter vielen anderen geworden, sei es im Club, im Museum oder im Fernsehen, wovon auch die langjährige Zusammenarbeit des ZKM mit dem Fernsehsender SWR in der Ausrichtung des „Internationalen Videokunstpreises" zeugt.[59] Die öffentlich konsumierbaren elektronischen Bilder im Fernsehen, der Werbung oder den Clubs sind formal von entwaffnender Experimentierfreudigkeit. Paik hat spät, aber umso nachhaltiger Schule gemacht. Ob diese elektronischen Ikonen allerdings noch etwas jenseits der Retina bewirken, kann getrost bezweifelt werden. Die Videokunst hat sich in eine mediale Praxis verwandelt, die Koproduzent ihrer eigenen Auflösung ist.

Doch die technologische Front hat sich nur verschoben. Die Netzkunst steht vor den Toren der Kunsttempel, die sich wahrscheinlich erst dann öffnen werden, wenn auch diese Kunstform technologisch überholt ist und der Hype der Medienkunst sich auf ein wieder neues Terrain verlagert hat. Die strukturelle Affinität eines Museums zur distanzierten Beobachtung aktueller Tendenzen wird auch in Zukunft die Oberhand behalten. Und die Zentren zeitgenössischer Kunst stehen heute so perplex vor dem Phänomen des Internets wie in den 70er Jahren vor dem Medium Video. Einzig die digitalen Museen der 90er Jahre tragen der Tatsache Rechnung, daß heutzutage die multimediale Kunstpraxis zu einem Großteil ohne die technische Infrastruktur und die personelle Unterstützung von Häusern wie dem ZKM, dem Ars Electronica Center in Linz oder dem ICC in Tokyo nicht denkbar ist. Aber ist es nicht nur eine Frage der Zeit, bis jeder sich einen Silicon-Graphics-Echtzeitrechner leisten kann, so wie heute schon jeder in der Lage ist, am eigenen Rechner Video digital zu editieren? Gerade die neu entstandene „Netzkunst" ist nicht mehr auf die technische Unterstützung durch Institutionen angewiesen. Künstlerische Prozesse vom Rechner zu Hause in Gang zu setzen, ist ökonomisch, praktisch und schnell in der

58 Siehe die ersten in den 90er Jahren abgehaltenen Symposien zur Konservierung des Videotapes: „Wie haltbar ist Videokunst", Kunstmusem Wolfsburg (Hrsg.), Wolfsburg (1995) 1997
59 Gegrundet 1992, seit 2000 fortgeführt als „internationaler medienkunstpreis".

Distribution. Den Institutionen bleibt tendenziell nur die Aufgabe, diese vielfältigen Aktivitäten gebündelt im öffentlichen Raum zur Diskussion zu stellen.[60]

Die „digitale Gesellschaft“ (Richard Kriesche) generiert hybride Formen, die das zukünftige elektronische Kino andeuten. Das von fast allen MedienproduzentInnen praktizierte technologische „Crossover“ zwischen den Produktionsformaten, zwischen analog und digital, zwischen Film, Video, Fotografie, Text und Computer, führt auch die letzten kunsthistorischen Bemühungen, den Status eines Originals der Medienkunst fixieren zu können, ad absurdum. Der Marktwert eines Medienkunstwerks basiert nur noch auf einem Vertrag mit dem Museum oder Händler.[61] Vom Kontrakt des Zeichners zum Kontrakt des Medienkünstlers – hier wie dort können im Copyright Täuschung und Tauschwert in direkter Korrelation stehen. Es ist dagegen gerade ein hervorragendes Merkmal der Künstlergeneration der 90er Jahre, real oder simuliert dem Gebrauchswert auch der medialen Kunst wieder zu seinem Recht zu verhelfen. Georg Winters „Telegrooming“ (MKI) liefert hierzu ein vorbildliches, an der Praxis orientertes Modell zur Stärkung „achtsamer zwischenmenschlicher Beziehung“ wie generell auch zum Umgang mit „hohen audiovisuellen Reizmengen, wie sie bei der Bildschirmarbeit und der Television vorkommen. Durch Übungen mit Fingern, Händen und den Augen kann im Sinne vertrauensbildender Maßnahmen (soziale Fellpflege) ein mediatoxisches Feld entspannt werden.“[62]

Georg Winters konzeptueller Ansatz weist mit trockener Ironie auf die Tatsache hin, daß sowohl eine Überdosis Medien wie eine Überdosis Kunst oder eben auch eine Überdosis Medienkunst per definitionem toxisch wirken. Je nach individueller Disposition ist es also ratsam, einfache Gegenstrategien zu jeglicher Fixierung auf institutionelle, formale oder interpretatorische Hegemonien zu verfolgen. Die Künstler der 90er Jahre beharren von daher auf parallelen, ergänzenden oder auch konkurrierenden Aktivitäten, die sich schnell und effizient an den einen oder anderen Kontext ankoppeln lassen. „Offene Handlungsfelder“ (Peter Weibel) durchkreuzen und besetzen sie temporär, ohne den Gang durch die Institutionen wie Museum oder Fernsehen absolvieren zu müssen. Aber auch die Narration, der zitatreiche oder analytische Rekurs auf eine narrative Bildsprache gehört zu den erfolgreich praktizierten Modellen wie die Installationen von Pipilotti Rist, Christoph Girardet, Douglas Gordon u.a. bekunden.[63] Sie müssen weder wie die Generationen vor ihnen eine fehlende Anerkennung im Kunstkontext provokativ einklagen, noch gegen eine übermächtige Technologisierung rebellisch dilettieren. Sie sind mit dieser schon von Beginn

60 Siehe z. B. „netz_bedingung“, die erste größere Ausstellung mit Netzprojekten und Installationen vor Ort, 1999 organisiert vom ZKM, steirischen Herbst in Graz, MECAD Barcelona und ICC Tokio.
61 Dieses System beruht in weitestem Sinn auf Vertrauen und Glaubwürdigkeit. Dieses Verhältnis kann erschüttert werden, wenn bekannt wird, daß mehrere Versionen einer Videoinstallation das „Zertifikat“ des Originalwerks erhalten. Im Fall der Videoskulptur „Les Larmes d'Acier“ von Marie-Jo Lafontaine dreht sich 1999 ein Streit um die Tatsache, daß sowohl das Museum für Neue Kunst des ZKM als auch ein Sammler behaupten, die zuerst gezeigte Version von der documenta 8, 1987, in Kassel zu besitzen. Immerhin sollte es hier möglich sein, anhand der skulpturalen Monitorkonstruktion zu entscheiden, was zutrifft. Bei reinen Projektionsarbeiten läßt sich schließlich eine limitierte Edition nur noch behaupten und vertraglich festhalten.
62 Georg Winter, „Ukiyo Camera Systems – Handbuch der Kameratechnik“, Renate Wiehager/Knut Nievers (Hrsg.), Köln 1999, S. 154.
63 Siehe z. B. die Ausstellung „Moving Images“, Galerie für zeitgenössische Kunst, Leipzig 1999.

an verwachsen und operieren aus einer intimen Kenntnis der öffentlichen Images wie der Informationsgesellschaft und ihrer Medientools. High und Low Tech stehen ihnen gleichermaßen und immer schon zur Verfügung. Sie können immer dann mit privater wie öffentlicher Aufmerksamkeit rechnen, wenn ihre subjektiven Modelle und Inhalte eine authentische Auseinandersetzung ermöglichen, die sich einem reinen Kunstdiskurs entzieht. Bei aller berechtigten Skepsis gegenüber einem heutigen Begriff von Authenzität, scheint mir nicht die unendlich wiederholte, aufklärerische Entlarvung der Medialität unserer Erfahrung weiter zu führen, sondern eher der Versuch, in einen intensiven Dialog/Polylog mit einem Ort, einem Kontext und vor allem einem Gegenüber zu treten.

Rudolf Frieling

Context Video Art

'Video doesn't exist: it insists.'(Jean-Paul Fargier)[1]

Discourse

Media art was preoccupied from the outset with locating, primarily through the visionary, lyrical or provocative aphorisms of its protagonists, the historical place and context in artistic discourse of artists' video, with 'indexing' and anchoring the medium. The assertion that the camera was the equivalent of brush, pencil or chisel, and the monitor accordingly the surface to be artistically worked upon, was intended chiefly to place the new art-form in an ancient tradition that had long gained acceptance. The insistence on an art-historical genealogy that followed the first, purely experimental, phase appears to be a symptomatic phenomenon that, delivering ever-new legitimation until the early 1980s, was an indicator, ex negativo, of the lacking acceptance afforded to the medium as an art-form. The drawing up of parallels for, and justification of, a new practice can be placed in relation to the technological development[2] *and artistic usage without necessarily throwing light on the question, in the case of video technology, of the degree of interdependency between the poles of art and apparatus.*

1 Jean-Paul Fargier, 'The Hidden Side of the Moon', in: 'The Luminous Image', Dorine Mignot (ed.), Stedelijk Museum, Amsterdam, 1984, p. 36.

2 The classical example the reference literature repeatedly cites for whole lines of reasoning is the launch of the SONY Portapak in the mid-1960s (1967, according to Siegfried Zielinski) as the beginning of the era of independent artists' videotape.

The first (and, emphatically, original) video-specific tools were considered to be the camera and monitor as deployed in the closed-circuit installations and performances of Valie Export, Wolf Kahlen, Richard Kriesche, Marcel Odenbach, Ulrike Rosenbach, Peter Weibel and many others.[3] The media-art discourse of the 1970s was so exclusively dominated by a concentration on the relation to space that Paik forecast it would be the pioneering art-form in the 1980s, too.[4] It seems logical that precisely this relation of the 'luminous image' to space and the figure was the subject of discourse in the art context, with the narrative relations to film or television coming a poor second. Nor is it surprising that the classical spectrum of topos and art-historical categories was drawn upon in order to abruptly catapult Brian Eno, as a sculptor in light, into a centuries-old tradition that began with Rembrandt.[5] After analyses specific to the particular medium – 'Video as Video' and 'Film as Film'[6] – the array of categorical definitions was further refined to produce 'Video as Painting', 'Video as Sculpture', and so forth. It is debatable whether such concatenations add to our knowledge; nor was much assistance forthcoming, in 1986, from Peter Weibel's assertion that video is the 'lost-property office of light[7], although in poetic sparkle his words matched that of video art as the poetic form of the electronic image. And yet – no matter how creative the ideas thought up for signed editions, artists' video was unable to be sold via the traditional channels, as the failure of Gerry Schum's 'Television Gallery' made clear from the start. Nor was it possible to convince potential curators in the museums or buyers in the galleries by widening art-historical discourse to include video art. The medium, in principle devoid of aura, all too obviously negated the market conventions. However necessary this reasoning may have been to the formation of a discriminating perception of these new artistic forms at the beginning of the video era, it also obscured awareness of the lack of simultaneity with, and differences from, tradition. In this connection, Gene Youngblood was quick to discern a new era of interpersonal exchange of images, in other words a transfer of immaterial goods able to transport values, intensities and emotions, and representing, as a technologically based exchange relationship that remains abstract, a societal symptom. From this stance, video art is also an indicator of social processes and unable to be reduced to the art-immanent discussion of

3 (MKA) *To cite just some of the artists presented in 'Media Art Action' who were working concurrently with the US pioneers such as Dan Graham, Peter Campus or Bruce Nauman.*

4 *Cf. Rudolf Frieling, 'VT ≠ TV – The Beginnings of Video Art', in: Rudolf Frieling/Dieter Daniels, 'Media Art Action', Vienna/New York, 1997, pp. 115–124.*

5 *Under the rubric 'Angst', Dorine Mignot also compares Hieronymus Bosch and Francis Bacon with Vito Accoci, Michael Klier and Dara Birnbaum. Under 'History', she lines up Jannis Kounellis and Anselm Kiefer with Marcel Odenbach and Francesc Torres. The exhibition title already points to the 'image character' as opposed to film or TV context. Dorine Mignot in the introduction to 'The Luminous Image', op. cit., p. 11 et seq.*

6 *Title of exhibition curated in 1977 by Birgit Hein and Wulf Herzogenrath; in the view of filmmaker Birgit Hein, however, it was a singular attempt to integrate experimental film into the art context that was not followed up.*

styles and aesthetics. The principle question that remains open in this field of tension encompassing social theory and the histories of art and technology concerns the failure so far, despite all the efforts to the contrary, of any critical and art-historical discourse on individual works to become established.

Update

Like any kind of software, critical discourse requires regular updates in the form of continuous reflection in publications, today naturally both offline and online. Leaving aside for once the journal 'Mediamatic' published in the Netherlands, no regular academic analysis of the media-art works current at any particular time has taken place in Germany or elsewhere except in festival publications. If a visitor or reader was unable to gain first-hand experience of performances or installations, the difficulties in comprehending media works are obvious. Videotape presentation until now has been required to find new forms ranging from cinemas, galleries and television to café or club situations. Exhibit, video library item, linear programming – all modes whose pros and cons have been the subject of exhaustive debate in the past. The unvarying conclusion was that video needs for its presentation specific conditions that are difficult to meet in existing contexts. For the same reason, most videotapes fail to be noticed due to a lack of public visibility that contrasts with the functioning network of ambitious independent cinemas developed in Germany in the 1970s in order to offer a forum for independent film. Catalogues, which are often only black-and-white with short descriptions and one or two video stills, generally provide orientation through a multifarious programme but cannot enable an appropriate critical reception from a distance in terms of time or space in the way that is now possible, in tendency at least, with multimedia or network publications (and aimed at with the CD-ROM accompanying this publication). All the same, the visual medium of video remains paradoxically invisible in many ways. And how is one supposed to update information if no first encounter has taken place?

In this connection, the second striking point is that, although many artists began to urge that it was high time to discuss the 'software' after the initial technological debates, the discourse in relation to video art and, more generally, media art, has so far concentrated primarily on aspects of the system, on the difference between video art and television, between linear and non-linear.[8] *Why, on the one hand, has there been a decade-long discourse regarding 'new media' (one look at the collected catalogues of the 'ars electronica' in Linz is sufficient confirmation), but on the other hand no art-historical practice of reviewing, for instance, installations and videotapes (exceptions made for classicists in the field*

7 *Cf. text in the present volume.*

8 *Ingo Günther as late as 1989 in the videotape accompanying the exhibition 'Video-Skulptur aktuell und retrospektiv 1963–1989', Kolnischer Kunstverein, Cologne and other locations, 1989.*

such as Bill Viola or Gary Hill have, more recently at least, served to prove the rule)? Why, beyond the buzzword 'interactivity', has no critical vocabulary been established for the language of electronic sound and vision?[9] *Faced with the abundance of experimental, conceptual or narrative tapes at events such as a festival which might easily be mistaken for a trade fair, viewers tend to be struck dumb by their own lack of language. The changing technology, as common denominator, is thus promoted to the basic condition for analysing an aesthetic practice. Just as Microsoft, particularly in the role of anti-hero, today dominates the discussions of the Net community, SONY set the pace for video art from the beginning on.*[10] *The more rapidly the industry revolutionizes the generally incompatible media formats, all the more breathlessly do media-art critics and analysts try to keep up with developments.*

White Cube – Black Cube

Do media artists create and investigate not only new presentation forms and spaces, but also their own means of working, or do they just use the existing tools? In the early 1980s, the relevance of the newly developed synthesizer and technological experiments of artists such as Nam June Paik or Steina and Woody Vasulka appeared to be no more than of marginal interest. Artists like Klaus vom Bruch, Gábor Bódy, Marcel Odenbach or Ingo Günther were interested in different content and a both subjective and narrative visual language in a given framework rather than investigating the vectors of image production. Just as in the '80s the neutral 'white cube' set a purist standard for exhibitions, so the SONY 'black cube' monitor assured neutrality of design and standardized image formats.

The launch of ever-more light-intensive projectors brought about a change in the size of room installations, meaning artists were now able to choose their own 'framework format'. From the Fuji mini projector that US artist Tony Oursler virtually made a trademark of his sculptural ensembles, the laser installations of Paik to the large-scale installations of Bill Viola or the large electronic cinema projector, it would seem that size matters. From the '80s onward, the issue of format was no longer bound up with a monitor transporting content allegedly rooted in the TV-viewing context. With its versatile presentation forms, the electronic image has been emancipated. The issue is no longer whether video is art (as opposed to just another form of television), but the traces that video leaves behind

9 It would be worth examining the degree to which the appreciation of video art invariably clings to vague, if pigeonholed, notions such as the notorious German stock-phrase 'Sprengung unserer Seh-Gewohnheiten' (approx: 'blasting our encrusted viewing habits').

10 The pages of the magazine 'Cut In' published by the alternative media centres were the forum of an interesting dispute surrounding the durability of the first U-matic tapes and the claims for damages from SONY in relation to the problem. The 'scene' entered into negotiations with the concern, and achieved a number of very useful results representing a continuation of that dependency on industry Walther Ruttmann lamented in regard to film in his essay 'Art and Technology' of 1930. Walther Ruttmann in: 'Film als Film – 1910 bis heute', Birgit Hein/Wulf Herzogenrath (eds.), Stuttgart, 1977, p. 65.

in art and in society. Research into these traces brings to light by no means the Rembrandts and da Vincis of the electronic era, but instead a multifarious artistic practice that has radically changed in the course of the last 20 years.[11]

Video – a volatile utopia

It is meanwhile a truism that the notion of the artwork has become ever-more ephemeral since the Happening, Fluxus and Performance movements. The usage of electronic media reinforced this tendency. Artists in the 1980s remained faithful to the notion of art, remarkably so in view of the marked trend towards a dissolution of category-bound thinking in favour of discovering new fields of action – 'Fuck Art, Let's Dance' was one slogan expressing the zeitgeist of the T-shirt generation. Yet at the same time they combined their analysis with an artistic practice that deliberately decomposed art through the deployment of the newest technologies available at the particular time. This did not necessarily mean hi-tech, as is evidenced by the success of US artist Sadie Benning, who used a Fisher Price toy camera to record crude black-and-white images on audio cassette, and in this way radically re-introduced low-tech into the video field in the early '90s. However, the usage of such a temporary technology (now long vanished from the marketplace) always harbours the risk of remaining a short-term contemporary phenomenon. Whether hi-tech or low-tech, artists played their own part in ensuring that the way a work was received was not concerned with reflecting upon a differentiated practice also in regard to the work or project, but instead – it was the case then, and still is today – with keeping the gaze trained on the whole, on both the tendency and the technological future. The subject of formal examination was not Sadie Benning's aesthetic translation of her coming-out as a lesbian, but the significance of using a toy camera. The subjective factor was overshadowed by the technological slant.

The ever-widening gulf between technological innovation in a growth economy and the decreasing number of specialists capable of analysing the aesthetic and social implications can be blamed for the loss of all-embracing utopias of a 'different', and participatory, media practice. Nam June Paik dreamed, in 1966, that a video library would offer not just an opportunity to see all visual products (his own included, naturally), but also enable the user to take an exploratory, creative approach to visual footage and concordances similar to that long since possible with secondary literature on Shakespeare.[12] *He may, guileful as ever,*

11 Cf. on video art's evolution as a genre and developmental history: 'Video Culture – A Critical Investigation', John Hanhardt (ed.), New York (1986), 1990; 'Illuminating Video – An Essential Guide to Video Art', Doug Hall/Sally Jo Fifer (eds.), New York, 1990; as well as more recent publications such as: Rudolf Frieling, 'VT ≠ TV', op. cit., 1997; Friedemann Malsch/Dagmar Streckel, 'Künstler-Videos – Entwicklung und Bedeutung', Ursula Perucchi-Petri (ed.), Kunsthaus Zürich, Ostfildern, 1996; Heinrich Klotz, 'Video Art', in: 'Media Scape', Guggenheim Museum/ZKM Center for Art and Media (eds.), New York, 1996.

12 Nam June Paik, 'Niederschriften eines Kulturnomaden. Aphorismen–Briefe–Texte', Cologne, 1992, p.121.

have been thinking of himself as the Shakespeare of video; but what astonishes is that we are only now, more than 30 years later, beginning to make some aspects of this dream reality with the aid of digital storage media. All the same, the utopian impetus of video art was not condemned to eternal vagrancy. Paik's vision in 1976 of an electronic Sistine Chapel took on at least partial form four years later in 'Laser Video Space I'[13] *before finding, with assistance from a 'battery' of video projectors, final realization under the ironic title 'Sistine Chapel Before Restoration' in the German pavilion at the 1993 Venice Biennale.* (MKI) *A mere quarter-century was needed for Paik's all-encompassing multimedia experience to come into being. Not every utopia, it would seem, evaporates on becoming practicable. Is it justified, however, to discern an aspect of a social utopia in the creation of potentially unlimited access to digital footage and the realization of immersive visual electronic realms? As the account below makes clear, the stealthy abandonment of the media-political utopia of participatory production and distribution models for video was first re-addressed in the 1990s, and by then involved a new technology.*[14]

Video – aspects of an ideological debate

Just how little media artists were in fact able to creatively solve the problems of using the mass media is demonstrated by the historical controversies surrounding the 'correct' method of distribution and presentation. Entire debates were devoted to the merits of monitor vs. projector, film vs. video, museum vs. television, and so forth.[15] *In 1985, the highpoint of the video boom, two main models were competing for leadership: Detlef Kuhlbrodt's plea in favour of avant-garde practice – 'video strategy as the art of life' ('the remote control is the rule of the image consumer') was countered by Oliver Hirschbiegel's view of video as merely a humble storage medium to be used in the scope of a more comprehensive artistic practice. Writing under the motto 'No video art!', he denounced the latter as 'simply inane 98% of the time and often much too long'.*[16] *The subcategories of clip, sculpture, dance, theatre, opera, graphics, installation and, naturally, tape all emerged as*

13 *Ibid., p. 141; for his first laser installation, realized in collaboration with Horst H. Baumann in the Städtische Kunsthalle, Düsseldorf, Paik used the videotape 'Merce by Merce by Paik' (1975), and then, for his 'Video Laser Environment' presented at the International Consumer Electronics Fair in Berlin in 1982, a combination of 'Global Groove' and 'Placid '80'.*

14 *For more details cf. text by Dieter Daniels in the present volume.*

15 *Thus the somewhat organizationally blinded statements such as that of Ingo Petzke, for many years director of the Osnabrück Workshop for Experimental Film, who viewed the 1980s as a boom period for experimental film ('All power to Super-8') but saw the concept or form of most 'video art' in the same decade as 'often continuing to bore audiences mainly with concepts or forms often realized earlier, and in superior fashion, by avant-garde filmmakers.' In: 'Das Experimentalfilm-Handbuch', Ingo Petzke (ed.), Deutsches Filmmuseum, Frankfurt/M., 1989, p. 97. Cf. on entire issue the discussions conducted by Dieter Daniels, Birgit and Wilhelm Hein, Dietrich Kuhlbrodt, Philomene Magers, Uwe Rüth, Lydia Schouten, Maria Vedder, Peter Weibel and guests in Bonn in 1985, printed in: 'Infermental 1980–1986', Vera Bódy (ed.), Cologne, 1986, pp. 100–109.*

16 *Both texts are printed in: Axis, Gábor und Vera Bódy (eds.), Cologne, 1986; Hirschbiegel declared his text to be a response to Kuhlbrodt.*

part of the separate genre of video or, as it was sometimes critically dubbed 'hyphen' art (due to the fact that in German all the subcategories are separated from video with a hyphen). Yet this debate about video art's status as a separate genre of art as opposed to just one artistic practice among many was concerned with false alternatives, and sometimes even theological in tone: 'Godard once maintained that film and video were like Cain and Abel. [...] Cain and Abel are in reality television and video'.[17] The video medium appeared permanently caught between the ideologies – whether television, film, or museum – uncomfortable, underbudgeted, no business potential, excluded de facto from public discourse outside meetings for insiders. From the beginning, it was doomed, as a medium, to disappoint utopian expectations.

For a few years, consciousness of the counterculture utopia seemed to survive, if anywhere, in the alternative media scene. In 1982, nine German media centres collectively founded 'Cut In – Videoinformationsdienst für den subversiven Bandzug' ('video information service for subversive tape tension'), an alternative information service which functioned as forum for discussing the ambitions and reality of alternative video. As a historical document, this circulating information sheet is of similar importance to the contemporary mailing lists 'nettime' or 'Rhizome'. The alternative scene, however, was not spared the pressure of the merchandise aesthetic. At the highpoint of the discussion surrounding the relevance of professionalization and more stringent formal experimentation, the Medienwerkstatt in Freiburg delivered in 'Geisterfahrer' (MKI) an artful parable, produced by a TV broadcaster, on how left-wing content had been betrayed as the alternative movement became institutionalized. It is difficult to imagine today the vehemence with which hi-tech and low-tech were ideologically pitted against each other with statements such as, 'To choose U-matic is to choose Capitalism'.[18] In endless debates the media groups laboriously discussed the problems of improving the shaping of content, since the clientele of the political scene was at last likewise demanding more form. The grassroots democratic position, however, was no less doomed to failure than were the hopes that professional equipment would win a wider audience for left-wing subject-matter.

The era of squatters, anti-nuclear protest and big demonstrations was over, the campaigners legalized or professionalized. The successor generation in the 1990s was wholly non-political with its raves and techno parties – 'utopia lite' for masses of young people 'agitated' by a star DJ. While nobody would claim that a techno club is a place of critical discourse, 'clubbing' – the idea of the club as a kind of post-modern salon for like-minded spirits and activists – conveys something of the complex fabric combining art, the alternative scene, and business.

17 Peter Weibel in the present volume.
18 Cut In, no. 11, 1982, p. 24; cf. on the following also 'Alternative Video' in the present volume and Margret Köhler's conclusion regarding alternative media activities in: Cut In, no. 24, 1984, pp. 8–12.

Various technological and cultural threads run through this mixture of non-simultaneity, feedback and revivals. In order to discuss this dynamic and constantly remixed texture of art, technology and ideology, it will be necessary in the following to unravel a few strands making up the parallel weave.

Serialism and segmentation

After the launch of the video cassette recorder and, in particular, the enforcement of the VHS (Video Home System) standard in the market for the 'consumer sector' in 1975,[19] *the video recorder (termed an 'instantaneous water heater' by Siegfried Zielinski) exposed classical television to the risk of being destructured, watched with a time-lag, of being a rich source of material to be 'found'*[20] *and further processed by artists or, as feature film on video cassette, being hawked by pirate copiers in the video-rental shop round the corner. The broadcasters reacted by imposing their station logos over the images transmitted, thus creating a mass-media relict of the artist's signature.*[21] *The conceptual video artists of the 1980s saw themselves losing the competition for wider audiences to the 'German New Wave' of the video-clip generation on the one hand, and of Neo-Expressionist painters on the other hand. The debate about the seeming opposition of highbrow and lowbrow culture, of serious art versus entertainment (in Germany always conducted more strictly and more ideologically than elsewhere), linked up with the discussion of the appropriate context in which to appreciate video art. After the heroic interventions undertaken by such artists as Keith Arnatt, Peter Weibel, and Valie Export*[22] *(or David Hall in Scotland, Chris Burden in the USA), television still offered the potential for mass distribution, but at the same time a setting felt to be ever-more compromising due to the deregulation of the West German broadcasting system and the commercialization that resulted. Mentors such as 'Das kleine Fernsehspiel' on ZDF, a teleplay and film series whose editors welcomed the deployment of video primarily in the scope of narrative experimentation, were very much the exception.*

Television's fear of perceptional experiments that would supposedly overstrain the viewers played no small part in coining the catch-phrase 'VT ≠ TV'. This

19 For a detailed history of the technological development and now long forgotten formats, see Siegfried Zielinski, 'Zur Geschichte des Videorecorders', Berlin, 1986, and id., 'Audiovisionen – Kino und Fernsehen als Zwischenspiele in der Geschichte', Reinbek, 1989.

20 Here again, the lack of a specific vocabulary is discernible: both the English notion of 'found footage' and German term 'Archivmaterial' ('archive footage') are misleading, since the material in question is generally 'stolen', with the paradoxical result that copyright considerations prevent precisely those videotapes that take issue with original TV footage from being aired on television.

21 Certainly a reaction to the flourishing market in pirate copies for the video-rental stores that were opening everywhere, but also an interesting process of media corporate-ID awareness, with an electronic image being identifiable only thanks to trademark and broadcaster logo.

22 Cf. the debate roused by the experimental TV production 'Black Gate Cologne', 1969, by Otto Piene and Aldo Tambellini (MKA), or the way Hessischer Rundfunk presenter Peter Iden distanced himself from the content of the live satellite telecast of the opening of the documenta 6 in 1977.

motto, used as the title of the video section of the 'documenta 6' in 1977, in conjunction with the demonstration of autonomous 'critical' television by the transmission of videotapes on the cultural channels of the ARD network, prepared the ground for researching into artistic messages appropriate to the TV medium but not radically placing in question the television system. The ZDF arts magazine 'Aspekte' produced one such reflective TV action by Richard Kriesche to accompany the 'documenta', a move followed up in 1978 by the producers of 'Das kleine Fernsehspiel' who, for the first time in German television, afforded artists' video the same weight as the then flourishing independent German film. All the same, it remains noteworthy that 'Video 50', the first art-video production, was entrusted to the prominent US stage director Robert Wilson. Even before MTV went on the air, Wilson had recognized from the American perspective that television is not a medium of concentration and indoctrination but of distraction, casualness and serialism.[23] This view he reflected in his tape by chaining together 50 sequences lasting respectively 30 seconds, and linking them associatively rather than structurally, not unlike the linkage of one-and-a-half-minute news items in a way that suggests prioritization but fails to establish any general correlation (which is why attempts to move naturally from one item to the other seem so forced). Wilson, then, was not concerned with disrupting a structural TV standard, and certainly not with critically exposing the latter, but with artistically using the given framework conditions. By doing so, he proved that the often propounded difference between television as visualized radio and the experimental video medium is not so much essential as the result of historical and contextual divergence.

Robert Lembke, one of the most popular game-show hosts on German television in the 1970s, believed that the introduction of TV sets into the German livingroom had metaphorically opened up into a semi-circle the circle round the camp fire. This overestimation of the manipulative and suggestive power of television, characteristic of German thinking, and evident too in the arrangement of furniture to offer a view of the TV set, increasingly gave way to a US-influenced diffuseness. That is what makes Nam June Paik's recycling and remixing of his material a so obviously American, ornamental 'pattern', a self-referential tautology to which there had always been resistance in Germany. The critical theory of Adorno and Horkheimer already viewed television as the apparatus that 'defeats everything else with similarity'.[24] If one joins Siegfried Zielinski in viewing television as a serial supertext that was always fragmented, dispersive, variable, then one would

23 *Serial video works were produced from the early 1980s on by, for example, Herbert Wentscher in 'Alles bestens – Videolieder' (MKI), the 'TV ads' of Jenny Holzer, the 'monodramas' of Stan Douglas, the 'cartes postales' of French video artist Robert Cahen. Common to all these concepts is that they are intended for gaps between TV programmes and not for linear presentation on videotape. The extremely standardized durations made necessary by TV scheduling still dictate the production formats, just as the video clip is based on a maximum length of three to four minutes.*

24 *Adorno/Horkheimer, cited in: Siegfried Zielinski (1989), op. cit., p. 288.*

have to share Klaus vom Bruch's faith in the meditative vortex of the loop – 'My ambition is to make tapes you can watch a hundred times over'[25] *– in order to think it is possible to defeat television by multiplying its own means: extreme compression versus extreme distraction. Interestingly, vom Bruch considers the economy of attention granted by the extremely compressed moment to be the adequate attitude towards both television and exhibition settings. Whether serial pattern or dense loop – neither case demands the reproduction of reality in naturalistic fashion, be the scale 1:1 or 16:9.*

Economy of the market

As far as Germany was concerned, only the electronic-music and acoustic-art programmes made by WDR radio came close to realizing the idea of an institutional media laboratory Brecht had demanded from state-owned radio, Ruttmann from the film industry, and video artists from TV in general.[26] *The well-known animosity of German artists in particular towards public television resulted merely in subversive illegal 'micro television' activities – produced from individual to individual in the artists' own studios. The first German producers' group ATV (Alternative TV), composed of Klaus vom Bruch, Marcel Odenbach and Ulrike Rosenbach reacted to the de facto ban on transmission by devising its own strategy for broadcasting to neighbours and friends within a radius of several hundred metres.*[27] (MKA) *Another attempt to gain an audience for alternative voices was launched in the mid-1980s by the makers of Radio Dreyeckland, a pirate broadcaster transmitting from the forests of the Upper Rhine. Its regular 10-minute broadcasts (brief enough to foil detection attempts by the post office) provided information on the political protest movement from the viewpoint of demonstrators and citizens directly affected.*

It was not only television that represented barriers, however, but also the art market's obstinate refusal to accept video artists. In addition to the conceptual difficulties of marketing video as a non-auratic medium, the symptomatic 'West Art' show in Cologne in 1979 was the first blatant demonstration of gallery owners' and curators' preference for affording space to the 'fresh', and also marketable, attitude of the young Neo-Expressionist painters from Cologne or the Kreuzberg district of Berlin. Marcel Odenbach delivered a striking resumé of the new situa-

25 *'Der Künstler und der Clip' – Klaus vom Bruch, in: SPEX, April 1984, p. 37.*

26 *Cf. Dieter Daniels, 'Kunst und Medien', in: 'Die Epoche der Moderne, Kunst im 20. Jahrhundert', Christos M. Joachimides/Norman Rosenthal (eds.), Ostfildern, 1997, p. 559. Alongside the electronic studio of Karlheinz Stockhausen, the 'WDR Studio Akustische Kunst' was set up by Klaus Schöning in the 1960s. Various laboratories in the USA also played, in part, a useful role for artists, e.g. WGBH in Boston and WNET 13 in New York. State-funded laboratories for art-oriented television and museum research were first established in Germany in the 1990s in the form of the Kunsthochschule für Medien, Cologne, and the Center for Art and Media in Karlsruhe (ZKM).*

27 *In line with René Berger's classification of macro-, meso-, and micro-television, cited in: 'Videokunst in Deutschland 1963–1982', Wulf Herzogenrath (ed.), Stuttgart, 1982, p. 14.*

tion that arose around 1980.[28] The suspicion also remains that the painters were especially aware of how to use the media, were the media-oriented thinkers: 'The "We, the Painters" mode of presentation was always a media affair, and therefore as modern as possible, whereas the mode of production, the painting, was as antiquated as possible.'[29] To use the media meant, in this context, to use the airwaves as a marketplace – a feat that, paradoxically, the video artists failed to bring off due to their ambiguous relationship with the mass media. Questions of distribution, as opposed to production, had become decisive.

'Good Morning, Mr. Orwell'

The issue of deregulating the media market was high on the neo-liberal agenda of the 1980s. The Conservative Thatcher government in the United Kingdom blazed the trail by founding Channel 4, which was conceived as corrective to the independent BBC. Ironically, the staff recruited for the new station created a channel that offered space for alternative television programmes, for experiments and for artists' video. Germany's Conservative-Liberal coalition was quick to imitate its counterpart in London by loosening the state monopoly on broadcasting in Germany in order to admit private broadcasters (RTLplus in 1984, followed by Sat 1 one year later). German television's commercial era dawned on 1 January 1984, the very day that Nam June Paik realized – investing no small sum of his own money – the fulsome satellite project 'Good Morning, Mr. Orwell'.[30] This megamix in the tradition of Paik's 'Global Groove' of 1973 featured pop singer Sappho singing 'TV eats your brain', Joseph Beuys and daughter Jessyka denouncing the materialism of the world in the 'Trousers for the 21st Century' action, along with contributions by John Cage, Allen Ginsberg, Laurie Anderson and many others besides. Walking the precipice between highbrow and mainstream art, Paik reached an audience of 10 million or, if the later repeat transmissions are included, more than 25 million viewers worldwide. The simulated human-to-human satellite communication of Douglas Davis' 1977 performance 'The Last Nine Minutes' here became a global exercise in international relations conducted in real time, from West to East and back again via Paris. Such a broadcast made Paik a solitary gem in the art world, a mediator between commerce and artistic ambition, while filmmakers and artists in Germany were busy recording and staging more sinister Orwellian fantasies – such as Michael Klier's 'The Giant' (1983) and Dieter Froese's complex closed-circuit installation 'Unpräzise Angaben (Not a Model for Big Brother's Spy-Cycle)' of 1985.[31]

28 (MKA); see also text by Marcel Odenbach in the present volume.
29 The painter Peter Bömmels in: SPEX, op. cit., p. 36.
30 (MKI); always interested in the widest possible dissemination of his ideas, Joseph Beuys participated in this collaboration between New York and Paris (Centre Pompidou), just as he had done in the satellite telecast of 1977. Cf. text by Nam June Paik in the present volume.
31 (MKI); cf. interview with Klier in the present volume.

Looping the loop

Paik's visual mixture was not just a model, it also profited from the success of the US music broadcaster MTV (Music Television) which, endlessly looping music-industry output for satellite or cable transmission, far surpassed the success Radio Bremen's 'Beat-Club' had enjoyed in Germany in the early 1970s. By 1981, MTV was successfully integrating into its programme even the most rebellious counter-movements such as Punk. Video indeed became the commercial standard, but not in the way envisaged by the pioneers of the first decade. Artists' video, with its critical deployment of images and anti-system stance, was suddenly being overtaken by an exploding visual language which, although on closer examination it proved to be merely a permanent loop endlessly varying a small number of stylistic devices, ultimately made viewers capitulate due to the speed of perception it demanded. MTV established, in line with postmodernist theory, wholly new image standards and 'production values' unable to be corrected by critique or alternatives. By now, if not earlier, video art was tainted with the air of being of a long obsolete opposition or embarrassingly dilettantish. MTV perfected the blurring of the boundaries between art, television and commercialism,[32] meaning it was time to ask: is there a context in which the electronic image can still be perceived as artistic?

Forced repetition, loops reduced to the essence, or permanently mutating image chains are logical variations on the tautological video feedback of artists in the '70s. An artist like Klaus vom Bruch deemed the whole 'world' to be, in principle, footage since, as he said in 1999 (paraphrasing Wittgenstein's 'The world is everything that is the case'), the 'world is everything that is on the box'.[33] The hissing white noise of the television set deprived of a signal has been replaced by the ceaseless flow of programmes. The gaps between transmissions are closing, and the video recorder has been succeeded by zapping as a means of 'dé-coll/aging', in the fashion of Wolf Vostell, the unit of programming. Thus, television has finally taken its leave of the concept of a medium acting as a societal basis, as the 'TV as a Fireplace' that Jan Dibbets broadcast into the living-rooms of Germany at the close of daily transmission during 1969.[34] Earlier theories that viewed TV as a reproduction of reality, as a 'window onto the world', now revealed the aspect of mediated 'production of the world'. It is the same narcissistic self-referentiality in the art world that Adib Fricke caricatures by installing a random-controlled language program as an apparent dialogue between two computers. The art lover watches the linguistic and semantic acrobatics with some amusement, as if observing a digital, linguistic mobile. With neologisms such as 'Ontom', 'Smorp', 'Yem-

32 Vera Bódy and Peter Weibel documented the bandwidth of the phenomenon in the book-with-videotape 'Clip Klapp Bumm', Cologne, 1986.
33 Cf. interview in the present volume.
34 (MKA); Helmut Mark later simulated the bygone TV fuzz as a 'mediative sculpture' (MKI).

mels' and 'Flogo', Fricke went so far as to stamp the trademark 'TWC' (The Word Company) on his artistic research. (MKI) *If the 'world' one wishes to produce is also to be marketable, then the product spectrum has to be diverse.*

'God knows if anybody's watching'

The attitude might sound defeatist to the point of self-parody, but it reflects a constant factor running through television work: the audience, unlike viewers in cinemas or exhibitions, remains a virtual quantity. For art that is interested in exchange and criticism, this condition is insupportable. All the same, interactive TV projects immediately met with scepticism, especially if they were launched with state backing. In order to privatize television broadcasting via cable technology, politicians needed an 'education policy' argument to use in re-organizing the federally structured West German broadcasting network with its defined public obligations. A media-political fig leaf presented itself in the form of the Ludwigshafen-based 'Programmgesellschaft für Kabel und Satellitensendungen' (PKS) with its access-channel concept based on the US model of public-access TV stations. The pilot project included feedback channels reviving the dream of interactive television (in the minimal form of direct programme ratings with yes/no or multiple-choice questions), but in the year of Orwell this roused in citizens deep fear of the opportunities of public control over the private domain. Today, the more intensive participatory concept of feedback channels and two-way TV envisaged by Paik has been reduced to recording the viewing habits and consumer needs of a statistical cross-section of the populace.

All the same, anybody can obtain access to basic production means and transmission slots in the access channels in line with a fixed scheme (the only condition for equipment loans and editing time is that the producers must levy no charges). Neither the alternative scene, however, whose increasing professionalism made it unwilling to make unpaid broadcasts, nor artists have been persuaded to make sustained use of these capacities. The context appeared all too diffuse and corrupting, and noteworthy audience figures have yet, even years later, to emerge. A context that, in principle, is open for both left- and right-wing positions, also throws up the question of censorship – is it permissible for Islamic fundamentalists to air their propaganda with the aid of state funding? In practice, if not in principle, the 'Offener Kanal' has proved to be a dead-end at least from the utopian stance, for even the most tolerant of media users justifiably expects 'attractive' or 'appropriate' processing of information in the media. Nobody puts up with boring television for too long.[35] *A medium that is failing to mediate reduces itself to absurdity.*

35 *The alternative media activists of Paper Tiger Television went on air fortnightly with a regular slot on the Public Broadcasting System of the USA. 'Unser Fernsehen' (UTV) again in the mid-1990s delivered concrete deliberations on a different TV economy* (MKI).

Excursion: Good morning, Mr. Honecker

While in the West fears of an Orwellian state were growing (despite the cheerful 'Good Morning' with which Paik had greeted 1984), the GDR's expulsion of dissident-bard Wolf Biermann in 1979 meant artists there began to experience their own country as an increasingly restrictive state in which even tentative criticism was no longer tolerated. The underground performance, painting and filmmaking scenes that grew up are described in detail in the book-and-video documentation 'Anti-Images'.[36] The artistic reactions to the fall of the Berlin Wall in 1989 within these groups were wide and various. Even if German-German relations were seldom addressed in pre-1989 work – apart from exceptions such as Hartmut Jahn's videotape 'German-German Fragments'(1985) – the post-Wall situation was directly addressed by Rike Anders, Egon Bunne, Antal Lux, Marcel Odenbach and many other artists. (MKI) However, the need to analyse more precisely the relationship between the two German states in terms of the propagandistic relationship between the mass media on either side of the border was shown by more distanced studies such as, in relation to print propaganda, that of Frieder Schnock and Renata Stih (1997), or Julian Rosefeldt and Piero Steinle on the subject of TV news broadcasting (1998).[37]

The Leipzig-based pirate broadcaster Kanal X profited in spring 1990 from the elementary need for information exchange between East and West (the name being a lighthearted reference to X-rated films).[38] (MKI) As long as there was still uncertainty with regard to who possessed authority and the power to act in the formally still extant GDR, people had the opportunity to fill in the free spaces that were opening up. Kanal X, whose hardware was transported as an 'artwork' over the inner-German border by the West German artist Ingo Günther, installed a TV transmitter on the roof of the 'House of Democracy' in Leipzig, a building that had been seized by the 'Neues Forum' citizens' rights movement, and so became the first, and only, independent TV station in the history of the GDR. Pronounced an 'artwork' and operated for more than a year by a curator from the East (Joerg Seyde), an artist from the West (Norbert Meissner) and a group of political activists, it succeeded in bringing about a transfer of artistic impetus into the mass media unique in the history of German media in East or West. Up to then, the media on either side of the border had been shaped by the effects of Cold War propaganda and the media hegemony West German television exercised over that of the GDR including its legendary 'Schwarzer Kanal' ('Black Channel'), a week-

36 *Cf. 'Gegenbilder – filmische Subversion in der DDR 1976–1989', Karin Fritzsche/Claus Löser (ed.), Berlin, 1996; due to the lack of production means, it was virtually impossible to make videotapes. From 1987 on, the state began to allow limited experiments in the GDR, i.e. the video workshops of the youth organization FDJ and the artists' guild VBK (MKI).*

37 *(MKI): Frieder Schnock/Renata Stih, 'Neues Deutschland BILD' (1997), and Julian Rosefeldt/Piero Steinle, 'News' (1998)*

38 *X also denotes 'unsolved cases' in archives.*

ly broadcast dedicated to denouncing West Germany. While institutionalized GDR television was now attempting its first steps in independent journalism and MTV-paced editing with the young people's broadcast '1199' (named after the postcode of the production studios in Adlershof, Berlin) and contributors such as Katrin Willim with her video clip 'Born in the GDR', the illegal broadcaster was producing authentic citizens' television that was also conceived as a model for other Eastern European countries: 'Ingo Günther intended to create a model for autonomous oppositional media in the reshuffling of Eastern Europe. After its transformation into a professional TV production, the Channel X station and studio were supposed to travel to Romania – and up to today, they're still stuck at the Romanian border, confiscated by customs. As Lenin already knew, the export of a utopia is seldom successful.'[39]

Windows 84

From the 'window onto the world' and the spying activities of an imaginary HQ bringing together a network of surveillance cameras, there is a development running up to the self-referential 'window-within-a-window'. Perhaps without any awareness of the structural correlations but somewhat distrustful of liberal deregulation, those in positions of political power transferred the 'windows' on which the Apple Macintosh operating system was based (and that were later successfully poached by Microsoft) onto the West German television system. On the fast-moving but superficial face of commercial TV they installed, per statute, small slots – 'windows' – for independent 'quality TV' producers, meaning private stations would also have to do their bit, albeit indirectly, to fulfil the statutory arts-and-education requirements to which broadcasting is subject in Germany. Abruptly, niches opened up for producers such as Kanal 4, a group of producers based around former ZDF editor Carl Ludwig Rettinger, or filmmaker Alexander Kluge's DCTP (Development Company for Television Programs) company, which since then has been programming on a regular basis essay-like broadcasts with the aid of 'Spiegel TV' and the Japanese concern Dentsu. The programmes commissioned by DCTP stretch to the utmost the contrast with the commercial surroundings of RTL or Sat 1, like submarines in the sea of rampant 'dumbing down',[40] *to borrow the expression used by Kluge, who initially harboured hopes of developing a new kind of cinematography. The reduced design reminiscent of the intertitles of silent film was also influential in creating a new style of magazine combining image and text, but the preposterous dominance of Kluge with regard to the content of interviews and the highbrow esoteric fare presented led to*

39 *Dieter Daniels, 'Utopia – What For?', in: Ingo Günther, 'Republik.com', Susanne Rennert/Stephan von Wiese (eds.), Ostfildern, 1998, p. 56.*
40 *Interview with Alexander Kluge in: 'Intervalli tra film video televisione', Valentina Valentini (ed.), Palermo, 1989, p. 101.*

despair not only on the part of RTL chief Ludwig Thoma. The launch of ARTE, the German/French arts broadcaster, finally led to the loss of significance of such windows – it was the beginning of a 'cleansing' process resulting in a diversified product range of programme channels.

Still, the march to victory of the private channels had not been without very unexpected experiments such as, in 1989, a week-long 'art channel' on RTLplus instigated by the Bonn-based gallery owner Philomene Magers and the art journalist Regina Wyrwoll. This 'RTL-Kunstkanal' presented an unusual mixture of arts coverage, artists' tapes and media interventions.[41] *It goes without saying that this 'appropriation' of the private channels could not function as long-term cooperative model. That RTL did however remain accessible for high-publicity TV-related art presentations is evidenced by its sponsorship of the 1997 exhibition 'Der Traum vom Sehen' dealing with the cultural history of television.*[42]

Distribution and presentation

The developments gone through by television echoed those of video art which had chosen a somewhat involuntary 'exile' in the festivals booming around Germany at that time, beginning in 1984 with the 'Videonale Bonn' and the 'Marl Award for Video Art'.[43] *These festivals were recognition of the fact that video as an artistic medium had not succeeded in integrating/infiltrating television or the galleries and museums, and regular presentation and promotion was therefore urgently required.*[44] *On the one hand, the still dominant form of the videotape appeared to generate nothing less than a boom (due partially to the improved and cheaper video standards that were, for their own part, largely due to MTV), on the other hand the tapes remained condemned to nothing short of invisibility. The flourishing artistic production had still to find an opportunity of attracting public attention. The need for a specific site dedicated to the contemporary, to exchange and to debate, was roused by the combination of factors such as the popular success*

41 Cf. text by Regina Wyrwoll in the present volume. In an oral account she attributed the success of the initiative to the subversive activities of a department leader, who smuggled a form for signing into the folder of RTL chairman Thoma. In 1986, ORF likewise transmitted a week-long 'Videonale' with videotapes, debates, and live events; see Heidi Grundmann, 'Television in Austria 1955–1987', in: 'Revision – Art Programmes on European Television Stations', Dorine Mignot (ed.), Stedelijk Museum, Amsterdam, 1987, p. 15.

42 'Der Traum vom Sehen – Zeitalter der Televisionen', exhibition in Gasometer Oberhausen, 1997, organized, according to catalogue credit, by Triad Berlin 'on initiative of RTL Television'.

43 The first European video festivals took place in the early 1980s in Locarno, Bologna, Den Haag and Montbéliard, followed by, in 1988, the foundation of the festivals that have remained Germany's most important: the European Festival of Media Art in Osnabrück, and the VideoFest (now transmediale) in Berlin.

44 This situation could not be remedied by the first comprehensive retrospective 'Videokunst in Deutschland von 1963–1982', staged in the first phase by Wulf Herzogenrath in the Kunstverein, Cologne. On the contrary: the survey of the conceptual approaches of German pioneers such as Jochen Gerz and Ulrike Rosenbach, and the amount of time needed to 'visit' the whole show were scarcely in line with the fast, Neo-Expressionist zeitgeist. The show may have been important, but for several critics it took place too early – 'Zur Hölle mit der Videokunst', Alfred Nemeczek in Art, no. 3, March, 1983, p. 96 et seq. – or too late, see Marcel Odenbach's text in the present volume.

of the 'New Wild Men of Painting', the increasing commercial orientation of the MTV model, the vehement debates being conducted about basic principles among filmmakers[45] *and television professionals, the scepticism on the part of gallery owners and the tendency of museum curators to view art from a historical perspective. It was a deliberate dissociation from contexts with extremely negative connotations that brought into being a media art scene that has retained its close networking up to the present and also tried out new distribution modes that moved beyond the traditional art market.*[46] *New cross-connections were being sought, both in terms of location and of form. 'Fusion', now, was ubiquitous in music and in moving images alike. Film, video, video games and computer-animated films created a new, multi-perspectival visual language outside the traditional canon of art.*

Crossculture

The heterogeneous, process-based and collective currents in the media sector are among the factors that counter hegemonial ambitions. A major driving force behind these dynamic group processes was the network-like project 'Infermental' by Gábor and Vera Bódy. From the initial idea in 1980 up to the disbanding of the project in 1991, the project was defined as an information store that compiled, annually in a different worldwide location, a periodical made up of four to six hours of visual footage with no concern for pigeonholing of any kind. The video-cassette proved to be an ideal circulatory medium. One deficiency, even if only with the benefit of hindsight, was the failure to deploy the little-used and expensive laser disks that would have facilitated more targeted access and improved the implementation of the magazine concept.[47] *This unique archive of the trends, theories, images and movements of the 1980s also conveys an insight into the topos of the media artists. The genres of New Narrative or the subjective views of heroes and eccentrics were represented throughout the annual issues; 1985 saw global phenomena being investigated under the rubrics 'Ethno-Mondiale' and 'Ethno-Occidentale'; post-modern theories seemed to rouse interest in 'Ritual Mechanics', 'Media Mysticism', and 'Simulacre', while 'The Image of Fiction', the title of an entire edition in 1986, would lend itself to most of the artists' videotapes produced in the 1980s. Even an analysis of state surveillance such as 'The Giant', composed purely of footage recorded by surveillance cameras, follows a narrative*

45 *Cf. interview with Michael Klier in the present volume as example.*

46 *The publishing house DuMont was sufficiently interested in the video-art phenomenon to publish for the commercial market the book 'Axis' in 1986, which included a VHS cassette and was edited by Vera and Gábor Bódy. While a U-matic cassette released by the Lijnbaanzentrum, Rotterdam, had previously documented the performances staged at the 'Projekt 74' show in Cologne, its circulation had been confined to centres of art.*

47 *Today, the collected editions of Infermental are accessible at the ZKM Mediathek; a second video magazine was 'Videocongress', produced in the Cologne region.*

film logic in its montage and soundtrack. Particularly on the eve of Orwellian 1984, the mediatization of the world was celebrated as a comprehensive fictionalization of society – 'We need more fiction' (Jean-Paul Fargier) – or condemned from a critical perspective. The transitional process from 'window onto the world' to global 'production of the world' was first made visible by the 'Crosscultural Television' project of Antoni Muntadas and Hank Bull in 1986. A one-hour compilation tape distributed as part of the international video magazine 'Infermental' visualized the forms of global television hegemony by bringing together and analysing the structural aspects common to television formats throughout the world.[48] *The notion of crossculture, derived from US cultural sociology, is applied to the television medium and art context in this illustration of the way our perception is being fictionalized and formatted through the media.*

For cross-genre and networked projects whose production was generated primarily in different areas of life and work, festivals offered an ideal presentation and communication forum. As early as 1985, Wolfgang Max Faust applied the term 'crossculture' to the phenomenon of a counter-strategy that opposed the on-going isolation of forms of subculture and was linked with the group phenomenon with no regard to questions of artistic format: '[...] instead of isolation the chaining, permanent fusion, of one's own and the foreign'.[49] *In contrast to the fusion of jazz, rock and pop influences presented by, for instance, the musicians and performers of the 'Notorische Reflexe', the Berlin-based group 'Die Tödliche Doris' baffled audiences with their notion of 'intersecting' styles, expectations and traditions.* (MKI) *The group's attitude to media consisted not so much in blending music and image, play and replay, than in creating its own kind of private public sphere with a parodistic and deliberately dilettantish stringing together of media, art-actions, and concepts. Certainly, the group did not negate the notion of the artwork or concept of autonomous art, but presented these ideas merely on a trial basis alongside the other compound states of 'Die Tödliche Doris': assemblage without following a script or overall structure, zestful crossover and contradiction, amateurish improvisation cocking a snout at commercial 'production values', celebration of outsider status with a fondness for cheerful off-the-wallness and parasitic citation. Art and life continued to be interwoven, even in times of post-modern discourse, but as a multifaceted media practice voicing no utopian claims.*

In post-Punk Berlin of the mid-1980s, the emphatic refusal of 'Die Tödliche Doris' to be claimed for any particular direction made the group an emblem of a crossculture scene that saw itself as a guest participant in various contexts, as

48 *Gusztáv Hamós and Christoph Dreher had undertaken a similar venture in the tape 'Commercials' in 1983.*

49 *Wolfgang Max Faust, 'Cross Culture – eine neue Tendenz in der Kunst', in: Kunstforum, vol. 77/78, 1985, p. 166.*

everything other than a 'movement'. This practice of matter-of-course adoption of different roles gives rise, particularly from a '90s viewpoint, to diverse links to early performance artists who saw themselves as art-service providers such as M. Raskin Stichting Ens. or the group based around Minus Delta t that later turned into the Ponton European Media Lab[50]*. The producers act in variable contexts. Musician-artist Carsten Nicolai, for example, owns his own record labels and also plays the piano. Yet, the inability to keep up with the pace is a problem of general audiences and their speed of perception, keeping up with the contemporary currents primarily a question of perceiving from inside closed circles of visual artists or musicians.*

Intermezzo: video sculpture

Wholly regardless of these criss-crossing, anti-institutional developments, a financial and technological handicap of video art became clear in the late 1980s: the dependency on industrial sponsors, without whom it was impossible to fund a major exhibition. 'Video-Skulptur aktuell und retrospektiv 1963–1989', presented (with the aid of sponsors including RTL) in Berlin, Cologne and Zurich by Wulf Herzogenrath and Edith Decker in 1989, staged a superlative show which, in conjunction with medium's comeback at the 'documenta 8' in 1987, can take the credit for the fact that the video medium finally gained access to the art-market after a quarter-century of de facto outsider status. Such a popularization, however, could scarcely have taken place earlier, since the ground had first been prepared by the complete transformation of television in the '80s. Oversized installations by Nam June Paik or Marie-Jo Lafontaine deployed all their powers of visual seduction. More critical stances such as those of Marcel Odenbach, Klaus vom Bruch or Dara Birnbaum profited from the wave of popularity, but were no longer able to set specifically new accents. Video had changed from conceptual to sensual medium, deftly citing elements of television and of art history alike. With their insistence on the material aspect, the video sculptures refuted accusations of postmodern arbitrariness. The dominance of the sculptural notion in connection with media art, now prevalent for several years, was a populist step backward, whether or not it was due to marketing considerations or, as Vito Acconci was quick to presume, to the 'bad conscience'[51] *that in the 1990s forced video artists to bow to an altered understanding of art almost as rapidly as the Neo-Expressionist painters, their novelty-value fast diminished, had done before them. Artists began to remove from installations references to any real object character of a work, ushering in an era of purely visual installation, linear or interactive. The poetic fusion of*

50 *Cf. Infermental manifesto in the present volume.*

51 *Already in 1984, Vito Acconci pronounced the following judgement upon artists dedicated to video sculpture: 'a person who is afraid of being out-dated, embarrassed about clinging so hard to the past', in: 'The Luminous Image', op. cit., p. 22.*

parallel, overlapping, competing, commentating narratives in the electronic image reflects, in its core, the principle of the video installation, namely the spatial division into several channels of a story or a purely visual concept.

Copy-and-paste, or the productive chains of the 1990s

The closed nature of the sculptural work, the arbitrariness of the rampant production of artefacts (to which Paik was no minor contributor), and the growing disinterest of young artists in presenting their work in 'white cube' museum settings, make video sculpture look like an intermezzo on the road to the open work of media art. Viewed retrospectively, the relations and affinities of the heterogeneous and multimedia producers' groups of the 1980s to the current positions of the networked '90s are the more pointed. (Emotional) participation, which is the basis of many interactive installations, and the fascination exercised by potentially open structures point to a phenomenon that can be placed in relation to the public staging of work processes, workshops and sites of communication.[52] In the '90s, as in the preceding decade, the chaining into processes of disparate elements and low-tech production forms is put on public show as a work-in-progress soliciting the emotional participation of the audience. Precisely this coherent chaining of progressively mediated forms – from Internet to theatre to video to exhibition – is undertaken by Christian Jankowski when he exhibits the intimacy and absurdity of the conversations of a couple, showing their Internet communications with all the inevitable contradictions, misunderstandings and redundancies. There is nothing that copy-and-paste cannot transpose to a different context. At the 'documenta X' in 1997, by contrast, Felix Stefan Huber and Philip Pocock made a statement against being subsumed into an over-narrow, pre-defined 'Net art' niche composed of computer and workplace environment. They prefer to temporarily convert museums into places of residence and work for their 'travel-as-art' projects. Although the media play the dominant role in constructing narratives, they still remain subordinate to the often material-rich form of presentation.[53]

An entire artistic spectrum is arrayed between these extremes of appropriating the museum or articulating criticism of the institutions. The 'white cube' of the 1980s has meanwhile made way for a publicly exhibited private space that views subjectivity in art as the cross-section and archive of very diverse private and public factors. Contemporary models of dislocated contexts include the actions by Thai artist Rirkrit Tiravanija, the video lounges of Johan Grimonprez, the combination of video presentation with a mobile club system by the 'art club berlin', or the crossover between the club world and the centres of contemporary art in the work of Carsten Nicolai or Daniel Pflumm. (MKI) A 'fusion' of night-club and

52 Cf., for instance, the concept of the HybridWorkSpace at the 'documenta X', 1997.
53 (MKI); see also text by Philip Pocock in the present volume.

museum is neither possible nor desirable. All the same, these commuters testify to the multimedia, multilocal presence of the artist. Techno brings together subculture, art and business to become a broad movement that deliberately plays with the framework conditions of capitalist society. The looping of Corporate ID logos and the generation and parodying of the best-known trademarks reflect a consistent, wholly internal view of the society we live in. Fusion in the sense of ironing out differences in order to create a new style might have been a cause of the one-world generation, but the players and combatants of the '90s have replaced an all-embracing vision with 'hybrid' practice. The 'HybridWorkSpace' installed at the 'documenta X', therefore, is an etymological pointer both to its hermaphroditic ambivalence and to the always visible hubris of not being able, even within the art context, to resolutely adhere to non-aestheticizing practices.

Forum

All the artists working in the clubs, galleries and festivals concerned with the many-sided linkage of art and electronic networks are in conflict with the attempts to give up precisely this individualist creation of art in favour of an open, democratic community discourse that will have effects on society. Wolfgang Staehle, founder of 'The Thing' (MKI) network in New York in 1992, repeated the vehement plea, first heard in the '60s, for the artist to be a social actor: 'The art context is impotent, and we all know why. Reality is constructed elsewhere, and if we, artists, writers or whatever, want to have a say in its representation, we have to infiltrate those infinitely more potent media and make sure our voices are heard.'[54] Among the first to respond to this challenge was the Ponton European Media Lab with its 'Van Gogh TV' along with what became, during the 'documenta 9' in 1992, probably the most famous attempt at establishing an interactive TV platform. This 'Piazza virtuale' (MKI) was mockingly classified as 'hi-there-TV' by critics, but at the same time met with an euphoric response from media activists on account of the potential it revealed. Ingo Günther was among the enthusiasts, and likewise Jan Hoet, at that time director of the 'documenta'. The public satellite channel 3sat also participated, hoping to get an advance taste of its own future.

The success – or otherwise – of access channels, which today the Net community somewhat over-simplistically tends to ascribe to the clandestine or overt censorship to which left-wing and innovative production forms are subjected,[55]

54 Wolfgang Staehle in a debate of the 'The Thing' bulletin board system on 26 June 1992. Friedrich Kittler chose the following formulation: 'Under computerized conditions, art [is] replaced by a wizardry conjuring up reality as opposed to omnipotence (...). Unless they become engineers or programmers themselves, artists are, quite simply, excluded from this power over reality.' In: 'Künstler – Technohelden und Chipschamanen der Zukunft?', 'Medienkunstpreis 1993', Heinrich Klotz/Michael Roßnagl (eds.), Ostfildern, 1993, pp. 47 and 51.

55 This conspiracy theory is presented in texts such as 'Utopian Promises – Net Realities', 1995, by Pit Schultz at: http://www.is.in-berlin.de/~pit/ZKM/promises.asc

have in the 1990s again become an important precursor to the discussions new participatory technologies have roused in view of electronic cafés, virtual forums, Webcams and so forth. Traces of the early, more anarchic, ideology have made an abrupt reappearance thanks to the new Internet medium. The Webcasting philosophy of the Berlin-based Net activists 'convex tv.' here serves to highlight the issues: 'In the traditions of do-it-yourself, pirate radio, audio art, improvisation, fine-tune journalism, etc., temporary collectives and individuals transmit from their computers mostly irregular programmes that if needs be intend to manage without an audience or content. [...] The senseless demand for "a mass medium of one's own for everyone" here invents its own cultural practice of decentral Webcasting. If everybody goes on the air at different times, then additional channels will be created automatically.'[56] *The crucial message in terms of media politics lies in 'decentral' and 'of one's own'. What, however, does this actually mean? That in the end, everyone will be producing parallel broadcasts and again 'no audience will be out there'? That all Web narcissists only follow their own broadcasts, obsessed with permanent production? Web-TV or Web anti-TV for a circle of insiders and in groups? It appears to be the case that only special events rouse the public's interest in such networked broadcasting, as was proven by the 'Piazza virtuale' during the 1992 'documenta' – and it had a real, physical location, too.*

The potential of Webcasting is beginning to dawn on us now that video-streaming software is being improved, but it cannot be expected to solve the problems of linking technology with media, even artistic, influence, in the future. Low-tech and D.I.Y. are appreciated as subversive strategies with no claim to 'range'. Between ATV (alternative TV) and UTV ('our TV') (MKI) *there is a recurrent discussion of utopian TV concepts that foresee in principle the swapping of roles between producers and recipients. While in the protected context of art it is possible to re-define the functions of public areas, this does not make UTV or 'convex tv.' a functioning model for television. The activists remain a small, radical minority – and will stay that way in the 21st century.*

'The difference between time-based information and random-access information lies in the retrieval process. The 'book' is the oldest form of random-access information. The only reason videotapes are so boring and TV so bad is that they are time-based information.'[57] *Nam June Paik, probably the earliest visionary of multimedia interaction, could not know in 1980 that the linear videotape in the*

56 *Self-portrait of Net radio in catalogue of the Kassel 'Dokumentarfilm- und Videofest', 1998.*

57 *Nam June Paik (1992), op. cit., p. 149; meanwhile, 16 years after Paik's statement, non-linear narration has become the major challenge in media art. Sadly, zapping does not provide consumers with the non-linear TV treasures he imagined in a flyer published in 1965: 'Thanks to the VVHF of LASER we will have enough radio broadcasters to afford the luxury of Mozart-only stations, Cage-only stations, Bogart-only TV stations, underground-film-only TV stations, etc, etc.' (ibid., p. 116) Whether laser or optical-fibre cables, the specialist programmes at present do not hold out the prospect of expanded TV, but merely the infinite reproduction of broadcasts for consumers.*

form of video installations and spatial projections would undergo a surprising revival towards the end of the century, as is evidenced by the success of Pipilotti Rist as well as young British artists like Douglas Gordon or Tracey Emin. Traditional museum terrain now appears, as if after a long process of fermentation, to be at last ready for media art. On the threshold of institutionalization, of establishment, an incipient process of historicizing and 'archaeology' is discernible for precisely these areas of work. It is a process associated not with advanced technologies but with the videotape, although it will soon be obsolete even in technical terms.[58] *That is why, for instance, in 1999 the ZKM Museum of Contemporary Art could dedicate a major exhibition entitled 'video cult/ures' exclusively to that medium and still be in harmony with the art market. The niches and genre-specific derivations of artists' video that arose in the '80s boom era have merged into a 'video culture' encompassing a range from Klaus vom Bruch to Daniel Pflumm, Nam June Paik to Pipilotti Rist. The matter-of-fact attitude towards the medium which was missed in the '80s can now, in fact, be said to exist. Whether in clubs, museums, or television – as demonstrated by the seven-year record of collaboration between the ZKM and broadcaster SWR in organizing the 'International Award for Video Art'*[59] *– video has become just one unspectacular medium among many others. The electronic images available for public consumption on TV, in advertisements or in clubs are disarmingly experimental in form. It took people a while before they started to learn from Paik, but then they learnt their lesson well. One is justified, however, in doubting that these electronic icons still manage to penetrate the grey matter behind the retina. Video art has changed into a media practice that is co-producing its own demise.*

The technological front would seem to have re-aligned rather than disappeared. Net art is waiting at the gates of the art temples, and these doors are likely only to open once this art form, too, is technologically outdated and the media-art hype has moved to new, fresh pastures. The structurally pre-determined propensity of museums to keep a distance from current developments is likely to remain intact. The centres of contemporary art are no less perplexed today by the phenomenon of the Internet than they were by the video medium in the '70s. Solely the digital museums of the present decade do justice to the fact that contemporary multimedia practice would largely not be conceivable without the technical infrastructure and staff of institutions such as the ZKM, the Ars Electronica Center in Linz, or the ICC in Tokyo. Is it not just a question of time, however, before everyone will be able to afford a Silicon Graphics real-time computer, just as already everyone can afford a computer capable of digital video-editing? 'Net art', in particular, is no longer reliant on technical support from institutions. To start up

58 *Cf. the first symposia held in the 1990s on the subject of videotape conservation: 'Wie haltbar ist Videokunst', Kunstmusem Wolfsburg (ed.), Wolfsburg, (1995), 1997.*

59 *Founded in 1992; continued as 'international media art award' in 2000.*

artistic processes from the computer at home is economical, practical, and fast in terms of distribution. By tendency, the institutions will be left with the task merely of bundling these manifold activities and presenting them for public discussion.[60]

The 'digital society' (Richard Kriesche) generates hybrid forms that suggest the electronic cinema of the future. Almost every media practitioner's crossover between production formats, between analog and digital, between film, video, photography, text and computer reduces to absurdity even the most determined art-historical efforts to fix the original status of a work of media art. The market value of a media work is now based solely on a contract with the museum or dealer.[61] *From the draughtsman's contract to the media artist's agreement – in either case, there may be a direct correlation between fraud and market value in the copyright. It is, by contrast, an outstanding attribute of the '90s generation of artists that they are pushing the use value, real or simulated, of media art. Georg Winter's 'Telegrooming'* (MKI) *delivers an exemplary, practice-oriented model for reinforcing 'heedful social interrelations' and providing general advice for dealing with 'large volumes of audio-visual stimulation of the kind that often arises in working at a monitor or watching television. Exercises performed with the fingers, hands and eyes can promote the relaxation of a mediatoxic field through trust-enhancing measures (social fur grooming).'*[62]

Georg Winter's conceptual approach dryly points to the fact that both an overdose of media and an overdose of art or – logically – an overdose of media art can, by definition, be toxic in effect. Depending on the individual disposition, then, it is advisable to pursue simple strategies against being fixated in any way on institutional, formal or interpretational hegemonies. Artists of the '90s therefore insist on parallel, complementary or even competing activities that can be rapidly and efficiently linked to one context or another. They temporarily pass through and occupy 'open fields of action' (Peter Weibel) without having to make the obligatory passage through the institutions such as museum or television. Yet narration, too, the recourse – for the purposes of citation or analysis – to a narrative visual language is among the successful models, as demonstrated by the

60 *Cf. 'net_condition', for instance, the first major exhibition with on-site Net projects and installations, organized in 1999 by ZKM in Karlsruhe, the festival 'Steirischer Herbst' in Graz, Austria, MECAD in Barcelona, and the ICC in Tokyo.*

61 *In the widest possible sense, this system is based on trust and credibility, a foundation easily rocked by the information that more than one version of a video installation have been certified as the 'original' version. The video sculpture 'Les Larmes d'Acier' by Marie-Jo Lafontaine has been the object of a dispute of this nature since 1999: both the ZKM Museum of Contemporary Art and a collector claim to be in possession of the version that was first put on display (at the 'documenta 8' in Kassel in 1987). In this case at least, the sculptural monitor construction will probably suffice to decide the question, whereas limited editions of works based purely on projection can be certified purely by assertion and contractual agreements.*

62 *Georg Winter, 'Ukiyo Camera Systems – Handbuch der Kameratechnik', Renate Wiehager/Knut Nievers (eds.), Cologne, 1999, p. 154.*

installations of Pipilotti Rist, Christoph Girardet, Douglas Gordon, and others.[63] *They neither have to provocatively demand the recognition that their predecessor generations lacked in the art world, nor do they have to be rebelliously dilettantish in order to protest against the over-mighty technological developments. From the outset, they have been part of this development and operate with their intimate knowledge of public images, of the information economy and its media tools. Hi-tech and low-tech are equally valid options, and both have always been available. They can always count on private and public attention when their subjective models and content make possible an authentic argument that cannot be slotted into a discourse purely on art. However justified a sceptical attitude in regard to the present-day notion of authenticity, it seems to me that the way ahead lies not in the infinitely repeated, educational exposure of how our experience is dominated by the media, but rather in the attempt to enter into intensive dialogue, or polylogue, with a site, a context and, above all, a conversational partner.*

Translation by Tom Morrison

63 *This is documented by exhibitions such as 'Moving Images' in the Gallery of Contemporary Art, Leipzig, 1999.*

Marcel Odenbach

Vielfältig, verwirrend und schnellebig – die achtziger Jahre

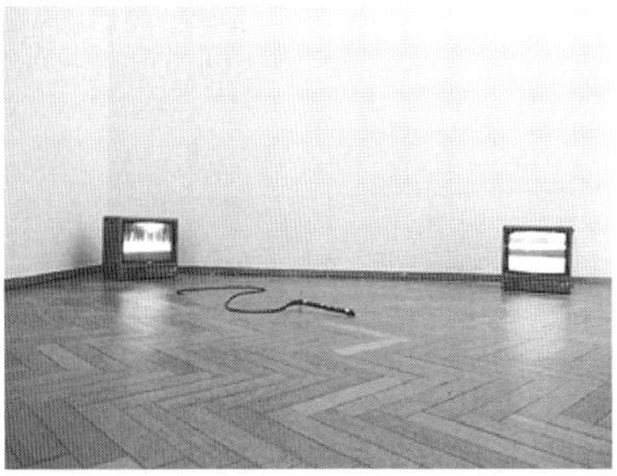

Was sind die achtziger Jahre, wann haben sie angefangen, gab es da wirklich einen Anfang und ein Ende? Inwieweit kann man Übergänge zeitlich und thematisch ein-, geschweige denn abgrenzen? Zehn Jahre, die eigentlich noch nicht hinter einem liegen, abhandeln, mal schnell eben.

Das sind Überlegungen, die weiß Gott nicht neu sind, aber inhaltlich schon viel über diesen Zeitraum aussagen. Fragen, die auch nicht so leicht zu beantworten sind, da es kaum eine so unchronologische Periode gab in dem, was als Kunst benannt wurde. Wenn man etwas Neues sah, war es marktwirtschaftlich schon wieder vorbei. Kaum war eine Zeit so vielfältig, verwirrend und schnellebig. Deshalb fällt mir das Erinnern schwer, denn das ist, was bleibt. Was sind das für Ausstellungen, „Bilder", Symbole, die ich noch beschreiben könnte, die mir über einen Zeitraum geblieben sind, die mir noch etwas sagen und bedeuten?

Es ist eine Ausstellung von Barry Le Va bei Rolf Ricke, in der Beile auf Fußhöhe in die Wand der Galerie geschlagen waren; ich kann die Porträtköpfe von Gerhard Richter, damals in der Neuen Galerie in Aachen, mit Namen benennen; ich kann mich an die Aktionen von Beuys in der Dom Galerie, neben schimmelnden Joghurtpyramiden von Dieter Roth erinnern. Ich könnte den Ton der Performance von Ulrike Rosenbach im Studio Oppenheim nachsummen; meine Gedanken und psychischen Beklemmungen während der Performance von Abramovic/Ulay auf dem Kunstmarkt wiedergeben; die Räume des Museums Echnaton von Michael Buthe beschreiben.

Ich weiß, das sind alles Stücke, die mehr als zehn Jahre zurückliegen, aber welches Bild der „jungen Wilden" Anfang der 80er Jahre ist mir wirklich geblieben? Da gab es Köpfe, Füße, lange Gliedmaßen, figurative, symbolische Szenen, eine fast kirchliche Ikonographie. Aber von wem waren welche Bilder, zu welcher Zeit, an welchem Ort? Es waren immer wieder Bilder – und vor allen Dingen Malerei. Das war neu für Köln.

Mir ist natürlich bewußt, daß in einer Zeit, in der man anfängt, sich selbst zu orientieren und visuell zu ordnen, die Gegenüberstellungen und Positionen am einprägsamsten sind und bleiben. Aber dennoch glaube ich, daß die 70er Jahre sich einfacher zusammenfügen. Da gab es in Köln eine sehr geschlossene und übersichtliche Kunstszene, die vollkommen unterschiedlich arbeitete und trotzdem privat und im Austausch über die Kunst viel miteinander zu tun hatte. Da gab es keine Trends, keine Gruppen, mit Ausnahme der Videokünstler, die sich zu ATV (Alternativ Television) zusammenschlossen. Die Szene war sehr intim, da sie vielleicht über die Grenzen von Nordrhein-Westfalen hinaus nicht viel Geltung hatte. Deutsche Kunst fand im Ausland kaum Interesse, und die Galerien und öffentlichen Institutionen konfrontierten uns hauptsächlich mit amerikanischen Werken.

Da gibt es natürlich auch wie bei den Bildern Lücken, vielleicht wußte man nicht, ob ein Kubus von Morris, Judd oder Sol LeWitt war, das Neon von Flavin, Nauman oder Sonnier. Aber was blieb, war ein räumliches Erlebnis, das Überraschtsein, das Schockiertsein in der Erweiterung des Kunstbegriffes. Was blieb, war eine Stimmung, die körperlich wurde. Ich möchte mir keine Wertung von Werken anmaßen, aber die Stücke, die für mich in den 70ern neu waren, haben mich mehr betroffen als in den 80ern. Ich möchte dies weniger den Künstlern ankreiden, das wäre lächerlich, auch gegen mich selbst.

Die Veränderung der 80er Jahre liegt darin, daß die Bildende Kunst gesellschaftsfähig geworden ist. Vor allen Dingen der Umraum und die Präsentation der Werke haben sich geändert, es ist das Jahrzehnt der Vermarktung.

Dies fing eigentlich, ich behaupte es einfach einmal in dieser extremen und mißverständlichen Weise, ungewollt, sehr plötzlich zu Beginn der 80er Jahre an. Ich erinnere mich an zwei Ausstellungen, die mich persönlich betrafen, die ich gut vergleichen kann, da sie am selben Ort (Museum Folkwang, Essen) stattfanden. Beide Ausstellungen wurden von Zdenek Felix gemacht. 1981 eine Doppelausstellung John Baldessari und Marcel Odenbach. Ich habe dort Videoinstallationen mit Text, Fotoarbeiten und Zeichnungen gezeigt, es war die erste große Einzelpräsentation in einem Museum für mich. Ich dachte, es wäre der Anfang, ohne zu merken, daß es eigentlich schon zu Ende war, obwohl es noch gar nicht angefangen hatte. Eine Ausstellung, die damals zu spät kam und jetzt erst wieder modern wäre. [...] Damals in Essen waren bei der Eröffnung für beide Künstler nicht mehr als ca. fünfundzwanzig Leute erschienen, an Presseberichte kann ich mich kaum erinnern.

Vier Monate später, 1982, fand in den gleichen Räumen des Folkwang Museums eine Ausstellung unter dem Titel „10 junge Künstler aus Deutschland" statt. Es waren figurative Bilder der „Mülheimer Freiheit" aus Köln und von Malern aus Berlin, die Eröffnung war unglaublich. Hunderte von Personen, Fernsehshows, Magazine und Leute, die die Bilder kauften. Erst der eigene, gewohnte Frust und plötzlich hier dieses Interesse, das einem Aufbruch nahe kam. Aber die Kunst, die ich da sah, war für mich eigentlich weniger überraschend als das neue Verhalten der Vermittlung, der Rezipienten und der Künstler selbst. Nichts mehr von dem so eingefahrenen und geschlossenen Vermittlungssystem der siebziger Jahre, welches, sich selbst so satt, sich ad absurdum geführt hatte.

Ausstellungen mit einem sozialen und politischen Anspruch, für eine Gesellschaft, die es vielleicht gab, die sich aber nicht dafür interessiert hatte. Es sind Erinnerungen an leere Galerien, an Stücke, die unverkäuflich waren, an Ausstellungen für Kollegen. Angetrieben auch durch diese Enttäuschung, hatte ich versucht, durch das Medium Video mein Forum zu erweitern. Das Publikum wurde auch bedeutend zahlreicher, aber was entstand und blieb, war eine Grundsatzdiskussion über die Frage: Ist Video und ist das, was ich da mache, Kunst? Diese Fragestellung gilt seit den 80er Jahren nicht mehr – es ist, allgemein gesprochen, egal, was man macht. Der Kunstbegriff hat sich weiß Gott erweitert, auch bei den „Brigitte"- und „Schöner-Wohnen"-Lesern, was wäre das sonst für eine Blamage beim Friseur und Zahnarzt. Es hat selten eine Zeit gegeben, in der Künstler und Galerist so stark zu Traumberufen lanciert wurden. Aber das ist nicht eine Erweiterung im Beuysschen Sinne, es ist eine Erweiterung im marktwirtschaftlichen Sinne. Dieses angesprochene Phänomen, das Mißverständnis, das dann auch stattfand, verursacht nicht zuletzt durch die figurative Malerei der frühen 80er Jahre, spürt und gibt schon zu bedenken. Zdenek Felix in seinem Vorwort zum Katalog „10 junge Künstler aus Deutschland", Museum Folkwang, Essen 1982: „Ihre (der figurativen Kunst) Existenz liefert indes den Stoff zur Bildung von Mythen, die – von den Medien, populären Magazinen, Illustrierten und sogar vom Fernsehen bereitwilig aufgegriffen und weitergesponnen – sich an der Erscheinung, am Faktum einer unerwarteten, verwirrenden Neuigkeit entzünden. Die junge Kunst, denn von ihr ist die Rede, verwirrt nicht zuletzt auch dadurch, daß sie sich in ihrer Mehrheit den traditionellen Ausdrucksmitteln, allen voran der Malerei, zuwendet und ihre Aussage in einer scheinbar gedanklich unbeschwerten, subjektiven und oft provokanten Bildsprache formuliert. Bezeichnenderweise und leider bleibt die Substanz dessen, was die Kunst wirklich bewegt, in den Sensationsberichten meistens im Verborgenen, denn in den Vordergrund tritt zuerst das Phänomen der Menge, des schier unbegrenzt quantitativen Wachstums, das mit dem seit ungefähr zwei Jahren offensichtlich vor sich gehenden Generationswechsel zusammenhängt. Die Kunst der jungen Generation gerät somit in eine paradoxe Lage: Sie verwirrt durch ihren ausgeprägten Individualismus und ihre Stillosigkeit, wird aber als Gesamtphänomen, als Tendenz – der auch prompt verschiedene Namen und Bezeichnungen verpaßt werden – beurteilt."

Fiktive Anleitung zum Überleben 1982

Es war und wurde eine nicht einfache Zeit ab 1982 für die Künstler, die nicht „jung malten". Die alte Kölner Szene wurde gesprengt, jeder war auf sich gestellt, es kamen die Jahre der Überlebensstrategien. Aber die gewählten Strategien waren damals falsch, denn das, was einem so bedrohlich erschien, war so ungewohnt, ja neu. Ein Ereignis, eine Ausstellung etc. folgte dem anderen. Es war eine geballte Energie, denn diese neuen Künstler taten sich zu Gruppen zusammen, kreierten zusammen Tendenzen, malten zusammen. Diese gemeinsame Vorgehensweise war gegenüber den 70er Jahren ungewöhnlich. Ich empfinde das heute im nachhinein als eine der positivsten Veränderungen. Denn diese Künstler hatten wahrscheinlich auch keine andere Chance gegenüber dem eingefahrenen System als den geballten Überfall.

Aber anstatt diesem gebündelten Potential gemeinsam gegenüberzutreten, zu versuchen, es mit denselben Waffen zu schlagen, fiel jeder auf sich selbst zurück. Da gab es die einen, die alles über Bord warfen, die anderen, die stur zu Hause durchhielten. Heute klingt das so unwahrscheinlich, die Gegenüberstellung so aggressiv, aber es war der Beginn des Gewinner- und Verliererspiels in der Kunst.

Im Laufe der 80er Jahre haben sich die Mittel und Wege für die Künstler geöffnet. Es gab Zeiten, da machte man Skulptur, dann gab es kein Stück ohne Text, jetzt ist es Fotografie. Für den Künstler selbst ist alles möglich, und vielleicht sind wir an einem Punkt angelangt, an dem nur Glaubwürdigkeit und Qualität zählen. Aber Tendenzen und Trends werden jetzt vom Markt gemacht und genutzt, denn er ist mehr denn je in Zugzwang geraten. Das Verlierer- und Gewinnerspiel ist geblieben, es hat sich nur verlagert; denn die Vermittler, Verteiler und Nutzer spielen jetzt dieses Spiel. Diese Taktik hat schon viele Opfer gefordert. Der Bumerang, den die Künstler Anfang der 80er Jahre warfen, kam selbstverständlich zurück, und schneller als gedacht. Den Geist, den sie riefen, wurden sie nicht mehr los. Gruppen wurden aufgelöst, Künstler abgeschoben, „wilde Malerei" als out erklärt. Kurzer Aufstieg, langer Sturz!

Abgedruckt in: „Zeitzeichen – Stationen Bildender Kunst in Nordrhein-Westfalen", Köln 1989.

Abb. Marcel Odenbach, „Dreihändiges Klavierkonzert für entsetzlich verstimmte Instrumente", 1984, Foto: Lothar Schnepf; Familienfoto, publiziert als Kontext der Installation.

Marcel Odenbach

Diverse, Confusing, and Giddy – the 1980s

What are the 1980s, when did they begin, was there really a beginning and an end? To what extent can one demarcate transitions – not to mention delimit them – according to time and topic? How should ten years that do not yet really lie behind one be just quickly summed up?

These are thoughts that, God knows, are not new, but still do say a lot about this period of time; questions which are not so easily answered because there was hardly a more non-chronological period in what was called art. By the time one saw something new it was already over in terms of the market economy. There was hardly a more diverse, confusing and short-lived time. Remembering is difficult for me because this is what remains. What kinds of exhibitions, 'images', symbols are those which I could still describe, that have remained with me over a period of time, that still say and mean something to me?

It is an exhibition by Barry Le Va at the gallery Rolf Ricke where hatchets were pounded into the gallery wall at foot level; I can name each of the portrait heads by Gerhard Richter that were in the Neue Galerie in Aachen; I can remember the Actions by Beuys in the Dom Galerie next to mouldy yoghurt pyramids by Dieter Roth. I could hum the sound of the performance by Ulrike Rosenbach in the Studio Oppenheim; tell of my thoughts and feelings of apprehension during the performance by Abramovic/Ulay at the Art Cologne; describe spaces in Michael Buthe's Museum Echnaton.

I know these are all fragments that lie more than ten years back, but which image of the 'young wild painters' at the beginning of the '80s has really stayed with me? There were heads, feet, long limbs, figurative, symbolic scenes, an almost religious iconography. But who made which images, at what time and at what place? It was always pictures – and, above all, painting. That was new for Cologne. I am certainly aware that during a time when one begins orientating oneself and putting things into a visual order it is the confrontations and opposing positions that are and remain the most easily remembered. And yet I believe the '70s are easier to fit together. In Cologne there was a very closed and clear art scene with individuals working in completely different ways but who still had a lot to do with each other in private and in an exchange on art. There were no trends and no groups, with the exception of the video artists who joined together as ATV (Alternative Television). The scene was very intimate, perhaps because it was hardly recognised beyond the boundaries of North Rhine-Westphalia. German art found almost no interest from abroad and the galleries and public institutions mostly confronted us with American works. Naturally, there are gaps here, just as there are with the images. Perhaps one did not know if a cube was by Morris, Judd or Sol LeWitt, a neon by Flavin, Nauman or Sonnier. But what remained was a spatial experience; being surprised, being shocked by the extension of the art concept. What remained was a mood that became physical. I do not want to take an evaluation of works upon myself, but the pieces that were new to me in the '70s had a much greater impact on me than those in the '80s. I would like to hold this less against the artists – that would be ridiculous and also have to include myself.

The transformation of the '80s lies in the visual arts becoming socially acceptable. Above all, the environment and the presentation of the works has changed. It is the decade of marketing.

This actually started – I am just going to assert this in an extreme and easily misunderstood manner – as unwanted and very suddenly at the beginning of the '80s. I remember two exhibitions that had an impact on me personally and which I can easily compare since they both took place at Museum Folkwang in Essen. Both exhibitions were made by Zdenek Felix. In 1981 there was a double exhibition by John Baldessari and Marcel Odenbach. I showed video installation with text, photographic works and drawings. It was my first large solo presentation in a museum. I thought it would be the beginning, without noticing that it was actually ending, although it had not yet begun. An exhibition that came too late then, but would be modern again today. […] At the time, no more than perhaps 25 people showed up for both artists' opening in Essen. I can hardly remember press reports.

Four months later, in 1982, an exhibition with the title '10 Young German Artists from Germany' took place in the same galleries of the Folkwang Museum. It consisted of figurative pictures by the 'Mülheimer Freiheit'[1] from Cologne and by painters from Berlin. The exhibition's opening was unbelievable. Hundreds of people, television shows, magazines and people who bought the paintings. First came my own familiar frustration and suddenly then this interest that was almost a departure into something new. But the art I saw was less surprising for me than the new attitude with which the art was mediated, the behaviour of the recipients and the artists themselves. There was nothing left of the well-worn and closed mediating system of the '70s, which had had enough of itself and continued to the point of absurdity.

Exhibitions with a social and political attitude aimed at a society that may have existed but was never interested in what was offered. There are memories of empty galleries, of pieces that could not be sold, of exhibitions for colleagues. Driven by these disappointments I also attempted to extend my forum with the video medium. The public became markedly more numerous, but what developed and remained was a debate on the general question if video and that what I make is art. Since the '80s this question is no longer relevant – generally said, it does not matter what one does. God knows, people's notion of art widened – even readers of 'Brigitte' and 'Schöner Wohnen'[2] had, in order to save face, to pretend they liked what they saw on the walls of their hairdresser or dentist. There was probably no other time when 'artist' and 'gallerist' were pushed so intensely as dream careers, but that is not an expansion in the sense of Beuys. It is an expansion in the sense of a market economy. This phenomenon, the misunderstanding addressed here, which then took place and was more than just partly caused by the figurative painting of the early '80s, was sensed and questioned by Zdenek Felix in his foreword to the catalogue '10 Young Artists from Germany', Museum Folkwang, Essen, 1982: 'Its (figurative art) existence delivers the material for the making of myths that – readily picked up and spinned by the media, popular magazines, glossies and even by television – ignite at their appearance, at the fact of an unexpected, confusing newness. Young art, for that is what is being spoken of here, confuses not only by turning mostly to traditional means of expression, especially painting. It also formulates its message in a language of images that seems to be unencumbered in its thought, to be subjective and often provoking. Typically, and unfortunately, the substance of what really moves art mostly remains hidden behind the sensational reports since what first steps to the forefront is the phenomenon of mass, the sheer unlimited quantitative growth which is obviously tied to the alternation of generations which has been taking place over approximately two years. The art of the young generation thus slips into a paradoxical state: it confuses with its characteristic individualism and its lack of style but is judged as a phenomenon in its entirety, a tendency which is also promptly given various names and terms.'

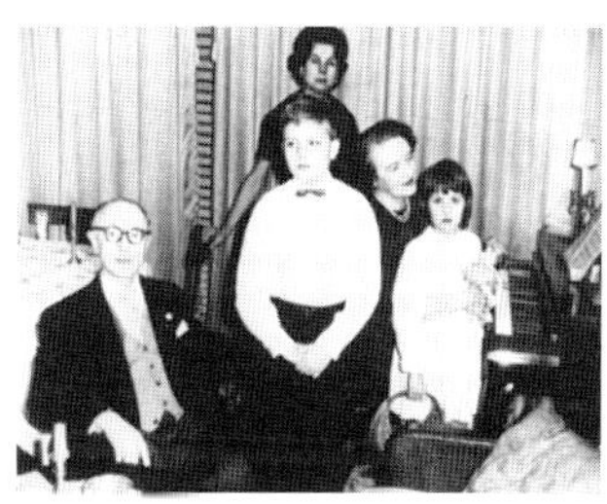

66 | 67 ***Fictive Instructions for Survival, 1982***

After 1982 it was not – and was not to be – an easy time for artists who did not 'paint young'. The old Cologne scene burst open, everyone relied on himself, the years of survival strategies came. But the strategies chosen at the time were wrong because what seemed so threatening was so unfamiliar – it was new. One event, exhibition, etc. followed the other. It was a concentrated energy because these new artists formed themselves into groups, created tendencies together, painted together. This joint procedure was unusual compared to the 1970s. In hindsight, I consider this one of the most positive changes because these artists probably had no other chance against the well-worn system than a concentrated assault.

But instead of facing this bundled potential together, instead of attempting to beat it with its own weapons, each individual fell back upon himself. There were some who threw everything overboard and others who stubbornly held out at home alone. Today that sounds so unlikely, the confrontation so aggressive, but it was the beginning of the winner and loser game in art.

In the course of the '80s, ways and means for the artist were opened up. There were times when one made sculpture, after that there was no piece without text, now it is photography. For the artist himself everything is possible, and perhaps we have reached a point when only credibility and quality count. But tendencies and trends are now made and employed by the market because, now more than ever, it is forced to move. The game of winners and losers has remained, it has just changed location: because the mediators, distributors and users now play this game. The tactics have claimed many victims. The boomerang thrown by artists in the early '80s naturally came back and faster than expected. They could not rid themselves of the spirit they called up. Groups dissolved, artists were pushed aside, 'wild painting' declared 'out'. Short climb, long fall!

First published in: 'Zeitzeichen – Stationen Bildender Kunst in Nordrhein-Westfalen', Cologne, 1989; translation by Rosanne Altstatt.

1 Artists' group of Neo-Expressionist painters. – Ed.

2 Popular women's and life-style magazines in Germany. – Ed.

Figs. *Marcel Odenbach, 'Dreihändiges Klavierkonzert für entsetzlich verstimmte Instrumente', 1984, photo: Lothar Schnepf; family photo, published as context of the installation © VG Bild-Kunst, Bonn.*

Gábor Bódy, Astrid Heibach,
Georg Pinter, Jozef Robakowski

Infermental – Ein internationales Bildperiodikum auf Videocassette

INFERMENTAL

THE FIRST INTERNATIONAL MAGAZINE ON VIDEOCASSETTES

Der Experimentalfilm hat bereits alle seine Möglichkeiten ausgeschöpft. Aus seiner derzeitigen Situation führen ihn zwei Wege weiter:

1. in die Filmindustrie – (ergibt sich automatisch)
2. sich in den Dienst der allgemeinen Kommunikation außerhalb des Kinos zu stellen, die Wiederholungen aufzudecken, um diese auf die Grundlage einer gemeinsamen globalen visuellen Sprache zu bringen und die neuen Funktionen dieser Sprache zu demonstrieren.

Der zweite Weg wird sich nicht von alleine verwirklichen, weil diese Art von Kommunikation noch kein Netz besitzt. Der Austausch lebt lediglich auf der Ebene der lokalen Subkulturen und der internationalen Subkultur der Festivals. Sie sind das einzige internationale Forum des alternativen Films, aber reichen für eine Kontinuität einer lebendigen Kommunikation nicht aus. Die Filmemacher sollen ein solches internationales Distributionsnetz ausbauen, was dazu dient, Aspekte ihrer Arbeitsweise zu öffnen und um der Spezialisierung, die in allen Bereichen stattgefunden hat, entgegenzuwirken.

INFERMENTAL ist ein Aufruf für den Start eines enzyklopädisch angelegten Video-Periodikums, welches in mehreren Kopien und Minimum in vier Ausgaben pro Jahr zwischen den Filmzentren von Europa und den Vereinigten Staaten zirkulieren würde. Aus den Wiederholungen (siehe Punkt 2), welche bis zu einem gewissen Grade vorher kalkulierbar wären, ergeben sich die folgenden Kategorien: Medienforschung • Artikulationsforschung • Neue Funktionen • Aktuelle Kulte.

Es wäre notwendig, daß die Mitglieder des INFERMENTAL in den jeweiligen Ländern für die Einführung eines einheitlichen Videosystems plädieren. Solange dies nicht der Fall ist, würden sich einige Zentren bereiterklären, die technischen Voraussetzungen zu standardisieren.

Wir suchen Mitarbeiter und Freunde.

Ergänzung aus der ersten Projektskizze

Folgende Gebiete werden untersucht:

1. Medienforschung: Super 8, elektronisches Cinema, Film- und Videokombination • Spezielle optische Effekte • Film-Computerisation • Untraditionelle Lichtquellen • Holografie 3D-Bildaufzeichnungen • Soundtrackmultiphonia, Syntheziser, optische Manipulation des Sounds, Raumbildung durch Sound und Bild.
2. Artikulationsforschung: Lineartikulation/Montagemuster und Antimontagetheorien, analysierte Sequenzen, etc. • Artikulation innerhalb des Bildes, Multibelichtungen, Lichtschnitt, etc. • Neue Lösungen für Segmentation durch Diaphragma und Maskierung zu neuen optischen Methoden wie Interpunktion einer möglichen visuellen Sprache.
3. Neue Funktionen: mögliche Funktionen einer Sprache – mögliche Erläuterungen einer Funktion/andere Funktionen des Films berücksichtigen als die übliche Erzählung • Heimkinos/aktuelle Modelle und Analyse • Selbstidentifikationen/bewegliche Ausweisbilder, Filmtagebücher • Visuelle Rhetorik • Wissenschaftliche Argumentation • Religiöskultische Funktionen • Visuelle Vorahnungen, Visionen • Was ist der Dokumentarfilm? Erfinden neuer Funktionen.
4. Kultische Akte/Aktuelle Kulte: „Die ursprüngliche Art der Einbettung des Kunstwerkes in den Traditionszusammenhang fand ihren Ausdruck im Kult. Die ältesten Kunstwerke sind im Dienst eines Rituals entstanden, zuerst eines magischen, dann eines religiösen. Es ist nun von entscheidender Bedeutung, daß diese auratische Daseinsweise des Kunstwerks niemals durchaus von seiner Ritualfunktion sich löst.“

(Das wesentlich Ferne ist das Unnahbare) Walter Benjamin, „Das Kunstwerk im Zeitalter seiner technischen Reproduzierbarkeit“

Die Ergänzung stammt aus der ersten, 1980 auf englisch verfaßten Projektskizze und „Infermental/Encyclopedia of Recorded Imagery Project“ von Gábor Bódy und Georg Pinter und führte ursprünglich unter Punkt 4 auf: „Lexica – jedes 'noch nie zuvor gesehene' Bildmaterial – schickt es. STIMME/einschließend Punkt 1–4 oben/Gebrauch der menschlichen Stimme in allen Bereichen, Sprechmodi, Kommentaren etc.“ Die vorliegende deutsche Fassung stützt sich auf die Originalübersetzung, die zu Werbezwecken als „Projekt für ein kinematographisches Periodikum auf internationaler Ebene“ kopiert wurde; dieses Papier listete unter Punkt 3 am Schluß ergänzend auf: „Logik des Bewegungsfilms (Semiotische Studien)“.

Abb. Infermental Logo und Infermental Ankündigung, Berlin, 1982, courtesy ZKM Mediathek, Foto: Zoltán Jancsó.

Gábor Bódy, Astrid Heibach, Georg Pinter, Jozef Robakowski

Infermental – an International Cinematographical Periodical on Video Cassettes

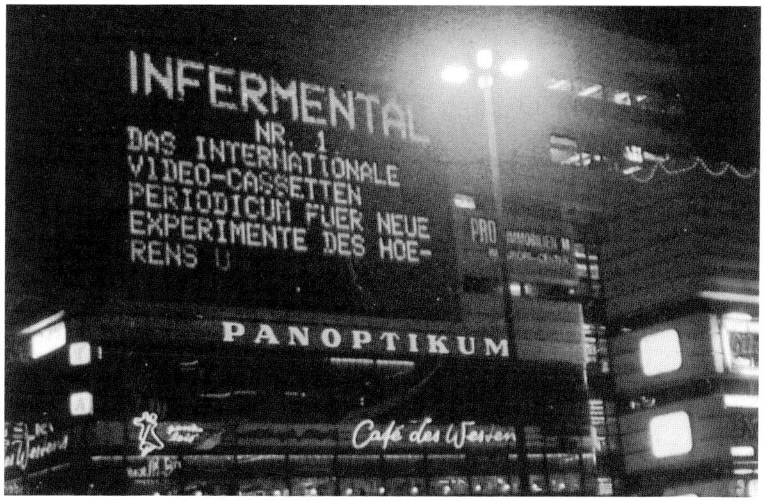

Experimental film has already used all its potential. There are only two ways of getting out of this situation:

1. into film industry – (an automatic step)

2. to serve a general communication outside the cinema circuit, to uncover repetitions in order to bring these to the level of a mutual global visual language and to demonstrate the new functions of this language.

The second choice will not be realized without any help because this kind of communication still hasn't got its own network. The exchange is alive only on the level of local subcultures and the international subculture of festivals. They are the only international forum for alternative film, but they are insufficient for the continuity of a lively communication. The filmmakers themselves should expand such an international network of distribution which would be helpful in opening up aspects of their way of working and counter those aspects of specialisation that have already taken place.

INFERMENTAL is a call to start an encyclopaedic video periodical which would circulate among film centres in Europe and the USA in various copies and a minimum of four editions per year. From the repetitions (see point 2) which would be predictable up to a certain degree, the following categories follow: Media research • Articulation research • New functions • Current cults.

It would be necessary that the members of INFERMENTAL plead for the implementation of a unified video standard. As long as this is not the case, some centres would be willing to standardize the technical requirements.

We are looking for collaborators and friends.

Addition to the first project draft

Work in the following areas will be solicited:

1. Media Research: Super 8, electronic cinema, film and video combinations Special optical effects • Film computerization • Non-traditional light sources Holography • 3-D recorded imagery • Soundtrack multiphonia, synthesizer, optical manipulation of sound, recreation of space from sound and image.

2. Articulation Research: Linear articulation/samples of montage and anti-montage theories, analysed sequences, etc. • Articulation within the image/multi-exposures, light-cutting, divided screen, etc. • New solutions for segmentation/ from diaphragm masking to new optical methods as punctuation marks of a possible visual language.

3. New Functions: possible functions of a language – possible explanation of a function/to consider other functions of film than the usual narrative • Home movies/model and analysis • Self-identifications/moving ID pictures, film diaries • Visual rhetoric • Scientific argumentation • Religious-cultic functions • Visual divination • What is a documentary film? • Invention of new functions.

4. Acts of Cults/Current Cults 'The art work's original link to a traditional context was expressed by cults. The oldest art works were conceived for a ritual purpose, at first a magical, then a religious ritual. It is hence of utmost importance that this auratic mode of existence is never detached from its ritual function.' (The essentially far is the unreachable.) Walter Benjamin, 'The Work of Art in the Age of Mechanical Reproduction'

The augmented first draft of 'Infermental/Encyclopaedia of Recorded Imagery Project', written in 1980 in English by Gábor Bódy and Georg Pinter, originally listed under point 4: 'Lexica – "any footage never seen before" – send it. VOICE/inclusive no. 1–4 above/use of the human voice in all areas, speech, commentary etc.' The text re-printed here was an extended version distributed for promotional purposes as a 'Project for a cinematographic periodical on an international level'. This paper listed in addition under point 3: 'Logic of moving images (semiotic studies)'. See (MKI) and the publication: Infermental, Vera Bódy (ed.), Cologne, 1986. All related documents are in the archives of the ZKM Media Library.

Figs. *Infermental logo and Infermental announcement, Berlin, 1982, courtesy ZKM Mediathek, photo: Zoltán Jancsó.*

Nam June Paik

La Vie, Satelliten – eine Begegnung, ein Leben

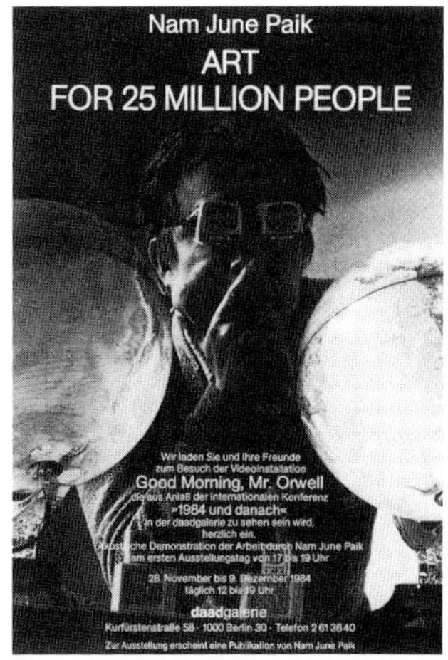

Man sagt, daß alle Wissenschaften ihre Wurzeln zu Aristoteles zurückverfolgen können, aber die Wissenschaft der kosmischen Ästhetik begann mit Sarutobi Sasuke, einem berühmten Ninja (ein Samurai, der viele phantastische Künste beherrschte und sich unter anderem selbst unsichtbar machen konnte, hauptsächlich, um einen Feind auszuspionieren). Als erstes lernt ein Ninja, wie man Entfernungen verkürzt, indem man die Erde schrumpfen läßt, das heißt, wie man die Schwerkraft überwindet. Für den Satelliten ist das ein Klacks. So wie Mozart die neu erfundene Klarinette beherrschte, muß der Satellitenkünstler seine Kunst von Anfang an gemäß der physischen Bedingungen und der Grammatik komponieren. Die Satellitenkunst im höheren Sinn überträgt nicht nur existierende Symphonien und Opern in andere Länder. Sie muß berücksichtigen, wie man eine gegenseitige Verbindung zwischen gegenüberliegenden Seiten der Erde erreichen kann, wie man die Zeitunterschiede überbrückt, wie man mit der Improvisation in bezug auf Determinismus, Echos, Rückkopplung und leere Räume im Sinne von Cage spielt und wie man die Unterschiede der Kulturen, Erwartungen und Mentalitäten zwischen verschiedenen Nationen im selben Moment bewältigt. Satellitenkunst muß das Beste aus diesen Faktoren machen (weil sie Stärken oder Schwächen werden können), indem sie eine multitemporale, multiräumliche Symphonie schafft.

Diese Faktoren komplizierten die Dinge für die Sendung von „Good Morning, Mr. Orwell" im höchsten Maße, die simultan von zwei Sendern in New York, San Francisco und Paris übertragen und simultan in den USA, Frankreich, Westdeutschland und Teilen von Kanada und Korea empfangen wurde.

Zuerst einmal waren da die Zeitunterschiede. Es existiert ein sechsstündiger Zeitunterschied zwischen New York und Paris. Da es unmöglich war, Hauptsendezeit in beiden Ländern zu haben, wählte ich einen kalten Sonntag im Winter. Mittags in New York (1. Januar 1984) würde es eisig kalt sein, so würden die meisten Leute noch (mit einem Kater) zu Hause sein. Zwölf Uhr mittags in New York ist 18 Uhr in Paris. Ich dachte mir, daß auch der schlimmste Herumtreiber sein Abendessen am Neujahrstag zu Hause einnehmen würde. Für Korea bedeutete das unglücklicherweise, daß es 2 Uhr morgens am 2. Januar sein würde.

Eine zweite Schwierigkeit waren die Unterschiede im Allgemeinwissen und in den Sprachen. Orwells „1984" ist in englischsprachigen Ländern so bekannt, daß es fast abgestanden ist. Ganz offensichtlich muß man nicht erklären, worum es in diesem Buch geht. In französischsprachigen Ländern ist es dagegen seit den 50er Jahren nicht mehr im

Handel, und es gibt nur eine kritische Arbeit, die sich damit beschäftigt. Deshalb erforderte die Übertragung im französischen Fernsehen einen langen, langen, 15-minütigen Kommentar jeweils vor und in der Mitte der Übertragung. Diese Unterschiede machten diese schwierige Avantgardekunst noch schwieriger. Es gibt keine Rückspultaste am BETAMAX des Lebens. Ein wichtiges Ereignis findet nur einmal statt. Die Freitode (von Sokrates, Christus, Bo Yi und Shu Qi), die die Grundlage für die Ethik von drei Zivilisationen wurden, ereigneten sich nur einmal. Die Begegnung von einer Person mit einer anderen Person, von einer Person mit einer spezifischen Epoche wird häufig als „Begegnung des Lebens" bezeichnet, doch heute ist das Bündel an Segmenten (falls es Segmente in Bündeln gibt) durch die Satelliten viel umfangreicher geworden. Im Denkprozeß springen elektrische Funken über die Synapsen zwischen den Gehirnzellen, die in vielschichtigen Matrixen geordnet sind. Inspiration ist ein Funke, der in eine unerwartete Richtung schießt und an einem Punkt in irgendeiner Ecke der Matrix landet. Der Satellit wird nach dem Zufallsprinzip notwendigerweise unerwartete Begegnungen von Personen produzieren und die Synapsen zwischen den Gehirnzellen der Menschheit anreichern. Thoreau, der Autor von „Walden, Leben in den Wäldern" und im 19. Jahrhundert ein Vorläufer der Hippies, schrieb: „Die Telefongesellschaft versucht, Maine und Tennessee durch Telefon zu verbinden. Auch wenn das Erfolg haben sollte, was hätten sich die Leute zu sagen? Über was könnten sie möglicherweise reden?" Natürlich beantwortete die Geschichte schließlich Thoreaus Fragen (die übrigens albern sind). Es entwickelte sich eine Rückkopplung (oder, um eine ältere Bezeichnung zu gebrauchen, Dialektik) zwischen neuen Kontakten, die neue Inhalte erzeugten, und neuen Inhalten, die neue Kontakte erzeugten.

„Good Morning, Mr. Orwell", am Neujahrstag 1984 gesendet, brachte Rückkopplungen aller Art hervor. Cage und Beuys sind Freunde, aber sie haben nie eine Performance zusammen gemacht. Beuys und Ginsberg sind zwei Künstler, die viele Gemeinsamkeiten haben (aktives politisches Engagement, intensive Performance, anti-atomarer Naturglaube, gleiches Alter, Romantizismus), aber sie trafen sich nie. Die Sterne im Himmel (Mars, Saturn, Altair, Vega, etc.) treffen sich periodisch, aber die irdischen tun es sehr selten. Wenn ich darüber nachdenke, welche Mysterien die Begegnungen mit anderen Menschen für unser unsubstantielles Leben bereithalten, empfinde ich es als ungeheure Schande, daß die großen Genies ihren Zenit überschreiten, ohne sich je zu sehen. Und selbst wenn solche Begegnungen stattgefunden haben (zum Beispiel Cage und McLuhan, Cage und Buckminster Fuller), hat keine Kamera dieses Ereignis festgehalten. Was für ein Verlust für die Geschichte der menschlichen Zivilisation! 1963 zeichnete das französische Fernsehen ein Treffen zwischen Edgar Varèse und Marcel Duchamp auf. Jetzt, da beide Giganten gestorben sind, empfinde ich die Aufzeichnung als aufwühlend, gleichgültig, wie oft ich sie ansehe. Der Satellit wird diese Begegnungen zweifellos exponentiell verstärken. Wenn ich mich auf eine persönliche Erfahrung beziehen darf – ich war überrascht, eine Fotografie der ersten Begegnung mit meinem verehrten Freund Beuys im Katalog „Zero International Antwerpen" zu entdecken (Galerie Schmela, Düsseldorf 1961). Tatsächlich habe ich nicht gewußt, daß solch ein Bild existiert.

Dank des Satelliten werden sich die Mysterien der Begegnungen mit andern (Zufallsbegegnungen) zunehmend häufen; sie sollten das wichtigste nichtmaterielle Werk der postindustriellen Gesellschaft werden. Gott schuf die Liebe, um die menschliche Rasse zu verbreiten, aber unversehens begann der Mensch zu lieben, einfach nur um zu lieben. Nach derselben Logik beginnt der Mensch, obwohl seine Sprache etwas bewirken soll, bald unversehens zu reden, um einfach zu reden.

Es ist nur ein kleiner Schritt von der „Liebe" zur „Freiheit". Freiheit a priori zu definieren, ist ein Paradox in sich selbst. Deshalb müssen wir die Entwicklung der Freiheit historisch zurückverfolgen, damit wir sie verstehen können. Der fortschrittliche amerikanische Journalist Theodore White schrieb einmal, daß es unmöglich war, den Führern der kommunistischen Partei Chinas in Yan'an während des Zweiten Weltkrieges den Unterschied zwischen Freiheit und Gier zu erklären. Es gibt 2 500 000 000 Permutationen und Kombinationen von Zeichenpaaren der 50 000 chinesischen Zeichen. Ziyou, das Zweizeichenwort für Freiheit, entstand jedoch nicht vor dem 19. Jahrhundert. So wie es schwieriger ist, Ren (Wohlwollen, Menschlichkeit) und Li (Zeremonie, Etikette) ins Englische zu übersetzen als Tao (der Weg des Lebens etc.), läßt sich der Begriff „Freiheit" nur schwer ins Chinesische übertragen. [...] Sogar im weisen und freien alten Griechenland der Antike gab es zwar den Begriff „freier Mann", was sich auf eine Klasse der Gesellschaft bezog, aber existierte kein philosophisches Konzept von Freiheit. Man sagt, daß sich die leidenschaftliche Idee der Freiheit unter der äußerst unfreien, finsteren Herrschaft durch das mittelalterliche Christentum entwickelt hat. Mehr noch, die Menschheit war sich dieser leidenschaftlichen Idee gerade zu den Zeiten des Aufstiegs des Faschismus, des Niedergangs der russischen Revolution, nach dem Verlust der bürgerlichen Freiheit und nach dem Zweiten Weltkrieg am intensivsten und stärksten bewußt. Der Existentialismus von Sartre und Berdjajew wurde von den 60er Jahren an von der westeuropäischen Gesellschaft wieder vergessen, als sie die Rückkehr von Freiheit und Wohlstand erlebte. In jedem Fall ist Freiheit nicht ein Konzept, das dem Menschen innewohnt (man findet es weder im Koran noch in den Analekten von Konfuzius), sondern eine künstliche Erfindung wie Schokolade oder Kaugummi.

Der „Zuwachs an Freiheit", der durch den Satelliten hervorgebracht wird (von einem rein existentiellen Ansatz her ist dies ein Paradox; Freiheit ist eine qualitative Idee, nicht eine quantitative), mag entgegen der Erwartung zu einem „Überleben des Stärkeren" führen. (Obgleich die importierten Konzepte der Freiheit und Gleichheit als Brüder erscheinen mögen, sind sie in Wahrheit feindliche Fremde.)

Vor kurzem hat ein Eskimo-Dorf in der arktischen Region Kanadas Kontakt mit der Zivilisation aufgenommen. Bislang haben sie nur vier Geschäfte. Das erste ist ein Gemischtwarenladen, das zweite ein Süßwarenladen. (Bis vor kurzem kannten sie noch nicht einmal Zucker.) Das dritte ist ausgerechnet ein Videocassettenverleih!!!

Video hat unermeßliche magische Kräfte. Das bedeutet, daß die alte traditionelle Kultur der Eskimos in Gefahr ist, bald von den Bulldozern Hollywoods zermalmt zu werden. Die Erweiterung der Freiheit des Stärkeren durch den Satelliten muß mit dem

Schutz der Kultur der Schwachen oder der Schaffung verschiedenartiger Software verbunden sein, die geschickt die qualitativen Unterschiede der einzelnen Kulturen lebendig hält. Da die Dichter der Beat Generation von Zen lernten, Philip Glass von der indischen Musik inspiriert wurde und Steve Reich sich an der Musik Ghanas orientierte und man so originale Formen in der Hochkunst des späten 20. Jahrhunderts entwickelte, ist es kein unmögliches Unterfangen.

Solange wie die intensive Beschäftigung mit einer anderen Kultur den größten Teil des touristischen Vergnügens ausmacht, kann der Satellit uns in die Lage versetzen, jeden Tag zu einer Sightseeing-Tour werden zu lassen. So verkörpert Sarutobi Sasuke nicht nur die Ursprünge der kosmischen Ästhetik, sondern ebenso den ethnischen Romantizismus, der immer der Begleiter der Satellitenkunst sein muß.

P.S.: Ich widme diese Ausstellung meinem hochgeschätzten Begegnung-des-Lebens-Freund Shuya Abe.

Abgedruckt in: Nam June Paik, „Niederschriften eines Kulturnomaden. Aphorismen, Briefe, Texte", Edith Decker (Hrsg.), Köln 1992, S. 156–160; erstmals veröffentlicht in: „Nam June Paik – Mostly Video", Katalog Metropolitan Art Museum, Tokyo 1984, S. 12–14, Übersetzung vom Japanischen ins Englische: Yumiko Yamazaki; mit einer kommentierenden Einführung abgedruckt in: „The Luminous Image", Dorine Mignot (Hrsg.), Stedelijk Museum, Amsterdam 1984; Paik widmete diese Rede später dem japanischen Techniker Shuya Abe, mit dem Paik um 1970 den Paik-Abe-Synthesizer entwickelte. Überarbeitung der deutschen Übersetzung: Rudolf Frieling.

Abb. Nam June Paik, „Good Morning, Mr. Orwell", Einladungskarte DAAD-Galerie, Berlin, 1984 und Videostill der Satellitensendung.

Nam June Paik

La Vie, Satellites – One Meeting, One Life

It is said that all the sciences can trace their roots to Aristotle: but the science of cosmic aesthetics started with Sarutobi Sasuke, a famous ninja (a samurai who mastered many fantastic arts, including that of making himself invisible, chiefly to spy upon an enemy). The first step for a ninja is learning how to shorten distances by shrinking the earth, that is, how to transcend the law of gravity. For the satellite, this is a piece of cake. So, just as Mozart mastered the newly invented clarinet, the satellite artist must compose his art from the beginning suitable to physical conditions and grammar. Satellite art in the superior sense does not merely transmit existing symphonies and operas to other lands. It must consider how to achieve a two-way connection between opposite sides of the earth; how to give a conversational structure to the art; how to master differences in time; how to play with improvisation, in-determinism, echos, feedbacks, and empty spaces in the Cagean sense; and how to instantaneously manage the differences in culture, preconceptions, and common sense that exist between various nations. Satellite art must make the most of these elements (for they can become strengths or weaknesses), creating a multitemporal, multispatial symphony.

These factors complicated matters immensely for the broadcast of 'Good Morning, Mr. Orwell', which was transmitted simultaneously on two channels from New York, San Francisco, and Paris, and received simultaneously in the U.S.A., France, West Germany, parts of Canada and Korea.

First of all, there was the difference in time. There is a six-hour time difference between New York and Paris. It was impossible for it to be prime time in both countries, so I chose a cold winter Sunday. Noon in New York (Sunday, January 1, 1984) would be freezing cold, so most people would still be at home (with a hangover). Twelve noon in New York is 6.00 p.m. in Paris. I figured that even the worst philanderer would take his dinner at home on New Year's Day. In Korea, this unfortunately turned out to be 2.00 a.m. on January 2.

A second difficulty was the difference in general knowledge and language. Orwell's '1984' has become so well-known in English-speaking countries as to be almost stale. Obviously, it needs no explanation. In French-speaking countries, however, there is only one critical work dealing with it. Therefore, French TV required a long, long, 15-minute commentary both prior to and in the middle of the broadcast. These differences made this difficult avant-garde art even more difficult.

There is no rewind button on the BETAMAX of life. An important event takes place only once. The free deaths (of Socrates, Christ, Bo Yi and Shu Qi) that became the foundations for the morality of three civilizations occurred only once. The meetings of person and person. Of person and specific era are often said to take place 'one meeting-one life', but the bundle of segments of this existence (if segments can come in bundles) has grown much thicker because of the satellite. The thinking process is the jumping of electrical sparks across the synapses between brain cells arranged in multilayered matrices. Inspiration is a spark shooting off in an unexpected direction and landing on a point in some corner of the matrix. The satellite will accidentally and inevitably produce unexpected meetings of person and person and will enrich the synapses between the brain cells of mankind. Thoreau, the author of 'Walden, Life in the Woods', and a 19th-century forerunner of the

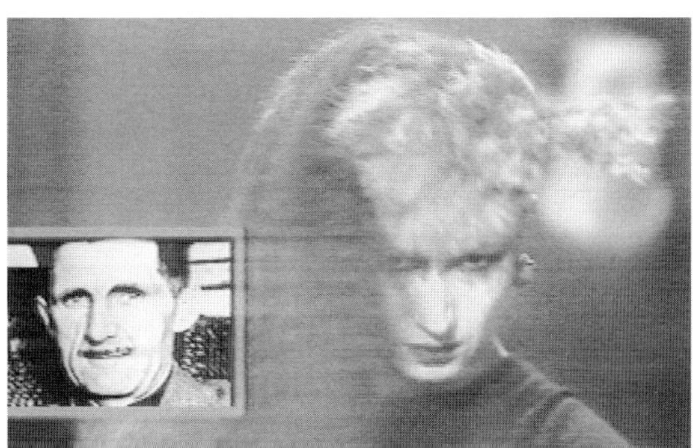

hippies, wrote: 'The telephone company is trying to connect Maine and Tennessee by telephone. Even if it were to succeed, though, what would the people say to each other? What could they possibly find to talk about?' Of course, history eventually answered Thoreau's questions (silly ones, at that). There developed a feedback (or, to use an older term, dialectic) of new contacts breeding new contents and new contents breeding new contacts.

'Good Morning, Mr. Orwell' of New Year's Day, 1984, produced all kinds of feedback. Cage and Beuys are friends, but they have never performed together. Beuys and Ginsberg are two artists who have many things in common (active political involvement, heated performance, complete anti-nuclear naturalism, similar age, romanticism), but have never met. The heavenly stars (Mars, Saturn, Altair, Vega, etc.) meet periodically, but the earthy ones do so very rarely. When I ponder what mysteries the encounter with other people holds for our insubstantial lives, I feel it is a terrible shame that great geniuses may pass their prime without ever meeting. And even when such encounters have actually taken place (for example, Cage and McLuhan; Cage and Buckminster Fuller), no camera has recorded a meeting between Edgar Varèse and Marcel Duchamp. Now that both of these giants have passed away, I find it a stirring moment no matter how many times I watch it. The satellite will no doubt amplify these mysteries of encounters by geometric progressions. If I may relate a personal experience, I was surprised to find a photograph of myself and my respected friend Beuys at our first encounter in the catalogue 'Zero International Antwerpen' (Galerie Schmela, Dusseldorf, 1961). Indeed, I had not even known that such a picture existed.

Thanks to the satellite, the mysteries of encounters with others (chance meetings) will accumulate in geometric progression and should become the main non material product of post-industrial society. God created love to propagate the human race, but unawares, man began to love simply to love. By the same logic, although man talks to accomplish something, unawares, he soon begins to talk, simply to talk.

It is a small step from 'love' to 'freedom'. To predefine freedom is a paradox in itself. Therefore, we must retrace the development of freedom historically in order to understand it. The progressive American jounalist Theodore White once wrote how impossible it was to explain the difference between 'liberty' and 'greed' to the leaders of the Chinese Communist Party at Yánàn during the Second World War. There are 2,500,000,000 two-character permutations and combinations of the 50,000 Chinese characters. 'Zìyóu', the two-character word for 'freedom', however, did not come into being until the 19th century. Just as it is harder to translate 'rén' (benevolence, humanity) and 'lì' (ceremony, etiquette) into English than 'dào' the way (of life, etc.), it is extremely difficult to translate liberty and freedom into Chinese. [...] Even in bright and free ancient Greece, there was the term 'free man', referring to a social class, but there was no philosophical con-

cept of freedom. The passionate idea of freedom is said to have been born under the most unfree, dark domination, of medieval Christianity. Moreover, it was amidst the rise of fascism and the decadence of the Russian Revolution and after the loss of bourgeois freedom before and after the Second World War that man was most strongly and keenly aware of this passionate idea. The existentialism of Camus, Sartre, and Berdyaev was once again forgotten by West-European society from the 1960s on, when it experienced a return of freedom and prosperity. In any case, freedom is not a concept inherent in man (it is found neither in the 'Koran' nor in the 'Analects' of Confucius) but is an artificial creation like chocolate or chewing gum.

The 'increase in freedom' brought about by the satellite (from a purely existentialist point of view, an 'increase in freedom' is paradoxical; freedom is a qualitative idea, not a quantitative one) may, contrary to expectation, lead to the 'survival of the strong'. (Although the imported concepts of freedom and equality may appear to be close brothers, they are in fact antagonistic strangers.)

Recently, an Eskimo village in the Arctic region of Canada started establishing contact with civilization. So far they only have four stores. The first is a general store. The second is a candy shop. (They had not even tasted sugar until quite recently.) The third is, of all things, a videocassette rental shop!!!

Video must have immeasurable magical powers. This means that the Eskimoes' ancient traditional culture is in danger of being rapidly crushed by the bulldozers of Hollywood. The satellite's amplification of the freedom of the strong must be accompanied by the protection of the culture of the weak or by the creation of a diverse software skillfully bringing to life the qualitative differences in various cultures. As the poets of the beat generation learned from Zen, Philip Glass obtained hints from the music of India, and Steve Reich looked to the music of Ghana in their creation of original forms of late 20th-century high art, it is not an impossible task.

As long as the absorption of a different culture makes up the greater part of the pleasure of tourism, the satellite may be able to make every day a sight-seeing trip. So, Sarutobi Sasuke not only embodies the origins of cosmic aesthetics but also the ethnic romanticism that must always be the companion of satellite art.

Taken from: 'Nam June Paik – Mostly Video', catalogue Metropolitan Art Museum, Tokyo, 1984, pp. 12–14, translation from Japanese to English: Yumiko Yamazaki; reprinted with an introductory comment in: 'The Luminous Image', Dorine Mignot (ed.), Stedelijk Museum, Amsterdam, 1984; Paik later dedicated this text to the technician and engineer Shuya Abe, with whom he invented the Paik-Abe Synthesizer around 1970.

Figs. *Nam June Paik, 'Good Morning, Mr. Orwell', invitation DAAD-Galerie, Berlin, 1984; videostill of broadcast.*

Peter Weibel

Statement Videonale 1986

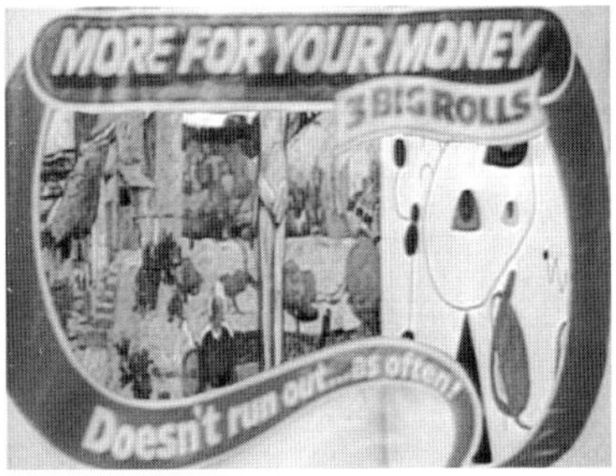

Jean-Luc Godard behauptete, Film und Video seien wie Kain und Abel. In Wahrheit macht erst Video die Geschichte des Films zugänglich und die Zukunft des Films ist die Mischung von Kinematographie und Video, das elektronische Kino. Kain und Abel sind in Wirklichkeit Fernsehen und Video. Godard ist der Stephen Spielberg des Kunstkinos, Spielberg ist der Godard des Kommerzkinos, daher macht Godard auch nicht Video, sondern Film im Fernsehen, und widerlegt damit selbst seine eigene These, denn Video könnte er im Fernsehen nicht machen. Das Fernsehen ist die Boulevardzeitung der neuen Medien, Video ist ihre Kunstform; TV ist die Gesprächsform, Video die Poetik des elektronischen Bildes. „Public Tube“ gegen „Private Tube“, die politische Ökonomie des Fernsehens ist das Feudalprinzip: geliehene Bilder und Lehens-Realität; Video ist virtuelle Basisdemokratie oder Anarchie. Die Camera obscura wird im TV zum schwarzen Koffer. Video hingegen ist das Fundbüro des Lichts.

Jean-Luc Godard once maintained that film and video were like Cain and Abel. The truth of the matter is that only with video is the history of film accessible, and the future of film is a mixture of cinematography and video, i.e. electronic cinema. Cain and Abel are in reality television and video. Godard is the Stephen Spielberg of art cinema, Spielberg is the Godard of commercial cinema, and so Godard doesn't make videos but films for television, thereby disproving his own thesis. After all, it wouldn't be possible for him to do video on television. Television is the mass tabloid of the new media, whereas video is their artistic form; TV is form, and video the poetic form of the electronic image. 'Public tube' versus 'private tube', the political economy of television works on the feudal principle: tenant pictures and liege reality. Video is virtually grassroots democracy or anarchy. The camera obscura becomes a black box in TV. Video, on the other hand, is the lost-property office of light.

Abgedruckt in: Katalog 2. Videonale, Bonn 1986, S. 48.

Taken from: catalogue of the '2nd Videonale', Bonn, 1986, p. 48; translation by Rosanne Altstatt.

Abb./*Fig.* Peter Weibel/Henry Jesionka, „Logo Culture“, 1986, Videostill: ZKM Mediathek.

Gerd Conradt

Der Videopionier

Sechs Geschichten zur Stadtteilsanierung 1973–83

Das Projekt entstand, nachdem ich 1972 in das Sanierungsgebiet, den Kiez am Charlottenburger Schloß in West-Berlin gezogen bin. Die alten Häuser sollten nach Abriß durch Neubauten ersetzt werden. Ich war auf der Suche nach einem Ort, an dem ich mich niederlassen und mir eine Heimat schaffen konnte. Ich verdiente mein Geld als Videolehrer sieben Jahre lang an Hochschulen in West-Berlin und wollte Stadtteilchronist werden. Mieter, die sich gegen die Abrißpläne wehren wollten, organisierten sich und gründeten eine Mieterinitiative. Ich schloß mich ihnen an – unterstützte sie. Ich machte von ihnen einzeln und von ihren Aktivitäten Videoaufnahmen. Diese sammelte ich wie „Beweise". Im Gegensatz zur Berichterstattung, die von außen kommt – etwa im Fernsehen –, wollte ich eine Berichterstattung mit den Betroffenen. Ich beschloß, meine Berichterstattung auf zehn Jahre auszudehnen. Wir nannten das Gegenöffentlichkeit.

Vom dokumentierten zum gestalteten Bild

Ich hatte ein Vorbild: Dziga Vertov, ein Pionier der russischen Filmgeschichte. Eine seiner wichtigsten Arbeiten ist der Film „Der Mann mit der Kamera" (1929). In ihm demonstriert er mit seiner Frau Elisabeta Svilova, was alles mit einer Filmkamera und in der Montage am Schneidetisch gemacht werden kann. In seiner Art ein einzigartiger Lehrfilm.

Ich war geschieden und lebte allein. Meine frühere Frau nahm sich das Leben. Und unsere gemeinsame Tochter Alpha zog zu mir. Meine Situation als Mann, der seine Erfüllung und Aufgabe darin sah, in der Öffentlichkeit kreativ zu sein, wurde durch alltägliche Anforderungen, einen Haushalt zu führen, meinem Kind Aufmerksamkeit zu geben – und die Begegnung mit dem Tod – erschüttert. Ich zählte jetzt auch zur Chronistentätigkeit das Aufnehmen von Alltäglichkeiten in meiner Wohnung. Privates wollte ich öffentlich machen.

Neben Dziga Vertov hatte ich noch ein anderes Vorbild. Die Betrachtung der Bilder des belgischen Surrealisten René Magritte (1889–1967) regte meine Phantasie an. Immer wieder neu. Klar und verständlich drücken seine Geschichten für mich Dinge aus, die sich nicht aussprechen lassen. An diesem Punkt meiner Entwicklung reichte es mir nicht mehr, Bilder hintereinander zu montieren. Ich begann damals, zwei Geschichten in einem Bild zu gestalten: Vergangenheit und Gegenwart, Vorder- und Hintergrund, Statik und Bewegung…

Warum Video – und nicht Film?

Als ich 1968 auf der Messe in Hannover die erste in der Bundesrepublik vorgestellte portable Videoanlage sah, war ich von dem bewegten „Sofortbild" sofort fasziniert. Sie erschien mir, die Unabhängigkeit in der Produktion zu garantieren, nach der ich so sehr suchte. Mir wurde gleichzeitig klar, daß neben dem großen Potential an Erweiterung der Ton/Bildsprache, das jetzt entstünde, auch ein gigantischer Industriezweig aufgebaut würde. Ich habe mich damals für Video entschieden.

1983 – als zehn Jahre der Beobachtung mit der Kamera vorbei waren – hatte ich, nach relativ kurzer Zeit des Suchens das Glück, vom ZDF im „Kleinen Fernsehspiel“ einen Auftrag zu bekommen. Nun konnte ich mein Material aufarbeiten, neu-betrachten und sogar vervollständigen.

Und auch die Arbeit im Videoschneideraum faszinierte mich. Zu jeder Zeit der Montage können Lifeaufnahmen produziert und dem Montageprozeß hinzugefügt werden. Beim Überspielen oder Einblenden können Bildformen und -farben verändert werden. Schneidevorgänge können beliebig wiederholt werden. Alle diese Prozesse sind im Filmbereich auch möglich. Sie geschehen jedoch zeitlich versetzt, an verschiedenen Orten, machen ein spontanes, kontinuierliches Experimentieren unmöglich.

Der Mann mit der Videokamera

Im Laufe der zehn Jahre hatte ich vierzig Stunden Material aufgenommen. Alles beschäftigte sich mit dem „Wohnen“. Aber das Material paßte nicht zusammen. Die Ereignisse ergaben noch keine Geschichte. Die Bilder noch kein verständliches Abbild. Für die Fernsehsendung entwickelte ich eine Figur mit autobiographischen Zügen. Mit ihr und durch sie geschieht die Handlung des Filmes. Der Videopionier hatte die Aufnahmen gemacht – und jetzt schaut er nach, was aus den Menschen geworden war, die die Mieterinitiative gegründet hatten. Mein besonderes Interesse als diese Person bestand also darin, vergangene und gegenwärtige Bilder miteinander zu vergleichen. Nicht nur die Wirklichkeit zu untersuchen, sondern auch die Wirklichkeit der Abbilder selbst. Das Erfinden dieser Person wurde notwendig, um die verschiedenen Personen, Materialien und Orte mit-

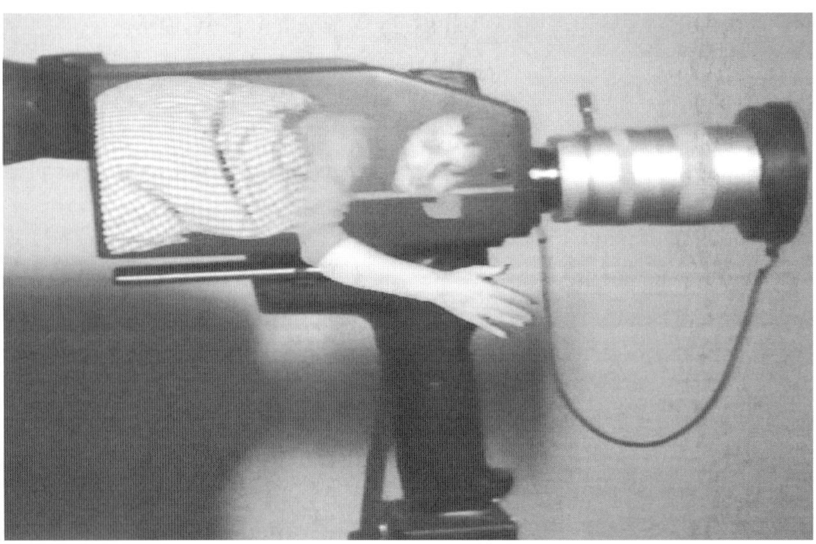

einander zu verbinden. Ich schlüpfte dazu in das Kostüm meines Vorbildes aus dem Film „Der Mann mit der Kamera". Ich spielte also den Videopionier, um anzudeuten, daß es für mich keinen Unterschied mehr gibt zwischen dokumentarischem und fiktivem Filmematerial: Woody Allen hat dieses in seinem Film „Zelig" noch viel deutlicher und direkter ausdrücken können.

Und dann: die Mietfrage

Die Mieterinitiative hat eines erreichen können: Tatsächlich wurde der Abriß der Häuser verhindert. Die Bewohner haben verstärkt angefangen nachzudenken, welche Rechte sie als Mieter haben. Es gibt inzwischen verschiedenste Modelle, mit denen Häuser saniert werden: von einfacher Instandsetzung bis zur Luxusmodernisierung. Es hängt von den angewandten Maßnahmen ab, welche Miete der Einzelne nach der Sanierung zahlen muß. Heute, wie vor zehn Jahren, ist es wichtig, daß Mieter sich in Häusern zu Hausgemeinschaften zusammenfinden und ihre Interessen formulieren – und deren Einhaltung fordern.

Produktionskosten

Ich hatte 100 000 Mark zur Herstellung des Bandes zur Verfügung. Mit diesem Geld habe ich während der zehn Jahre dokumentiert. In den letzten Jahren hatte sich dann gezeigt, daß die Halb-Zoll-Bänder, auf denen ich aufgenommen hatte, ohne Störungen nicht mehr durch die Maschinen liefen. Um sie verwertbar zu machen, hatte die Firma SONY ein Reinigungsverfahren entwickelt. Kaum zehn Jahre alt, mußte schon saniert werden. Ich habe wochenlang Bänder gereinigt und dann auf U-matic überspielt. Am Exposé für das ZDF habe ich eine Woche lang gearbeitet. Dann zwei Wochen lang mit einem vier Personenteam auf High-Band-Material neu gedreht. Dann eine Woche lang das High-Band-Material auf U-Matic heruntergespielt, um danach die Möglichkeit zu haben, die gesamte Rohschnittarbeit auf dem billigeren U-Matic-Schnittplatz zu machen. Fünf Monate habe ich am Schnitt gearbeitet. Dabei sind vier Rohschnittversionen entstanden. Für den Feinschnitt habe ich dann für vierzehn Tage ein High-Band-Studio gemietet. Von den vierzig Stunden Dokumentationsmaterial sind zwanzig Minuten in der Endfassung enthalten. Vierzig Prozent des Geldes sind für Leihmieten an Videofilmen bezahlt worden. Während der ganzen Zeit habe ich mit Michaela-Elisabeth Büscher zusammengearbeitet, über einen langen Zeitraum auch mit Hartmut Jahn und bei den Diskussionen der verschiedenen Schnittfassungen war Carl-Ludwig Rettinger[1] dabei. Ich hätte es ohne ihr Zutun nicht geschafft, mich durch den Materialberg durchzuarbeiten. Frederic Rzewski hat die Musik live zu den Bildern komponiert und gespielt! Wir kennen uns schon seit zwanzig Jahren. Seine Töne verbinden die Geschichten und Bilder auf akustischer Ebene.

Erstmals veröffentlicht in: Kunstforum, Bd. 77/78, 1985, S. 158–161.

1 ZDF-Redakteur für „Das kleine Fernsehspiel" (Anm. d. Red).

Abb. Gerd Conradt, „Der Videopionier", 1983, Videostill: Gerd Conradt.

Gerd Conradt

The Video Pioneer

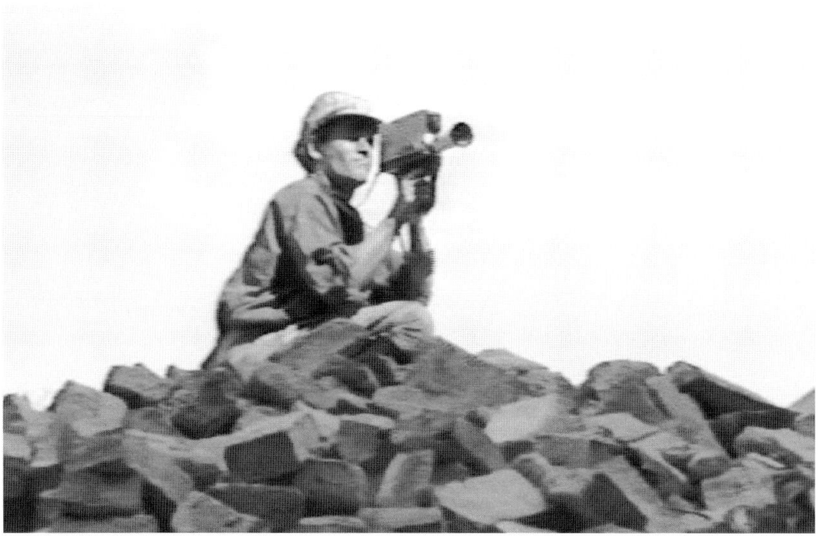

Six stories about district redevelopment 1973–1983

The project started up after I moved into the redevelopment area, the small quarter by Schloss Charlottenburg in West Berlin. The old buildings were due to be pulled down and replaced by new ones. I was looking for a place where I could settle down and create a home for myself. I'd been earning my money for seven years as a video teacher at colleges in West Berlin and wanted to become a district chronicler. Tenants who wanted to protest about the demolition plans organized themselves and set up a tenants' action group. I joined them – supported them. They and I collected 'material'. I wanted reporting to come from those affected, unlike the reporting that comes from outside – on television, for example. I decided to extend my reporting over ten years. We called this counter-publicity.

From the documented to the designed image

I had a model: Dziga Vertov, a pioneer of Russian film history. One of his most important works is 'The Man with the Movie Camera' (1929). In this film, he and his wife Elisabeta Svilova demonstrate everything that can be done with a ciné camera and in terms of montage at the film editing desk. A unique educational film of its kind.

I was divorced and lived alone. My former wife committed suicide. And our daughter Alpha moved in with me. My situation as a man who saw his fulfilment and found his role as being creative in public was shaken up by the daily demands of running a household and looking after my child – and by my encounter with death. I now added recording everyday events in my home to my activities as a chronicler. I wanted to make private matters public.

I had another model besides Dziga Vertov. Looking at the Belgian Surrealist René Magritte's (1889–1967) pictures always stimulated my imagination. Always something new. His work expresses things for me, clearly and comprehensibly, that cannot be said in words. At this point in my development it was no longer enough for me to mount one image after another. That was when I started to convey two stories in one image: past and present, foreground and background, stasis and movement...

Why video – and not film?

When I saw the first portable video camera to be introduced in West Germany at the Hanover trade fair in 1968, I was immediately fascinated by the moving 'instant image'. It seemed to me to guarantee the independence in production that was so much what I was looking for. It became clear to me at the same time that a great potential for extending sound and pictorial language would indeed now come into being, but that a gigantic industry would develop as well. That was when I decided on video.

In 1983 – after ten years of observing with the camera – I had the good fortune, after trying for a relatively short time, to be commissioned by ZDF, the second German television channel, to make a programme for their 'Das kleine Fernsehspiel'. Now I could reappraise my material, see it in a different way and even complete it.

I was fascinated by working in the video-editing suite as well. Live shots could be produced and added to the montage process at any time. The shape and colour of images could be changed when copying or inserting material. Editing processes could be repeated at will. All these methods can be used in the cinema as well, but the happen at different times, and so it is not possible to experiment spontaneously and continuously.

The man with the video camera

Over the ten years I had shot 40 hours of material. It was all about 'dwelling'. But the material did not fit together. The events were still not adding up to a story, nor the images to a portrait. I developed a figure with autobiographical features for the television. The plot of the film happens with and through this figure. The video pioneer had shot the tapes – and now he is looking to see what has happened to these people who set up the tenants' action group. And so my particular interest as this person was to compare past and present images with each other. Not just examining reality, but also the reality of the portraits themselves. I had to invent this person so that I could link the various people, materials and places with each other. To do this, I slipped into the costume of my model from the film 'The Man with the Movie Camera'. And so I played the role of the video pioneer, to indicate that for me there was no difference between documentary and fictitious film material: Woody Allen was able to express this much more clearly and directly in his film 'Zelig'.

And then: the rent question

The tenants' initiative had been able to achieve one thing: they managed to prevent the demolition of the buildings. The residents started to think harder about their rights as tenants. There are now a whole variety of models for redeveloping buildings: from simple restoration to luxury modernization. The rent paid by the individual after redevelopment depends on the chosen approach. Today, as ten years ago, it is important for tenants to form residents' associations and to articulate their interests – and demand that they be addressed.

Production costs

I was allowed 100,000 marks for making the tape. I used this money to document the ten years. Then in recent years it became clear that the half-inch tapes I had used would not run through the machines properly. SONY had developed a process that made it possible to use them, however. They were scarcely ten years old, and they already needed to be refurbished. I spent weeks restoring the tapes and then copying them on U-matic. I worked for one week on the outline for ZDF. Then I made new film for two weeks, working with a four-person team on high-band material. Then I copied the high-band material on to U-matic for one week, so that I would then be able to do the rough cutting on the cheaper U-matic editing desk. I worked on the editing for five months. This produced four rough-cut versions. I then rented a high-band studio for a fortnight for the final cut. The final version contains 20 minutes of the 40 hours of documentary material. 40 percent of the money went on renting video films. I worked throughout the time involved with Michaela-Elisabeth Büscher, and for a long time with Hartmut Jahn as well, and Carl-Ludwig Rettinger[1] was involved in the discussion on the various edited versions. I would not have managed to work through the mountain of footage without their contribution. Frederic Rzewski composed and played the music for the images live! We have known each other for 20 years. His notes link the stories and images on the acoustic plane.

First published in: Kunstforum, vol. 77/78, 1985, pp. 158–161; translation by Michael Robinson.

1 Editor working for 'Das kleine Fernsehspiel', ZDF television. – Ed.

Figs. *Gerd Conradt, 'The Video Pioneer', 1983, videostill: Gerd Conradt.*

Medienzentren und Videogruppen in der BRD

Das andere Video

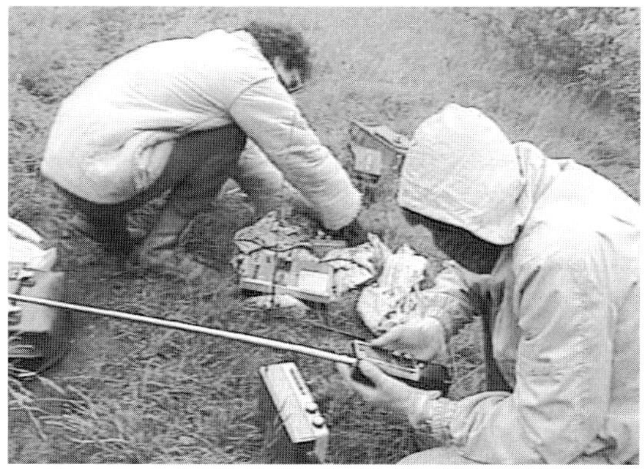

Video ist innerhalb kurzer Zeit zu einem populären Medium geworden, leider nicht in dem von den Videogruppen erhofften Sinn. Der Videoboom ist ausgebrochen. Millionen filmen, inzwischen stehen mehr als 200 000 Videokameras in den Haushalten und das, was da gemacht wird, ist in der Regel nichts Außergewöhnliches. [...]

Das sind nicht die Träume vom anderen Fernsehen, die in der Jugend des Mediums vor zehn, fünfzehn Jahren geträumt worden sind. Die ersten Videogeräte damals schienen speziell für alternative Medienarbeit angefertigt: klein, handlich, relativ billig, kein Kopierwerk, das Aufgenommene kann man gleich wieder ansehen. Hierarchie und Arbeitsteilung schienen bei Geräten überflüssig, mit denen jeder sofort umgehen kann. [...] Enzensberger hatte damals vom „prinzipiell egalitären Medium" gesprochen, Godard vom „Magnetoskop der Amateure", das in der Lage sein werde, die schädliche Arbeitsteilung der Filmproduktion zu beseitigen. [...]

Die erste Generation der westdeutschen Videoleute zeigte sich vom amerikanischen Vorbild geprägt. Zu ihr gehörten die Gruppen VAM in Berlin und telewissen in Darmstadt, aber auch Charly Roesch/Klaus Rath, die 1974 in einem (Video-)Fernsehfilm auf ihre amerikanischen Vorgänger hinwiesen. Dabei war ihnen öffentliches Interesse sicher, war doch allenthalben von einer Krise des Fernsehens und der „Einweg-Kommunikation" die Rede. Finanzielle und berufliche Möglichkeiten brachte das den ersten Videogruppen aber kaum – sie verliefen sich bald.

Mitte der 70er Jahre meldete sich dann eine zweite Generation zu Wort, die sich mehr dem kulturpolitischen Konzept der ausgehenden Studentenbewegung verpflichtet fühlte und deren Aktivisten meist den Studiengängen für visuelle Kommunikation und Publizistik entstammten. Sie alle waren sich einig in der strikten Ablehnung des auf Massenwirkung fixierten Fernsehens. Oskar Negts und Alexander Kluges Formulierung, daß gegen die herrschenden Produkte nur wirkliche Gegenprodukte helfen könnten und nicht die Kritik alleine, machte die Runde. Regelmäßig stand auch der sowjetische Schriftsteller Tretjakow und sein operativer, eingreifender Kunstgebrauch für die (gegen-)kulturellen Vorstellungen Pate. So entstanden die Medienzentren in Hamburg, Berlin, Freiburg, Hannover, Frankfurt, Stuttgart, München, Zürich, Wien und so fort. Bei aller Differenz in

Entstehung und Konzeption war doch allen der Wille gemeinsam, jenseits des etablierten Fernsehens ein eigenes Produktions- und Vertriebssystem mit Video aufzubauen. Vor allem unmittelbar Betroffene sollten die Filme machen und ansehen. Die Konzeptionsdiskussionen drehten sich um die Begriffe „Gegenöffentlichkeit" und „Selbsttätigkeit" und manchmal auch im Kreise. Das ging so bis 1979.

Paradoxerweise hat dann gerade der aufkommende Videoboom eine Krise der Videoarbeit ausgelöst. Alle Welt begann, Videobänder auszuleihen oder zu videografieren. In den Zentren aber gab es zu wenig wirkliche Anregungen für einen selbständigen Videogebrauch, zu schmal blieb auch ihr Wirkungsbereich. Das lag wohl auch daran, so mutmaßte man nun, daß viele Videofilme sich formal als zu unbedarft erwiesen. Zumindest wurde Skepsis gegenüber der Erwartung angemeldet, politische Bewegungen würden schon selbst ihre kulturellen Formen entwickeln. Jedenfalls müßte der subjektive Anteil des Autors ernster genommen werden – und eben auch seine Produktionsbedingungen.

Ein weiterer Aspekt dieser Diskussion war die Forderung nach intensivierter „dokumentarischer Arbeit". Gerd Roscher formulierte 1980 auf den „Erlanger Videotagen" die These von der „Videoarbeit in der Krise". In Zeiten, in denen die Videomacher keine großen politischen Bewegungen mit ihrer Arbeit unterstützen könnten, müsse sich der Film- bzw. Videomacher eben mehr auf die Dokumentation des Vorfindlichen beziehen. Die Diskussion um Inhalte dokumentarischen Arbeitens kam allerdings gar nicht richtig in Gang. Die 70er Jahre, gekennzeichnet durch die Euphorie des Aufbaus alternativer Mediengruppen allerorten, waren zu Ende, die erstellten Produktionen konnten bei überregionalem Verleih nicht mehr auf den Bonus der Gleichgesinnten rechnen. Deutlich wurde, daß nicht mehr von einer Videobewegung ausgegangen werden konnte, die gleiche Ziele mit gleicher Arbeitsweise verfolgt. Die Arbeitsfelder der Gruppen differenzierten sich, ohne daß eine Theorie entwickelt wurde, die die verschiedenen Ansätze in den Rahmen der angestrebten „Alternativen Öffentlichkeit" einsetzen konnte. So setzten sich Kooperationsmodelle einzelner Gruppen durch, ohne daß deren Grundlagen recht diskutierbar geworden wären. Schließlich, etwa Anfang 1982, mündete ein Treffen einer Reihe von bereits länger arbeitenden Gruppen wieder in konkrete Vereinbarungen – freimütig bekannte man sich zu unterschiedlichen Finanzierungsmodellen (auch einigen, die bis dahin ziemlich tabuisiert waren), stellte ein gewisses, wenn auch diffuses linksalternatives Grundverständnis als allen Anwesenden gemeinsam fest und befand, dies sei ausreichend, um zwischen neun der kontinuierlich und länger arbeitenden Gruppen den Bänderaustausch zum Nulltarif zu vereinbaren.

Ein Blick auf die Praxis der Videogruppen. Die Ansprüche an die technische Qualität der Videoproduktionen sind höher geworden, die dazu nötige Geräteausrüstung ist teuer. In den letzten drei Jahren ist ein Großteil der Videogruppen auf das Videosystem U-matic und leistungsfähigere Farbkameras umgestiegen. Diese Investition ist nur durch Produktionen gerechtfertigt, die auch breit eingesetzt werden können. Das wiederum verlangt eine filmische Qualität, die eben nur mit entsprechend intensiver (und damit oft langfristig angelegter) Vorbereitung zu erreichen ist.

In dieser Situation stehen die Gruppen oft vor der Entscheidung: Entweder sie investieren relativ hohe Summen in Geräte und stecken viel Zeit in Projekte, Organisation und eigene Qualifikation, oder sie bescheiden sich, setzen ihren Schwerpunkt in die „ursprünglichen“ Qualitäten des Mediums: Sie fordern die „unmittelbare“ Kommunikation, begreifen Video als Medium kleinerer Gruppen, die vielleicht auch schon durch ähnliche Interessen miteinander verbunden sind. Überspitzt gesagt: Während die einen sich mit Dokumentarfilmern treffen zwecks Erfahrungsaustausch, „verankern“ sich die anderen an der „politischen Basis“. Klar, daß da Abgrenzungsprozesse in Gang kommen: Gehen die einst gemeinsamen Ziele verloren? Man argwöhnt bei den „großen“ Gruppen Abhängigkeiten von Geldgebern, die bestimmt bald die Arbeit korrumpiere. Wollen die „etablierten“ Gruppen gar bald ins Fernsehen, zumindest ins Kabel-Fernsehen? Andererseits: Ihre Produktionen nimmt man doch gerne in Verleih, irgendwie merkt man doch, daß da mit mehr Zeit, besseren Geräten gearbeitet wurde.

Seit 1982 gibt es einen Informationsdienst der Videogruppen, „Cut-in“. Hier werden neue Produktionen angekündigt, Informationen ausgetauscht, Einschätzungen versucht. Ein Stück Gemeinsamkeit der Videogruppen. Inhaltlich bleiben sie verbunden durch ein paar Grundsätze, die freilich oft aus dem Blick geraten als Selbstverständlichkeiten: Die Nähe zum Thema, zu den betroffenen Menschen. Videomacher beuten keine Menschen filmisch aus, sie beziehen sie ein in ihre Überlegungen, nehmen sie ernst. Die Stetigkeit in der Themenwahl: Kaum eine Gruppe springt von Thema zu Thema, fast alle arbeiten lange an der Vorbereitung, produzieren oft mehrere Videos zum selben Themenkreis. Die Verbindung von Produktion und Distribution: Videomacher gehen zu Vorführungen ihrer Filme, reden mit den Zuschauern. […]

In der gegenwärtigen Diskussion um die „Neuen Medien“, eigentlich nur ein publizistischer Abwehrkampf gegen die Interessen der Industrie am Medium Fernsehen, ist uns wichtig, auf andere Formen der Medienarbeit aufmerksam zu machen. Die Medienzukunft, das ist für viele die so oder so gestaltete und beeinflußte massenmediale Berieselung. In völlig anachronistischer Manier wird Medienqualität mit Medienquantität gleichgesetzt, ganz frühkapitalistisch erklärt man Konkurrenz schlechthin als Ursache von Qualität. Unser Argument in dieser Diskussion ist unsere Arbeit. In diesem Katalog stehen Produktionen aus zehn Jahren unabhängiger alternativer Videoarbeit. Sie zeigen die Notwendigkeit basisnaher Medienarbeit, und sie zeigen ihre Möglichkeit. Der Katalog ist ein Angebot zur Zusammenarbeit an alle, die auf vorgestanzte Medienprodukte verzichten können.

Gemeinsames Vorwort zum „Gesamtkatalog“, 1984 herausgegeben im Selbstverlag von den Medienwerkstätten Franken, Freiburg, Linden, Wien, MedienOperative Berlin, EDN Frankfurt, MPZ Hamburg, Video Stuttgart, Videoladen Zürich.

Abb. Medienwerkstatt Freiburg, „Wir bitten nicht länger um Erlaubnis“, 1985, Videostill: ZKM Mediathek.

Media Centres and Video Groups in the FRG

Alternative Video

Video has become a popular medium within a very short time, but unfortunately not in the way the video groups had hoped. The video boom is with us. Millions of people are filming, there are now over 200,000 home video cameras and the material produced there is less than extraordinary as a rule. […]

These are not the dreams of alternative television that were dreamed when the medium was young, ten to 15 years ago. The first video equipment available at that time seemed to be made specially for alternative media work: small, handy, relatively cheap, no copying needed, you can watch what you've filmed straight away. Hierarchy and division of labour seem superfluous when using equipment that anyone can handle immediately. […] Enzensberger called it an 'egalitarian medium in principle' at the time, Godard talked of the 'amateurs' video recorder', which would make it possible to get rid of the damaging division of labour within film production. […]

The first generation of West German video people followed the American model. This included groups like VAM in Berlin and telewissen in Darmstadt, but also Charly Roesch/Klaus Rath, who referred to their American predecessors in a television (video) film in 1974. They were assured of public interest, but there was talk everywhere of a crisis in television and 'one-way communication'. But this scarcely brought the first video groups any financial or professional opportunities – they soon lost their way.

Then in the mid '70s a second generation came along that felt more committed to the cultural and political concepts of the student movement that was coming to an end and whose activists usually came from visual communication and journalism courses. They were united in their strict rejection of television that was obsessed with mass effectiveness. Oskar Negt and Alexander Kluge's formulation did the rounds that only real counter-products could help against the currently dominant products, and not criticism alone. The Soviet writer Tretyakov and his operative, interventionist approach to art was also a model for (counter-)cultural ideas. This led to media centres in Hamburg, Berlin, Freiburg, Hanover, Frankfurt, Stuttgart, Munich, Zurich, Vienna, etc. Despite all the differences in the way they came into being and the ideas behind them they all shared a will to build up their own video production and distribution system beyond established television. People who were affected by things should make and watch the films. Discussions about concepts revolved around the ideas of 'counter-culture' and 'independence' and often went round in circles as well. This went on until 1979.

Paradoxically, it was the video boom that started then that triggered a crisis in video work. Everyone started to rent or record video tapes. But the centres provided too little real stimulus for independent use of video, and their sphere of influence remained too narrow. This was probably also because, or so people conjectured, too many video films turned out to be entirely inexpert. At least scepticism was registered about the expectation that political movements would develop their own cultural forms. At least the author's subjective involvement had to be taken more seriously – and also the production conditions under which he was working.

Another aspect of this discussion was the demand for more intensive 'documentary work'. Gerd Roscher came up with the notion of 'video work in crisis' at the 1980 'Erlanger Videotage'. At times when the video makers were unable to support any major political movements with their work, they said that film or video makers should concentrate more on recording things that were actually the case. But discussion about the content of documentary work did not really get under way. The '70s, with their characteristic euphoria about building up alternative media groups all over the place, were over, and the work produced could no longer rely on the bonus of reaching like-minded people, given national distribution. It became clear that it was no longer possible to assume that there was one video movement, following the same aims and using the same working methods. The groups were working in different fields, without developing a theory that could harness the different approaches as part of the desired 'counter-culture'. Thus individual groups made successful decisions to co-operate, without providing any real basis for a discussion. Finally, in 1982, a series of groups that had already been working together for some time once more led to concrete agreements – people candidly asserted their loyalty to different financial models (including self-financing, which had been pretty much taboo until then), agreed that all present had a certain basic understanding in common, even if it was diffusely left-wing and alternative, and considered that this was sufficient to agree on exchanging tapes without fees between nine of the groups who had been working continuously and for a longer period.

A glance at the practical aspect of the video groups. Demands on video production quality had increased, and the equipment needed to meet them had become clearer. In the past three years the majority of the video groups have changed over to the 'U-matic' video system and more efficient colour cameras. This investment is only justifiable for productions that can be used over a broad range. This in its turn requires film quality that can only be achieved by correspondingly more intensive preparation (which then often takes a longer time).

In this situation groups are often faced with the decision of whether to invest relatively large sums in equipment and spend a great deal of time on projects, organization and their own qualifications, or to decide on focusing on the 'origi nal' qualities of the medium: they demand 'direct' communication, see video as a medium for small groups who perhaps already have something in common because of similar interests. Exaggerating for effect: while the first group meet documentary filmmakers to exchange experiences, the second 'anchor' themselves in the 'political base'. Clearly demarcation processes come into play here: are the common aims being lost? In the case of the 'big' groups people suspect dependency on financial backers who are certain to corrupt the work soon. Do the 'established' groups want to get into television, at least into cable television? On the other hand: their productions are willingly taken up by distributors: somehow people seem to notice that more time is being taken and better equipment used.

Since 1982 the video groups have had an information service, 'Cut-in'. New productions are announced here, information is exchanged, assessments attempted. Something the video groups have in common. In terms of content they continue to be connected by a few principles that are often lost sight of because they are taken for granted: closeness to the subject, to the people affected. Video makers do not exploit anyone in terms of film, they take them into account in their considerations, take them seriously. Consistency in choice of subject: there is scarcely a group that leaps from subject to subject, almost all of them work for a long time on preparation, often produce several videos on the same circle of themes. The link between production and distribution: video makers go to performances of their films, talk to the spectators. [...]

In the current discussion about the 'new media', actually only a defensive journalistic struggle against the industry's interest in television as a media, it is important to us to draw attention to other forms of media work. For many people the future of the media lies in constant exposure to the mass media, however they may be designed and influenced. Media quality is equated with media quantity in a complete anachronistic fashion, and in an entirely early capitalist way competition pure and simple is declared to be the source of quality. In this discussion, our argument is our work. This catalogue contains productions spanning ten years of independent alternative video work. They show the necessity for media work that is close to its base, and they show that it is possible. The catalogue is an offer to co-operate addressed to everyone who manages without made-to-measure media products.

Joint foreword to the 'Gesamtkatalog' (Complete Catalogue), published in 1984 by the media workshops in Franconia, Freiburg, Linden, Vienna, MedienOperative Berlin, EDN Frankfurt, MPZ Hamburg, Video Stuttgart, Videoladen Zurich; translation by Michael Robinson.

Fig. *Medienwerkstatt Freiburg, 'We've Stopped Asking for Permission', 1985, videostill: ZKM Mediathek.*

Regina Wyrwoll

KUNSTKANAL – Künstler machen Fernsehen

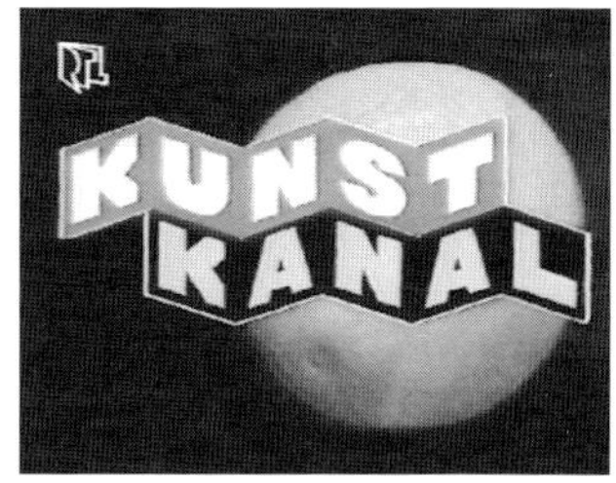

Ohne große Vorankündigung betrat am 30. September 1989 für die acht folgenden Nächte jeweils zum Sendeschluß ein ungewöhnliches Künstlerfernsehen den öffentlichen Raum des heimischen Wohnzimmers, der KUNSTKANAL. Es ging dabei nicht um die spektakuläre Produktion eines versierten Medienkünstlers, auch nicht zum wiederholten Mal um die Nutzung des Fernsehschirms als Transmissionsriemen für Videokunst. Die Galeristin Philomene Magers (sen.) aus Bonn und ich hatten alles vorbereitet, damit internationale bildende Künstler konsequent das Medium Fernsehen und mit ihm den öffentlichen elektronischen Raum als Ort von Kunst acht Stunden lang unbeeinflußt von dem üblichen TV-Gebaren zu ihrer Verfügung hatten. Allen war klar, daß es um Kunst ging, jedoch gleichzeitig dem Unterhaltungsverlangen eines Massenpublikums genügt werden mußte. Für die Künstler war es eine einmalige Chance, ein Massenpublikum für ihre Arbeiten zu gewinnen, und sie griffen zu.

Zur Überraschung aller eroberte sich der KUNSTKANAL ohne jeden Pressevorlauf und trotz schlechten Sendeplatzes meist nach Mitternacht mehr als 2 Millionen Zuschauer. Das brachte dem damals als „Tittensender" verspotteten, erst 1984 gestarteten Privatsender RTL plus zu dessen eigener Überraschung eine Menge Renommé. An dem Projekt arbeiteten 30 internationale Künstler und ein Stab von fünf Organisatoren und Technikern. RTL plus stellte die Sendezeit zur Verfügung und verzichtete auf Werbeeinblendungen. Der Sender wurde zum Hauptsponsor. SONY Deutschland überließ uns für die Zeit der Produktion eineinhalb U-matic-HB-Schnitteinheiten mit Trickmischer und mehreren Zuspielmöglichkeiten. Alle weiteren Geräte mußten angemietet werden. Zeitgleich ließ die Bundespost kostenlos ein BTX-Programm laufen, in dem Volker Hildebrandt sein „Welcome to Hotel Rasputin" präsentierte.

Ort der Produktion des KUNSTKANAL war eine Bonner Fabrikhalle. Alle Mitarbeiter erhielten einen Vertrag und ein (bescheidenes) Honorar. Das Gesamtbudget betrug DM 230 000, womit der KUNSTKANAL völlig unterfinanziert war. Unsere frühzeitige, intensive Suche nach finanzstarken Partnern war wenig erfolgreich, denn unsere Idee hatte einen Doppelfehler: einerseits nicht elitär genug wie z. B. eine Videokunstausstellung im traditionellen Rahmen, anderseits nicht populär genug – sie versprach keine hohe Einschaltquote. Hier sollten sich alle Skeptiker irren – siehe oben.

Der KUNSTKANAL bewies die außerordentliche Kooperationsfähigkeit von Künstlern. Mit einigen hatten Philomene Magers und ich Monate vorher ein Raster entwickelt, das sich in jeder der acht Sendestunden wiederholte: Bonn Art Report (Aktuelles von der zeitgleich stattfindenden 2. Bonner Kunstwoche) • Kunst für den Bildschirm – Kunst für alle (der Bildschirm als Träger von Originalkunstwerken) • Unterhaltung (Persiflagen

z. B. von der Soapopera „Dallas“) • Talkshow: Künstler fragen Politiker – Politiker fragen Künstler (Bonn als Bundeshauptstadt) • „Culturals“ (statt Commercials) • Nationalhymne zum Sendeschluß (damals noch jede Nacht).

Die Sendeteile verknüpften Jingles von Rotraut Pape und Gérard Couty, damals eine innovative Programmform. Es gelang, den täglich aktuell produzierten Teil bei sechzig Prozent einzupendeln, vierzig Prozent waren vorproduziert, denn mit dem Geld vom Bundesministerium für Bildung und Wissenschaft sollten wir modellhaft beweisen, daß Künstler auch unter dem Druck aktueller Videoproduktion zu künstlerisch akzeptablen Ergebnissen kommen, sogar in der Kunstkritik. Dies erscheint heute seltsam und bürokratisch, doch die Künstler sahen ihre Chance, ein interessantes, neues Fernsehen zu produzieren. Die aktuellen Berichte übernahmen Pape und Couty, die vorher in Lyon Fernseherfahrung gesammelt hatten, und Ernst Mitzka, zu dessen Werk auch Dokumentarfilme gehören. Eine tägliche Redaktionskonferenz entschied über die aktuellen Beiträge des „Bonn Art Report“, die professionell die Werke der Kollegen kritisierte.

Einige Ideen konnten wir mit dem vorhandenen Equipment nicht realisieren: z. B. ein elektronisches Tagebuch von Rosemarie Trockel oder eine Fotomontage von Anna und Bernhard Blume. Doch trotz z. T. chaotischer Produktionsverhältnisse gelangen außerordentliche Kunstwerke für den öffentlichen Raum Fernsehen: die erste (und vermutlich einzige) Fernseharbeit von Sigmar Polke, eine erste Übertragung auf das TV-Medium der „Survival Series“ von Jenny Holzer, Werbespots für Arbeiten von Ingo Günther, eine TV-Lecture „Wie das Geld zu Seife wird“ von Thomas Huber, gesellschaftsbezogene Beiträge wie „Kunst und Politik“ von (Robert) Adrian X, Politperformances von Lili Fischer, eine interaktive achtteilige Serie „Machen Sie sich ein Bild“ von Gerd Belz und schließlich acht verschiedene Nationalhymnen von Ingo Günther. Auch die Bildstörung, das ultimative Fernsehbild überhaupt, spielte eine Rolle: „Volker Hildebrandt malt ein Bild in acht Tagen“ verschloß am Ende den Bildschirm mit einem gigantischen Flimmern.

Der KUNSTKANAL blieb leider ohne Nachfolger. In Zeiten des Quotendrucks und der Werbefinanzierung sind kommerzielle Kalkulationen Grundlage für neue Sendeideen: Der Sender selbst muß als Blue Chip an der Börse gehandelt werden, das Programm wird so nur Mittel zum Zweck. Hier wird das künstlerische Experiment keinen Platz mehr finden. Es gilt, neue Plattformen dafür zu suchen: Das Internet ist schon da.

KUNSTKANAL wurde vom 30.09. – 08.10.1989 auf RTL plus bundesweit gesendet; zur Künstlerliste siehe (MKI). Originalbeitrag von Regina Wyrwoll.

Abb. Rotraut Pape/Gérard Couty, KUNSTKANAL Sendelogo, 1989, Videostill: ZKM Mediathek.

Regina Wyrwoll

KUNSTKANAL – Artists Make Television

With little advance notice, on 30 September 1989 and the eight following nights an unusual artists' television project entered public space and private living rooms at the end of the broadcasting day: the KUNSTKANAL (ART CHANNEL). It was not about a spectacular production by a practised media artist, nor was it about a repetition of the use of the television screen as a transmission belt for video art. The gallerist Philomene Magers (sen.) from Bonn and I prepared everything so that international visual artists would have the television medium, including public electronic space, as a place of art and uninfluenced by the usual TV business, at their disposal for eight hours. Everyone knew it was about art but that the mass public's desire for entertainment had to be fulfilled at the same time. It was a unique chance for the artists to reach a mass public for their works, and they seized the opportunity.

To everyone's surprise the KUNSTKANAL conquered over two million viewers without any advance press work and despite its bad time slot, which was usually after midnight. That brought, to its own surprise, quite a bit of repute to RTLplus which was first started as a private channel in 1984 and scoffed at as the 'titty channel'. 30 international artists and a staff of five organisers and technicians worked on the project. RTLplus made the time slot available and went without advertisements. The channel was the main sponsor. SONY Germany let us have one-and-a-half U-matic HB-multi-channel editing units with special effect mixers. All other machines had to be rented. At the same time, the Federal Post ran a BTX programme free of charge in which Volker Hildebrandt presented his 'Welcome to Hotel Rasputin'.

The site of the KUNSTKANAL's production was a factory building outside Bonn. All of the employees received a contract and a (modest) fee. The entire budget amounted to DM 230,000, leaving the KUNSTKANAL fully underfinanced. Our early and intense search for financially strong partners was hardly successful as our idea obviously had two flaws: on one hand it was not elitist enough – as is a traditional video art exhibition, for instance; on the other hand it was not popular enough – it promised no high ratings. In the latter point, all sceptics were proved wrong – see above!

The KUNSTKANAL proved how extraordinarily capable of co-operation artists are. Many months beforehand Philomene Magers and I developed a framework with some of the artists that repeated every eight broadcast hours: Bonn Art Report (current reports from the 2nd Bonn Art Week taking place at the time) • Art for the Screen – Art for Everyone (the television screen as a carrier of original artworks) • Entertainment (parodies of, for instance, the soap opera

'Dallas') • Talk Show: Artists Question Politicians – Politicians Question Artists (Bonn was then the federal capital) • 'Culturals' (instead of commercials) • National Anthem at close of transmission (still run every night back then).

The broadcast sections were linked with jingles by Rotraut Pape and Gérard Couty, an innovative form of programming at the time! We were successful in producing 60 percent of the section on a daily basis, 40 percent was produced beforehand. With the money from the Federal Ministry of Education and Science we were to serve as a model and provide proof that under the pressure of instant video production artists still produce artistically acceptable results, even in terms of the art critiques! This seems strange and bureaucratic today, but the artists saw their chance to produce interesting, new television. The current reports were taken on by Pape and Couty, who had already gained television experience in Lyon, and Ernst Mitzka, whose work also included documentary films. A daily editorial conference decided which contributions would be made in 'Bonn Art Report', which professionally criticized colleagues work.

Some ideas could not be realised with the available equipment: for instance, an electronic journal by Rosemarie Trockel or a photo-montage by Anna and Bernhard Blume. But despite the sometimes chaotic production circumstances, extraordinary artworks were made for the public space of television: the first (and perhaps only) television work by Sigmar Polke, the first broadcast of Jenny Holzer's 'Survival Series' on the medium television, advertisements for works by Ingo Günther, a television lecture 'How Money Turns into Soap' by Thomas Huber, contributions relating to society such as 'Art and Politics' by (Robert) Adrian X, political performances by Lili Fischer, an interactive (!) eight-part series 'Picture It Yourself' by Gerd Belz and, finally, eight different national anthems by Ingo Günther. Transmission interference, the ultimate television image, also played a role: 'Volker Hildebrandt Paints a Picture in Eight Days' closed the screen at the end with a gigantic flicker.

The KUNSTKANAL unfortunately had no successor. In times of rating pressures and financing through advertisements, commercial calculations are the basis of new broadcasting ideas: the channels themselves must be treated as blue chips on the stock market, the program then becomes nothing more than the means to an end. An artistic experiment will no longer find a place here. This means it is necessary to search for new platforms: the Internet is already there!

KUNSTKANAL was broadcast on RTL plus throughout Germany from 30 September to 8 October, 1989; for a list of artists see (MKI). Original contribution by Regina Wyrwoll; translation by Rosanne Altstatt.

Fig. *Rotraut Pape/Gérard Couty, KUNSTKANAL programme trailer, 1989, videostill: ZKM Mediathek.*

Michael Klier

Die obszöne Geste des Video – Interview von Brigitte Kramer

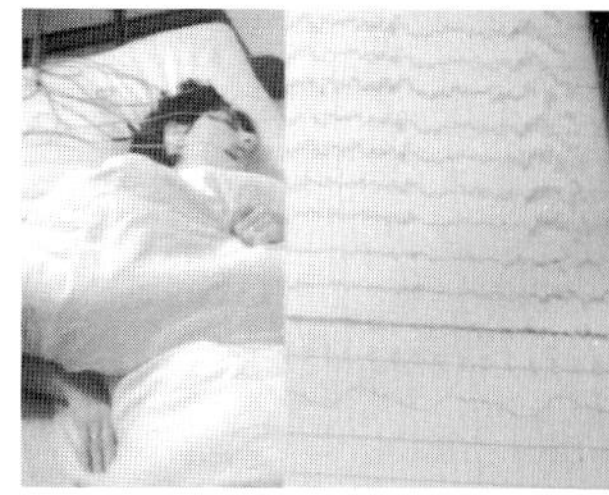

Brigitte Kramer: Wie schätzt du aufgrund deiner Erfahrungen mit den beiden Medien Video und Kino diese ein?

Michael Klier: Ich glaube, daß Video keine wirklichen Stärken besitzt und nur in wenigen Ausnahmefällen überhaupt faszinieren kann. Im allgemeinen wird es als Technik überschätzt.Ich glaube auch nicht, daß es eine Zukunft hat. Vielleicht kann man mit Video kleine, eher intime Szenen filmen... Es hat etwas Obszönes und Banales. Das Banale hat keine Wirkung, das Obszöne schon. In den seltensten Fällen findet man bei einem Video eine ästhetische Vision, eine neue Leuchtkraft, eine neue visuelle Kraft. Das Obszöne findet man z.B., wenn Wim Wenders diesen japanischen Modemacher filmt.[1] Das liegt daran, daß man den Respekt verliert vor dem, was man aufnimmt, weil Video etwas fixiert und nicht mehr als nur das sieht. Genau darin liegt das Obszöne, in diesen kleinen Kameras, die die Touristen benutzen. In dieser Geste liegt etwas Libidinöses, wie auch in den Überwachungsmechanismen. Auch dort richten sich die Kameraaugen auf etwas, wie „Der Riese" zeigt...

B. K.: „Hotel Tapes" war eine Art Aufnahme, in der Du Video mit einem Notizblock verglichen hast. Hat auch das eine obszöne Seite? Warum hast du es nur selten gezeigt?

M. K.: In „Hotel Tapes" ging es auch um Kontrolle und Beobachtung, eben in einem Hotel. Also eine voyeuristische Grenzsituation, weil es sich um ein Eindringen in die Privatsphäre einiger Menschen per Video handelte. Die Beobachtung einer nackten Frau, die schläft, und die Szene, in der die Überwachungskamera den Körper „abtastet", sind Pornografie. Dieser ganze Voyeurismus war mir zuwider. Das war es wohl, weswegen ich das Interesse an Video verloren habe. Die Begeisterung für dieses Medium war ja zwischen 1983 und 1985 sehr verbreitet, was ich natürlich sehr gespürt habe... Die Videokünstler können machen, was sie wollen, eben weil diese Sachen niemanden interessieren, aber wirklich niemanden. Es geht um nichts anderes, als sich selbst aufzunehmen. Ich betrachte mich nicht als Videokünstler. Das Selbstporträt, dieser Impuls, sich selbst zu reflektieren, war damals sehr verbreitet.

B. K.: Selbstporträts haben dich nie angezogen?

M. K.: Ich komme vom Film her und nicht vom Selbstporträt. Arbeiten wie der „Videopionier"[2] sind Porträts der Autoren, sie haben so etwas Narzißtisches und Kraftloses. Das hat meiner Meinung nach eher mit dieser Art von Videotourismus zu tun, denn die Touristen machen vor allem Bilder von sich selbst.

B. K.: Du sprichst oft von der Faszination des Kinos. Aber erst mit dem Film „Überall ist es besser, wo wir nicht sind" ist es dir gelungen, in die Kinos zu kommen. Alle Arbeiten sind auch vom Fernsehen finanziert worden...

M. K.: Kino ist für mich das Geschichtenerzählen, der Schnitt... „Der Riese" ist auf

Video produziert worden, aber auf eine filmische Weise. Das hängt davon ab, wie die Kamera positioniert wird, wie der Schnitt ist, wie jemand erzählt. Es gibt diese Kino-Sprache, die sich aus der Filmgeschichte ableitet. Viele junge Menschen, die heutzutage Filme machen wollen, wissen gar nicht, wie man eine Geschichte erzählt, welche Einstellungen wie aufeinander folgen sollen. Diese ganze experimentelle Seite des Video funktioniert nicht mehr. Im Fernsehen, im Videoclip… ein einziges Chaos.

B. K.: Mit Blick auf diese chaotische Vielfalt ist es vielleicht ein wenig überholt, nur von der Filmsprache zu sprechen, und das Neue nicht zur Kenntnis zu nehmen…

M. K.: Die Filme, die mir gefallen, wurden alle auf sehr einfache Weise realisiert.

B. K.: Und die Möglichkeit, Video als Tagebuch zu nutzen?

M. K.: Das ist eine Regression. Das Tagebuch dient der Introspektion. Ich habe Video noch nie so eingesetzt. „Der Riese" ist eine Vision. Ich habe eigentlich immer Visionen realisiert. Auch „Hotel Tapes" hat etwas Visionäres: Der Mensch als Insekt. Mit der Schiene Videokunst wollte ich noch nie etwas zu tun haben. Anfang der 80er Jahre habe ich das Video benutzt, um unabhängig zu sein. Aber aus heutiger Sicht war das ein Fehler. Denn Video hat sein Versprechen nicht eingelöst: Es kann das Kino nicht verjagen. Es hat nichts Magisches und wird es auch nie haben.

B. K.: Hat dich Video tatsächlich unabhängig gemacht?

M. K.: Mit Video verliert man im allgemeinen den Respekt vor dem, was man aufnimmt. Man kann nämlich 1 000 Kilometer aufzeichnen, ohne daß es etwas kostet. Man kann die Kameras auf alles richten, weil man unbegrenzt aufnehmen kann. Und eine echte ökonomische Alternative, die eine Wahl begründen würde, gibt es nicht.

B. K.: Hast du auch bei deinen Kinofilmen immer mit kleinen Budgets gearbeitet?

M. K.: Mit kleinen Budgets arbeiten zu müssen, kann große Vorteile haben. Man kann mehr riskieren, der Einsatz ist nicht hoch.

B. K.: Was sind deine Wünsche in bezug auf deine Zukunft als Filmemacher?

M. K.: Ich würde gerne einen Film pro Jahr realisieren, aber die Verleiher behaupten, daß keiner mehr Low-Budget-Filme im Kino sehen will. Ein Filmemacher kann aber nicht einfach rumsitzen und sich tolle Geschichten ausdenken. Dann wärst du in kürzester Zeit pleite… Ich möchte einfach jedes Jahr einen Film machen, das ist alles!

Brigitte Kramer hat von 1980–87 in der ZDF-Redaktion „Das kleine Fernsehspiel" gearbeitet. Das Interview wurde anläßlich einer Retrospektive Michael Kliers beim Festival Taormina Video Arte, 1990, abgedruckt in: „Dialogi tra film, video, televisione", Valentina Valentini (Hrsg.), Palermo 1990, S. 72–73; Übersetzung aus dem Italienischen: Rudolf Frieling.

1 Wim Wenders, „Von Kleidern und Städten" (Anm. d. Red.).

2 Gerd Conradt, „Der Videopionier", 1983 (Anm. d. Red.). (MKl)

Abb. Michael Klier, „Der Riese", 1983, Videostill: ZKM Mediathek.

Michael Klier

Video's Obscene Gesture – Interview with Brigitte Kramer

Brigitte Kramer: *How do you rate your projects on the basis of your experience with both the video and film media?*

Michael Klier: *I believe that video has no real strengths and can only fascinate at all in a very few exceptional cases. It's generally overestimated as a technology. I also don't believe it has a future. Perhaps you can film smaller, more intimate scenes with video... It has something obscene and banal. The banal has no effect, but the obscene does. In the rarest cases one finds an aesthetic vision, a new luminous power, a new visual power in a video. The obscene can be found, for instance, when Wenders films this Japanese fashion designer.[1] This is due to losing respect for what is filmed because video fixates something and sees nothing outside of it. That is exactly where the obscene lies, in these little tourist cameras. This gesture contains something libidinous similar to surveillance equipment. There, too, the camera's eyes fixate on something, as shown with 'The Giant'...*

B. K.: *'Hotel Tapes' was also a kind of recording in which you compared video to a notebook. Is there also an obscene side there? Why have you rarely shown this tape?*

M. K.: *'Hotel Tapes' was about control and observation – in a hotel. So it was a voyeuristic border situation because it was about using video to penetrating the private life of some people. The observation of a sleeping naked woman and the scene when the surveillance camera 'scans' the body are pornography. I found all this voyeurism revolting. That's exactly the reason why I lost interest in video. Excitement for this medium was very widespread between 1983 and 1985, which I, of course, perceived very strongly... The video artists can do what they want just because no one – really nobody – is interested in these things. It's not about anything more than recording yourself. I don't see myself as a video artist. The self-portrait, this impulse to reflect upon oneself, was very widespread at the time.*

B. K.: *Self-portraits never attracted you?*

M. K.: *I come from film and not from the self-portrait. Works such as 'Videopionier'[2] are portraits of the authors. They have something narcisstic and powerless. In my opinion that has something to do with this video tourism because tour-ists mostly take pictures of themselves.*

B. K.: *You often speak of cinema's fascination. But it was first with the film 'Überall ist es besser, wo wir nicht sind' that you succeeded in getting into the cinema theatres. All of the works were also financed by television...*

M. K.: *For me, the cinema is storytelling, the cut... 'The Giant' was produced on video but in the manner of film. That depends on how the camera is positioned, where the cuts are made, simply how someone tells a story. There is this language* *of film that is derived from the history of film. Many young people who want to make films today don't even know how to tell a story, which shots should follow each other. This whole experimental side of video no longer works. In television, in the video clip... it's just chaos.*

***B. K.:** In view of this chaotic variety it may be a little outdated just to speak of the language of film, and not to recognise the new...*

***M. K.:** The films I like were all realised in a very simple way.*

***B. K.:** And the possibility of using video as a journal?*

***M. K.:** That is a regression. The journal serves introspection. I never utilized video this way. 'The Giant' is a vision. I have really always realised visions. 'Hotel Tapes' also has something visionary: the human being as an insect. I never wanted anything to do with the video art circuit. At the beginning of the '80s I used video to become independent. But from today's perspective that was a mistake because video didn't keep its promise: it can't drive off cinema. It has nothing magical and never will.*

***B. K.:** Did video actually make you independent?*

***M. K.:** With video you generally lose respect for what you record. You can record 1,000 kilometres at no cost. You can point the cameras at everything because you can record without limits. And a real economic alternative that would be grounds for a choice doesn't exist.*

***B. K.:** Have you always worked with small budgets until now? Also with your cinema films?*

***M. K.:** Having to work with small budgets can have great advantages. You can risk more. The stakes are not high.*

***B. K.:** What are your desires regarding your future as a filmmaker?*

***M. K.:** I would like to be able to realise one film per year, but the distributers claim no one wants to see low budget films any more. A filmmaker can't just sit around and think up great stories, though. Then you'd be broke in a very short time... I simply want to make one new film every year. That's all!*

Brigitte Kramer was on the editorial staff of the ZDF television programme 'Das kleine Fernsehspiel' from 1980–87. The interview was published on the occasion of a Michael Klier retrospective at the Festival Taormina Video Arte, 1990, 'Dialogi tra film, video, televisione', Valentina Valentini (ed.), Palermo, 1990, pp. 72–73; translation from the Italian by Rudolf Frieling; translation from German by Rosanne Altstatt.

1 Wim Wenders, 'Of Clothes and Cities'. – Ed.

2 Gerd Conradt, 'The Video Pioneer', 1983 – Ed. (MKI)

Fig. *Michael Klier, 'The Giant', 1983, videostill: ZKM Mediathek.*

Pipilotti Rist

Alle wollen von allen benutzt werden, das ist gut so

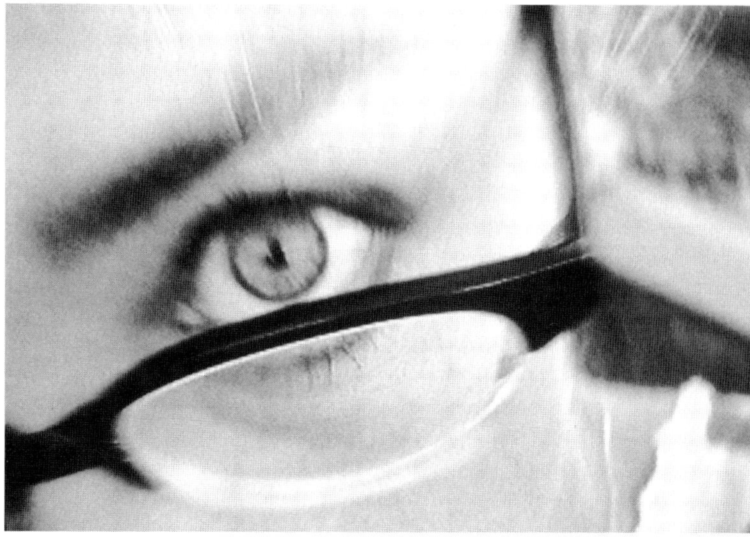

Ein rasanter technischer Fortschritt und tiefgehende politische Umwälzungen haben in unserem Jahrhundert die bestehenden gesellschaftlichen Konventionen und Wertvorstellungen derart aufgewühlt, daß wir uns gegenwärtig in einem riesigen Schlamassel wiederfinden. Altes ist zerbrochen. Neues noch nicht wiedergewonnen. Unser daraus resultierender Bedarf an Utopien ist ins Unermeßliche angewachsen und tangiert rücksichtslos sämtliche Lebensbereiche. Brennende Fragen drängen sich auf: Wie verkraftet unser beschränktes Stammhirn die Informationsgesellschaft? Wie bewerten wir das Scheitern der kommunistischen Gesellschaftsentwürfe? Wie nutzen wir nachhaltig unsere natürlichen Ressourcen? Wie gehen wir mit Gentechnologie um, lösen den latent drohenden Nord-Süd-Konflikt und beenden den Rassismus... – um nur einige davon zu nennen.

Ich beschäftige mich unter anderem seit Jahren mit verschiedenen Aspekten zur Frage der Geschlechterdifferenz, da ich überzeugt bin, daß die Art und Weise, wie wir unsere geschlechtliche Identität leben, eine wesentliche Voraussetzung für die Ausbildung der individuellen Subjektivität und damit maßgebend für die persönliche und gesellschaftspolitische Entwicklung ist.

Durch die Weiterführung der Aufklärung hat sich die feministische Bewegung politische Rechte erkämpft. Institutionalisierte, ja im wörtlichen Sinne „eingefleischte" Verhaltensmuster zwischen Mann und Frau, die bis anhin im selbst scheinbar unwesentlichsten Detail die Machtfolge inner- und außerhalb des Hauses regelten, wurden endlich angezweifelt. Praktische Neuerungen – allen voran die Geburtenkontrolle – haben das Spektrum möglicher Lebensentwurfe von Frauen wesentlich erweitert.

Die diesbezüglich emotionelle Entwicklung hinkt der rational fortgeschrittenen aber weiterhin hinten nach. So bleibt beim Thema „weiblich-männlich" auf beiden Seiten ein modriger Brei von eingefleischten Vorurteilen, vereinfachenden Schlachtrufen, Selbstkasteiung, Ängsten und individuellen Macken.

Das selig-unselige Thema „Geschlechterdifferenz" hat sich besonders im Bereich des Unbewußten festgebissen. Ich bin überzeugt, daß wir deshalb nur mit der Kraft des Visuellen, des Figurativen und der Töne näher an die eingelagerten wunden Eiterpunkte herankommen. „Andere" Bilder können mehr zu einer nachhaltigen Veränderung beitragen als sprachliche Pamphlete. Wenn ich mit Vorurteilen Belastetes in einem anderen Zusammenhang darstelle, evoziere ich damit beim Betrachter eine tiefere Wirkung als mit zwanzig ausformulierten Textseiten. Denn die Sprache der Bilder findet den direktesten Zugang zum Unbewußten, wo die Vorurteile schlummern, und prägt uns stärker als Wort.

Darüberhinaus vertrete ich mit Feuereifer die Meinung, daß wir nur mit positiv formulierten Arbeiten einen menschlichen und kulturellen Fortschritt bewirken können. Ich kann eingefahrene Vorstellungen besser in Frage stellen, wenn ich beispielsweise Glücksmomente in der Peinlichkeit oder von absonderlichen Details entfachte Liebe zu Bildern verarbeite. Ich verzichte dabei darauf zu formulieren, was mir an den reproduzierenden Stereotypen der Medien nicht gefällt, sondern richte meine Kraft darauf, die Utopien (audiovisuell) zu materialisieren. Damit nutze ich sozusagen die Ohrfeige, die ich beim Nachdenken über den schleppenden Zustand versetzt bekomme, als Antriebskraft für eine möglichst trittsichere und graziöse Flucht nach vorn.

Abgedruckt im umfassenden Katalog und Künstlerbuch: Pipilotti Rist, „Himalaya: Pipilotti Rist, 50 kg (nicht durchtrainiert)", Köln 1999.

Abb. Pipilotti Rist, „Looking for a Place", 1999, Foto courtesy Galerie Hauser & Wirth, Zürich, und Luhring Augustine, New York.

Pipilotti Rist

'Everyone wants to be used by everybody else and that's fine'

Existing social conventions and values have been so profoundly affected by ultra-rapid technical progress and major political upheavals that we are yet again in a colossal mess. Old ideas have been utterly discredited. New ones have yet to be established. And all this has given us a boundless need for utopias, and this need impinges remorselessly on every aspect of our lives. Urgent questions come crowding in: how can our limited brain-stems handle the information society? How do we see the failure of Communist social templates? How can we make lasting use of our natural resources? How do we handle genetic engineering, solve the North-South conflict that is potentially looming and put an end to racism – to name but a few.

I have been concerned with various aspects of the gender difference question among other things for years now, as I am convinced that the way in which we live out our sexual identity is a fundamental element in the development of individual subjectivity and thus vitally important to personal and socio-political growth.

The feminist movement has fought for political rights by continuing the education process. Institutionalized, ingrained – indeed almost 'infleshed' – patterns of behaviour between men and women, which hitherto controlled the power structure inside and outside the home, right down to apparently trivial details, were at last being challenged. Practical innovations – above all birth control – have considerably extended the spectrum of life-plans available to women.

But the emotional development needed in this respect is limping far behind rational progress. Thus a stale sludge of ingrained prejudices, simplistic battle-cries, self-castigation, fears and individual fads still surrounds the notion of 'male-female' on both sides.

The blessed-cursed subject of 'gender difference' has taken a particularly firm hold in the sphere of the subcon-scious. Thus I am convinced that we can only begin to approach these accumulated sore and suppurating points with visual and figur-ative power, and the power of sounds. 'Different' images can contribute more to lasting change than written pamphlets. When I portray something that is weighed down with prejudices in another context, I can evoke a much more profound re-sponse in the viewer than I can with 20 carefully written pages of text. The language of images has the most direct access to the subconscious, where prejudices slumber, and makes a deeper mark on us than the word.

As well as this, I am passionately convinced that that we can bring about human and cultural progress only with positively formulated works. I can question deep-rooted ideas better if I make images from moments of happiness in embarrassment, for example, or from love kindled by strange details. I don't bother to formulate what I don't like about the media's self-perpetuating stereotypes, but direct my energies at making utopias material (audio-visually). I should like to state that here I use the box on the ears that I get when thinking about all the slowness and delays as a driving force for flying forwards, as sure-footedly and gracefully as possible.

Printed in the catalogue and artist's book: Pipilotti Rist, 'Himalaya: 'Pipilotti Rist, 50 kg (nicht durchtrainiert)', Cologne, 1999; translation by Michael Robinson.

Fig. *Pipilotti Rist, 'Looking for a Place', 1999, photo courtesy Galerie Hauser & Wirth, Zurich, and Luhring Augustine, New York.*

Georg Winter

Media Interface – Gespräch mit Kai Bauer und Michael Stephan

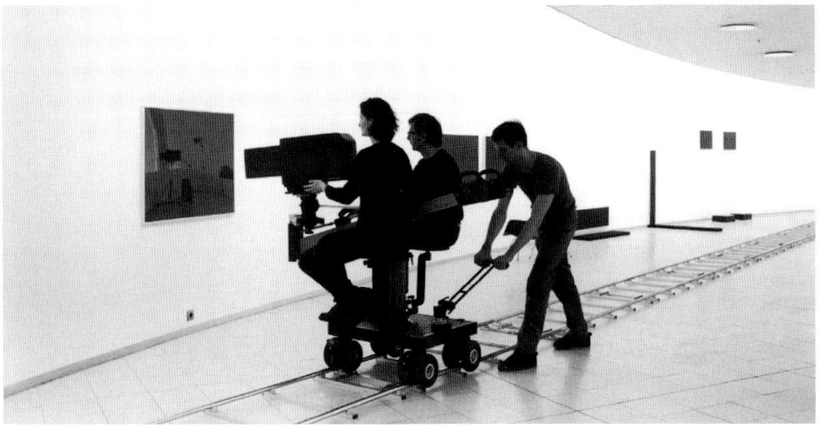

Michael Stephan: Es gibt eine Reihe künstlerischer Ansätze, die unter dem Namen einer fiktiven, einer simulierten oder einer tatsächlich eingetragenen Firma arbeiten. In Langenhagen hast Du – wie schon in anderen Projekten – unter dem Firmennamen Ukiyo Camera Systems gearbeitet. Worin besteht die Arbeit dieser Firma?

Georg Winter: Das Entwicklungsbüro für Kameratechnik und Neue Medien beschäftigt sich mit Fragen der Bildorganisation, der Wahrnehmung, der Ontologie, des Erkennens, der Semiotik, der Systemsicherheit, der Kommunikation, des Sehens. Im speziellen werden dafür Hilfsmittel differenziert – neu entwickelt – und in Zusammenhänge – z.B. als Kommunikationsmittel – eingebracht. Die Betriebsform ergibt sich aus den Forschungsinhalten. „Entwicklungsbüro" schien mir die praktikabelste Betriebsform zu sein, was sich natürlich ändern kann. [...]

M.S.: Welche Überlegungen haben zur Gründung von Ukiyo Camera Systems geführt?

G.W.: Es gab eine Problematik, zum Beispiel die der Kameratechnik, die der Haltung des Instrumentes oder onthologische Fragestellungen. Dann komme ich ja von der künstlerischen Ausbildung, aus der heraus sich eine Fragestellung entwickelte und dafür suchte ich dann eine Betriebsform. Die Universitäten können teilweise solche Grenzbereiche nicht leisten, so ist es eigentlich, um sich überhaupt durchsetzen zu können, eine privatisierte Form geworden.

M.S.: Was bedeutet Ukiyo?

G.W.: Der Begriff ist aus dem Japanischen – aus dem Buddhistischen –, und ich übersetze ihn so: Die Achtsamkeit für den Augenblick überwindet die Traurigkeit vor dem Verrinnen der Zeit, – ein Begriff, der sich auf die Aufnahme des Moments und den Moment der Aufnahme bezieht. Es ist ein Name, den ich verwende, um im Bereich der Kameratechnik kommunizieren zu können.

M.S.: Ukiyo Cameras hat im Laufe seiner Arbeit unterschiedliche Geräte entwickelt, die in ihrer Funktion auf die Grundlagen menschlicher Wahrnehmung gerichtet sind, aber ohne das erwartete High-Tech-Innenleben auskommen. Die Fernseher, die in Langenhagen an Testhaushalte verteilt wurden, waren einfache Holzkörper mit der äußeren Form eines Fernsehers. Wie funktionieren solche Produkte?

G.W.: Es gibt einen gewissen Anspruch an ein technisches Hilfsmittel, ein Grund, der uns dazu bewegt, Hilfsmittel zur Hand zu nehmen. Das Hilfsmittel kann beispielsweise der Monitor sein. Wie funktioniert ein Monitor? Wir haben eine Erwartung an einen Gegenstand: Wenn man Monitor von dem lateinischen Begriff „monere – ermahnen" herleitet, bedeutet es, daß der Monitor als Gegenstand ein Erwartungsträger ist. Wir haben also Gegenstände, in die wir Erwartungen projizieren, das sind Monitore, und die müssen funktionieren, indem sie diese Erwartungen befriedigen, die Erwartungen reflektieren, die Erwartungen thematisieren, die wir an sie stellen.

Wenn ich höre, „einfache Holzkörper, mit der äußeren Form eines Fernsehers", muß das ein Mißverständnis sein, weil der Fernseher so nicht existiert, als Gegenstand. Das ist mehr eine soziale Struktur, Fernseher sind Menschen. Der Gegenstand ist ein Monitor. Mich interessiert daher bei einem üblichen Monitor auch nicht, ob er aus Kunststoff hergestellt ist, die Materialität ist zweitrangig. Es geht um die Grundproblematik, die daraus folgenden Erwartungen an technische Hilfsmittel und deren Erfüllung mit Hilfe der Technik, in dem Sinn, daß die Erwartungen thematisiert werden. Das kann zunächst auch eine Enttäuschung sein.

M.S.: Was mir nun bei Deinen Ausführungen auffällt, vor allem bei dem Mißverständnis, das Du vorhin angesprochen hast, ist, daß Du mit einer Referenzverschiebung der Sprache arbeitest. In den Beschreibungen zu Deinen Forschungsprojekten, den Erläuterungen zu bestimmten technischen Apparaten in Deinen Prospekten überträgst Du Begriffe, die üblicherweise mit einem äußerlichen, technischen Bereich verbunden werden, auf einen inneren, vielleicht zunächst wahrnehmungspsychologischen, der sich dann allerdings im Kontext Deiner Forschungen zu einer noch tieferen Ebene, der Frage des Menschseins selbst öffnet. Der Fernseher ist also der Mensch und nicht die Kiste.

G.W.: Ja. Der Fernseher ist eine Subjektivierung, einen Gegenstand würde ich so nicht subjektivieren. Das hat nichts mehr mit Funktionalismus, auch nichts mehr mit Technik zu tun. In der Techniksprache wird eine verwaschene Terminologie benutzt. Die Begriffe sind selbst technisch gar nicht mehr haltbar und werden meist sehr unbewußt gebraucht. Natürlich befrage ich zunächst die Begriffe, um dann zu Handlungen oder zu Instrumenten zu kommen.

M.S.: Ich habe aber andererseits gemerkt, daß Deine Objekte, die eigentlich wie Waren im Ausstellungsraum verteilt sind, einen sehr starken Fetischcharakter haben. Dabei würde es aber im Unterschied zu Deinen bisherigen Ausführungen nicht so sehr um Qualitäten wie Bewußtsein und Haltung des Menschen, der handelt, sondern um das Objekt als Gegenüber gehen. Die Kiste als Gegenstand, ihre Oberfläche, die Verpackung einiger Instrumente in glänzendes Lackmaterial beispielsweise, das ist ja alles sehr oberflächensinnlich. Steht diese Erfahrung nicht in genauem Gegensatz zu Deiner Behauptung, es ginge nicht darum, sondern um den Menschen, der damit umgeht?

G. W.: Die Frage zeigt schon ein grundlegendes Mißverständnis. Wir haben gar keine Wahl zu unserem körperlichen Sein. Wir müssen uns zu anderen Körpern differenzieren. Eigentlich ist jeder Gegenstand ein Fetisch. Was wäre für Dich kein Fetisch? Welcher Körper? – Eine Minolta-Kamera ist ebenso Fetisch wie eine andere Kamera. Ich weiß nicht, ob der Begriff Fetisch dabei weiterführt. Wir haben keine andere Wahl, als daß wir uns zu anderen Körpern, zu anderen Gegenständen in ein Verhältnis setzen, um kognitiv weiterzukommen. Und ich denke nicht, daß dabei das Objekt thematisiert wird, sondern daß man sich selbst im Verhältnis dazu ausdifferenzieren muß. Es kommt darauf an, wie man den Blick richtet.

M. S.: Hängt denn damit auch zusammen, daß bei Deinen Projekten ein anderes Publikum angesprochen wird? Wir hatten bei Deinem Pilotprojekt in Langenhagen ja kein Kunstpublikum angesprochen, sondern Leute, die mit dem Mittel der Postwurfsendung auf einen technischen Versuch aufmerksam gemacht wurden. Selbst im Museum hatte ich den Eindruck, daß normale Kunstinteressierte nicht so angesprochen wurden, weil das Ganze eher einem Arbeitsstudio, einem Büro glich als einer Ausstellung.

G. W.: Grundfragen der Kommunikation sind ja nichts Kunstspezifisches, das geht durch alle Gesellschaftsbereiche. Menschen aus dem Kunstbetrieb sind nicht explizit auf einem anderen Stand der Reflexion, was zum Beispiel Fragen der Interaktion betrifft, als Menschen, die sich nicht mit Kunst beschäftigen. […]

M. S.: Du sagst, daß wir uns sehr stark über Gegenstände definieren. Kannst Du Dir vorstellen, ohne Material zu arbeiten, ein Projekt ohne diese schwarzen Objekte?

Kai Bauer: Dehalb frage ich nach Gesprächen, nach direkten Kommunikationen, aber auch nach Handlungen, nach Bewegungen. Es gibt doch von Dir auch Texte, die sich auf die Katas aus dem Karate beziehen, auf diese ganz strengen Bewegungsabläufe.

G. W.: […] Ich sehe meine Arbeit auch als eine Art der Auslegung. Da ist zum Beispiel eine Schrift und die wird dann erst interessant, wenn man nicht beschreibt, das ist ja Papier, auf das etwas Schwarzes draufgedruckt ist, sondern wenn man das als Schrift und Gegenstand in eine Handlungsform umsetzt. So funktionieren meine Instrumente. Als Mittel der Übersetzung. Meine Instrumente hätten ja längst als Objekte im Kunstbetrieb landen können. Aber Tatsache ist, daß sie wirklich als Medium begriffen werden, sie werden nicht stilisiert.

K. B.: Es wurde ja immer süffisant bemerkt, daß der Monitor aus Holz ist. Nun ist es ja so, daß man manchmal in einem Privathaushalt eine Holzfigur finden kann, die einen Menschen darstellt, früher gab es vielleicht auch einen Hausaltar zur Andacht mit Holzplastiken – Kuckucksuhren sind auch als Holz!

G. W.: Die Fragen werden oft nach der Materialität gestellt. Wie ist das gemacht? Das bestätigt meine Auffassung, daß der Mensch sich fast nur über seine körperliche Existenz mitteilen kann, kommunizieren kann. Daran kann man die Selbstreferenzialität der Wahrnehmung ablesen. Wir sagen eigentlich nur etwas aus über uns im Verhältnis zu einem anderen Körper oder einem anderen Gegenstand, so daß die Beschaffenheit des Monitors, des Erwartungsträgers sehr unterschiedlich sein kann. Es ist die Frage, was wir da leisten. Es gibt sicherlich die Möglichkeiten, damit ein spannendes Programm zu erstellen.

K.B.: Diese Erwartungen sind aber einem nicht-körperlichen, einem auratischen oder atmosphärischen Bereich zuzuordnen. Wir hatten darüber schon einmal gesprochen, von der Überschneidung des Televisionsbereichs mit sakralen Ebenen. [...]

G.W.: Ja, im Televisionsbereich werden Körper simuliert. Wir sehen Körper, die abstürzen oder tot sind. Die Zuschauer sind froh, daß sie noch am Leben sind. Es sind eben meistens Körper, die sich zueinander verhalten. Durch die Ukiyo-Technik sind wir aber selbst sehr stark thematisiert. In der Art, wie wir uns im Raum aufhalten und Television aus dem dunklen Nahbereich – dem ZNS – konstruieren.

Auszüge aus einem Gespräch mit Kai Bauer, 1993–98 Referent für Bildende Kunst der Stadt Langenhagen, und Michael Stephan, Künstler und Mitarbeiter des Referats Bildende Kunst, am 4.12.1996 in Langenhagen, abgedruckt in: „vor ort – Kunst in städtischen Situationen", Langenhagen 1996.

Abb. Georg Winter, „Monochrom Monogatari" Dreharbeiten, Foto: Helmut Kunde; „Ukiyo Cameras", Fotos: Frank Kleinbach.

Georg Winter

Media Interface – Interview with Kai Bauer and Michael Stephan

Michael Stephan: *There are a series of artistic strategies that work under the name of a fictive, simulated or an actual registered business. In Langenhagen you worked – like in other earlier projects – under the business name Ukiyo Camera Systems. What work does this business do?*

Georg Winter: *The office of development for camera technology and new media is concerned with questions about the organization of images, about perception, ontology, recognition, semiotics, system security, communication, vision. Specifically, aids are differentiated for this purpose – newly developed – and incorporated into certain contexts, for instance, as means of communication. The model of a business results from the contents of the research. An 'Office of Development' seemed to me the most practical model which could, of course, change. [...]*

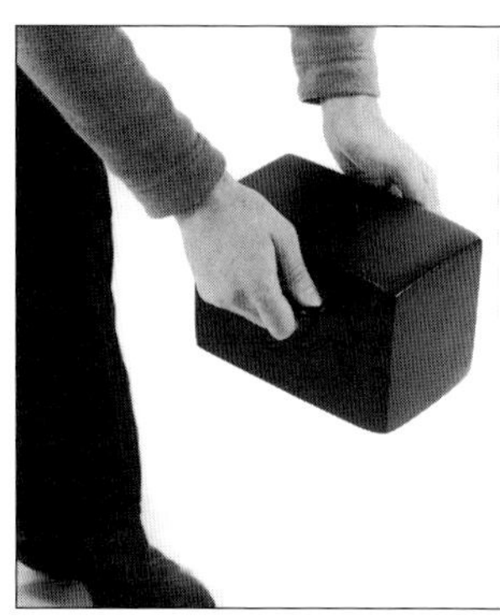

M. S.: What thoughts led to the founding of Ukiyo Camera Systems?

G. W.: There was a difficulty, for instance, in camera technology, in holding the instrument or with ontological questions. I also have an education in art from which a question developed. I then searched for an operating model for this. Some universities cannot afford such border areas. It actually took a privatized form in order to be able to succeed at all.

M. S.: What does Ukiyo mean?

G. W.: The term is from the Japanese – Buddhist – and I translate it as, 'An attentiveness to the moment overcomes the sadness of elapsing time. A term that refers to the recording of the moment and the moment of recording.' It is a name I use to be able to communicate within the area of camera technology.

M. S.: During its work, Ukiyo Cameras developed different devices whose function is aimed at the basis of human perception, but do without the expected high-tech systems. The television sets that were distributed to test homes in Langenhagen were simple wooden bodies with the external shape of a television set. How do such products work?

G. W.: There is a certain demand on a technical aid, a reason that induces us to use an aid. The aid could be a monitor, for instance. How does a monitor work? We have an expectation of an object: if you derive 'monitor' from the Latin term 'monere – to admonish' it means that the monitor as an object is a carrier of expectations. We then have objects into which we project expectations. They are monitors and they must function by satisfying, reflecting, and addressing the expectations we put upon them.

When I hear 'simple wooden bodies with the external shape of a television set' it must be a misunderstanding because the television set does not exist in this form – as an object. It is more of a social structure. Television is not just the set, it is also watching from a distance. The object is a monitor. That is why it doesn't bother me if a normal monitor is made of plastic. The material is of secondary importance. It is about the fundamental problem, the expectations of technical aids that result from this and their fulfilment with the help of technology in the sense of expectations being addressed. That can also be a disappointment at first.

M. S.: What comes to my attention during your explanations, especially considering the misunderstanding you just addressed, is that you work with a shifting of language's references. In the descriptions of your research projects and the explanations of certain technical devices in your brochures, you appropriate terms that are usually associated with an external technical area on an inner, perhaps even perception-psychological level, that then, however, opens a further level in the context of your research, the question of being human. Television is then the human being in the act of watching and not the box.

G. W.: Yes. The television is a subjectification. I would not subjectify an object in this way. That no longer has anything to do with functionalism, and no longer anything to do with technology. A wishy-washy terminology is employed in the technical language. The terms themselves are technically no longer tenable and are usually used very unconsciously. Naturally, I first question the terms in order to proceed to actions or instruments.

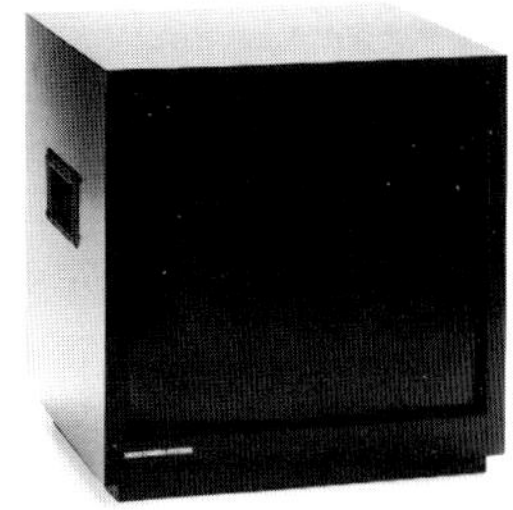

M. S.: *I observed, on the other hand, that your objects, which are actually distributed in an exhibition space like products, have a very strong fetish character. But contrary to your previous explanations, which were more about qualities such as consciousness and the human standpoint, this was more about the object as an opposite. The box as an object, its surface, packing some instruments in glossy material, for instance. It's all very sensual on the surface. Isn't this experience an exact opposite of your assertion that it's not about that, but about the human who deals with it?*

G. W.: *The question already shows a fundamental misunderstanding. We have no alternative to our physical being. We must differentiate ourselves from other bodies. Actually, every object is a fetish. What wouldn't be a fetish to you? Which body? – A Minolta camera is just as much of a fetish as any other camera. I don't know if the term fetish brings us further. We have no other choice than to relate ourselves to other bodies, to other objects, in order to cognitively develop. And I don't think that the subject in this case is the object, but that you must differentiate yourself in relation to the object. It depends upon how the view is directed.*

M. S.: *Is this then also tied to the fact that your projects address a different audience? For your pilot project in Langenhagen we didn't actually seek out an art audience, but people whose attention was brought to a technical experiment through a mass mailing. Even in the museum I had the impression that those who are normally interested in art were not really directly addressed because the whole thing was more similar to a workshop or office than an exhibition.*

G. W.: *Fundamental questions of communication aren't something specific to art. They're something that runs through all areas of society. People from the art business are not explicitly at a more advanced stage of reflection than people who aren't interested in art – e.g. when it comes to questions of interaction. [...]*

M. S.: *You say we define ourselves very strongly through objects. Could you imagine working without material, a project without these black objects?*

Kai Bauer: *That is why I seek conversations, direct communication, but also actions, movements. But you, Georg, also have texts that refer to the katas in karate, to these very strict sequences of movements.*

G. W.: *[...] I also see my work as a type of interpretation. There is a document, for instance, and it gets interesting when it isn't described as paper with something black printed on it, but when it is converted from writing and object into a form of action. This is how my instruments function as translation tools. My* *instruments could have become objects in the art business long ago. But the fact is that they are really comprehended as a medium, they will not be stylized.*

K. B.: *It has always been smugly remarked that the monitor is made of wood. Now, it is also true that wooden figures depicting a human being can sometimes be found in private households. At an earlier time there might have been a shrine there with wooden sculptures for worship – cuckoo clocks are also made of wood!*

G. W.: *Questions are often asked about the material aspects of a work. How was that made? That confirms my opinion that the human being can almost only share or communicate through his physical existence. This is where perception's self-referentiality can be seen. We really only say something about ourselves in relation to another body or another object so that the nature of the monitor – of the carrier of expectations – can vary greatly. It is a question of what we achieve with this. There is certainly the possibility of producing an exciting programme with it.*

K. B.: *But these expectations are to be classified in a non-physical, an area with an aura or atmosphere. We already talked about this once, about television's sphere overlapping sacred levels. […]*

G. W.: *Yes, in television's sphere bodies are simulated. We see bodies that fall or are dead. The viewers are glad they are still alive. It is mostly just bodies relat-ing to each other. Through Ukiyo technology we ourselves are very much a topic; how we linger in space and construct television from the dark area nearby – the central nervous system.*

Excerpts from a conversation conducted in Langenhagen on 4 December 1996 with Kai Bauer, Head of the Fine Arts Department of the City Langenhagen, and Michael Stephan, artist and collaborator of the local Fine Arts Department, published in: 'vor ort – Kunst in städtischen Situationen', Langenhagen, 1996; translation by Rosanne Altstatt.

Figs. *Georg Winter, 'Monochrome Monogatari' shooting, photo: Helmut Kunde; 'Ukiyo Cameras', photos: Frank Kleinbach.*

Wolfgang Müller

Wie man eine Schallplatte macht

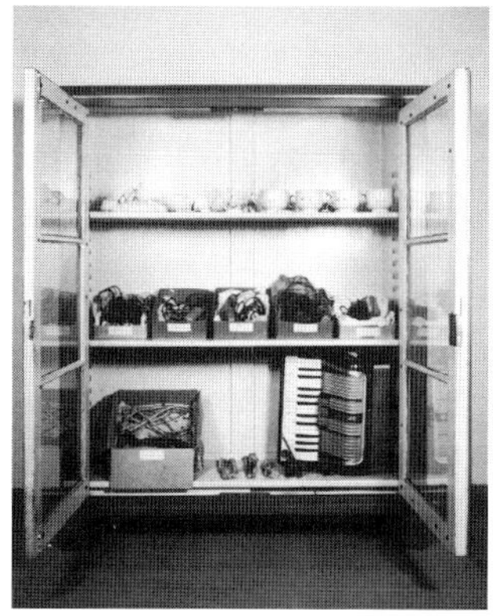

Nennt man etwas „Untermalung“, dann behauptet man damit das Vorhandensein einer Hierarchie. Platter gesagt: Dieses hier ist nicht so wichtig, wie das hier – in aller Gleichzeitigkeit. Diese Hierarchien existieren tatsächlich. So dient der Text bei Musikstücken, der in Form von Gesang dargeboten wird, oft der Untermalung der Musik und umgekehrt. Die Tödliche Doris wurde oft bezichtigt, ihre „Musik“ würde öfter zur Untermalung ihrer Texte dienen als umgekehrt. Das ist falsch beobachtet und resultiert daraus, daß Texte konkreter und „Musik“ abstrakter wirken bzw. wirkt, aber auch, daß der Mensch große Probleme hat, die Gleichwertigkeit zweier Gleichzeitigkeiten zur Kenntnis zu nehmen. Reagiert er zudem mehr auf Sprache, gewinnt diese für ihn an Bedeutung; reagiert er mehr auf Musik, gewinnt diese an Bedeutung. Das kann dazu führen, daß er folglich die Musik bzw. den Text/Gesang als störend empfindet.

Durch das Abstrakte der Musik werden Regeln und Konventionen stärker gefordert und eingehalten und haben größere Bedeutung als in anderen Kunstbereichen. Unbekannte, als neu bezeichnete Regeln und Konventionen – ich greife hier ein wenig voraus – werden häufig als „beliebig“ bezeichnet. Beliebig ist eigentlich eine schöne Sache, weil sie etwas mit Liebe zu tun hat. Aber mit „beliebig“ meint der Kritiker eigentlich „willkürlich“. Eine Handlung erschließt sich nicht in ihrer inneren Logik und vermittelt sich nicht. Sie bleibt unvermittelt, während der Akt der Durchsetzung dieser Handlung an Bedeutung gewinnt. Der Inhalt, die Idee – deren Existenz zweifelhaft ist – spielt die Rolle einer Untermalung des Willens zum Durchsetzen: Das Ego musiziert am lautesten, am eindringlichsten und hat dabei ein Bewußtsein längst verloren und damit auch die Erinnerung an eine eventuell vorhandene Idee.

Die diesem Buch eigentlich beiliegen sollende Schallplatte ist meiner Meinung nach ebenso wichtig wie dieses Buch hier.[1] Ist sie, die Schallplatte, und damit meine ich, was auf ihr drauf ist, nicht sogar wichtiger als dieses Buch?

Ganz klar, da sind doch alle Überlegungen und Gefühle, die hier an dieser Stelle vermittelt werden, in die Tat umgesetzt. Das Buch als Brücke zum besseren Verständis? Falsch, falsch, falsch! Die Brücke ist ein Teil dieses gelochten Eilands. Auch dieses (das Loch) will gefüllt werden, sonst funktioniert das Ganze nicht. Strom gehört dazu. Elektrizität ist eine wichtige Brücke zur Schallplatte und dient auf keinen Fall zur Untermalung der Schallklänge. Gerade die Elektrizität und ihre Erzeugung hätte längst eine eigene Rubrik in einer Musikzeitschrift verdient. Die Kritik an der Energiegewinnung sollte auf keinen Fall den Umweltschützern überlassen werden, da dieses Thema uns alle betrifft.

Wer mich kennt, der weiß, daß ich gerne alles auf einmal mache, und sieht bzw. hört die Angelegenheit (Buch, Schallplatte, Plattenspieler, Strom, E-Werk, AKW etc.) bereits in den Tönen der Schallplatte und lacht unbeherrscht über diesen Text. Hier meint er, meine große Schwäche entdeckt zu haben: Ich hätte Angst davor, nicht oder falsch verstanden zu werden. Vorläufig wurde ich deshalb auch ein Lehrer, ein Metier, das ich ziemlich erbärmlich und anmaßend finde. Damit ich nicht in selbstzerstörerischen Haß oder zerstörerischen Selbsthaß verfiel, blieb mir nichts anderes übrig, als mein eigener Psychoanalytiker zu werden.

Ich vermute, daß ein jeder Mensch an die Existenz von Problemen glaubt, was mir ein großes Problem abnimmt. Wenn es jedoch weniger und weniger Probleme gibt, heißt das: sich daran gewöhnen, ohne Probleme zu existieren. Das ist mal was Feines!

Wolfgang Müller war Mitglied der Künstlergruppe „Die Tödliche Doris". Erster Teil des Textes zum Begriff der „Untermalung", abgedruckt in: Wolfgang Müller, „BAT – Die allerallerschönsten Interviews", Kassel 1989, S. 79–81.

1 Angabe bezieht sich auf die Originalpublikation (Anm. d. Red.).

Abb. Die Tödliche Doris, „Naturkatastrophenschrank", gelbe Musik Berlin 1984, Foto: Jürgen Baumann.

Wolfgang Müller

How to Make a Record

To call something 'priming' is to claim a hierarchy exists. Put simply: 'This here is less important than that, but wholly simultaneous.' These hierarchies actually exist. That is why the lyrics of a piece of music, which are proffered in the form of singing, often serve to prime the music or vice-versa. 'Die Tödliche Doris' was often accused of more often making 'music' for the priming of lyrics than vice-versa. That is a false observation resulting from the fact that lyrics seem more concrete and 'music' seems more abstract, but also because the human being has big problems recognizing the equality of two simultaneities. If a person responds more strongly to language, moreover, then the latter takes on more meaning; and if a person responds more strongly to music, the latter takes on more meaning. As a result, somebody may feel that either the music or the lyrics/singing are intrusive.

Because of what is abstract in music, rules and conventions are more strictly demanded and complied with, and have a greater importance than in other areas of art. Unknown rules and conventions which are labelled as new – I'm anticipating the point here – are often claimed to be 'beliebig'. The word 'beliebig' is a pleasant matter, because it has something to do with love.[1] *But by 'beliebig', the critic actually means 'arbitrary'. The inner logic of an action is not immediately obvious; it does not convey itself on its own. It remains unexplained, while the act of enforcing this action gains meaning. The content, the idea – the existence of which is doubtful – plays the role of a primer of the will to accomplish. The ego plays the loudest, most penetrating music and in the process has long lost a consciousness, consequently also losing the memory of a possible existing idea.*

In my opinion, the record that should actually be included with this book is just as important as the book itself.[2] *Is not the record, and what is on it, even more important than this book?*

Obviously, those are all thoughts and feelings conveyed here and converted into action. The book as a bridge to better understanding? Wrong, wrong, wrong! The bridge is part of this island with a hole punched in it. This (the hole), too, wants to be filled. Otherwise the whole thing does not work. Electricity is part of it, an important bridge to the record and in no way serves as priming for the sounds. The music press should have introduced columns devoted to electricity and its production a long time ago. Criticism of methods of creating power should by no means be left up to environmentalists; the subject concerns everybody.

People acquainted with me know I like to do everything at once, and therefore they can already see or hear the topic (book, record, record player, electricity, electric power station, nuclear power plant etc.) in the tones of the record, and are splitting their sides over this essay. They think they've discovered my greatest weakness: that I'm afraid of being misunderstood or not being understood at all. That is why I became a teacher for a period – a profession I find rather miserable and presumptuous. In order not to fall into a self-destructive hate or destructive self-hating, I had no choice but to become my own psychoanalyst.

I suspect that every human being believes in the existence of problems, and that relieves me of a big problem. However, if there are fewer and fewer problems, then people have to get used to existing without problems. Now, that is really something!

Wolfgang Müller was member of the artists' group 'The Deadly Doris'. First part – headed 'Priming I.' – of a longer text, taken from: Wolfgang Müller, 'BAT – Die allerallerschönsten Interviews', Kassel, 1989, pp. 79–81; translation by Rosanne Altstatt.

1 *Translator's note: 'beliebig' literally means 'of love', but translates as 'chosen according to 'taste' or 'arbitrary'.*

2 *Reference to the original publication. – Ed.*

Fig. *Die Tödliche Doris, 'Naturkatastrophenschrank', gelbe Musik Berlin 1984, photo Jürgen Baumann.*

Lutz Dammbeck

„... allein in die Schlacht mit dem Tier!" – Notizen zur Arbeit an der Mediencollage „Herakles" 1981–87

1982. Meine Mutter schwärmt noch heute von den weit verzweigten Wasserwegen im Leipziger Auenwald. Aus dem „Germania-Bad" konnte man durch eine Sperre hinaus in den Fluß und in den Wald schwimmen, es gab Gondeln und Ruderboote, das Restaurant „Wassergott" stand auf Pfählen im Fluß.

Bei meinen täglichen Ausfahrten mit Sophie im Kinderwagen, das Diktaphon im Gepäck und so Ideen für neue Projekte notierend, stoße ich auf eine Gedenktafel an einem toten Flußarm des Auenwalds. Die Tafel verweist auf ein Kapitel des antifaschistischen Widerstands in Leipzig in den Jahren 1938 und 1939. Mitglieder der illegalen Widerstandsgruppe der KPD „Kresse/Schumann" hatten hier, als Ausflügler getarnt, in Ruderbooten illegale Treffs abgehalten und konspiratives Material weitergegeben.

Ich versuche, Näheres über den antifaschistischen Widerstand in Leipzig zu erfahren. Warum nicht die Gründungslegitimation des „neuen Staates" ernst nehmen?

Erster Besuch im Archiv der Bezirksleitung der SED, erstaunte Verwirrung. WAS wollen Sie? Verweis auf ein Büro der VVN (Vereinigung der Verfolgten des Nationalsozialismus) im Hause. Dort stößt mein Interesse auf Mißtrauen. „Weshalb interessieren Sie sich überhaupt dafür?"

Büro und Archiv sind nur einmal die Woche besetzt, ich scheine seit längerer Zeit der erste Interessent zu sein.

Nächster Besuch, eine Woche später. Ein alter Genosse in einem langgestreckten Raum mit Revolutionsdevotionalien. Ein leerer Tisch, rechts und links kleine Schreibtische mit Schubkästen. Die mich interessierende Tafel im Auenwald sei ihm unbekannt, zum dort angegebenen Sachverhalt könne er nichts hinzufügen. Er verweist auf eine kleine Broschüre der SED, in der stehe zum „Widerstand" alles drin. Die Schubladen zu seiner Linken und Rechten scheinen leer, der Raum und das Archiv – eine verstaubte Kulisse. Verlegenes Achselzucken, es existieren kaum Belege, die letzten hoch betagten Überlebenden von KPD und illegalem Widerstand wurden erst spät befragt. Das Protokollierte ist verständlicherweise ungenau und lückenhaft. Die Protokolle dieser Befragungen liegen im Staatsarchiv der DDR und sind für mich nicht einsehbar. Vom illegalen Widerstand gibt es keine Fotos, Schnappschüsse, Filmstreifen oder Dokumente. Was ist Realität, was Fiktion? Geschichte als Fiktion?

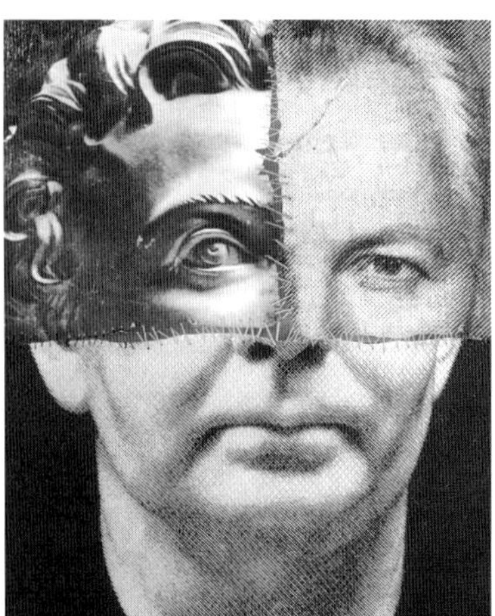

Beim nächsten Besuch des Archivs wird mir der Eintritt verwehrt.

Angesichts des Mißtrauens der Archivverwalter fühle ich mich wie jemand, der etwas aufdecken könnte, was besser vergraben bliebe. Der Mangel an Quellen zwingt mich, mir selbst „ein Bild" zu machen. Aus Fotos, Fundstücken, Text- und Musikfetzen, Dokumenten und Ahnungen einen Entwurf zu wagen, dessen Leerstellen die eigene Erfahrung besetzt. So war es, so könnte es gewesen sein. So soll es sein.

Eine Dramaturgin aus Dresden gibt mir den Text, „Herakles 2 oder die Hydra" von Heiner Müller. „Da, lies mal." Der Text ist ein zunächst hermetisch verschlossener Block, ein Eindringen scheint unmöglich. Erst durch die Berührung mit den Bildern des Familienalbums, dem Märchen vom „Eigensinnigen Kind" und eigenen Erfahrungen bricht der Text auf.

Herakles: Kind der Hydra. Die Furcht vor dem Schritt aus dem blutig-feuchten Schoß in neue, ungedachte Räume. Oder: die Beichte des preisgekrönten Schriftsteller Heiner Müller, der seinen Weg in die Verstrickung schildert.

Oder: Absage an den „starken Helden", Leib geworden durch Mißbrauch. Unmöglich, ihn noch mit der Hoffnung auf Veränderung zu beladen.

Herakles: Das eigensinnige Kind.

Auf Eigensinn folgt Strafe.

Das Dreieck als Zeichen für das Grab des Kindes. Dreieck, Zelt, Ägypten, Pyramiden, lebendig begraben sein. In einer Erdhöhle überleben. Eine Erdpyramide.

Die esoterische Bedeutung der Zeichen.

Die mehrfache Ablehnung des Filmkonzepts „Herakles" bei der DEFA verlangt eine Entscheidung: aufgeben oder sich etwas einfallen lassen. Erste Gedanken an ein Spiel im Raum, das alte Ideen von Dia- und Filmprojektionen in Räumen aufgreift. Dazu Einsicht in die Konsequenz, nun ohne größere Öffentlichkeit und finanzielle Unterstützung arbeiten zu müssen. Vermittelt durch Musiker, dann der Kontakt zu der Tänzerin Fine: Mit ihr kommt Körperliches in das Konzept, ein Teil des Publikums hat Angst vor ihr. Nach zögerlichem, tastendem Beginn der Zusammenarbeit ein wunderbares Gefühl, während der Aufführungen aneinander vorbei und gegeneinander zu agieren oder während des Ablaufs den anderen im Raum zu sehen: Ach, da läuft Fine.

Ich entdecke den Raum, das Licht und lerne in der Zusammenarbeit mit den Musikern und Fine, mich auf einer Bühne zu bewegen. „Rauszugehen" und vor Publikum etwas vorzuzeigen: Hier!

Aus dem „Vernähen" der Bilder seit Ende der 70er Jahre wird nun ein Montieren mit Licht, Texten, Musiken, Aktion, Film- und Diaprojektionen, Stilmittel ist die Montage. Was ist nun das Werk? Eine Summe von Wirkungen. Das Material: Originale, Zitate und Fundstücke, Gefühle, Ahnungen und Wissen. Verklebt, vernäht, überblendet – in den Raum gespielt und in Fotos wieder reproduziert.

Es gibt in den Aufführungen vielleicht drei oder vier Augenblicke, um deretwillen es sich gelohnt hat.

Eine Frau sagt nach der Vorführung in Leipzig: Wenn das wahr ist, was Sie hier erzählen, kann ich mir nur noch den Strick nehmen.

Durch den täglichen Druck (aus Zeit- und Geldnot und wegen der fehlenden Aufführungsgenehmigungen) entsteht ein Rhythmus, der das Umfeld des „neuen Staates“ wegblendet: Schneiden der Weidenruten bei Frost im verschneiten Auenwald – eigenhändiges Kaschieren der großen Leinwände – Korrigieren der Abläufe und des verwendeten Film- und Diamaterials – Transport mit einem alten Lastwagen zu den Aufführungsorten – Aufführung – Vorbereiten – Schneiden…

Jede Aufführung ein Unikat, fast alles wird zerstört und muß neu und anders wiederhergestellt werden. So entsteht nicht die Gefahr des Nützlichen, des Repertoires oder der Einspeisung in einen Verwertungshaushalt.

Ende 1983 hat sich in Leipzig alles totgelaufen, nun ist es gut.

Mein zehnter Reiseantrag seit 1976, den „neuen Staat“ studienhalber zu verlassen, ist abgelehnt. Die Mehrzahl der Freunde und mir wichtigen Kollegen ist schon im Westen, zurückgeblieben sind die Zauderer, Angsthasen und Opportunisten. Die Argumente für das „Dableiben“ sind im langjährigen täglichen Gebrauch verschlissen. Also Ausreiseantrag und ein halbes Jahr jede Woche von dem zuständigen Beamten der Abteilung Inneres der Satz: „Sie kommen hier nie raus!“

Dann geht es schnell, weil die Genossen befürchten, meine erste gemeinsame Ausstellung mit Karin in der Galerie EIGEN+ART würde von uns für eine „Provokation größeren Ausmaßes“ genutzt, um die Ausreise zu erzwingen. Der Plan der Genossen sieht nun so aus: Ausstellungseröffnung ist 19 Uhr, Ausreisetermin 24 Uhr.

Falls der Galerist Lybke die Ausstellung eröffnet und nicht selbst schließt, ist Handhabe gegeben, die Galerie EIGEN+ART zu schließen (es ist verboten, Künstler auszustellen, die die Ausreise aus der DDR beantragt haben). Also flattert am Tag vor der Eröffnung der „Marschbefehl“ der Abteilung Inneres durch den Briefkasten: „Sie haben bis 24 Uhr das Staatsgebiet der DDR zu verlassen!“ Der schöne Stasi-Plan scheitert, weil auch wir jetzt ernst machen müssen. Mit vier russischen Koffern, zwei Fahrrädern und dem Kind unter dem Arm dann zum Bahnhof. Verabschiedung von einigen Freunden. Der Bahnsteig ist gefüllt mit anderen „Aus“reisenden und ihren abschiednehmenden Freunden, für die Zurückbleibenden ein schwer erträgliches Szenario.

Bis zur Grenze fährt ein Beobachter der Stasi mit. 6.15 Uhr Ankunft auf dem Bahnhof Altona. Unterschlupf in der WG eines Freundes. Dann drei Tage Notaufnahmeverfahren im Lager Gießen.

Freunde raten: Sei vorsichtig, da wimmelt es von Stasileuten. Wer wird das in Hamburg sein? Beim Ortsamt Altona, im Hamburger Filmbüro, in der Kulturbehörde?

Die ersten Wege in Hamburg: Wohnungssuche, beim Arbeitsamt Arbeitslosengeld beantragen und Sozial- und Überbrückungshilfe anmelden, Telefonieren und Schreiben wegen der in Leipzig verbliebenen Sachen. Was wird mit den beiden Ateliers voller Bilder, Fotos und Negative, mit den Möbeln und den anderen Sachen?

Erste Kontakte beim Jour fixe der Hamburger Filmemacher. Die Fremdheit hat auch einen Reiz. Unerkannt, wie mit einer Tarnkappe, fremde Gesichter, Gesten und Rituale beobachten. Da ich niemanden kenne, stelle ich mich zu einer Gruppe, die mir am sympathischsten erscheint, Filmemacher eines Medienzentrums („Geht mit Video in die Arbeiterbezirke, schafft Gegenöffentlichkeiten, vernetzt Euch!"). Später kann ich dort unentgeltlich einen Schneidetisch benutzen. Im Vorraum unterhalten sich zwei Frauen. „Wer ist denn da drin?" – „Na, der aus dem Osten." – „Der Tscheche?" – „Nein, der aus der DDR." – „Na, das ist doch dasselbe." Dann halblautes Lachen wie über einen obszönen Witz.

Tage später in der Zeitung ein Foto: Der Sammler Ludwig mit Frau, porträtiert von Arno Breker. Was, Breker lebt? Wo? In Düsseldorf. Etwas, das bisher nur im Geschichtsbuch zu existieren und weit weg schien, bekommt triviale, reale Konturen. Ich bin neugierig.

Das will ich mir ansehen.

Die vorliegende Fassung entspricht den Abschnitten V–VIII des Originaltextes, abgedruckt in: Lutz Dammbeck, „Herakles-Konzept", Berlin 1997, S. 33–41.

Abb. Lutz Dammbeck, „Versuchsanordnung", Foto: Christoph Irrgang/Karin Plessing.

Lutz Dammbeck

'... alone into the battle with the beast!' – Notes on the Development of the 'Hercules' Media-collage, 1981–87

1982. Even today, my mother waxes lyrical about the broadly branched waterways of Leipzig's Auen forest. From the 'Germania-Bad' one could swim through the dam into the river and the forest; there were gondolas and rowing boats, the restaurant 'Wassergott' stood on stilts in the river.

During my daily excursions pushing Sophie in the pram, the dictaphone at hand so I can note ideas for new projects as I walk, I chance upon a plaque at a dead arm of a river in the forest. It commemorates a chapter of the history of anti-Nazi resistance in Leipzig from 1938–39. Disguised as day trippers, members of the illegal KPD (Communist Party of Germany) group 'Kresse/Schumann' held forbidden meetings in rowing boats at this spot and passed on conspiratorial material.

I attempt to learn more about anti-fascist resistance in Leipzig. Why not take seriously the justification underlying the foundation of the 'New State' of East Germany, the GDR (German Democratic Republic)?

First visit to the archive at the local administrative office of the SED (Socialist Unity Party of Germany). Stunned confusion: WHAT do you want? Referral to the VVN (Association for Victims of Persecution by the Nazi Regime) office next door. My interest meets with distrust. 'Why are you interested in this at all?'

Office and archive are staffed only once a week; I seem to be the first interested party they've seen for quite some time.

Next visit, one week later. An old party comrade in a very long room with revolution memorabilia. A table with nothing on it, right and left little desks with drawers. The plaque I'm interested in is unknown to him, he could add nothing to the facts given there and refers to a little SED brochure with all the data on the 'resistance'. The drawers on his left and right seem to be empty; the room and the archive, a dusty stage set. Embarrassed shrug of the shoulders, hardly any pieces of evidence exist, the last elderly survivors of the KPD and the illegal resistance were first interviewed a long time after the event. Records are understandably imprecise and full of gaps. The transcripts of these interviews lie in the GDR national archive, to which I have no access. There are no photos, snapshots, film footage or documents relating to underground resistance. What is reality, what is fiction? History as fiction?

Next time I visit the archive, I am denied entry.

Faced with the archivists' distrust, I feel like someone who might unearth something better left buried. The lack of sources forces me to make my own 'picture'. From photos, found objects, pieces of text and music, documents and guesses, I attempt to make a design with empty spaces that are filled by one's own experience. That's how it was, that's how it could have been. That's how it should be.

Somebody who writes and works for the theatre in Dresden gives me the text 'Hercules 2 oder die Hydrä' by Heiner Müller. 'Here, read this.' The text is like a hermetically sealed block at first; penetration seems impossible. Only by touching the pictures from the family album, the fairy tale of the obstinate child and my own experiences, does the text break open.

Hercules: child of the Hydra. The fear of the step out of the wet, bloody womb into new, unconceived spaces. Or: prizewinning writer Heiner Müller's confession describing his path into entanglement.

Or: rejection of the 'strong hero', incarnated through abuse. Impossible to re-invest in him any hope of change.

Hercules: the obstinate child.

Obstinacy has to be punished.

The triangle as a sign of the child's grave. Triangle, tent, Egypt, pyramids, being buried alive. Surviving in an underground cave. An underground pyramid.

The esoteric meaning of signs.

Faced with the repeated rejection of the Hercules film concept by the DEFA (Deutsche Film AG), I have to decide either to give up or else alter my tactics.

First notions of a theatrical usage of space that takes up old ideas about slides and film projection in interiors. In addition, realizing what it means to have to work without a large audience and funding. Musicians then put me in touch with Fine, a dancer. She brings physicality to the concept; some members of the audience are afraid of her. After the hesitant, careful beginning of co-operation, the wonderful feeling of acting apart from each other, contrary to each other, or seeing the other in space during a performance: Ah, there goes Fine.

Collaborating with the musicians and Fine, I discover space, light and learn how to move on stage. 'Going out' and presenting something to an audience: Here!

The 'stitching together' of images since the end of the '70s now develops into a montage of light, texts, music, action, film and slide projections. What is the work now? A sum of effects. The material: originals, quotations and found objects, emotions, premonitions and knowledge. Glued, stitched together, superimposed – played into the room and reproduced again in photos.

During the performances there may be three or four moments that make it worthwhile.

A woman says after the performance in Leipzig, 'If what you recount here is true, all I can do now is hang myself.'

The daily pressure (due to shortage of time and money and the lack of performance permits) creates a rhythm that fades out the environment of the 'New State': cutting willow twigs during the frost in the snowy forest of waterways – preparing the large screens with my own hands – correcting the course of the performances as well as the film and slide material used – performances – preparation – cutting...

Each performance is one-off, almost everything is subsequently destroyed and has to be reproduced in a new and different manner. Nothing has the chance to become useful and 'stock', or fodder for the recycling system.

By the end of 1983, everything in Leipzig had run down. Enough.

My application for permission to study abroad, the tenth since 1976, gets turned down. The majority of my friends and most colleagues who mean something to me are already in the West. Left behind are the irresolute, the fraidy cats and opportunists. Years of daily use have worn thin the arguments in favour of 'staying put'. So I apply for an exit visa, and spend the next six months hearing the administrative officer at the Department of the Interior say the same sentence every week, 'You'll never get out of here.'

Then things happen quickly because the authorities are worried Karin and I will use our first joint exhibition at the gallery EIGEN + ART for a 'major provocation' in order to coerce the authorities into letting us leave the country. They issue us with a timetable: the exhibition opens at 7 p.m., we have to leave the country at midnight.

If gallery owner Lybke chooses to go ahead with the exhibition and not close it of his own volition, the authorities will be entitled to close the gallery. (It's against the law to exhibit artists who have applied to leave the GDR.) The day before the opening, the Department of the Interior's 'marching orders' land in the mailbox. 'You have until midnight to leave the territory of the GDR.' The cunning Stasi plan[1] fails because now we, too, have to get serious. To the train station, with four Russian suitcases, two bicycles and the child tucked under my arm. Farewells to some friends on a platform full of other emigrants taking leave of friends – an almost unbearable scenario for those staying behind.

A Stasi observer accompanies us to the border. 6.15 a.m. arrival at Hamburg-Altona train station. Shelter at a friend's shared flat. Then three days at a transit camp in Giessen.

Friends advise, 'Be careful, that place is buzzing with Stasi spies.' And how will I recognize them in Hamburg? On my visits to the registration authorities in Altona, to the Hamburg film bureau, to the cultural administration?

The first steps in Hamburg: searching for an apartment, applying for unemployment benefit at the labour exchange, registering for welfare and emergency funds, making telephone calls and writing for the things left behind in Leipzig. What will become of the studios full of pictures, photos and negatives, of the furniture and the other things?

First contacts at one of the regular meetings of Hamburg filmmakers. Being foreign also has its charm. Unknown, observing strange faces, gestures and rituals as if wearing a magic hat that makes me invisible. Knowing nobody, I join a group that seems to me to be the nicest; filmmakers from a media centre ('Take video into the workers districts, create an alternative forum, get networked!') Later, I have the chance to use an editing table at the centre free-of-charge. Two women talking in the room outside: 'Who's in there?' – 'You know, the one from the East' – 'The Czech?' – 'No, the East German.' – 'Same thing really.' Followed by furtive laughter like over a dirty joke.

Some days later a photograph in the newspaper: Art collector Ludwig and his wife, portrayed by Arno Breker. What, Breker's still alive? Where? In Düsseldorf. Something that until then had existed only in history books and seemed far away takes on banal, real contours. I'm curious.

This I want to see for myself.

This version corresponds to chapters V–VIII of the original text printed in: Lutz Dammbeck, 'Herkules-Konzept', Berlin, 1997, pp. 33–41; translation by Rosanne Altstatt.

1 Stasi, i.e. Staatssicherheitsdienst, East German Secret Service. – Ed.

Fig. *Lutz Dammbeck, 'Versuchsanordnung', photo: Christoph Irrgang/Karin Plessing.*

Carlfriedrich Claus

Lautprozessraum und Aurora Experimentalraum 1993

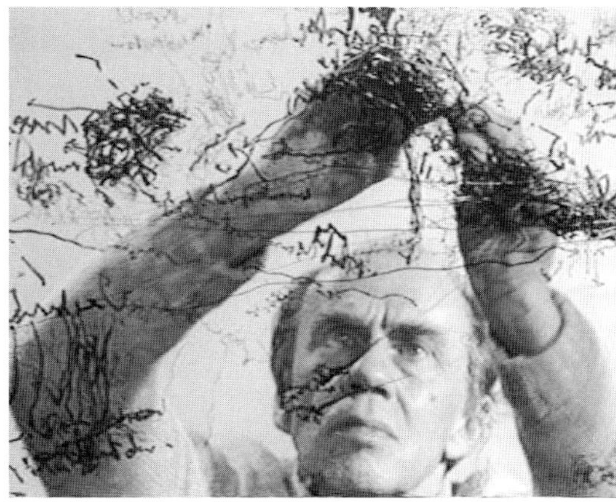

Lautprozessraum:
Gespräch mit Klaus Schöning

Carlfriedrich Claus: Ich möchte zunächst einschalten, was ich unter meiner experimentellen Arbeit verstehe, nämlich Selbstexperiment. Meiner Meinung nach ist jeder Mensch, sofern er sich das bewußt macht, Experiment seiner selbst, wie die Welt im Sinne von Bloch „Experimentum mundi" ist oder so interpretiert bzw. definiert werden kann.

Klaus Schöning: Sie selbst sind Sprecher Ihrer Sprachexerzitien.

C.C.: Ja, ich bin mit der Herstellung asemantischer Prozesse beschäftigt, ich vermeide an sich den Ausdruck Lautgedichte. Stattdessen spreche ich von Lautprozessen. Anfang der 50er Jahre gab es, glaube ich, noch gar keine Tonbandgeräte, jedenfalls ich hatte keins. Das sind also Prozesse, die schriftlich nicht fixiert sind, im Unterschied zu den Gebilden, die ich damals machte, die sich auch auf asemantischer Ebene vollziehen, aber schriftlich fixierbar sind. Die wirklichen Lautprozesse sind schriftlich nicht vollziehbar. Sie bewegen sich unterhalb oder oberhalb der erlernten Einstellungen der Sprechorgane.

K.S.: Artikulationen also, die wir etwa auch im Gespräch mitliefern, ohne daß wir sie als Bedeutungsträger immer wahrnehmen, wie Lachen, Pausen, Stottern.

C.C.: Gerade das interessiert mich, sozusagen die Ränder der Informationen, die keine Bedeutung zum Erkennen des Sprachlautes haben. Das heißt, diese Lautprozesse oder Sprechoperationen sind kein Sprechen im Sinne der Phonologie, wo jedem Sprechakt ein bestimmtes Gerüst einer bestimmten natürlichen Sprache vorhergehen muß. Hier geht es gerade darum, dieses Gerüst zu durchbrechen, aus ihm herauszubrechen, beispielsweise aus dem Gefängnis der natürlichen Sprache, die auch unser Weltverhältnis bis zu einem großen Grade mitbestimmt. Die Sprache, die wir erlernt haben, in die wir hineingeboren sind, bestimmt unser Verhalten zur Welt, zu Mitmenschen in einem ganz entscheidenden Anteil mit.

K.S.: Sie gehen gleichsam zurück in eine vorsprachliche, vorsemantische Ebene. Sie stellen diese Laute her in einzelnen Exerzitien…

C.C.: Sprechexerzitien…

K.S.: … und Sie bilden sich gleichsam ein Alphabet, mit dem Sie den Kosmos dieses „Lautaggregats" komponieren. Dieses Lautmaterial hat auffallend wenig Vokale. Das Ganze erhält dadurch etwas Gepreßtes.

C. C.: Ich habe eine gewisse Aversion gegen den schönen Klang à la Hugo Ball. Da ist mir beispielsweise Raoul Hausmann näher. Ich betrachte mich im Grunde nicht als bildenden Künstler, sondern als Literat.

Die Sprachblatt-Produktion und die Herstellung von Lautprozessen, das lief parallel. Zu den Sprachblättern kam es durch experimentellen Gebrauch der linken Hand – ich bin an sich Rechtshänder –, und ich merkte dabei, daß innere Stauungen eintraten – etwas wie ein psychisches Stottern auf der einen Seite – und auf der anderen Seite wurde dadurch der Denkinhalt anders gefärbt. Die Verwendung von Konsonanten schafft auch innere Stauungen, ein „Gegen-Widerstand-Durchbrechen". Das ist das, was mich so am Artikulieren interessiert. Nicht ausströmen lassen und sich weiten, sondern quasi zum Sprung ansetzen. Damit hängt zum Beispiel auch zusammen – ich habe so verschiedene Karate-Arbeiten gemacht –, gegen Druck etwas zu bewegen. Und das sind die Konsonanten, das sind Widerstände, die durchbrochen werden. Ich baue im Mundraum Widerstände auf, indem ich die Zunge entweder hochstelle oder vorwärtspresse und den Luftstrom hindurchzischen laße und dadurch geht eine Dynamik nach innen. Es entsteht also eine Kräfteansammlung, eine Kräftekonzentration durch diese Stauungen.

Im Grunde ist das „Lautaggregat" ja auch ein Vorschlag an den Hörer, mit seinen eigenen Sprechorganen zu experimentieren und zu versuchen, wie unterschiedlich Laute auf die psychische Befindlichkeit zurückwirken, wenn man sie bewußt artikuliert.

Aurora Experimentalraum 1993
Gespräch mit Gunar Barthel und Tobias Tetzner

Barthel/Tetzner: Es besteht ein enger Zusammenhang zwischen Sprachblättern und den Lautprozessen.

C. C.: Ja, aber es ist kein Zeitablauf festgelegt, kein auszufüllender Strukturplan, sondern die Struktur ergibt sich während des Sprechprozesses. Insofern ist also eine gewisse Parallelität zur Produktion von Sprachblättern da, nur mit dem Unterschied, daß bei einem großen Teil der Sprachblätter ein in natürlicher Sprache gefaßtes und so weit wie möglich durchdrungenes Thema der Ausgangspunkt ist. In den Sprechprozessen ist die psychische Situation zu einem Zeitpunkt, an dem ich mit den Sprechprozessen beginne, der Ausgangspunkt. Der Prozeß selbst ist das Thema, deshalb gibt es hier auch keinen Titel. Deshalb nenne ich diese Prozesse „Lautprozesse". Ich versuche eine Vermittlung zwischen der internen körperlichen Situation mit dem sog. „Emotionalen". Im Sprechprozeß entstehen Emotionen, Ängste, auch Todesängste, Aggressionen, von denen man nichts wußte… Vordringen in Bereiche der Unsicherheit… Experiment mit ungewissem Ausgang.

B./T.: In deiner Arbeit, in Deinen Lautprozessen und speziell auch in diesem Raum-Projekt spielt ja das Prozeßhafte eine große Rolle.

C. C.: Ja, das beginnt schon beim Sprachblatt selbst. Wenn ich annehme, daß ich ein Sprachblatt fertiggestellt habe, das sich „hält" in bezug auf das Thema, und wenn ich später feststelle, das Blatt muß weitergeschrieben werden, wenn ich also das Blatt auf dem Blatt selbst kommentiere und dadurch die bereits erreichten Gestaltstellen wieder zerstöre…, das passiert mehrfach, in verschiedenen semantischen Stufen der Zerstörung, das kann gehen bis zur völligen Zerstörung des Blattes, da nehmen die emotionalen Spannungen sprunghaft zu… die Voraussetzung der Verdichtung ist die Zerstörung. Und so ist auch dieser Raum entstanden, wobei hier noch der Aspekt der Gemeinsamkeit, des Teamwork mit Euch hinzukommt. Abweichend von der ursprünglichen Konzeption, die noch viel stärker eine mechanistische Trennung in zwei Räume vorsah – ein Raum streng auf sich selbst bezogen: Aurora und in dem anderen Raum die weiterführenden Arbeiten – ist in einem längeren Prozeß, in einem gemeinsamen Arbeitsprozeß (das war der entscheidende Vorgang) dieser Gesamt-Experimentalraum entstanden. Und man sieht, daß alles miteinander verflochten ist – so steht der „Produktivfaktor" in direkter Beziehung zu „Kommunistischer Bewußtheit" und zu „Aurora Letalis" – also der Untergang ist gleichzeitig der Aufgang.

B./T.: Könnte man sagen, Aurora ist das grundlegende Thema Deiner Arbeit, das in Unterthemen weitergeführt wird, vertieft wird, sich verzweigt?

C.C.: Das betrifft zum Beispiel das Verhältnis Frau und Mann. In Aurora sind drei zentrale Blätter: „Prozessuales Verwirklichen neuer Beziehungen zwischen Frau und Mann". Das Sexuelle ist verschlüsseltes Utopiemoment des Körpers. Paracelsus sah es in Zusammenhang mit dem „Roten Leu", der „Roten Tinktur" … Auch das ist Aurora: Anregung, mit dem eigenen Körper zu experimentieren, der großen Unbekannten.

B./T.: Aurora ist also ein Gesamtkomplex, der verschiedene Aspekte aus verschiedenen zeitlichen Blickwinkel betrachtet?

C.C.: Bei der Auswahl wurde Aurora nach möglichst vielen Seiten ergänzt, sowohl thematisch als auch zeitlich: in die Vergangenheit und in die Zukunft, aber stets orientiert an der Frage nach der Möglichkeit: Kommunismus. Ich stelle mich gegen die aktuellen Behauptungen, daß gerade diese gesellschaftliche Utopie verspielt habe, weil im Namen des Kommunismus so viele Verbrechen geschehen sind. Ich bin der Meinung: In jedem Menschen ist die Sehnsucht nach einem neuen Verhältnis zu sich selbst und zu anderen Menschen und zur Natur Bestandteil seiner Psyche. Besonders durch den Druck der gesellschaftlichen Verhältnisse, der sogenannten freien Marktwirtschaft, wird das verdrängt, aber in Träumen taucht das immer wieder auf – als Frage und Unzufriedenheit mit dem jetzigen Zustand – obwohl man doch hier, gerade im Vergleich zur Dritten Welt, wie im „Paradies" auf Abruf lebt. Ein wirkliches Gefühl der inneren Korrespondenz zwischen sich und der Welt ist nicht erreicht. Jenes im marxistischen Sinne „Reich der Freiheit" ist immer noch Utopie. Die Freiheit, die wir jetzt, 1993, leben, ist immer noch eine entfremdete Freiheit. Denn der Subjektfaktor ist monetär besetzt, so daß also das Subjekt Bestandteil der Logik des Geldes ist, mehr oder weniger gezwungenermaßen. Das psychosomatische System Mensch selbst wird Funktion von Geld. In Zusammenhang damit expandiert Acedia, Aurora steht gegen die Infektion des Subjektfaktors mit Acedia – also mit dieser spezifischen psychischen Trägheit, gerade auch in Hektik. Die Sehnsucht nach dem, was mit Kommunismus gemeint ist, ging und geht durch alle Religionen und Weltanschauungen. Die Romantik verlegte das Ersehnte in die Vergangenheit. Das Christentum bezog seine Kraft aus der Vision eines neuen Himmels, einer neuen Erde. Alle diese Hoffnungen – die real viel bewirkt haben – all diese gesellschaftlichen Utopien sind Grundbestandteil der menschlichen Psyche: die Sehnsucht nach der Aufhebung des Entfremdetseins von sich selbst, von der Welt und von den anderen Menschen. Solch eine große Imagination von einer Welt, wie sie sein könnte, aber noch nicht ist, das ist für mich der Kommunismus. Denn im Grunde steckt in jedem Menschen die Sehnsucht nach dem, was als Kommunismus bezeichnet wird. Also ist für mich Aurora nicht vergangen. Die Utopie existiert real weiter, das stelle ich mit diesem Raum zur Diskussion. – Im Gegenteil: Mit dem „Untergang" des Sozialismus schlägt es um, es entsteht eine Sogwirkung. Und wenn man sich der Mühen der Beschäftigung mit Marx und Engels unterzieht, auch der anarchokommunistischen Seite wie Kropotkin: das anarchistische Grundprinzip der gegenseitigen Hilfe – gerade im Gegensatz zu Darwins Kampf ums Überleben, des Kampfes des Stärkeren gegen den Schwächeren – so wird man zu einem von der Tagesmeinung abweichenden Vorstellungsbild kommen. Ich stelle diese elementare Sehnsucht der menschlichen Psyche, des psychosomatischen Systems „Mensch" zur Diskussion.

Der Text verwendet Auszüge aus zwei Interviews, abgedruckt in: „Carlfriedrich Claus, Lautprozess-Raum", Susanne Anna (Hrsg.), Städtische Kunstsammlungen, Chemnitz 1995 (Booklet zur Audio-CD der WDR-Produktion „Lautaggregat"); „Aurora Experimentalraum 1993", Köln 1993, ©galerie oben

Abb. Carlfriedrich Claus, Schreibprozeß, Videostill aus dem Film „Menschliche Existenz als Experiment" von Heinz Wittig.

Carlfriedrich Claus

Sound Process Space and Aurora Experimental Space 1993

Sound Process Space – Interview with Klaus Schöning

Carlfriedrich Claus: *I'd first like to introduce here what I consider my experimental work, namely self-experiment. In my opinion every human being is, as far as he makes himself conscious of it, an experiment of his self, similar to how the world is, or is interpreted and defined as an 'experimentum mundi' in the sense of Bloch.*

Klaus Schöning: *You are the speaker of your own speech exercises.*

C. C.: *Yes, I am concerned with the production of asemantic processes, I generally avoid the expression sound poems. Instead, I speak of sound processes. The beginning lies in the early '50s. I believe there were no tape recorders at the time, at least I didn't have one. That makes them processes that are not fixed in* *writing, which is different than the creations I made at the time that are executed at the asemantic level but can be fixed in writing. The real sound processes can't be executed in writing. They move, I like to say, below or above where the speech organs have been taught to adjust.*

K. S.: *So they are articulations we also use in conversation without perceiving them as carriers of meaning, such as laughter, pauses, stuttering.*

C. C.: *That is specifically what interests me, what one could call the borders of information that have no meaning for the recognition of the speech sound, exactly these borders interest me. That means these sound processes or speaking operations are not speaking in the sense of phonology, where every act of speaking must be preceded by a certain framework of a certain natural language. Here, it's about breaking through this framework, breaking out of it, out of the prison of natural language, for instance, which also influences our relationship to the world to a certain degree. The language we learned, into which we were born, has a decisive influence on our attitude toward the world, toward our fellow human beings.*

K. S.: *You practically return to a pre-language, pre-semantic level. You produce these sounds in single exercises...*

C. C.: *Speech exercises...*

K. S.: *... and you practically build an alphabet for yourself with which you compose the cosmos of the 'Sound Aggregate'. This sound material has remarkably few vowels, giving the whole thing a 'pressed' quality.*

C. C.: *I have a certain aversion to pretty sounds à la Hugo Ball. Raoul Hausmann, for instance, is closer to what I like. I basically don't see myself as a visual artist, but as a writer.*

The speech sheet[1] *production and the production of sound processes developed in parallel. The speech sheets came about by experimentally using the left hand – I'm actually right-handed – and I first noticed that inner stoppages occurred – something like psychological stuttering on one hand – and on the other hand it coloured the ideas differently. Using consonants also creates inner stoppages, 'breaking through against resistance'. That is what interests me so much about articulating. Not letting yourself diffuse and spread out but getting ready to jump, so to speak. This is connected to, for instance, moving things with pressure – I've made so many karate works. And that's what consonants are: obstacles that are broken through. I build obstacles in the spaces of the mouth by either lifting or pressing the tongue forward and letting a stream of air hiss through. This creates a dynamic going inward. Thus an accumulation of energy is produced, a concentration of energy is made by these stoppages.*

Basically, the 'Sound Aggregate' is a suggestion to the listener to experiment with his own speech organs and to test how various sounds influence the psychological condition, when one consciously articulates them.

Aurora Experimental Space 1993 – Interview with Gunar Barthel and Tobias Tetzner

Barthel/Tetzner: *There is a strong correlation between speech sheets and the sound processes.*

C. C.: *Yes, but there is no fixed lapse of time, no structured plan to be fulfilled. Instead, the structure develops during the speech processes. In this respect a certain parallel to the production of speech sheets exists, only with the difference that in most of the speech sheets the starting point is a theme conceived in a natural language and permeated by it as much as possible. In the speech processes, the psychological situation at the time I begin with them is the starting point. The process itself is the theme. That is why there is no title. That is why I call these processes 'sound processes'. I attempt a mediation between the internal physical situation and the so-called 'emotional'. In the speech process emotions are created, fears, and also mortal agonies, aggressions one did not know about before... advance into areas of insecurity... experiment with an unknown outcome.*

B. / T.: *In your work, in your sound processes, and also specifically in this space project, the process character plays a big role.*

C. C.: *Yes, that begins with the speech sheet itself. When I assume I've finished a speech sheet that is consistent with the theme and when I later ascertain I have to continue writing the text, when I then use the text to comment on the text itself, and thus destroy, again, the places where a structure has been formed ..., that happens many times in various semantic steps of destruction, which can go on until the text is completely destroyed, the emotional tensions increase in bounds... the prerequisite of intensification is destruction. And that is also how this space was created. And here the aspect of having things in common, of teamwork with you, is also added to that. Differing from the original conception which predicted a much more mechanical separation in two spaces – a space that relies completely upon itself: Aurora and the following works in the other space – this entire experimental space was developed during a longer process, in a joint work process (the decisive factor). And you see that everything is woven together – thus the 'Productive Factor' is in a direct relationship to 'Communist Consciousness' and 'Aurora Letalis' – the end is simultaneously the beginning.*

B. / T.: *Could it be said that Aurora is the basic theme of your work which continues in sub-themes, deepens, branches off...*

C. C.: *That is true of the female-male relationship, for instance. Aurora has three central texts: 'Processual Realisation of New Relationships between Woman and Man.' What is sexual is an encoded utopian moment of the body. Paracelsus saw it in a relationship with the 'red lion', the 'red tincture' ... That is also AURORA: the stimulus to experiment with one's own body, the great unknown.*

B. / T.: *Aurora is then an entire complex that observes various aspects from various temporal viewpoints...?*

C. C.: During selection, Aurora was expanded on every possible side, thematically as was already mentioned, and also temporally: into the past and into the future, but always oriented toward the question of the possibility: communism. I oppose the current assumptions that this social utopia has been bargained away because so many crimes were committed in the name of communism. I believe that in every human being a yearning for a new relationship to himself and other people and to nature is a part of his psyche. The pressures of social conditions in the so-called free market economy especially repress this, but it reoccurs in dreams – as an issue and a dissatisfaction with the current state – although one here, especially compared to the third world, lives like in a 'paradise' that may be over any minute. A true feeling of inner correspondence between oneself and the world has not been achieved. The 'Reign of Freedom' in the Marxist sense is still a utopia. The freedom we're now experiencing in 1993 is still an alienated freedom because the subject factor is permeated by finance, making the subject an integral part of money's logic, more or less by force. The psychosomatic system, the human being itself, becomes a function of money. In this context Acedia is expanding, Aurora stands against the infection of the subject factor with Acedia – with this specific type of laziness, especially while in a rush. The yearning for what is meant by communism runs and ran through all religions and belief systems of the world. Romanticism put what is longed for in the past. Christianity drew its power from the vision of a new heaven, a new earth. All these hopes – that did make a lot happen in reality – all these social utopias are a fundamental part of the human psyche: the yearning for the removal of the alienation of oneself from the world and from other people. Such a great imagination of a world as it could be, but not yet is, that's communism to me – because, basically, in every person lies a yearning for what is described as communism. In this respect, Aurora is not over for me. The utopia does still exist in reality, that is what I put up for discussion with this space. On the contrary, with the 'decline' of socialism it all turns around, a reverse effect is produced. And if one subjects oneself to the efforts of studying Marx and Engels as well as the anarcho-communist side like Kropotkin: the anarchic fundamental principle of mutual assistance – exactly contrary to Darwin's fight for survival, the fight of the fittest versus the weakest – this is how one reaches a vision that deviates from the opinion of the day. I put up this elementary yearning of the human psyche, the psychosomatic system 'human being' for discussion.

Excerpts from: 'Carlfriedrich Claus, Speech Process Space', Susanne Anna (ed.), Städtische Kunstsammlungen Chemnitz, 1995 (booklet accompanying the audio CD of the WDR production 'Sound Aggregate'); 'Aurora Experimental Space 1993', Cologne, 1993, © galerie oben; translation by Rosanne Altstatt.

1 Translator's note: Claus' original term is 'Sprachblatt', which plays on the idea of sheets of text instead of sheets of music.

***Fig.** Carlfriedrich Claus, writing process, videostill from the film 'Menschliche Existenz als Experiment' by Heinz Wittig.*

Carsten Nicolai

Ich will sozusagen im Kern vom Ton bleiben – Gespräch mit Martin Pesch

Martin Pesch: Kannst Du etwas über Deinen Hintergrund erzählen. Wie entwickelte sich Dein Interesse für Musik und daraus dann die eigene Musikproduktion?

Carsten Nicolai: Was mich nachhaltig beeinflußt hat, ist das Radiohören. Wir waren nicht sehr gut vernetzt und mußten deshalb Kurzwelle hören, und das hat mich begeistert. (Carsten Nicolai wurde in Karl-Marx-Stadt geboren, studierte u.a. in Dresden). Diese ganzen codierten Informationen, die über Kurzwelle kommen. Russische Funksprüche, die verschlüsselt wurden in Zahlenkombinationen, da wurden manchmal stundenlang auf Russisch Zahlen durchgesagt, das hat mich sehr beeindruckt. Ich habe das mitgeschnitten, auch so kuriose Überlagerung von Sprache und Morsezeichen, das war für mich so eine Mischung aus kleinen fertigen Stücken und geheimnisvollen Fundstücken. Eine Platte, die sehr wichtig war für mich, ist „My Life in the Bush of Ghosts" von Brian Eno und David Byrne. Die beiden haben damals ein Ding gemacht, von dem sie wahrscheinlich selbst nicht wußten, was sie da abliefern. Eine wichtige Platte war auch die erste von Laurie Anderson. Von da gab es dann wieder Verbindungen zu Meredith Monk, zu den Minimalisten, Steve Reich habe ich mir sehr viel angehört. Es war ja immer hier ein Problem, die Platten zu kriegen. Jeder, der eine Platte hatte, hat die dann verborgt, und dann gingen die herum in bestimmten Kreisen, irgendwann bekam man was zurück, meist eine andere Platte. Mein Bruder und ich, wir hatten vielleicht dreißig, vierzig Platten, die aus dem Westen stammten, die wurden alle überspielt, das hatte eine enorme Bedeutung. Man hatte eine Riesentapesammlung, wichtig ist dabei auch, daß man auf jeden Fall ein Aufnahmegerät hatte. Mit dem Tonband, das ich hatte, habe ich auch meine ersten Experimente gemacht. Diese essentielle Bedeutung des Aufnehmens von Schallplatten hat den Weg kurz gemacht zum Aufnehmen eigener Sachen. Ich habe ganz früh angefangen, Loops zu machen, habe Cassetten zusammengebastelt. Als es dann ging, Anfang der 90er Jahre, habe ich mir den einfachsten Akai-Sampler gekauft. Ich brauchte ja nur eine Maschine, die mir die Loops baut, und keine Musikmaschine. Die MIDIfizierung interessiert mich eigentlich bis heute nicht. Es ging mir nur immer um die Idee, Loops herzustellen. Einen wichtigen Einfluß aus der bildenden Kunst gibt es noch, nämlich Carlfriedrich Claus. Der hat sich viel mit Sprache beschäftigt, hat aber auch akustische Experimente gemacht, und bei dem sah ich, um was es mir auch immer ging, spartenübergreifend zu sein. Das ist mir auch erst später bewußt geworden, daß alles, was ich gemacht habe, in Sparten rezipiert wird.

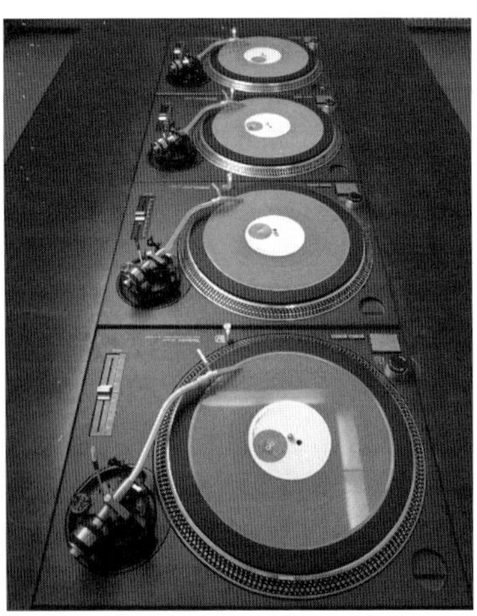

M.P.: Man kann also sagen, daß Deine eigene Musik weniger etwas mit der aktuellen, mit Techno zusammenhängenden Bewegung zu tun hat, sondern mehr mit der elektronischen Musik im avantgardistischen Sinn?

C.N.: Diese langen Traditionen, frühes Bauhaus, Dada, Duchamp, Picabia, sind schon wichtig, mich interessiert aber beides. Techno hat nochmal ein Feld geöffnet. Erst im Hinblick darauf, daß elektronische Musik populärer geworden ist, daß ihr Schwellenwert sehr viel größer wurde. Und dann natürlich auch im Hinblick auf die Verbindung eher traditioneller Ansätze mit ganz aktuellen Szenen. Die Leute von Sähkö[1] zum Beispiel kann man ja an dieser Schnittstelle beobachten. Dadurch, daß sich die Techno-Szene jetzt so aufgespalten hat, kann man feststellen, daß es sehr viele Parallelen gibt zur Musique Concrète oder zu Sachen aus den 70er Jahren. Das ist ja eigentlich abgebrochen, vielleicht passiert es im Moment noch unterbewußt, aber ich glaube, daß dieser Faden gerade wieder aufgenommen wird.

M.P.: Seit wann ist die Musik, die Du auf Platte veröffentlichst, auch Teil Deiner bildenden Künste?

C.N.: Seit gut einem Jahr. Die „Mikro Makro" ist eine Installation, die „∞" ist die documenta-Arbeit, die nächste hat etwas mit achtzehn Skulpturen zu tun, es sind deshalb achtzehn Stücke. Und „polyfoto" ist mit Zeichnungen verbunden. Da geht es um wechselnde Perspektiven auf Gegenstände, die sich verschieben, und das habe ich mittels einer Polyrhythmik umzusetzen versucht.

M.P.: Welche Geräte benutzt Du?

C.N.: Sampler, Aufnahmegeräte und Mischpult. Ansonsten habe ich drei große Oszillatoren, das sind eher technische Meßgeräte, Sinuswellenerzeuger, die ich zusammenstöpsele und aus denen ich in langen Sessions meine Sounds hole. Das sind meine Hauptgeräte, Meßtechnik aus der DDR, auch ein sehr schönes Gerät aus Rußland und ein sehr schweres Gerät aus Ungarn.

M.P.: Bedeutet Dir der Unterschied zwischen analog und digital etwas?

C.N.: Ich habe bisher fast nur analog gearbeitet, aber ich bin nicht der große Analog-Verfechter, die digitale Idee hat ihren eigenen Reiz, und man kann damit sehr viel machen. Was mich aber mehr interessiert, ist, mit puren Sinustönen zu arbeiten, Effekte interessieren mich zum Beispiel überhaupt nicht. Ich will sozusagen im Kern vom Ton bleiben. Das ist meine Auffassung.

M.P.: Aus allem, was Du sagst, kann man schließen, daß Dich der Ort, wo elektronische Musik heute ihre größte Öffentlichkeit hat, also der Club, nicht sonderlich interessiert.

C.N.: Bei Club interessiert mich hauptsächlich die Idee des Mixens, ich mache ja tendentiell unendliche Stücke, und von daher interessiert mich das Vorgehen des DJs, einen unendlichen aus vielen verschiedenen Tracks zu verweben. Dann gefällt mir auch der soziale Aspekt. Mittlerweile gibt es ja diese loungeartigen Konstrukte, bei denen die Musik ziemlich wichtig ist und wo die Gelegenheit besteht, sie neu oder intensiver zu erleben.

M.P.: Wo siehst Du den Unterschied zwischen der Situation als Künstler und Musiker gegenüber einem Publikum?

C.N.: Es ist schon toll, daß man mit einem Label relativ einfach viele Leute erreichen kann, wobei das nicht der primäre Aspekt war, das Label zu gründen. Die ökonomische Struktur, in der Musik verteilt wird, ist schon sehr angenehm. Als Künstler macht man ja meist ein Unikat, das in einer elitären Situation gehandelt wird, und die zeitgemäßere Form sehe ich eigentlich schon im Musikbereich. Das ist aber nicht der Hauptaspekt meines Musikmachens, eher etwas, das ich beobachte.

M.P.: Wie gehst Du mit Deiner Doppelrolle um: Von vielen wirst Du nur als bildender Künstler wahrgenommen, von anderen wiederum nur als Musiker oder Soundforscher.

C.N.: Es ist eigentlich oft so, daß Leute, die meine Musik kennenlernen, ahnen, daß da noch irgendwas dahinter ist, daß die Musik in einem noch anderen Zusammenhang steht. Man merkt das an so Fragen, die kommen. Es ist aber nicht so, daß ich die Tatsache, daß ich bildender Künstler bin oder daß die Musik Bestandteil von Installationen oder Ausstellungen ist, groß propagiere. Die Leute, die sich dafür zu interessieren beginnen, bekommen das eh heraus und können dann selbst entscheiden, ob das für ihre Sichtweise auf die Musik wichtig ist. Auf der anderen Seite ist es fast schon kurios, wie wenig sich Leute, die professionell in der Kunstszene sind, mit Musik im allgemeinen auskennen. Da fällt es mir dann immer schwer klarzumachen, daß mich noch andere Sachen interessieren. Architektur, Theater, alles hat einen Einfluß auf mich, und ich möchte, daß diese verschiedenen Aspekte wahrgenommen werden. Einige Leute sind aber dadurch, daß sie meine künstlerische Arbeit mögen, mit einer speziellen Musik in Berührung bekommen, haben angefangen, sich Platten zu kaufen. Und bei jüngeren Kollegen ist es fast schon normal, daß die einen Sampler zu Hause stehen oder Cubase[2] auf der Festplatte haben.

In der von Nicolai gegründeten Plattenfirma Noton (im Untertitel: Archiv für Ton und Nichtton), die sich der experimentellen elektronischen Musik und der Erforschung klanglicher Räume widmet, veröffentlichen neben Nicolai als Noto auch das finnische „Pan sonic"-Mitglied Mika Vainio oder das niederländische Duo de Waar und Meelkop alias Goem. Interview abgedruckt in: Martin Pesch, „Mehr als Crossover – Techno, House und neue elektronische Musik in der aktuellen Kunst. Statements, Features und Interviews von, über und mit Stefan Altenburger, Stefan Hoderlein, Carsten Nicolai, Daniel Pflumm und Jo Zimmermann", in: „Make it funky – Crossover zwischen Musik, Pop, Avantgarde und Kunst", Ulrike Groos/Markus Müller (Hrsg.), Jahresring: 45, Kulturkreis des BDI, Köln 1998, S. 325–329.

1 Finnisches Plattenlabel (Anm. d. Red.).

2 Software zur Aufzeichnung und Editierung von MIDI-Daten (Anm. d. Red.).

Abb. Carsten Nicolai, „∞" („Bausatz noto ∞"), 1997/98.

Carsten Nicolai

I want to remain, so to speak, within the essence of sound – Interview with Martin Pesch

Martin Pesch: *Can you tell us something about your background. How did your interest in music develop, leading to your own musical output?*

Carsten Nicolai: *Listening to the radio is something that had a lasting influence on me. We didn't have very good reception and so we had to listen on short wave, and that was exciting (Carsten Nicolai was born in Karl-Marx-Stadt, and studied in Dresden and elsewhere).*[1] *All that coded information that comes over on short wave. Russian radio messages coded into combinations of numbers, numbers often came through in Russian for hours, and that really caught my imagination. I recorded all that, and funny mixtures of language and Morse code as well, it was like a mixture of little finished pieces and mysterious finds for me. A record that was very important to me is 'My Life in the Bush of Ghosts' by Brian Eno and David Byrne. Those two really created something then, and they probably weren't fully aware what they were delivering. Another important record was Laurie Anderson's first one. Then that went on to link up with Meredith Monk, and with the Minimalists. I listened to a lot of Steve Reich as well. It was always a problem getting hold of the records here. Anyone who had a record lent it out and it went round a particular circle and then some time or other you got something back, usually another record. My brother and I, we perhaps had about 30, 40 records from the West, and we put them all on tape, that was terrifically important. You had a huge tape collection, and it really mattered to have a machine that would record. I made my first experiments with the tape recorder I had. It was absolutely vital to copy all the records, and that quickly led to recording your own stuff. I started making loops very early, cobbled my own cassettes together. I bought the simplest Akai sampler as soon as I could, in the early '90s. I only needed a machine to make loops, not a music machine. I was never actually interested in modification, and I'm still not. I just liked the idea of making loops. There's still one important influence from fine art and that's Carlfriedrich Claus. He did a lot with language, but he did acoustic experiments as well, and what I saw him doing was breaking through categories, and that was always important to me as well. I didn't realize till later that everything I've done is looked at in categories.*

M. P.: *And so we can say that your own music has less to do with today and Techno and more with electronic music in the avant-garde sense?*

C. N.: *These long traditions, early Bauhaus, Dada, Duchamp, Picabia are definitely important, but I am interested in both. Techno has opened up another field. Firstly because electronic music has become more popular, its discernible value has increased considerably. And then of course in terms of the connection* *between essentially traditional approaches and the up-to-the-minute scene. You can watch people like the Sähkö lot*[2] *on this interface. The fact that the Techno scene has fragmented so much now shows that there are a lot of parallels with Musique Concrète or '70s stuff. Even though it has actually broken off, and perhaps it's just happening subconsciously at the moment, but I think that this thread is being taken up again at the moment.*

M. P.: *Since when has the music that you publish on records also been part of your fine art?*

C. N.: *For a year at least. 'Mikro Makro' is an installation, '∞' is the work for the 'documenta', the next has something to do with 18 sculptures, and so there are 18 pieces. And 'polyfoto' is linked with drawings. It is about changing views of objects that shift, and I have tried to make this work by using polyrhythms.*

M. P.: *What equipment do you use?*

C. N.: *Sampler, recording equipment and mixing desk. Otherwise I have three large oscillators, those are more like technical measuring devices, sinus-wave generators that I plug together and get my sounds out of them in long sessions. Those are my main pieces of equipment, measuring devices from the GDR, and a very fine machine from Russia and a very heavy one from Hungary.*

M. P.: *Does the difference between analog and digital mean anything to you?*

C. N.: *So far I've only used analog, but I'm not a great advocate of analog, the digital idea has its own attraction, and you can do a great deal with it. But what interests me is working with pure sinus-wave sounds, I'm not at all interested in effects, for example. I want to stay in the core of the sound, as it were. That is my view.*

M. P.: *Everything you say suggests that the place where electronic music has its greatest public exposure today, the club, does not particularly interest you.*

C. N.: *What interests me about the club thing is the idea of mixing, the key to my thinking is that I make endless pieces, and so I am interested in how a DJ weaves something endless out of lots of different things. And I like the social aspect as well. And now there are these lounge-like constructs as well, where music is fairly important and there is a chance to experience it in a new, or a more intensive, way.*

M. P.: *How do you see the difference between the situation of the artist and the musician in terms of the public?*

C. N.: *It's great that you can reach a lot of people relatively simply with a label, but that wasn't my main reason for setting it up. The economic structure that music is distributed in is very pleasant in itself. As an artist I usually make a unique object that is dealt with in an élitist situation, and I actually see the music world as a more up-to-date form. But that isn't the main aspect of my music-making, but more something that I observe.*

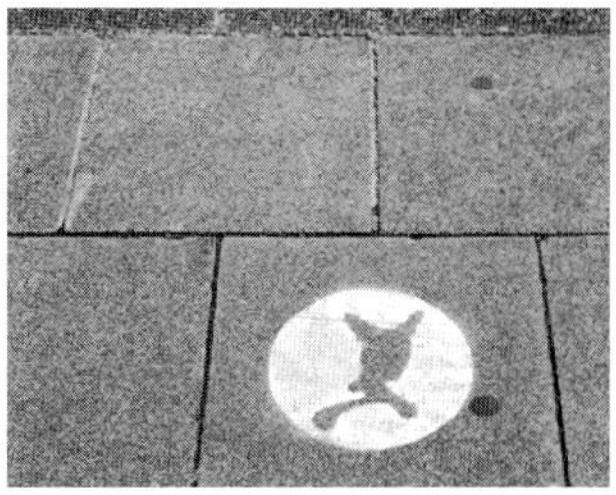

M. P.: *How do you handle your dual role: many people see you only as a fine artist, and others see you only as a musician and sound researcher?*

C. N.: *Actually people who know my music often suspect that there is something else behind it, that the music is in a different context. You can see this from the questions that come in. But I don't make a great fuss about the fact that I am a fine artist or that music is a component of my installations or exhibitions. People who start to get interested in it soon find out for themselves and then they can make their own minds up whether it's important for the way they look at music. On the other hand it's rather odd how little professional people on the art scene know about music in general. Then I always find it difficult to explain that I am interested in other things. Architecture, theatre, everything influences me, and I would like these different aspects to be acknowledged. But some people have come into contact with a particular kind of music because they like my work, and have started to buy records. And it's pretty well normal for younger colleagues to have a sampler at home or Cubase*[3] *on their hard disk.*

Nicolai set up the Noton record company (subtitle: Archive for Sound and No-Sound), dedicated to experimental and electronic music and research into sound spaces. It publishes Nicolai's own work, under the name Noto, and also the Finnish 'Pan sonic' member Mika Vainio or the Dutch Duo of de Waar and Meelkop alias Goem. Interview printed in: Martin Pesch, 'Mehr als Crossover – Techno, House und neue elektronische Musik in der aktuellen Kunst. Statements, Features und Interviews von, über und mit Stefan Altenburger, Stefan Hoderlein, Carsten Nicolai, Daniel Pflumm und Jo Zimmermann', in: 'Make it funky – Crossover zwischen Musik, Pop, Avantgarde und Kunst', Ulrike Groos/Markus (eds.), Jahresring 45, Kulturkreis des BDI, Cologne, 1998, pp. 325–329; translation by Michael Robinson.

1 Due to the geographical location, foreign TV and radio stations could hardly be received in certain parts of the GDR, especially Saxony. Karl-Marx-Stadt has now regained its former name Chemnitz. – Ed.

2 Finnish music label. – Ed.

3 Software for recording and editing audio and MIDI-input. – Ed.

Figs. *Carsten Nicolai, '∞' ('Bausatz noto ∞'), 1997/98.*

Klaus vom Bruch und Daniel Pflumm

Zum einen Auge rein, zum andern Auge raus – Moderation des Gesprächs: Tilman Baumgärtel

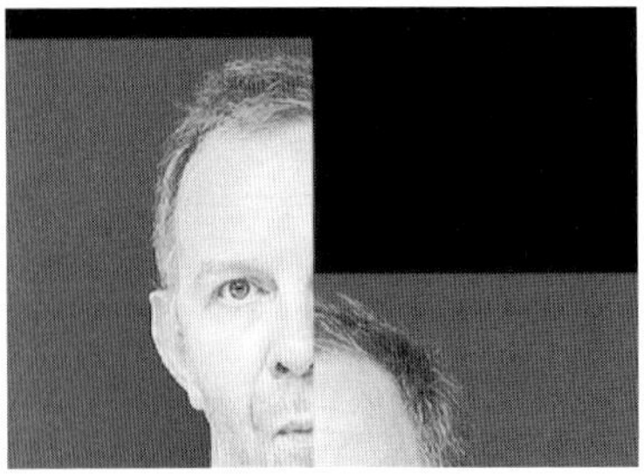

Im Sommer 1998 waren in zwei Berliner Galerien zugleich Austellungen von Klaus vom Bruch mit Videos aus den 80er und 90er Jahren zu sehen, extrem reduzierten Videoloops, die zum Teil so stark komprimiert waren, daß man fast keine Bewegung mehr wahrnehmen konnte.

Daniel Pflumms Videoloops waren seit Anfang der 90er Jahre in Clubs und Bars zu sehen, die in Berlin heute zum Teil legendären Status haben: im Elektro, WMF und Panasonic oder zuletzt in der Bar der Kunsthalle an der Chausseestraße. Damit gehört er zu den Künstlern, deren Werk für das geistige Klima in Berlin nach der Wende charakteristisch war.

Während vom Bruch vorwiegend mit Bildern aus Hollywoodfilmen der 40er Jahre, mit Dokumentaraufnahmen aus dem Zweiten Weltkrieg, gelegentlich auch mit Werbefilmen arbeitet, schöpft Pflumm in seinen Arbeiten aus dem Motivspeicher der Informationsgesellschaft und läßt in seinen Videos Firmenlogos und Markenzeichen zum Leben erwachen. Zusammen mit den Technoproduzenten Mo und Kotai hat er eine Reihe von Schallplatten und Videos gemacht, die letzteren wurden unter anderem von den Musiksendern MTV und Viva gezeigt.

Obwohl vom Bruch (1952) und Pflumm (1968) aus verschiedenen Mediengenerationen stammen, gibt es strukturelle Gemeinsamkeiten zwischen ihren Arbeiten. Diesem Gespräch liegt der Verdacht zu Grunde, daß ihre Loops zu einem bisher übersehenen Unterkapitel der Kunstgeschichte der Modernen gehören, das man bis zu Duchamps „Rotoreliefs" zurückverfolgen kann.

Tilman Baumgärtel: Die Ausgabe des „Kunstforums", in der dieses Interview erscheinen soll, hat als Oberthema die „Ökonomie der Aufmerksamkeit". Mit Ihren Videoloops fokussieren Sie die Aufmerksamkeit des Betrachters auf winzige Details eines Bewegungsablaufs. Was für eine Rezeptionshaltung wünschen Sie sich beim Betrachter Ihrer Arbeiten? Hätten Sie lieber aufmerksame Betrachter, oder könnten Ihre Videos auch als eine Art audiovisuelles Raumelement in der Ecke vor sich hin laufen?

Daniel Pflumm: Natürlich ist mir ein aufmerksamer Betrachter lieber. Ich würde es schon gut finden, wenn sich der Betrachter damit beschäftigen würde, sonst geht es zum einen Auge rein und zum anderen wieder raus.

Klaus vom Bruch: Mir geht es darum, den Betrachter in einen anderen Zustand zu überführen und ihn durch die Intensität des Loops anders zu entlassen, als er hereingekommen ist. Es geht bei den Loops darum, daß man eine neue Sicht auf die Dinge bekommt. Ich will das, was einem in einem Film oder im Fernsehen nur momentartig auffällt, so raffinieren, daß es zu einer künstlerischen Form führt.

In meinen Loops steckt eine Sehnsucht, die sexueller Natur ist: den schönen Moment festzuhalten. Etwas Rituelles, fast könnte man es schamanistische Extasetechnik nennen: das menschliche Begehren, den Augenblick anzuhalten, auch wenn man weiß, daß das unmöglich ist, weil man diesen Moment eben nur in der zeitlichen Abfolge erfahren kann. Die Loops sind ein Versuch, den Moment immer wieder zu wiederholen. Das ist zwar irreal, aber mit diesem Medium Video kann man es wenigstens vorführen.

T.B.: „Verweile doch, du bist so schön.“ Gilt das auch für Sie, Herr Pflumm?

D.P.: Es geht mir weniger darum, einen Moment festzuhalten, als ihn vorwegzunehmen. Durch meine Loops werden die Leute darauf hingewiesen, weswegen man fernsieht. Darum müssen sie nicht mehr stundenlang vor dem Fernseher sitzen und warten und sich durch die Kanäle zappen.

T.B.: Können Sie sagen, was Fernsehen für Sie bedeutet?

K.v.B.: Es gibt eine idyllische, ländliche Kultur, eine städtische Kultur und eine Fernsehkultur. Das Fernsehen schafft eine eigene Realität, daran ist gar nicht zu deuteln. So erscheinen uns die Teile der Welt als ausschnitthafte Bilder aus der großen Fiktion. Die Welt ist alles, was ins Fernsehen fällt. Und an diese fotogene Realität muß man sich gewöhnen.

D.P.: Die zwei Stunden, die man vor dem Fernseher sitzt, sind gleichzeitig die Realität in den Köpfen von Millionen von Leuten. Und diese Realität ist so einfach aufzuschlüsseln. Im Grunde sind das immer nur 576 mal 768 Pixel, und für so eine Realität ist das schon ein bißchen wenig. Die Grafiker wollen ja diese Bilder aus meinen Videos in Zeitschriften und Katalogen immer gar nicht abdrucken, weil deren Auflösung so schlecht ist. Trotzdem verbringen die Leute mit dem Fernsehen soviel Zeit, daß dadurch eine Realität geschaffen wird. Und diese Realität kann man schon dadurch beeinflussen, indem man selber Fernsehen macht. Man kann die Realität des Fernsehens am besten mit dem Medium Fernsehen spiegeln.

K.v.B.: Das Fernsehen ist ja immer noch weltweit sehr erfolgreich. Wenn man in Amerika das Fernsehen abstellen würde, würde das zu einem Massenwahnsinn der Bevölkerung führen. Jeder kriegt das Fernsehen, das er verdient.

D.P.: Deswegen muß es ja endlich mal besseres Fernsehen geben. So kann es ja nicht weitergehen, sonst guckt da ja irgendwann keiner mehr hin.

T.B.: Würden Sie sagen, daß Ihre Arbeit auch durch die Einführung des kommerziellen Fernsehens in Deutschland beeinflußt worden ist?

D.P.: Das war die zweite Lernstufe. Die erste war, daß es verschiedene Fernsehsysteme und verschiedene Politiksysteme gibt. Ich fand das DDR-Fernsehen immer super, mal abgesehen davon, daß es natürlich eine traurige Realität als Grundlage hatte. Daß es zwei verschiedene Fernsehsysteme in Deutschland gab, war ein Nachhilfekurs über Lügen im Fernsehen. Ich glaube, dadurch sind die Deutschen in puncto Fernsehen auch schlau geworden. Es gab diese beiden konkurrierenden Propagandasysteme, und man konnte sie durch einen Knopfdruck auf der Fernbedienung gegenüberstellen.

T.B.: Aber in Ihrer Arbeit beschäftigen Sie sich kaum mit politischer Ikonografie, sondern mit der Ästhetik von Werbung und Marketing…

D.P.: Die Wirtschaft ist heute längst mächtiger als die Politik, und das Warenzeichen ist ihr Heiligtum. Ich hoffe, daß sich das irgendwann mal wieder ändern wird, aber im Augenblick ist es eben so. Eine Zeitlang dachte ich, daß man Menschen nicht loopen darf, weil das irgendwie unethisch sei. Inzwischen bin ich schon so weit, daß ich auch Menschen loope, zumindest Medienmenschen, die haben es ja so gewollt. Ich habe ein

Video aus „CNN Question & Answers" gemacht. Da sieht man die beiden Interviewten, die aus verschiedenen Städten zugeschaltet sind, auf zwei kleinen Bildausschnitten auf dem Monitor. In dem Moment, den ich benutzt habe, sehen die beiden nur in die Kamera, ohne zu reden, weil sie einem Anrufer zuhören. Darunter steht „Call from Germany". Das kann man so perfekt loopen, daß man eigentlich keinen Schnitt mehr sieht. Das ist mit Minimal Techno unterlegt, und die beiden bewegen die Augen im Takt. Wenn man das im Club zeigt, sieht es so aus, als würden sie schockiert durch die Fernsehscheibe auf die Leute gucken.

T. B.: Klaus vom Bruch, bei Ihnen ist das Ausgangsmaterial seltener aus dem Fernsehen, sondern eher Kriegsdokumentationen und Hollywoodfilme aus den 40er Jahren…

K. v. B.: Ich habe mir aus dem Fernsehen Bilder gestohlen und damit ein persönliches Archiv geschaffen, mit dem ich ikonografisch arbeiten kann. Das Archiv ist die Resource für eine Bildermaschine. Die Kriegsbilder waren zum Beispiel der Griff nach einer Zeit, die vor mir war. Ich habe ins Archiv gegriffen nach Bildern, die mit Geschichte besetzt waren, um zu fragen: Wo bin ich denn?

D. P.: Manche Leute sagen, die ganze Geschichte sei nur noch ein einziger Loop.

K. v. B.: Da nützt es nichts, sich hinzustellen und zu sagen: „Ich bin dagegen". Es ist politisch interessanter, sich diese Werbebilder und Marketingsprüche zu schnappen und zu zeigen: So sieht es aus. Und wenn man dann nur noch Nesquick, Marmelade und Waschpulver sieht, wird sich jeder fragen: In was für einer Welt lebe ich eigentlich?

D. P.: Ja, das hätte ich eigentlich nicht besser formulieren können. Aber selbst wenn man das nicht erreicht, kann man über Videos immer noch einen Impuls an die Zuschauer übermitteln, und das ist ein tolles Ziel.

T. B.: Sie kommen beide aus verschiedenen Mediengenerationen. Klaus vom Bruch dürfte sich noch daran erinnern können, wann der erste Fernseher in die Wohnung getragen wurde…

K. v. B.: Ich gucke Fernsehen, seitdem ich vier bin, seit der Krönung der englischen Königin. Und ich kann an mir noch keine bleibenden Schäden feststellen.

T. B.: Daniel Pflumm, Sie sind mit dem Fernsehen aufgewachsen. Klaus vom Bruch hat von der „Perversion" von Video gesprochen. Empfinden Sie diese technischen Medien noch als pervers oder sind sie ein selbstverständlicher Teil Deiner Umwelt?

D. P.: Natürlich hat es etwas Perverses. Aber wenn man selbst pervers ist, merkt man das ja nicht unbedingt.

T. B.: Diese „perversen" Tapes erreichen aber einen relativ großen Kreis von Leuten, weil sie in Berliner Clubs wie dem Panasonic oder dem WMF gezeigt wurden…

D. P.: Ich habe zuhause am Computer gesessen und gearbeitet, und wenn es neun Uhr abends war, habe ich eine halbe Stunde ausgespielt, das Tape mit zum Panasonic genommen und es dort in den Recorder geschoben. Und dann haben mir plötzlich tausend Leute auf die Schulter geklopft. Dabei habe ich eigentlich nur gemacht, was mich selbst interessiert hat: eine Art Forschung, oder vielleicht mehr ein Spiel als Forschung. Was dabei rauskommt, ist vielleicht ganz gut, vielleicht auch nicht, vielleicht muß man noch daran arbeiten, wie das beim Spielen eben so ist. Bei den Videos, die ich mache, arbeite ich viel mit Zufall, und eigentlich gebührt dem Zufall der Beifall.

K. v. B.: Aha, das alte Duchampsche Faulheitsprinzip. Das ist ja die alte Rivalität: Die Maler sind fleißig, die Videokünstler sind faul. Früher habe ich pro Jahr zwei Tapes produziert. Da haben die Museumsleute immer gesagt: Mensch, das ist ja toll! Was muß der für eine Zeit zum Lesen haben oder um sonst etwas Vernünftiges zu tun!

D. P.: Das sehe ich etwas anders. Bei einer Animation ist es sehr viel Arbeit, die so einzuprogrammieren, daß der Computer versteht, was er damit machen soll. Wenn der Computer so schlau wäre wie wir, müßte er das im Nullkommanix selbst hinbekommen. Soviel tun die nun auch wieder nicht.

T. B.: Sie produzieren aber trotzdem sehr viel…

D. P.: Ja, das will ich auch beibehalten. Der Output muß so hoch sein. Man muß die ganze Zeit dabei sein, denn das ist ja auch eine Chance, sich und seine Inhalte zu vermitteln. Und mehr will man ja gar nicht.

T. B.: Was für Inhalte sind das denn, die da vermittelt werden sollen? Der Look Ihrer Loops ist ja sehr glatt, sehr sauber – fast so wie die Werbespots, auf denen die meisten von ihnen ja auch basieren. Wenn man das mal mit den Loops vergleicht, die Klaus vom Bruch in den 80er Jahren gemacht hat, sieht man einen recht großen Unterschied. Während Klaus vom Bruchs Loops oft mit der Kollision und der Differenz von ganz verschiedenen filmischen Materialien arbeiten, erscheinen deine Loops eher affirmativ. Man könnte fast sagen, daß Sie die Warenlogos, mit denen Sie oft arbeiten, noch besser aussehen läßt…

D. P.: Ja klar, das ist auch gewollt. Diese Loops sollen die Bilder, mit denen ich arbeite, in Frage stellen. Aber nachdenken müssen die Leute schon selbst. Man kann sich nicht auch noch für die Zuschauer den Kopf zerbrechen. Wenn man etwas affirmativ hinstellt, heißt daß ja noch längst nicht, daß man das selbst gut findet. Ich finde vielleicht bloß die Ästhetik gut. Mir haben solche Logos schon immer gefallen.

K. v. B.: Ich finde nicht, daß eine vordergründige Affirmation auch in ihrer Wirkung affirmativ sein muß. Sie kann ja auch genau das Gegenteil bewirken. Wenn man an diese ganze kritische, engagierte Politkunst der 70er Jahre denkt, die ist doch zu einer reinen Betroffenheitsveranstaltung verkommen. Man macht nicht ein politisches Thema, sondern ein Thema politisch. Die Frage ist: Wirkt das Resultat zeitlos, oder ist es nur eine tagesaktuelle Kommentierung? Das ist meiner Ansicht nach die Gefahr bei vordergründig kritischen Arbeiten, die nur ihre guten Absichten dokumentieren.

D. P.: Aber die guten Absichten sind unheimlich wichtig. In einigen meiner Arbeiten wird der Fernseher auf ein leuchtendes Objekt reduziert. Ich will den Leuten damit die Angst vor diesem einschüchternden Fernsehen nehmen und ihnen zeigen, daß sie vor ihm nicht alleine sind. Aber man kann auch besseres Fernsehen produzieren. Wenn man es schafft, in ein Spartenmagazin auf „Viva" zu kommen, das deutschlandweit ausgestrahlt wird, kann man seine Inhalte schon an ziemlich viele Leute vermitteln. Das ist eine riesige Chance, auf sich und die eigene Kultur aufmerksam zu machen – nicht in einem kommerziellen Sinne, sondern als Hinweis darauf, daß man da ist, als Störstelle. Wenn man die

Videos statt im Fernsehen im Museum laufen läßt, ist es eigentlich fast dasselbe – bloß daß die Einschaltquote niedriger ist.

T.B.: Ein Dauerproblem bei Videokunst ist ja die Ausstellbarkeit. Video ist ein zeitbasiertes Medium, aber die Zeit der meisten Museumsbesucher ist recht begrenzt…

K.v.B.: Bei einer Videoinstallation kann man die Leute nicht für 14 Uhr einladen und dann ein Band zeigen. Ich muß von der Zufälligkeit der Begegnung ausgehen. Bei einem Loop kann der Betrachter immer wieder einsteigen. Darum sind Jenny Holzers Leuchtkästen oder die Neon-Animationen von Bruce Nauman im Grunde ebenfalls Loops. Die haben dieses Prinzip ja direkt von den Leuchtreklamen übernommen. Bei einem bewegten Medium, das an einem festen, statischen Ort gezeigt wird, kann man gar nicht anders arbeiten.

T.B.: Daniel Pflumm, die Präsentation von Ihren Videos in Museen fand ich immer etwas enttäuschend, um ehrlich zu sein. Im Panasonic wirkten sie wie ein natürlicher Teil der Einrichtung, aber im Museum wirkten sie oft deplaziert – und zwar nicht nur, weil die Monitore immer in der Nähe von Fenstern zu hängen scheinen, wo sich das Sonnenlicht im Monitor spiegelt und das Bild stört…

D.P.: Daß die Monitore immer in der Nähe von Fenstern hängen, ist durchaus bewußt und beabsichtigt. Der Monitor ist auch ein Fenster zu einer anderen Realität. Die Videos in den Museen sind nicht nur, aber hauptsächlich zu dem Zweck produziert worden, um dort gezeigt zu werden. Die Videos, die im Panasonic gespielt wurden, sind nie woanders gelaufen.

Man sollte nicht ewig auf einer Idee insistieren. Bei einer Ausstellung könnte man natürlich auch ein Loop vierzig Minuten lang zeigen. Aber dann hätte man viel mehr Leute terrorisiert und könnte gleichzeitig viel weniger Inhalte transportieren, was ja eigentlich mein Anliegen ist.

K.v.B.: Wenn man heute über den Kunstmarkt geht, ist inzwischen auf fast jedem Stand mindestens ein Video zu sehen. Wir triumphieren jetzt mit dem Medium in einer Art und Weise, die wir gar nicht voraussehen konnten. Ich habe das zwar immer geahnt, aber jetzt ist es wirklich passiert. Video in Ausstellungen wird angenommen. Das hat also funktioniert.

Auszug aus einem noch unveröffentlichten Gespräch 1999 in Berlin im Auftrag des Kunstforums.

Abb. Klaus vom Bruch, „Simplicissmus – überall ist Krieg“, 1997; Klaus vom Bruch, „Das Duracellband“, 1980, Videostill: ZKM Mediathek; Daniel Pflumm, „anti-logo video“, 1997, Videostill: ZKM Mediathek.

Daniel Pflumm and Klaus vom Bruch

In One Eye and Out the Other – Conversation moderated by Tilman Baumgärtel

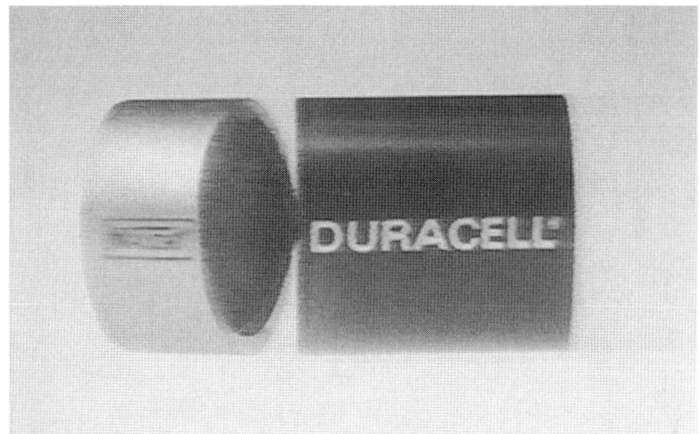

In the summer of 1998, two Berlin galleries simultaneously held exhibitions by Klaus vom Bruch with videos made in the '80s and '90s with extremely reduced video loops sometimes so tightly compressed one could hardly perceive any motion at all.

Daniel Pflumm's video loops have been seen since the beginning of the '90s in clubs and bars, some of which now have a legendary status: in the Elektro, the WMF and the Panasonic or more recently in the bar of the Kunsthalle on Chausseestrasse, Berlin. With this background he numbers amongst the artists whose work was characteristic of the intellectual climate in Berlin after the fall of the Wall.

While vom Bruch mostly works with images from 1940s Hollywood films, World War II documentary footage, and at times also with advertisements, Pflumm uses a stock of info-economy motifs in his works, and makes company logos and trademarks come to life. Together with the techno music producers Mo and Kotai he made a series of records and videos – the latter were shown on the music channels MTV and Viva, among others.

Although vom Bruch (1952) and Pflumm (1968) are from different media generations, the structure of their works have factors in common. This conversation is based on the suspicion that their loops are an overlooked art-historical subchapter of the Modern that can be traced back to Duchamp's 'Rotoreliefs'.

***Tilman Baumgärtel:** The subject of the 'Kunstforum' issue this interview will appear in is 'Economy of Attention'. With your video loops you focus the viewer's attention on minute details of a system of motion. But what kind of attitude do you want the viewer of your works to take as far as reception is concerned? Would you rather have attentive viewers or could your videos also run on in a corner as a sort of audio-visual element in a space?*

***Daniel Pflumm:** Of course I'd rather have an attentive viewer. I would like it if the viewer were to consider it closely, otherwise it goes in one eye and out the other.*

***Klaus vom Bruch:** For me, it's about transporting the viewer into another state and releasing him as changed by the intensity of the loop since the time he entered. The loops are about acquiring a new view of things. I want to refine what is only momentarily noticeable in a film or television in such a way that it leads to an artistic form.*

In my loops lie a yearning of a sexual nature: holding onto the beautiful moment. Something ritual, you could almost call it a shamanist ecstasy technique: the human desire to freeze the moment even if you know it's impossible because you can only experience this moment in a temporal process. The loops are an attempt to keep repeating the moment. That is indeed unreal, but with the video medium you can at least demonstrate it.

T. B.: *'Linger you now, you are so fair' – is this also true for you, Mr. Pflumm?*

D. P.: *For me, it's less about holding onto a moment than about anticipating it. My loops show people why they watch television. This way they no longer have to sit for hours in front of the television and wait and surf through channels.*

T. B.: *Could you say what watching television means to you?*

K. v. B.: *There is an idyllic, rural culture, an urban culture and a television culture. Television creates its own reality – there are no ifs and buts about it. This way, the different parts of the world appear to us as images excerpted from the great fiction. The world is everything that is on the box. And you have to get used to this photogenic reality.*

D. P.: *The two hours you sit in front of the television are the reality in the heads of millions of people at the same time. And this reality is so simple to break down. Basically, it's always 576 by 768 pixels, which is quite little for such a reality. Graphic designers never want to print these images from my videos in magazines and catalogues because their resolution is so bad. Still, people spend so much time in front of the television that another reality is created. And this reality can be influenced by making your own television. The best way to mirror television's reality is with the television medium.*

K. v. B.: *Television is still very successful world-wide. If you were to turn off television in America it would lead to the population's mass insanity. You get the television you deserve.*

D. P.: *That is why TV has to get better in the end. It can't go on like this. Otherwise, a time will come when nobody watches anymore.*

T. B.: *Would you say that your work has also been influenced by the introduction of commercial television into Germany?*

D. P.: *That was the second lesson. The first was that there are different television systems and different political systems. I always found GDR television great, of course apart from the fact that it was founded on a sad reality. But there being two different television systems in Germany definitely taught people a lot about television. I believe this also led to the Germans getting wise to television. There were these two competing propaganda systems and you could set them opposite each other by pressing a button on the remote control.*

T. B.: *But in your work you're less concerned with political iconography than with the aesthetic of advertisement and marketing...*

D. P.: *The economy is much more powerful today than politics, and the trademark is its sanctuary. I hope that changes sometime, but at the moment that's just how it is. For a time I thought you weren't allowed to loop people because it was somehow unethical. Meantime I've reached the point where I loop people, at least media people – they wanted it that way. I made a video from 'CNN Question & Answers'. You see both interviewees relayed from different cities in two little frames on the monitor. I use a moment when both are simply looking into the* *camera without speaking because they are listening to a caller. Below that is the caption 'Call from Germany'. That can be looped so perfectly you see no edit. The loop has minimal techno in the background and both figures move their eyes in sync. Shown in a club, it looks like they are looking, shocked, through the television screen at the people.*

T. B.: *Klaus vom Bruch, you derive your footage less often from television than from war documentaries and '40s Hollywood films...*

K. v. B.: *I stole images from television and created a personal archive from which I can work iconographically. The archive is a resource for an image machine. The war images, for instance, were an attempt to catch hold of a time that came before me. I reached into the archive for images that were permeated by history in order to ask, 'Where am I?'*

D. P.: *Some people say that the entirety of history is just a single loop.*

K. v. B.: *There is no use in standing there and saying, 'I am against it.' It is politically more interesting to take these advertising images and marketing slogans to show, 'That's what it looks like.' And when you see nothing but Nesquick, jam and laundry detergent, everyone will ask themselves, 'What kind of a world do I live in?'*

D. P.: *I couldn't have put it better myself. But even if you don't achieve that, you can still transmit an impulse to the viewers, and that is a great goal.*

T. B.: *You both come from different media generations. Klaus vom Bruch must still be able to remember when the first TV set was carried into the living room...*

K. v. B.: *I've been watching television since I was four, since the coronation of the Queen of England. And so far I haven't noticed any lasting damage.*

T. B.: *Daniel Pflumm, you grew up with television. Klaus vom Bruch spoke earlier of video's 'perversion'. Do you also find these technical media perverted or are they a natural part of your environment?*

D. P.: *Of course there is something perverse about it. But if you're also perverse, you don't necessarily notice it.*

T. B.: *These 'perverse' tapes, however, reach a relatively large circle of people because they were shown in Berlin clubs like the Panasonic or the WMF...*

D. P.: *I sat at home at the computer and worked, and when it was nine o'clock, I chilled for half an hour, took the tape to the Panasonic (Club) and put it in the VCR. And then all of a sudden thousands of people were giving me a pat on the back. And all I did was what interested me: a kind of research or perhaps more of a game than research. The result may be very good, maybe not, maybe you have to work at it a little bit like it is when playing games. In the videos I make, I work a lot with chance and actually chance deserves the applause.*

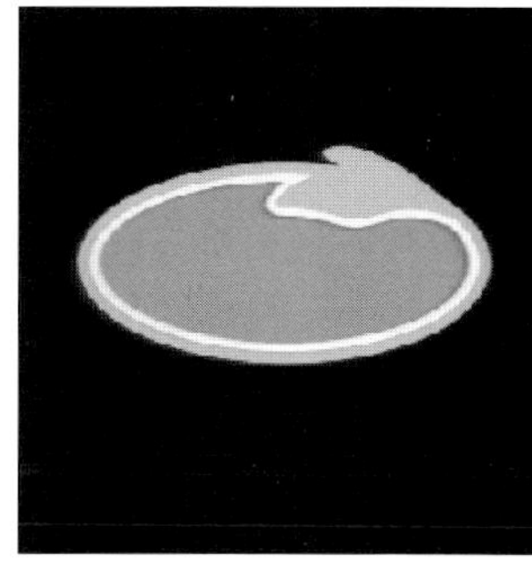

K. v. B.: *Ha, the old Duchampian principle of laziness. That is the old rivalry: the painters are diligent, the video artists are lazy. I used to make two tapes a year. The museum people always said, 'Man, that is great! He must have so much time for reading or doing something worthwhile!'*

D. P.: *I see that somewhat differently. It is a lot of work to program an animation so that the computer knows what to do with it. If the computer was as smart as we are, it would do the same job in no time at all. They don't really do that much at all.*

T. B.: *But you still do produce a lot...*

D. P.: *Yes, I also want to keep doing that. The output has to be very high. You have to stay on the ball, because that is also the chance to convey yourself and your ideas. And you don't want anything more than that.*

T. B.: *What kinds of ideas are those which are supposed to be conveyed? Your loops look very smooth, very clean – almost like the advertisements on which most of them are based. Compared with the loops that Klaus vom Bruch made in the '80s, you see a really big difference. While his loops often worked with the collision and variance between very diverse footage, your loops seem more affirmative. One might almost say you make the logos you work with look even better...*

D. P.: *Yes, of course, that's done on purpose. These loops are supposed to question the images I work with. But people have to think about them on their own. You can't do the brainwork for the viewers on top of everything else. If you present something affirmative that doesn't necessarily mean you think it's good. Perhaps I just find the aesthetic good. I always liked such logos.*

K. v. B.: *I don't think a superficial affirmation also has to have an affirmative effect. It can cause exactly the opposite. If you think of all the critical, engaged political art of the '70s, it has degenerated to merely a group event for people expressing personal concerns. It's not about a political subject, but about making a subject political. The question is: 'Does the result seem timeless, or is it simply a topical commentary?' That, in my opinion, is the danger of superficially critical works that just document their good intentions.*

D. P.: *But good intentions are extremely important. In one of my works the television is reduced to a luminous object. With this, I want to take away people's fear of this scary television and show them that they are not alone while sitting in front of it. But you can also produce better television. If you can manage to get your video on a 'Viva' magazine that's broadcast nationwide then you can transmit your ideas to a rather large audience. This is a big chance to bring attention to yourself and your own culture – not in a commercial sense, but as an indication that you are there, as a disruptive place. Playing the videos in a museum instead of on television is almost the same thing – just that the ratings are lower.*

T. B.: *A chronic problem with video art is its ability to be exhibited. Video is a time-based medium, but most of the museum visitors' time is limited...*

K. v. B.: *For a video installation you can't invite people at two o'clock and then show a tape. I have to expect the chance encounter. With a loop the viewer can jump in any time. That's why Jenny Holzer's light-boxes or the neon cartoons by Bruce Nauman are basically also loops. They took this principle directly from illuminated advertising signs. There is absolutely no other way to work with a moving medium that is shown at a regular, static place.*

T. B.: *Daniel Pflumm, I always found the museum presentation of your videos somewhat disappointing, to be honest. At the Panasonic they seemed like a natural part of the decor, but in the museum they often seem displaced – and not just because the monitors always seem to hang near windows where the sunshine reflects in the monitor and disrupts the image...*

D. P.: *Hanging the monitors near windows is done consciously and on purpose. The monitor is also a window to another reality. The videos in museums are mainly, if not exclusively, for the purpose of being shown there. The videos played in the Panasonic were never run anywhere else.*

You shouldn't insist on an idea for ever. In an exhibition you could, of course, also show a loop for 40 minutes. But then you would have terrorized many more people while transmitting much fewer ideas at the same time, which is my real intention.

K. v. B.: *Just a few years back, nobody could have foreseen the development in how video is exhibited. When you stroll through an art fair today, at least one video can be seen at almost every stand. We are now triumphing with the medium in a way that we couldn't have predicted. I always suspected this would happen, but now it really has. Video is accepted in exhibitions. So it worked.*

Excerpts from a longer discussion, held in Berlin in 1999 and commissioned by Kunstforum; translation by Rosanne Altstatt.

Figs. *Klaus vom Bruch, 'Simplicissmus – überall ist Krieg', 1997; Klaus vom Bruch, 'Das Duracellband', 1980, videostill: ZKM Mediathek; Daniel Pflumm, 'anti-logo', 1997, videostill: ZKM Mediathek.*

Dieter Daniels

Strategien der Interaktivität

1. Ideologie oder Technologie – Brecht oder Turing

Ist Interaktivität eine Ideologie oder eine Technologie? Die Vorgeschichte dieser Frage geht zurück bis in die 30er Jahre und läßt sich sich an zwei Positionen festmachen: Bertolt Brecht und Alan Turing. Brecht forderte 1932: „Der Rundfunk ist aus einem Distributionsapparat in einen Kommunikationsapparat zu verwandeln. [...] Durch immer fortgesetzte, nie aufhörende Vorschläge zur besseren Verwendung der Apparate im Interesse der Allgemeinheit haben wir die gesellschaftliche Basis dieser Apparate zu erschüttern, ihre Verwendung im Interesse der wenigen zu diskutieren."[1] Alan Turing arbeitet ab 1935 an seiner Theorie einer universellen Maschine, die später in die berühmte Frage mündet: „Können Maschinen denken?" Dabei stellt sich das Problem, wie die Verbindung zwischen einer künstlichen Intelligenz und unserem menschlichen Bewußtsein herzustellen sein könnte: „Wir dürfen hoffen, daß Maschinen schliesslich auf allen rein intellektuellen Gebieten mit dem Menschen konkurrieren. Aber mit welchem sollte man am besten beginnen? Viele glauben, daß eine sehr abstrakte Tätigkeit, beispielsweise das Schachspielen, am besten geeignet wäre. Ebenso kann man behaupten, daß es das beste wäre, Maschinen mit den besten Sinnesorganen auszustatten, die überhaupt für Geld zu haben sind, [...] ich meine, daß man beide Ansätze erproben sollte."[2]

Diese zwei Positionen stammen aus völlig verschiedenen Diskursen. Turing entwickelt aus der reinen Mathematik die wissenschaftlichen Grundlagen der technologischen Machbarkeit einer Mensch-Maschine-Kommunikation bis hin zur Ununterscheidbarkeit. Brecht hat seine Theatertheorie auf die Medien übertragen und erkennt die sozialen und politischen Wirkungen einer von immer perfekteren Medienmaschinen geprägten Mensch-Mensch Kommunikation. Die Spannbreite zwischen diesen Positionen einer technologischen bzw. einer sozialen Auffassung von Interaktivität bleibt bis heute bezeichnend für die Eckpunkte der Debatte zu Cyberspace und Internet über die wechselseitige Beeinflussung von Medientechnik und Gesellschaftsstruktur.

2. Offene oder geschlossene Systeme – John Cage oder Bill Gates

Trotz der angeblich entpersönlichenden Tendenz der neuen Kommunikationstechnologien stehen heute einzelne Namen mehr als je zuvor für Ideen und Programme – dies gilt in der Politik ebenso wie in Wirtschaft und Kultur. In diesem Sinne läßt sich auch das Feld für die weitere Untersuchung von Ideologie und Technologie der Interaktivität durch zwei

1 Bertolt Brecht, „Der Rundfunk als Kommunikationsapparat", in: ders. Werke, Berlin, Frankfurt/M. 1992, Bd. 21, S. 553, 557. Brechts Radiotheorie ist in den 60er/70er Jahren auch in den USA ein Bezugspunkt des Medien- und Kunstdiskurses, u. a. durch ihre Wiederaufnahme bei Hans Magnus Enzesberger, die in den USA von marxistischen Theoretikern wie Todd Gitlin und von Künstlern wie Douglas Davis aufgegriffen wird.

exemplarische Personen abstecken. „Programme statt Instrumente“ oder „Software statt Hardware“ könnte das Motto lauten, das ihre Gemeinsamkeit auf einen Nenner bringt. Durch diese ästhetische Haltung ist John Cage zur Vaterfigur der Neuen Musik und der Intermedia-Kunst der 60er Jahre geworden. Die Umsetzung des wirtschaftlichen Potentials dieser Erkenntnis hat Bill Gates mit dem Multimedia Boom der 90er Jahre zum reichsten Mann der Welt gemacht. Zweifellos verbinden also beide eine verschiedene Bedeutung mit dieser Aussage. Dies läßt sich an ihren radikal verschiedenen Konzepten von „Interaktivität“ zeigen.

Cages Kompositionen definieren meist keine exakte musikalische Mensch-Instrument-Interaktion, sondern geben ein vom jeweiligen Ausführenden zu interpretierendes Feld von Möglichkeiten vor, die durch Elemente von Zufall und Variation zu ständig neuen Ergebnissen führen.[3] Manche Stücke modifizieren die Instrumente (perpared piano) oder überlassen den Ausführenden die Wahl der Instrumente. Der Prozeß der Aufführung verbindet die individuelle Freiheit des Einzelnen zur Modifikation der Struktur mit der daraus resultierenden sozialen Interaktion in der Gruppe von Musizierenden. Diese nichthierarchische Form der Kreativität läßt sich mit der sogenannten „Bottom-up“-Struktur vergleichen, in der eine „Open-source“-Software wie Linux von ihren Nutzern weiterentwickelt wird. In beiden Fällen kann ein gegebener Zeichencode so variiert und uminterpretiert werden, daß die Grenze zwischen Autor und Nutzer fließend wird. Der Gegentyp wäre die „Top-down“-Struktur, die sich in der präzise fixierten Notation einer klassischen Komposition ebenso findet wie in der proprietären Software, die Bill Gates Microsoft Corp. entwickelt und für den die Geheimhaltung des Quellcodes die Basis eines kapitalistischen Monopols bildet. Das heißt, alle Nutzer des Programms arbeiten konform zu den von der Industrie vorgegebenen Interaktionsmustern, so wie die klassische Musikkomposition eine möglichst exakte Beschreibung der Bedienung von Musikinstrumenten vorgibt.

Komposition soll für Cage kein möglichst perfektes „Betriebssystem“ für Musikinstrumente liefern, sondern einen individuellen und sozialen Kreativitätsprozeß in Gang setzen, der sich sukzessive von der Intention seines Initiators ablösen kann. Die Software von Bill Gates und anderen proprietären Systemen hält demgegenüber ihre Nutzer in Unkenntnis der Strukturen, die ihre „Autoren“ ihr eingeschrieben haben. Das Modell des tiefen Geheimnisses aller Kreativität, welches dem guten, alten idealistischen Kunstbegriff entlehnt ist, wird nur noch artifiziell aufrecht erhalten und statt den hehren Zielen des Genies dient es dem schnöden Mammon des Monopols. Für Cage ist Interaktivität eine ästhetisch und ideologisch begründete Auflösung der Grenze zwischen Autor, Ausführenden und Publikum. Er setzt deshalb Medientechniken wie Radio, Schallplatte, Tonband

2 Alan M. Turing, „Rechenmaschinen und Intelligenz“, (1950) in: ders. „Intelligence Service“, Bernhard Dotzler/Friedrich Kittler (Hrsg.), Berlin 1987, S. 182. Vgl. für eine weiterführende Analyse von Turings Konzepten im Vergleich zur Kunst Duchamps: Dieter Daniels, „Duchamp : Interface : Turing, Eine hypothetische Begegnung von Junggesellenmaschine und universeller Maschine“ (in: „Marcel Duchamp, Das Große Glas“, Andreas Eckl/Dorothee Kemper/Ulrich Rehm (Hrsg.), Köln 2000, in Vorbereitung).

3 Vgl. John Cage, „Komposition als Prozeß, Teil II: Unbestimmtheit“, in: Frieling/Daniels, „Medien Kunst Aktion“, 1997, S. 27–33.

und später den Computer ein, weil sich in den Informationsstrukturen dieser Apparate die musikalische Produktion und Rezeption überlagern können. Technik soll nicht nur menschliche Arbeit ersetzen, sondern ein kreatives Feld eröffnen.[4] Für Gates ist Interaktivität ein ökonomisch und technologisch bestimmtes Muster, nach dessen Vorgaben Millionen von Menschen ihre Arbeitsprozesse strukturieren. In einem firmeninternen Papier bringt er dies auf den Punkt, wenn er sagt, daß Microsoft mit den menschlichen Usern genauso verfährt wie mit den Computern: Sie werden programmiert.[5]

Zweifellos löst heute der Computer das Klavier als meistverbreitetes Tasteninstrument im Heim ab. Aber die Befreiung der Jugend von der oft als Qual empfundenen Klavierübung wird nicht durch eine offene Form im Sinne Cages erreicht, sondern durch die freiwillige Selbstkonditionierung in der Interaktion mit industrieller Software, wie Computerspielen, ersetzt. Daß Cage aus dem Bereich der Kunst und Gates aus dem der Technologie kommt, ist deshalb bei dieser zugegebenermaßen gewagten Gegenüberstellung sekundär. Hinter ihren verschiedenen Modellen von Interaktion stecken im Kern letztlich zwei Entwürfe für verschiedene Gesellschaftssysteme. Ihr jeweiliges Prinzip von Offenheit bzw. Geschlossenheit könnte das Leitmotiv für den Bedeutungswandel von „Interaktivität" im Wechsel von den 60er zu den 90er Jahren liefern.[6]

3. Paradigmenwechsel der Interaktivität von den 60er zu den 90er Jahren

Die Interaktion von Publikum, Werk und Künstler wird in den 60er Jahren zu dem bestimmenden Element einer Ästhetik, deren Ideal eine neue Kunstform jenseits etablierter Gattungen, Kategorien und Institutionen ist. Der Terminus „Intermedia" ist die treffendste Bezeichung für dieses Umfeld. Die Intermedia-Kunst verzichtet in ihrem von John Cage inspirierten und von Happening und Fluxus geprägten Ursprung auf ein abgeschlossenes Werk, an dessen Stelle das Angebot an das Publikum tritt, seine Erlebnisse im Umgang mit Kunst wesentlich selbst zu bestimmen. Das Ziel einer Entgrenzung soll dabei sowohl zwischen Künstler und Publikum als auch zwischen den Gattungen erreicht werden. Diese Aufhebung des Unterschieds zwischen Produktion und Rezeption in den Künsten weist viele Parallelen zur politischen Forderung der 68er Revolte nach einer Okkupation der Produktionsmittel durch die Konsumenten auf.

4 Cage schreibt 1966: „Sind wir ein Publikum für Computerkunst? Die Antwort lautet nicht Nein, sie lautet Ja. Was wir brauchen, ist ein Computer, der uns keine Arbeit abnimmt, sondern die Arbeit vermehrt, die für uns zu tun ist [...] der uns nicht anmacht [...], sondern zu Künstlern macht." John Cage, „A Year from Monday", London 1968, S. 50.

5 Gates lt. Friedrich Kittlers Vortrag zur Konferenz „Wizards of Oz 1, Offene Quellen und freie Software", Berlin 1999.

6 Söke Dinkla schreibt dazu: „Das Motto 'Kunst und Leben' wird transformiert in das Motto 'Kunst und Technik'." Doch sie geht nicht darauf ein, daß damit ein ideologischer Paradigmenwechsel verbunden ist, der weit über den Rahmen von Kunst oder Technik hinausgeht. Genauso kann die Interaktion nach einer Partitur im Happening oder den Kompositionen von Cage nicht in Analogie mit der in ein Computerprogramm eingeschriebenen Interaktion gestellt werden, ohne die grundsätzliche Frage der Mensch-Maschine-Austauschbarkeit zu benennen. Söke Dinkla, „Pioniere Interaktiver Kunst von 1970 bis heute", Ostfildern 1997, S. 41f.

Der klassische, bürgerliche Kulturbegriff räumt der Partizipation des Betrachters, Zuhörers oder Lesers nur einen niedrigen Stellenwert ein. Im Konzert, in der Literatur oder der Malerei wird der kongeniale Nachvollzug des möglichst rein erhaltenen Originals als oberste Maxime gesehen. Dagegen treten die populären Kulturformen von Varieté und Zirkus bis zum Techno DJ in intensive Beziehung mit dem Publikum. Der Versuch der 60er, Interaktion zu einem Mittel der Avantgardekunst zu machen, war somit auch der Wunsch, ein als elitär empfundenes Umfeld der bürgerlichen Kultur zu überschreiten und eine Wirksamkeit auf die Massenkultur zu erreichen. Die weiteren Ideale lassen sich benennen mit dem von Umberto Eco geprägten Terminus des „offenen Kunstwerks" und dem von Habermas genannten „herrschaftsfreien Diskurs". Das gemeinsame Feindbild all dieser künstlerischen und theoretischen Ansätze ist die Passivität des kulturellen Konsumismus, der als Effekt der Massenmedien und insbesondere des Fernsehens empfunden wird.[7]

Ähnliche Modelle offener Interaktion wie in den Künsten werden deshalb zu einer Veränderung der Rolle der Medien entwickelt. Hans Magnus Enzensberger stellt 1970 in Anlehung an Brecht die These auf, daß in der elektronischen Technologie ein emanzipatorisches Potential zur nicht-hierarchischen Kommunikation enthalten ist. Deshalb können für ihn die Medien, wenn sie nur aus ihrer Zweckentfremdung durch das Kapital befreit werden, als Stimulus und Instrument gesellschaftlicher Umbrüche dienen. „Das offenbare Geheimnis der elektronischen Medien, das entscheidende politische Moment, das bis heute unterdrückt oder verstümmelt auf seine Stunde wartet, ist ihre mobilisiernde Kraft." Und durch diese Kraft könnten die Menschen „frei wie Tänzer, geistesgegenwärtig wie Fußballspieler, überraschend wie Guerilleros" werden.[8] Vergleichbare Ideale finden sich in den gegen-industriellen Medieninitiativen, wie sie in der ab 1970 erscheinenden Zeitschrift „Radical Software" ihr Forum haben. Der Typ des Hackers liefert die personifizierte Synthese dieser Utopien. Noch heute steht in der aus dieser Aufbruchszeit tradierten „Hackerethik" der Satz: „Man kann mit Computern Kunst und Schönheit schaffen."[9] Die politische Bewegung der 60er Jahre hat ebenso wie die Intermedia Kunst von Fluxus und Happening einen technologie-kritischen Ansatz. Doch die Erkenntnis, das eine bloße Verweigerungshaltung gegenüber den Medien einer Selbstendmündigung gleichkommt, bahnt sich in Kunst und Politik um 1970 gleichermaßen an. Im Umfeld dieser

7 So untersucht Umberto Eco im letzten Kapitel von „Das offene Kunstwerk" (1962) unter dem Titel „Zufall und Handlung, Fernseherfahrung und Ästehtik" die Offenheit einer Live-Sendung als massenmediales Pendant zu den offenen Strukturen der Avantgarde. Er hofft, daß die offenen Strukturen „als überraschender Bruch in einer passiven Aufmerksamkeit" wirken „oder jedenfalls als Anreiz zur Befreiung von der verführerischen Macht der Bildschirms." Umberto Eco, „Das offene Kunstwerk", Frankfurt/M. 1977, S. 211.

8 Hans Magnus Enzensberger, „Baukasten zu einer Theorie der Medien", Kursbuch Nr. 20, 1970, Reprint in ders.: „Baukasten zu einer Theorie der Medien", München 1997, S. 98. Vgl. die Kritik an dieser Utopie von Jean Baudrillard, der sich dagegen wendet, in den Medien nur das „Relais einer Ideologie" zu sehen, die von den Mächten des Kapitalismus bestimmt werde, sondern sie vielmehr selbst als „Effektoren von Ideologie" zu begreifen. Jean Baudrillard, „Requiem für die Medien," (1972) in: ders. „Kool Killer oder der Aufstand der Zeichen", Berlin 1978, S. 89f.

9 Vgl. die Geschichte der „Hackerethik" laut der Website des Chaos Computer Clubs (MKI) und Steven Levy, „Hackers: Heroes of the Computer Revolution", New York 1985.

Interferenz von gesellschaftlicher Theorie und massenmedialer Technologie ist die Entstehung des heute Medienkunst genannten Phänomens verwurzelt.

In den 60er Jahren soll gerade durch die Kombination von Zielen der Ideologie mit Mitteln der Technologie die Wirkung von Kunst und Medien aneinander gekoppelt werden. Die soziale und kulturelle Utopie liefert das Ziel einer erhofften zukünftigen Funktion der Medien, die eine gesamtgesellschaftliche Veränderung auslösen soll. In den 90er Jahren hat sich diese Relation genau umgekehrt. Die Medientechnologie ist ihrerseits zum bestimmenden Leitmotiv geworden, aus dem alle sozialen, kulturellen und ökonomischen Veränderungen hervorgehen sollen. So ist auch die Bedeutung von „Interaktivität" heute wesentlich an die elektronischen Medien gebunden. Die Technik des Interface und die Regeln der Software geben den Rahmen einer solchen technologisch definierten Interaktion vor, die sowohl zwischen Mensch und Mensch mittels der Maschine als auch nur zwischen Mensch und Maschine stattfinden kann. Die „mobilisierende Kraft" der Medien, die Enzensberger noch als Angriffspotential gegen die Macht der Industrie sieht, ist längst zur Werbung für Telekom-Aktien und Mobiltelefone geworden, wo die gleichen Heldenbilder von Tänzern, Fußballspielern oder Guerrilleros Verwendung finden.

Das gleiche gilt für die Idee der Interdisziplinarität, die in den 90er Jahren von einem Paradigma der Kultur zu einem der Technologie umdefiniert wird. Der Bereich des Digitalen kennt keinen prinzipiellen Unterschied von Text, Ton und Bild, lediglich die Datenmengen differieren. Die Verbindung der verschiedenen Medien zu einem Multimedia-Programm bedarf also keiner ästhetischen Legitimation, sondern entspricht dem Grundprinzip der digitalen Technik. Es stimmt zwar, das die Aufteilung der künstlerischen Gattungen mit der ihrer jeweiligen Medien zusammenhängt. Doch der Glaube, daß sich mit einer gemeinsamen medientechnischen Plattform zugleich auch ein inhaltlicher oder ästhetischer Austausch installieren ließe, erweist sich weitgehend als Scheineffekt der Oberflächenähnlichkeit.[10]

Die Haltung der 90er Jahre, soziale und kulturelle Veränderung als Effekt der Medien zu begreifen, statt wie noch in den 60ern, den Einsatz von Medien als Unterstützung für ebensolche Zwecke herbeizuwünschen, hat auch ihre historischen Wurzeln. Sie reichen von der Technikfaszination der italienischen Futuristen bis zu Marshall McLuhan, der schon 1964 die Medien als die eigentliche, nur von den Künstlern nicht anerkannte, Verwirklichung der in den Künsten formulierten Träume einer neuen Wahrnehmungsform beschreibt.[11] Ihre heutige, wissenschaftlich fundierte Form findet sie in Medientheorie-Ansätzen wie dem Friedrich Kittlers, laut dem es uns nur möglich ist, den „Output von Medien weiterhin mit Kunst zu verwechseln, weil bei technischen Geräten Design und Schrauben dafür sorgen, daß sie black boxes bleiben." Denn die Deckelhauben der Geräte sind für Kittler nicht von Künstlern, sondern „schon laut Beschriftung, nur vom Fachmann

10 Hier liegt auch das Problem der Schnittstelle von Scientific Visualisation und Medienkunst, wie es z. B. die Gruppe Knowbotic Research untersucht. (MKI)

11 Marshall McLuhan, „Die Magischen Kanäle, Understanding Media", Dresden/Basel 1995. Siehe z. B. S. 477 zum Fernsehen als Instrument des Synästhetik.

zu öffnen. Was darunter abläuft, in den Schaltkreisen selber, ist keine Kunst, sondern ihr Ende in einer Datenverarbeitung, die vom Menschen Abschied nimmt."[12]

Manche der in der Medienkunst der 90er Jahre erprobten und entwickelten Formen von Interaktivität mögen demgegenüber tatsächlich als naiv erscheinen und vor allem als völlig abhängig von den Vorgaben der Technologie. Doch zeigt ein Rückblick auf die Anfänge von künstlerischen Interaktionsformen mit Medien, daß diese oft tief unter die Deckelhauben der Geräte griffen. Ja sogar schon lange bevor Medien als fertige Apparate unter Deckeln verschwinden und damit Allgemeingut werden, entwerfen Künstler entsprechende Wahrnehmungs- und Handlungsmodelle, die dann erst Jahrzehnte später massenmedialer Alltag werden. In diesem Sinne sieht bereits Walter Benjamin die Sprach- und Bildmontagen der Dadaisten als Antizipation der Medieneffekte des Films.[13] Seit den Futuristen hat die Avantgardekunst die Technik um ihre Massenwirkung beneidet, doch zugleich auch ihre Wirkungen und ihre Weiterentwicklung schon weit im voraus erahnt. Deshalb kann die Diskussion um interaktive Kunst in den 90er Jahren auch nur vor dem Hintergrund der vorhergehenden Entwicklungen, insbesondere der 60er, wirklich verstanden werden.

4. Beispiele mediengestützter Interaktion der Intermedia-Kunst der 60er und 70er

Musik benötigt zu ihrer elektronischen Verarbeitung wesentlich geringere Datenmengen und Speicherkapazitäten als die Bildkünste. Deshalb ist das Radio älter als das Fernsehen und das Tonband älter als der Videorecorder. Zahlreiche Ansätze künstlerischer Arbeit mit Medien finden darum in der Musik ihre erste klare Ausprägung.[14] Dies gilt auch für die Idee der „Interaktivität" wie es die Vorbildrolle von John Cage zeigt. Dennoch ist Cages Ausgangspunkt nicht technologisch bestimmt. Ganz im Gegenteil geht er von der Stille aus. Sein Stück „4'33" von 1952 läßt sich gerade durch den Verzicht auf alle Instrumente als das Ideal des „offenen Kunstwerks" sehen. Nichts ist endgültig, alles hängt von den jeweiligen Bedingungen der Aufführung ab. Die Geräusche des Publikums und der Umgebung sind der Inhalt von viereinhalb Minuten gesteigerter Sensibiliät. Zur gleichen Zeit entwirft Cage Stücke, die dieses Prinzip der offenen Interaktion auf die Verwendung elektronischer Medien übertragen. In „Imaginary Landscape No. 4" von 1951 werden 12 Radios wie Musikinstrumente eingesetzt und lassen so ein Zusammenspiel von kompositorischer Vorgabe und jeweiligem Angebot auf den Frequenzen entstehen, das sich gewiß in den USA 1951 völlig anders anhörte als z. B. in Deutschland heute bei einer Aufführung entsprechend der gleichen Partitur. Die „interaktive" mediale Wahrnehumgsform

12 Friedrich Kittler, „Fiktion und Simulation", in: „Philosophien der neuen Technologie", Ars Electronica (Hrsg.), Berlin 1989, S. 57.

13 Walter Benjamin, „Das Kunstwerk im Zeitalter seiner technischen Reproduzierbarkeit" (1935), in: ders., Gesammelte Schriften, Bd. I, Frankfurt/M. 1978, S. 501. Enzensberger knüpft in diesem Sinn an Benjmain an, wenn er betreffs der 60er Jahre von dem „prognostischen Wert ansonsten überflüssiger Veranstaltungen vom Typ der Happenings, der Fluxus- und Mixed-Media-Shows" schreibt. Enzensberger 1970, a.a.O, S. 131.

14 Auch Umberto Eco geht ausdrücklich von der aktuellen Musik aus und bezieht sich auf Karlheinz Stockhausen, Luciano Berio und Henri Pousseur, allerdings ohne John Cage zu erwähnen. Umberto Eco, a. a. O., S. 27f

des TV-Zapping, welche ebenfalls aus der individiuellen Selektion, also quasi der „Montage“ eines neuen „Films“ aus den laufenden TV-Programmen, in Echtzeit entsteht, beruht genauso auf der Synchronität und Redundanz verfügbarer Kanäle wie Cages „Imaginary Landscape No. 4“. Diese Analogie von experimenteller Komposition der 50er und alltäglicher Rezeption der 90er Jahre wäre ein Beispiel für die genannte Antizipation von Medieneffekten durch künstlerische Modelle.

Cages Ansatz ist zwar prägend für das gesamte Umfeld der intermedialen Kunst der 60er Jahre, doch seine Thematsierung der Medien wird im Umfeld von Happening und Fluxus kaum aufgegriffen. Die große Ausnahme ist Nam June Paik, seine „Exposition of Music – Electronic Television“ in Wuppertal 1963 zeigt schon in ihrem Titel den Wechsel Paiks von der neuen Musik zu seiner Arbeit mit dem elektronischen Bild. (MKA) Seine verschiedenen Versionen des hier vorgestellten „participation TV“ sind der erste Entwurf für eine Interaktion des Zuschauers mit dem elektronischen TV-Bild. Durch Manipulationen der Schaltkreise von simplen TV-Apparaten erreicht er bereits komplexe Bildstrukturen die vom Betrachter beinflußt werden können und die der industriellen Vermarktung von entsprechenden Video- und Multimediaapparaten um Jahrzehnte vorauseilen.[15] Bei nur einem Fernsehkanal bestand in Deutschland bis zur Einführung des ZDF, zufälligerweise ebenfalls im Jahr 1963, die einzige mögliche Interaktion des TV-Zuschauers mit dem Programm in der Bedienung des Ein/Aus Schalters.

Das mit Happening und Fluxus entstandene Ideal einer Kunst ohne Hierarchie von Betrachter und Schöpfer erweist sich als Übergangsphase, die zwar entscheidend zur Ablösung des statischen Werkbegriffs der Bildkünste beiträgt, in seiner völligen Offenheit und Unabschließbarkeit jedoch auf Dauer kein tragfähiges Modell für konkrete Resultate liefert. Vor allem kann das Bedürfnis der Rezipienten nach Symbolen und Fiktionen damit nicht gestillt werden. Mit dem Übergang vom Happening der 60er zur Performance der 70er Jahre wird die Interaktion mit dem Publikum entweder völlig aufgehoben oder stark formalisiert und ritualisiert. Bruce Nauman faßt diesen Wechsel in die deutlichen Worte: „I mistrust audience participation.“[16] Naumans aus der Performance entwickelte Closed-circuit-Installation „Live-Taped Video Corridor“ von 1970 kann als Vorläufer einer Haltung gelten, die statt zur kreativen Partizipation zum genauen Gegenteil führt: einer radi-

15 Durch elektronische Modifikationen des TV-Geräts kann z. B. mit einem angeschlossenen Mikrofon von den Besuchern durch Töne und Geräusche ein oszillierndes Muster auf dem Bildschirm erzeugt werden. Vgl. Frieling/Daniels, a. a. O., S. 62f.

16 Bruce Nauman, Katalog Walker Art Center, 1994, S. 77.

17 Ein schmaler, nur von einer Person begehbarer Korridor dient Nauman zunächst als Szenario für ein von ihm selbst performtes Videotape. („Walk with contrapposto“, 1968) Dann wurde er als vom Publikum zu begehende Skulptur ausgestellt („Performance Corridor“, 1969) und schließlich mit der Ergänzung um zwei Videomonitore und eine Kamera zu der Closed-circuit-Installation „Live-Taped Video Corridor“ von 1970. Sobald der Betrachter diese Installation betritt, sieht er am anderen Ende sich selbst auf einem der zwei Videomonitore, während der andere, mit einem vorher aufgezeichneten Video, den leeren Korridor ohne einen Betrachter zeigt. Der Versuch, sich der eigenen Anwesenheit im Bild und/oder Raum zu versichern, wird dadurch fast unmöglich, daß der Betrachter, wenn er sich durch den Korridor zu den Videomonitoren bewegt, sich gleichzeitig von der am Eingang installierten Kamera entfernt und somit im Videobild fast unerkennbar verschwindet. Dieses ausweglose Hin und Her macht den Betrachter zum Versuchsobjekt statt zum kreativen Mitspieler.

kalen Konditionierung des Betrachters durch das Werk, das ihn auf seine eigene Körper/Bild-Erfahrung zurückwirft.[17] Auf ähnliche Weise verwenden in den 70er Jahren u. a. Dan Graham, Peter Campus und Peter Weibel die Videotechnik, um mittels der Closed-circuit-Installation den Betrachter mit seinem eigenen Bild zu konfrontieren.[18] Zweifellos sind diese Werke zusammen mit Naumans Korridor die ersten im Kunstkontext einer Ausstellung erfolgreichen interaktiven Installationen. Sie sind jedoch nicht mehr auf Partizipation des Publikums im Sinne der 60er Jahre angelegt, sondern eher Situationen der Reflexion über die Beziehung von Betrachter und Medium. Sie stehen auch für den Verzicht auf eine massenmediale Ausstrahlung des Mediums Video, um statt dessen in fast symbolischer Weise den „geschlossenen Kreislauf" des Kunstsystems zu perpetuieren.

Das Gegenbeispiel zu dieser ästhetisch-medialen Selbstreflexion liefert Valie Exports „Tapp und Tastkino" von 1968. In ihrer als „expanded movie" bezeichneten Straßenaktion trägt die Künstlerin einen Kasten um ihren Körper und erlaubt es den Passanten, durch einen Vorhang an der Vorderseite des Kastens zu greifen, um so ihre Brüste zu befühlen. „Die Vorführung findet wie stehts im Dunkeln statt. Nur ist der Kinosaal etwas kleiner geworden. Es haben nur zwei Hände Platz", schreibt Valie Export dazu.[19] Hier wird der Betrachter auf noch drastischere Weise konditioniert als in Naumans „Korridor" und ebenso steht die Grenze von öffentlichem Raum und Privatsphäre in Frage.[20] Der Bezug zum Medium Film ist auf die metaphorische Ebene verlegt, dadurch zeigt sich um so deutlicher die sinnliche Deprivation des zum Betrachter im Sessel reduzierten Kino- oder Fernsehzuschauers. „Interaktivität" ist hier als direkte sinnliche Erfahrung das Gegenmodell zu der medial geprägten Einseitigkeit der Wahrnehmung. Der von den Futuristen schon 1921 geforderte „Taktilismus" zur Erweiterung des Spektrums der Künste ist bei Export zu einer Kritik an der gesellschaftlichen und sozialen Rolle von Kunst gewandelt. Zweifellos findet Exports Straßenaktion nicht zufällig im Jahr 1968 statt, sondern ist Teil der Forderung nach einem „Strukturwandel der Öffentlichkeit", um einen Buchtitel von Habermas zu zitieren, der in der 68er-Bewegung kumulierte.

18 Dan Graham untersucht dabei vor allem die Möglichkeiten der Zeitverzögerung („Present Continuous Past(s)" 1974) und die Bezüge von Architektur und Videobild. Peter Campus arbeitet mit den videotechnischen Spezifika wie z. B. Überlagerung von Spiegelung und Projektion in dem Stück „Interface" von 1972. Peter Weibel stellt in „Beobachtung der Beobachtung: Unbestimmtheit" (1973) die Monitore und Kameras in eine solche Konstellation, daß der Betrachter sich zwar von hinten, aber trotz aller Verrenkungen nie von vorne sehen kann.

19 Valie Export, Katalog Oö. Landesmuseum, Linz 1992, S. 258.

20 Vgl. auch Valie Exports Expanded Cinema Projekt „Ping Pong, Ein Film zum Spielen/Spielfilm" (1968), in dem der Zuschauer mit einem Ping-Pong-Schäger den Ball auf die wechselnd aufflackernden schwarzen Punkte der Filmleinwand schlagen soll. Laut Export wird so das „Herrschaftsverhältnis von Produzent und Konsument" deutlich, denn auch als Mitspieler bleibt der Zuschauer völlig von den Vorgaben des Films abhängig. Ebenso führt Exports erste interaktive Videoinstalltation „Autohypnose" (1973) die Konditionierung des Betrachters durch ein abzuschreitendes Verhaltens-Programm und die Belohnung durch Beifall vom Videoband vor.

5. Fiktion und Funktion der Multimediatechnologie und des Cyberspace

Bisher wurden vor allem Beispiele genannt für die interaktive Um-Nutzung von Medien, die eigentlich der Distribution und Reproduktion dienen (Video, TV, Radio). Die künstlerischen Ansätze richten sich dabei bewußt gegen den massenmedialen Konsum dieser Medien, der mehr oder weniger subversiv modifziert wird. Dahinter steht von Brecht bis Paik die Forderung nach einer Veränderung der Eingweg-Struktur dieser Massenmedien. In der computerbasierten Multimediatechnik ist hingegen die Interaktion von Benutzer und Apparat im Medium selbst angelegt. Durch die Vernetzung wird der Computer auch zum zwischenmenschlichen Kommunikationsmedium, das tendenziell alle bisher getrennten Medien in sich vereinigt. Die aktuelle technologische Entwicklung einer vernetzten Virtuellen Realität führt zur Synthese der zuvor getrennten Entwicklungsstränge com puterbasierter Simulation bzw. Kommunikation. Die Wurzeln für diese am Ende der 90er Jahre greifbar werdenden, ebenso virtuellen wie realen Erlebniswelten liegen in den 60er Jahren. Dies gilt gleichermassen für die technologischen Entwürfe, wie für die Thesen zu ihren möglichen sozialen, ästhetischen und politischen Implikationen, in denen fast alle heutigen Ideen zum Cyberspace schon vorweggenommen sind.

Zunächst kurz zur technischen Entwicklung: Bis in die 60er Jahre sind die meisten Computer abstrakte Rechenapparate, die Zahlenkolonnen und Lochkarten verarbeiteten. Die Einführung des Bildschirms ist ein erster Schritt zur visuellen Darstellung. Seine Koppelung mit einem Leuchtstift auf dem wegen der atomaren Bedrohung für die Flugabwehr entwickelten Computer Whirlwind, ermöglicht in den 50er Jahren erstmals graphische Interaktion in Echtzeit.[21] Mit der Verbreitung dieses Prinzips in den 60er/70er Jahren wird auch für Nicht-Programmierer ein visueller, intuitiver und nicht zeitverzögerter Mensch-Maschine-Dialog möglich. Als Ivan E. Sutherland 1966 das für militärische Beobachtungszwecke gebaute Head-Mounted-Display mit der simplen computergenerierten Wireframe-Darstellung eines Raumes verbindet, enthält diese Kombination schon die wesentlichen Elemente der Technik von Virtual Reality, zu der nur noch schnellere Rechengeschwindigkeit und Speicherkapazität fehlen. Ebenso liegen die Anfänge des Internets in den 60er Jahren, basierend auf dem 1968 installierten dezentralen ARPA-Net, das der Aufrechterhaltung militärischer Nachrichtenverbindungen im Fall eines Atomschlags dienen soll. Die zwei Komponenten des Cyberspace die heute zur Vernetzung virtueller Räume führen, sind also beide ein Produkt der Aufrüstung gegen die Bombe in Zeiten des Kalten Krieges.

Überraschend ist die Synchronität dieser technologischen Entwürfe mit den künstlerischen Thesen zu deren Potential. Ivan E. Sutherlands 1965 in Havard verfaßte erste Beschreibung eines „ultimative display“ weist weitgehende Ähnlichkeiten zu dem vom Schriftsteller Oswald Wiener ebenfalls 1965 in Wien entworfenen Konzept des „Bio-

21 Eine genauere Darstellung der Technikentwicklung geben z. B. Peter Weibel, „Virtuelle Realität: Der Endo-Zugang zur Elektronik“, in: „Cyberspace, Zum medialen Gesamtkunstwerk“,. Florian Rötzer/Peter Weibel (Hrsg.), München 1993, S. 15–46, vgl. Ausschnitt des Texts im vorliegenden Band und die bisher umfassendste Studie zur interaktiven Kunst von Söke Dinkla 1997, a.a.O, S. 50–62.

Adapters" auf, das laut Peter Weibel „der sprachliche Entwurf eines Datenanzugs" ist.[22] Interessanterweise arbeitet also Sutherland an der Realisierung eines Mensch-Maschine-Interface, während gleichzeitig aber völlig unabhängig davon Wiener die kulturellen Konsequenzen einer solchen Synthese untersucht. Die Differenz zwischen technologischer Praxis und theoretischer Analyse liegt nicht im Glauben an die Machbarkeit, sondern in dem damit verbundenen Erwartungshorizont.

Oswald Wiener stellt dazu zunächst fest: „die mit dem sammelnamen der kybernetik belegten neuern wissenszweige haben binnen so kurzer zeit sätze hervorgebracht, die sich nahezu ohne abwandlungen auf soziologische gegebenheiten anwenden lassen, daß der verdacht erlaubt ist, man habe schon bei ihrer formulierung die setzung fundamentaler zusammenhänge zwischen den bedürfnissen der technologie und denen des staates im auge gehabt."[23] Die Konsequenz hieraus ist die „befreiung von philosophie durch technik" mittels des Bio-Adapters, der „dem gesund-heroischen ideal eines den kosmos regierenen homo sapiens erstmalig genügt, und zwar durch trockenlegung des kosmos einerseits, und zum anderen durch liquidation des homo sapiens."[24]

Dieser zwar affirmativ formulierten, aber dennoch fast nihlistischen Skepsis steht bei anderen Künstlern eine eher naive Technikbegeisterung gegenüber, die vermutlich den Utopien der Technologieentwickler näher steht. So heißt es etwa in dem Manifest „Die Zukunft der Kunst" von Nicolas Schöffer aus dem Jahr 1968: „Die Informationsnetze müssen den wahren ästhetischen Produkten geöffnet werden. Dazu bedarf es aber einer neuen Kunst-Technologie und einer völligen Umwandlung der Beziehungen zwischen dem herstellenden Künstler und dem verbrauchenden Publikum. [...] Wir können uns mit Sicherheit heute schon für die Zukunft anstelle des kleinen Bildschirms einen Raum denken, der den Verbraucher allseitig umgibt. In diesem Raum wird der Verbraucher von audiovisuellen (olfaktorischen, taktilen) Programmen umgeben sein, er wird hier in einem richtigen, durch und durch ästhetischen Klima baden, das er selbst nach seinen Wünschen dosieren, neu zusammenstellen und programmieren kann. Dieses Bad wird ihn in die Lage versetzen, sich immer mehr zu entfalten, zu vervollkommnen, zu sensibilisieren, zu konzentrieren und auszudrücken; es wird zu einer neuen menschlichen Hygiene führen. Diese ästhetische Hygiene ist auch für die Gemeinschaften, die sozialen Gruppen unentbehrlich, die in Stadtgebieten verschiedener Ausdehnung wohnen."[25] Was Schöffer jedoch in guter alter futuristischer Manier ignoriert, ist die marginale Rolle, welche Kunst und Künstler bei der faktischen Entwicklung des von ihm beschriebenen Weltmodells spielen werden. Seine „ästhetische Hygiene" der Technologie hat heute zweifellos einen bedrohliche Unterton erhalten.

22 Vgl. Ivan Sutherland, „The Ultimate Display", Proceedings of IFIPS Congress 1965, New York, 1965, Vol. 2, S. 506–508, ders., „Computer Inputs and Outputs", Scientific American, September 1966, und Rötzer/Weibel, a. a. O., S. 18 und 25.

23 Oswald Wiener, „Die Verbesserung von Mitteleuropa", Reinbek 1969/1985, S. CXXXIX.

24 Ebd., S. CLXXV.

25 Nicolas Schoeffer, „Die Zukunft der Kunst – die Kunst der Zukunft", in: Katalog Nicolas Schoeffer, Städtische Kunsthalle, Düsseldorf 1968.

Es ist verführerisch, die technischen Erweiterungen der Mensch-Maschine-Interaktion mit den „Entgrenzungen" in der Kunst der 60er Jahre in Beziehung zu setzen. Ende der 60er wird diese Synthese von den ersten Veranstaltungen zu Kunst und Technologie propagiert.[26] Zweifellos, Schöffer, Sutherland und Wiener haben ähnliche technologische Erwartungen an die Zukunft. Doch sie haben zugleich radikal verschiedene Thesen zu deren sozialen, psychischen und politischen Auswirkungen. Erneut wird deutlich, das Interaktivität immer sowohl für eine Technologie als auch eine Ideologie steht. Tatsächlich überlagern diese Felder sich bis heute: Der Begriff „Cyberspace" wird Anfang der 80er vom Science-fiction-Autor William Gibson geprägt. Die emphatischen, ja teils extatischen Bücher von Wissenschaftlern wie Donna Haraway oder populären Autoren wie Howard Rheingold haben mehr zur Cyber-Euphorie im öffentlichen Bewußtsein der 90er Jahre beigetragen, als die praktischen Erfahrungen mit solcher Technologie. Dieser „Hype" stimuliert jedoch wiederum die technologische Entwicklung und vor allem das Bedürfnis danach. Die Fiktion von literarischen, wissenschaftlichen oder künstlerischen Zukunftsentwürfen und die Entstehung der darin beschriebenen technologischen Funktionen bedingen sich gegenseitig. Fiktion und Funktion des Cyberspace enstehen in einer ständigen Rückkoppelung.

Dennoch sind die realen Motive und damit zugleich der ideologische Hintergrund für die Entstehung der Technologie der virtuellen Realität klar zu benennen. Die praktische Umsetzung dieser Entwürfe wird seit den 60ern fast ausschließlich von den Militäretats bezahlt. Unabhängig davon, ob sie von Wissenschaftlern, Schriftstellern oder Künstlern stammen beruhen die philosophischen und ästhetischen Entwürfe zum Cyberspace also auf einer anderen Ideologie als ihre faktische technische Umsetzung. Die eine Ideologie sucht die ästhetische Entgrenzung zwischen Individuum und Kollektiv oder Autor und Rezipient, die andere, ihr denkbar entgegengesetzte, zielt auf die militärische Grenzüberschreitung, auf deren anderer Seite der durch diese Ideologie definierte Feind steht. Da nun die ästhetischen Ideen einer Entgrenzung sich der für andere Ziele entwickelten Apparate bedienen, steht Kunst im berechtigten Verdacht, nur Abfallverwertung oder gar Pseudo-Legitimation von Militärtechnologie zu sein. Dies zeigt sich auch am Beispiel der Computerspiele, die für die breiteste, weltweite Nutzung dieser Technologien stehen. Als Spiele sind sie der Kombinatorik der Künste verwandt, doch von ihrer ideologischen und psychologischen Basis her sind sie bekannterweise großenteils die Illustration des militärischen Ursprungs der Technologie.[27] Wenn Künstler ihr ästhetisches Streben nach Entgrenzung mit den Mitteln der militärisch entwickelten Technologie fortsetzen, ohne sich dieses Konflikts bewußt zu sein, ist dies besten Falls naiv, schlimmsten Falls opportunistisch.[28]

26 Vgl. dazu das „E. A. T."-Programm (Experiments in Art and Technology) am Los Angeles County Museum ab 1967 und den Katalog zur Ausstellung „Cybernetic Serendipity, the computer and the arts", Studio International, special issue, Jasia Reichardt (Hrsg.), London 1968.

27 Vgl. „Künstliche Spiele", Georg Hartwagner/Stefan Iglhaut/Florian Rötzer (Hrsg.), München 1993.

28 Ein Beispiel von seltener Identität von Technik und Inhalt liefert in diesem Sinne eines der ersten visuellen Kunstwerke mit comptergesteuerter Interaktion, das Programm „Random War" von Charles Csuri, daß

6. Beispiele für mediengestützte Interaktionsformen der 80er und 90er Jahre

„Virtuelle Realität und Cyberspace sind Ideen der 60er Jahre, auch wenn ihre Technologie erst Ende der 80er Jahre realisiert wurde", stellt Peter Weibel fest.[29] Er gehört ebenso wie Jeffrey Shaw und Valie Export zu den Künstlern, die mit ihrer Arbeit an Interaktionsformen eine Brücke zwischen den Ansätzen der 60er und der 90er Jahre schlagen. Dabei übergeht er aber ebenso wie Shaw und Export den ideologischen Paradigmenwechsel von den ästhetisch-sozialen Entgrenzungsideen der 60er zu der technologischen Interaktivität der 90er Jahre.[30] Dies mag sich teilweise dadurch erklären lassen, daß in den von Konzept und Minimalismus bestimmten 70er ebenso wie in den postmodern rückwärtsgewandten 80er Jahren der Interaktionsgedanke fast völlig aus der Kunst verschwindet und erst durch die Technologieentwicklung in den 90ern erneut aufgegriffen wird.

Ende der 80er Jahre führen erhöhte Rechengeschwindigkeit und Speicherkapazität der Computer zur realistischen 3D-Animation in Echtzeit. Über Interfaces wie Datenhandschuh und Cyberhelm wird das körperliche Eintauchen in den Datenraum möglich. Auf dieser Grundlage entwickeln sich in den 90er Jahren verschiedene Modelle für die Interaktion von Mensch und Maschine, von Realraum und Datenraum. Die meisten dieser Ansätze zeichnen sich durch eine aufwendige Technologie aus und werden in Zusammenarbeit mit Medieninstitutionen, Hochschulen oder der Industrie realisiert. Die Kommentare zu den kunstbezogenen Projekten betonen durchweg die Aspekte der technisch-ästhetischen Innovation und der Recherche in Zusammenarbeit von Techniker und Künstler. Dagegen findet der in der Videokunst der 60er/70er Jahre obligatorische Anspruch auf einen emanzipatorischen oder medienkritischen Ansatz kaum Erwähnung. Einige der typischen Modelle der Mensch-Maschine-Interaktion seien kurz skizziert und zum Teil in Relation zu außerkünstlerischen Paralellen gesetzt.

i. Interaktion mit einer Videostory, deren Ablauf vom Betrachter bestimmt wird

Diese Stücke gehören zu den ersten erfolgreichen Beispielen technischer Interaktivität, die noch in den 80er Jahren entstehen und nicht zur Domäne des Cyberspace im eigentlichen Sinne gehören. Hier werden Video- und Computertechnik verknüpft, um statt einer geradlinigen Narration eine Geschichte mit mehreren Varianten und Kreisen zu ermöglichen, die dem Betrachter Wahlmöglichkeiten zum Fortgang der Story bietet. Grahame Weinbrens Installationen entwickeln ein komplexe Beziehungen zwischen mehreren Ebenen der Erzählung und arbeiten auf ein interaktives Kino hin („The Erl King" 1986, „Sonata" 1991/93). Lynn Hershman thematisiert in ihren Installationen aus einer spielerisch-feministischen Haltung heraus vor allem die sexuelle und erotische Dimension der Interaktion, welche den Betrachter zum Mitspieler oder Voyeur macht („Deep Contact"

ausgehend von einer zufallsbestimmten Konstellation den Ablauf einer Schlacht zwischen zwei Soldatengruppen simuliert. Vgl. „Cybernetic Serendipity", a.a.O., S. 81.

29 Rötzer/Weibel, a.a.O., S. 27.

30 Siehe dazu den Text von Valie Export im vorliegenden Band

1989/90, „A Room of One's Own" 1992). Das solche Ansätze auch zu einer kollektiven Arbeit ausgebaut werden können, zeigt das „Videolabyrinth", das 1988 von den Videomacherinnen Rike Anders, Ilka Lauchstädt, Mari Cantu und dem Programmierer Martin Potthoff gemeinsam entwickelt wird und drei interaktive Spielhandlungen enthält, die von Fragen, Quizaufgaben oder Punktevergaben unterbrochen werden. (MKI) Während diese Arbeit sich in der BRD noch mit von einem Computer gesteuerten Videotapes behelfen muß, was zu langen Wartezeiten zwischen den Sequenzen führt, nutzen Weinbren und Hershman die in den USA verfügbare Videodisktechnik, die sich aber auf dem Massenmarkt nie durchsetzen konnte. Erst mit der CD-ROM wird Anfang der 90er ein interaktives Medium für den Massenmarkt verfügbar, dessen Datenkapazität jedoch für längere Videostorys nicht ausreicht.

Die Versuche der Unterhaltungs- und Fernsehindustrie, das interaktive Kino und interaktive TV zum Massenmedium zu machen, haben bisher noch keinen wirklichen Durchbruch erreicht.[31] Dies mag teils an der noch zu komplizierten Bedienung liegen, aber der bisherige kommerzielle Mißererfolg aller Modelle von interaktiven Massenmedien (von der CD-I bis zum Digital-TV) läßt fragen, in wie weit das Bedürfnis des Publikums nicht doch eher auf lineare Storys fixiert bleibt.[32] Auch die dramaturgischen Formen einer interaktiven Narration sind immer noch in den Anfängen. Die beliebteste Form der Interaktion mit linearen Abläufen bleibt nach wie vor das Zapping, daß sich aber als sozusagen anarchische Individualmontage aller Steuerung oder Strukturierung entzieht. Aus dem destruktiven Prinzip des Zapping eine konstruktive Methode der Interaktion zu machen versucht Oliver Hirschbiegels TV-Krimi „Mörderische Entscheidung", dessen zwei Handlungsstränge 1991 parallel auf ARD und ZDF gesendet wurden. Auch der nonlineare Film „nomad" (1998) von Petra Epperlein und Michael Tucker nutzt die DVD-Technik um dem Betrachter die Wahl zwischen drei parallel aber nicht interaktiv ablaufenden Versionen zu bieten. (MKI)

ii. Das geschlossene System einer Datenwelt, die vom Betrachter erkundet wird

Dies ist das klassische Grundmodell der 3D-Interaktion, z. B. in Jeffrey Shaws Installationen „The Legible City" (1988) und „The Virtual Museum" (1991). (MKI) Ähnlich der Erkundung einer Stadt oder eines Museumsgebäudes durch den Besucher wird hier eine unveränderbare Datenlandschaft durchquert. Entscheidend ist bei Shaw die Qualität des Interface, das den Betrachter von der Tastatur oder Maus löst, um ihn auf ein Fahrrad oder einen Kippsessel zu setzen, was ihm eine intuitive Übertragung alltäglicher Körperbewegungen in die Datenwelt ermöglicht. Es besteht eine gewisse Nähe zu Infosystemen, wie

31 Ansätze zur einer Verbindung von Pop-Kultur und Interaktivität finden sich auch im Umfeld der Medienkunst, so bei den Gruppen Station Rose und Die Veteranen. (MKI)

32 Noch vor dem Interaktivitätsboom der 90er Jahre schreibt Ann-Sargeant Wooster in „Reach out and touch someone – The Romance of Interactivity": „Most uses of interactivity will probably be confined to mass-market populist entertainment [...] and rigidly controlled by media merchants." In: „Illuminating Video", Dough Hall/Sally Jo Fifer (Hrsg.), New York 1990, S. 302. Siehe dazu auch Regina Cornwell, „Interactive Art: Touching the ‚Body in the Mind'", in: Discourse, 14.2, Spring 1992, S. 209.

Museumsdarstellungen auf CD-Rom oder interaktiven Stadtplänen, die dem Fahrer eines Autos den Weg durch eine unbekannte Stadt zeigen. Vorläufer aller dieser Systeme ist die Ende der 70er am MIT Cambridge durch die Architecture Machine Group entwickelte „Aspen Movie Map". Vor allem die Idee eines „virtuellen Museums" hat große Popularität erreicht. Die Metapher des Museumsbesuchs findet sich auf so verschiedenen Produkten wie Software-Demos und populärwissensschaftlichen CD-Roms. André Malraux's Vision des „Musée imaginaire" scheint erst in der digitalen Technik ihr selbstverständliches Medium gefunden zu haben. Ein Weg, den Mangel an kommunkativen Prozessen mit der „musealen" Datenwelt zu kompensieren, liegt in der Steigerung der illusionistischen Qualität, die zu neuen Erlebnisräumen führt, welche eine komplette Immersion des Betrachters erlauben. Solche High-Tech-Installationen gehören jedoch nur noch bedingt zum Kunstkontext, sondern eher zum Feld der Scientific Visualisation.[33] Hier zeigt sich eine Traditionslinie die auf das Panorama des 19. Jahrhunderts zurück geht.[34] Ebenso wird jedoch klar, daß Illusion und Interaktion sich letztlich gegenseitig ausschließen.

iii. Interaktion zwischen Körper und Datenwelt

Alle Techniken der Virtual Reality bilden ein Erweiterung der Wahrnehmung und stellen eine Verbindung der Datenstruktur mit dem Körper her. Die Entwicklung solcher Interfaces ist in den 90er Jahren eine der kreativsten Schnittmengen von künstlerischen und technologischen Ansätzen. Das klassische Set von Datenhandschuh und VR-Brille erweist sich in Ausstellungssituationen als nicht praktikabel, weil es zu gewöhnungsbedürftig und immer nur von einem Besucher nutzbar ist. Eine Paraphrase der musealen Ausstellungssituation liefert der „Zerseher" (1990–91) von Art+Com, bei dem ein Renaissance-Gemälde (der „Junge mit Kinderzeichnung in der Hand" von Giovanni Francesco Caroto) als digitale Reproduktion durch den Blick des Betrachters aufgelöst wird. (MKI) Der für medizinische und militärische Zwecke entwickelte „Eyetracker" registriert die Blickbewegungen und macht so die medientechnische Umsetzung der aktiven Rolle des Kunstbetrachters zumindest in einer symbolischen Zerstörung möglich. Einen direkten haptischen Zugriff auf ein digitales Bild erlaubt Peter Weibels Installation „Das tangible Bild" von 1991. (MKI) Diese kann auch als Mensch-Maschine Version von Valie Exports Mensch-Mensch Schnittstelle des „Tapp und Tastkinos" verstanden werden, womit der Wechsel der Paradigma von den 60er zu den 90er Jahren nochmals deutlich wird.[35] In „Der Vorhang von Lascaux" (1993) führt Weibel diese Bild-Betrachter-Verschmelzung fort und bettet sie in ein philosophisches Konzept über die Geschichte menschlicher Wahrnehmung von der

33 Jeffrey Shaw hat ab 1993 zusammen mit Ingenieuren und Informatikern des Kernforschungszentrums Karlsruhe das Projekt „EVE - extended virtual environment" entwickelt, das einem Betrachter-interaktiven Panorama entspricht. 1997 hat er zusammen mit dem Frauenhofer Institut Stuttgart das Projekt „confFIGURING the CAVE" in einem für Forschungszwecke entwickelten „Cave Automatic Virtual Environment" (einer begehbaren 3D-Simulation) durchgeführt.

34 Diese Entwicklung wird von Horst Bredekamp und Oliver Grau untersucht in dem DFG Forschungsprojekt „Kunstgeschichte und Medientheorien der Virtuellen Realität" am Kunsthistorischen Seminar der Humboldt Universität Berlin.

35 Peter Weibel war an Valie Exports Aktion als Publikumsanimateur beteiligt. (MKA)

Höhlenmalerei der Urzeiten über Platos Höhle bis zum Cyberspace ein.[36] (MKI) Eine Rückkoppelung zwischen Körper und Daten findet in Ulrike Gabriels Installation „Breath" (1992/93) statt. (MKI) Die Atmung des Betrachters beeinflußt über einen Sensorgürtel die computergenerierte Projektion der kristalin-amorphen Bildstrukturen und den Sound. Diese sollen wiederum auf den Betrachter zurückwirken um so ein Bio-Feedback zwischen Mensch und Maschine in Gang zu setzen.

Der Schritt zur Verbindung von menschlicher und technischer Aktion wird in den Ansätzen für eine interaktive Choregraphie getan. David Rokebys Klanginstallation „Very Nervous System", dessen „Body-Language"-Reaktion er von 1983–1995 ständig weiterentwickelt, ist eines der frühen Pionierstücke der Körper-Sound Interaktion. Es kommt sowohl als Ausstellungsstück zur Interaktion mit Besuchern zum Einsatz als auch für Aufführungen mit Musikern und Tänzern. Aus einer direkten Zusammenarbeit von Medienkünstler und Choreograph entstehen bei Christian Möller und Stephen Galloway die „Electro Clips" (1994) und bei Michael Saup und William Forsythe das „Binary Ballistic Ballet" (1994). (MKI)

iv. Datensystem mit Eigendynamik, die sich durch die Interaktion weiterentwickelt

Die Lernfähigkeit von Maschinen gilt seit Turing als zentrale Voraussetzung künstlicher Intelligenz. Auch auf Low-Tech-Niveau besteht eine Vielzahl von Modellen, dem „Werk" ein Eigenleben gegenüber dem Betrachter zuzusprechen. Peter Dittmers Installation „Die Amme" (seit 1992) basiert lediglich auf Sprache und verwickelt den Benutzer über die Tastatur in einen komplexen Dialog, der bis zur Erregung der Maschine und symbolischen Verschüttung von Milch in einer großen Vitrine führen kann. (MKI) Die Dialogfähigkeit der Software wird über die Dauer der Benutzung ständig erweitert und bereichert. Durch die geringe Datenmenge von Sprache ist nur ein Personalcomputer nötig, aber der plastische Aufbau der Milchvitrine entschädigt für fehlendes High-Tech. Das Grundprinzip des Turing-Tests wird hier klar in seiner Trennung von rationaler und libidonaler Funktion gezeigt: Die Verwechslung von Mensch und Maschine ist im Sprachdialog möglich, aber betreffs der mütterlichen Milch unwahrscheinlich.

Daniela Plewes Installation „Muser's Service" (1994–95) basiert ebenfalls auf einem sprachlichen Austausch, doch statt frecher Antworten wie bei der „Amme" liefert der PC hier eine Hilfe zum Tagträumen (engl. to muse) durch die Bildung von freien Assoziationsketten zwischen zwei vom Nutzer einzugebenden Begriffen. (MKI) Das Computer menschliche Tätigkeiten übernehmen, ist eine Binsenweisheit. Doch wie steht es um Tagträume oder gar Grundsatzentscheidungen? In „Ultima Ratio" bietet Daniela Plewe hierfür ein Modell mit verschiedenen Modi zwischen moralischem Zwiespalt und rationalem Kalkül an. (MKI) Sie sagt dazu: „Das (modifizierte) Decision-Support-System von Ultima Ratio toleriert im Gegensatz zur klassischen Logik (aber wie andere KI-

36 Vgl. Peter Weibel, „Der Vorhang von Lascaux", in: Katalog „First Europeans, frühe Kulturen – moderne Visionen", Berlin 1993, S. 78f.

Systeme auch) Widersprüche und Ausnahmen zu Regeln. [...] Der Besucher muß seine Intuitionen explizieren, verspürt dabei womöglich den Wunsch, immer weiter verfeinern zu wollen, ad finitum, eine ultima ratio, die immer wieder entgleitet. Hier sollte also nicht primär KI praktiziert werden, sondern mit der Software und ihren syntaktischen Einheiten (Regeln, Ausnahmen und Widersprüchen) etwas von der Kultur um uns variiert und kommentiert werden."[37]

Großen technischen Aufwand erfordert die Eigendynamik, sobald sie in die graphisch-räumliche Darstellung übertragen werden soll. Die Installation „A-Volve" (1994) von Christa Sommerer und Laurent Mignonneau läßt den Besucher auf einem Monitor den Umriß von kleinen künstlichen Wesen skizzieren, die dann in einem virtuellen Aquarium seiner Pflege durch Pseudostreicheln bedürfen, um ihr kurzes digitales Leben zu führen. Statt der in den 60er Jahren propagierten Verbindung von „Kunst und Leben" geht es nun also um eine Überschneidung von Technologie und Biologie zur Simulation von künstlichem Leben. Der angestrebte Charakter einer wissenschaftlichen Visualisierung wird durch den Entertainment-Aspekt zum Teil wieder aufgehoben.

Inwieweit eine solche Eigendynamik von Computern selbst als „kreativ" gelten kann, wird teils ernsthaft, teils ironisch diskutiert. Schon 1985 stellt Richard Kriesche die radikale These auf: „Kunst wird für uns solange eine mysteriöse Tatsache sein, solange die künstliche und natürliche Intelligenz verschiedene Größen sind", während ihrer Verbindung aber „in der Folge Kunst überflüssig machte."[38] Turings Frage „Können Maschinen denken?" wäre demgemäß zu ersetzen durch „Können Maschinen Kunst machen?"

v. Dialogische Modelle

An die Stelle der Interaktion Mensch-Maschine tritt bei diesen Konzepten die Interaktion Mensch-Medium-Mensch. Die einfachsten Modelle hierfür sind Telekommunikationsarbeiten mit Live-Video oder TV-Verbindung zwischen zwei Ausstellungsorten. Diese können auf gegenüberliegenden Seiten der Welt oder nur auf der anderen Straßenseite liegen. Schon in den 70er Jahren nutzt Douglas Davis das Fernsehen für Live-Aktionen, die teils echten Dialog ermöglichen („Talk Out!", 1972) oder auch nur metaphorisch, wenn nicht gar metaphysisch eine pseudo-telepathische Verbindung inszenieren („The Austrian Tapes", 1974). Heute können technisch perfektionierte Stücke wie Paul Sermons „Telematic Dreaming" (1992) und „Telematic Vision" (1993) sich bei geeigneter Aufstellung großer Publikumsbeteiligung erfreuen. (MKI) Die telematische Erweiterung von alltäglichen Situationen, wie auf ein Sofa sitzen oder in einem Bett liegen, baut keinerlei technologische Hemmschwellen auf. Die möglichen Dialoge bleiben aber auf einer spielerischen „Hallo"-Ebene der Kommunikation. In Agnes Hegedüs Installation „Between the Words" (1995) stehen sich die zwei Partner unmittelbar gegenüber, nur durch eine Wand mit dem Interface getrennt, in dem sich virtuelle Gesten und reale Mimik überlagern. (MKI) Diese

37 Plewe in einer E-mail an den Autor.
38 Richard Kriesche, „Artificial Intelligence in the Arts", Graz 1985, S. 13; vgl. Text im vorliegenden Band.

poetische Annäherung von virtueller und „Face-to-face"-Begegnung wird zur drastischen Message in sogenannten Cybersex-Anzügen, wie sie die Künstler Kirk Woolford und Stahl Stenslie 1994 vorstellten.[39] An ähnlichen Modellen für den realen Einsatz wird allerdings eher außerhalb des Kunstbereichs getüftelt. Die große Presseaufmerksamkeit für solche Experimente scheint auf einen akuten Punkt im kollektiven Unterbewußten hinzuweisen. Alle diese dialogischen Ansätze neigen zu einem überladenen Symbolismus der medialen Verbindung. So benennt Douglas Davis schon 1975 das Feedback seiner Arbeit als „Wissen, das ich Teil der Entwicklung eines tiefergehenden, vielfältigeren Kommunikations-Systems bin, zwischen mir und der Welt und zurück zu mir. Es hat nichts zu tun mit einer spezifischen Antwort."[40] Es bleibt also bei einer Illustration des „the medium is the message" Satzes von McLuhan.

vi. Der „exemplarische Betrachter"

Der Betrachter erhält in den bisher genannten Installationen eine neue Rolle, indem er nicht nur als Rezipient sondern auch als Akteur auftritt. Diese selbstverständliche Erklärung von Interaktivität unterschlägt jedoch eine zweite, mindestens ebenso wichtige Änderung der Rolle des Betrachters. Denn interaktive Installationen lassen meist nur einen einzigen Betrachter in Aktion treten, der damit einen spezifischen Platz einnimmt und sozusagen zur Vervollständigung des Stücks dazugehört. Er ist nicht ein Betrachter unter vielen, er tritt nicht mehr als Gruppe auf, die sich vor einem Werk versammelt und es im individuellen Rythmus umschreitet – sondern er wird zum „exemplarischen Betrachter".

In den High-Tech-Simulationen der 90er Jahre bildet der „exemplarische Betrachter" die Verbindung von Datenraum und Realraum. Vergleichbar begegnet er in den Closed-circuit-Videoinstallationen der 70er Jahre seinem eigenen medialen Abbild. Dies schon von Rosalind Krauss 1976 als „Video-Narzißmus" analysierte Element der Selbstverdoppelung führt in den Cyberspace Installationen zu der symbolischen Einsamkeit des Betrachters im virtuellen Raum.[41] Das gilt auch für Telekommunikationsprojekte, bei denen zwei einzelne Betrachter in Relation gestellt werden, aber gerade die Unüberbrückbarkeit der räumlichen und körperlichen Trennung bei gleichzeitiger Intensität der Verbindung die eigentliche Faszination ausmacht. Paul Sermons telematische Verbindung zweier Menschen in zwei Betten zum Austausch televisueller Pseudotaktilitäten („Telematic Dreaming") ist in diesem Sinne auch eine Gegendarstellung zur Rolle der Medien in Valie Exports „Tapp und Tastkino" von 1968.

Die tatsächliche Situation des „exemplarischen Betrachters" im Ausstellungskontext ist natürlich oft alles andere als einsam. Die anderen Besucher sehen ihm vielleicht bei der Interaktion zu, geben Tips und lachen, oder sie warten ungeduldig, bis sie selbst an der

39 Vgl. Stahl Stenslie, „Cyber SM", und: Kirk Woolford, „A touch at the end of the century", beide in: „Lab 1", Das Magazin der Kunsthochschule für Medien, Köln 1994, S. 40–43, 72–75.

40 Douglas Davis, Interview mit David Ross, in: „Video Art, An Anthology", Ira Schneider/Beryl Korot (Hrsg.), New York/London 1976, S. 33.

41 Rosalind Krauss, „Video: The Aesthetics of Narcissism" in: October, No. 1, 1976.

Reihe sind – was gerade bei gut besuchten Ausstellungen oft zu Problemen führt. Doch daß die Einsamkeit vor dem Apparat zu den zentralen Erfahrungen dieser Form von Interaktivität gehört, zeigt die Episode, welche Jeffrey Shaw über seine „Legible City" berichtet. Bei einer bis in die späten Nachtstunden geöffneten Ausstellung sah er seine Installation plötzlich in ihrer eigentlichen Erfahrungsebene – nachts alleine mit dem Fahrrad durch eine menschenleere Stadt zu fahren.[42] Die Einsamkeit reicht also bis in die Bildwelt der Werke hinein: in keinem der zahlreichen virtuellen Museen trifft der Betrachter auf andere Besucher.[43]

Fast alle bisher genannten Modelle von Interaktivität finden in Installationen statt, die an den realen Raum gebundenen bleiben. Mit diesem Raumbezug können sie zugleich an den Kunstkontext angebunden werden und an seine ortsspezifischen Wertungskriterien von wichtigen und unbedeutenden Ausstellungsplätzen. Aber die Stücke sind durch ihren technischen Aufwand wesentlich schwerer auf Reisen zu schicken als Bilder oder Objekte. Ironischerweise übersteigt der Preis der benötigten 3D-Animationscomputer meist bei weitem einen möglichen Wert des mit ihrer Hilfe realisierten Kunstwerks auf dem Kunstmarkt. Somit entziehen sich diese Stücke der Verkaufbarkeit „nach oben", wogegen sich die Kunstvideos der Preisskala des Marktschemas „nach unten" hin entzogen. Noch entscheidender ist, daß im Unterschied zu traditionellen, statischen Kunstwerken die wesentlichen Aspekte dieser Installationen nicht durch Abbildungen transportierbar sind, weshalb die Berichterstattung darüber nur Bruchteile erfaßt. Gerade die technologisch aufwendigsten Inventionen überschreiten also die Kapazität der gängigen Vermittlungsmedien und fallen deshalb aus der Struktur der medialen Verbreitung heraus. Deshalb kommt es zu dem ironischen Anachronismus, daß wie in früheren Jahrhunderten der Kunstbetrachter zum Reisenden werden muß, um die Orte der Kunst bei Festivals und Medienausstellungen aufzusuchen, wenn er ihre eigentliche interaktive Qualität erfahren will. Aufgrund dieser Vermittlungsprobleme hat sich die stationäre interaktive Installation ebenso wie wegen ihrer Technikabhängigkeit und der Beschränktheit des Interaktionspotentials im Wesentlichen als Sackgasse erwiesen.

vii. Ansätze zu einer Kollektivität im Medienraum

Wenn in einem kollektiv zu strukturierenden Prozeß mehrere Benutzer miteinander verbunden werden, kann der elektronischen Raum zum sozialen, ja teilweise fast öffentlichen Raum werden. Solche komplexeren Kommunikationsstrukturen sind bereits vor dem Internetboom vor allem als textbasierte Systeme entstanden. Schon der „cadavre exquis" des Surrealismus zeigte das poetische Potential der kollektiven Autorenschaft. Erste Ansätze für vernetzte Schreibprozesse im Kunstkontext sind Roy Ascotts „La Plissure

42 Jeffrey Shaw, Gespräch mit Florian Rötzer, „Reisen in der virtuellen Realität", in: Kunstforum Bd. 117, 1992, S. 295f.

43 Erst mit der Ende der 90er Jahre beginnenden Synthese von 3D-Grafik und Internet werden solche virtuellen Museen auch zu möglichen Kommunikationsorten. Vgl. Volker Grassmuck, „Das lebende Museum im Netz", in: „Konfigurationen zwischen Kunst und Medien", Sigrid Schade/Georg Christoph Tholen (Hrsg.), München 1999, S. 231–251.

du Texte“ (1983) oder John Cages „The First Meeting of the Satie Society“ (1986) und in Deutschland das Projekt „PooL Processing“ (ab 1988) von Heiko Idensen und Matthias Krohn.[44] (MKI)

Das vernetzte Schreiben ist im Internet heute zu einer alltäglichen Diskursform geworden, die dialogische und kollektive Elemente verbindet. Die Textwelt in sogenannten „MUDs“ und „MOOs“, die ursprünglich als vernetzte Spiele entstanden sind, werden mit Internettreffs in der Nachfolge des ehemals berühmten kalifornischen „The Well“ zu einem Teil des „way of live“.[45] Auch diese lange Zeit im besten Sinne zweckfreien und kreativen Spielwelten werden mittlerweile kommerzialisiert und dadurch immer mehr zur Verdoppelung der Banalität der realen Lebens zwischen belanglosem Geplaudere und plumper Anmache. Deshalb macht es Sinn, wenn ein Projekt wie „FOOGUE“ (seit 1996) von Evelyn Teutsch den Schutzraum des Kunstkontexts auch auf diesem virtuellen Terrain nutzt, aber ohne damit den Hermetismus der Kunstwelt zu duplizieren, sondern einer echten Kollektivität im Medium nahekommt. (MKI) Christin Lahr überträgt in der Installation „[DPsNtN] = DISPLACED_PERSONS say NOTHING to NOBODY“ (1997–99) ihre Recherchen zu den Diskursen „bezüglich An- und Abwesenheit, Wahrheit und Lüge, Geschlecht, Aussehen, Identität und Verortung“ im LambdaMOO zurück in den Kunstraum. Diese Überlagerung von virtuellem und realem Raum wird die jedoch nur für den stillstehenden Besucher, also kontemplativ statt interaktiv, erfahrbar. (MKI)

Eine Verbindung von körperlicher Interaktion in der 3D-Raumsimulation mit aus dem Internet eingespeisten Informationsdaten wird in solch aufwendigen Installationen möglich, wie sie die Gruppe „Knowbotic Research“ realisiert. („Simulationsraum mobiler Datenklänge“ 1993, „Dialog with the Knowbotic South“ 1994). (MKI) Der Betrachter betritt hier keinen vorher definierten Datenraum, sondern ein durch mehrere Teilnehmer ständig in Entwicklung befindliches digitales Environment, das versucht, komplexe naturwissenschaftliche Vorgänge, z. B. aus der Antarktisforschung, in neue Formen der Visualisierung zu überführen. Ihr Anliegen als Künstler ist, die wegen zu großer Komplexität nicht mehr vorstellbaren Zusammenhänge aus Naturwissenschaft und Technologie, oder seit 1997 auch die Analyse urbaner Strukturen, durch eine assoziative, räumlich und körperlich erlebbare Umsetzung vorstellbar zu machen. Die an dieser Schnittstelle von Kunst und Scientific Visualisation entstehenden Bilder einer möglichen „computer aided nature“ sind allerdings oftmals von verführerischer Ästhetik, vielleicht sogar zu schön, um zugleich auch wahr zu sein.

44 Vgl. Roy Ascotts schon 1983 umfassende und konkrete Thesen zu „Kunst und Telematik“ in : „Art Telecommunication“, Heidi Grundmann (Hrsg.), Wien/Vancouver 1984, S. 25–59.
45 Vgl. Sherry Turkle, „Live on the Screen“, New York 1995, dt.: „Leben im Netz, Identität in Zeiten des Internet“, Reinbek 1999, S. 290 ff.

7. Interaktion und Internet – die Situation heute

Während Naturwissenschaftler schon seit über 10 Jahren weltweit selbstverständlich mit dem Internet arbeiten, findet die Kunst erst mit dem großen Netzboom und dem begleitenden „Hype" zu ihrer neuen Zukunftsvision. Daß die Kunst seit circa 1994 das Internet entdeckt, liegt vor allem an der Einführung einer neuen Software, die das Netz als WorldWideWeb (WWW) multimediafähig macht und es damit neben der rein schriftlichen Kommunikation für Bild und Ton erschließt. Parallel dazu setzen sich mit der CD-ROM und dem Nachfolger DVD interaktive Datenträger als Massenmedium durch. Es ist jedoch absehbar, daß mit schnelleren Übertragungsraten in Zukunft alle Festspeicher durch entsprechende Netzangebote abgelöst werden.

Der wesentlichste Effekt dieser neuen Technologien ist die Erschließung der Interaktion für die Massenmedien: Interaktivität soll das Experimentierlabor verlassen um zur Zukunftsmelodie der Medienindustrie zu werden. Auf einen Schlag wird die Beschränktheit des Zugangs der interaktiven High-Tech-Installationen überwunden. Die interaktiven Datenstrukturen kommen zu jedermann nach Hause, sei es aus der Telefonbuchse oder auf einer silbernen Scheibe. Der Betrachter muß nicht mehr zum romantischen Reisenden auf den Spuren der Werke werden, sondern er wird zum Datenreisenden, dessen „Surfen" im Netz den Abglanz der körperlichen Eleganz des kalifornischen Wassersports auf die virtuelle Ebene hebt.

Die einschneidende Veränderung der Denkmodelle zeigt sich an dem Bedeutungswandel der zentralen Begriffe. „Cyberspace" wird nicht mehr vorrangig als Projektion des realen Raums und des menschlichen Körpers in den Datenraum verstanden, sondern als Vernetzung aller Kommunikationsstrukturen. „Interaktivität" wird von der Mensch-Maschine-Interaktion wieder zur zwischenmenschlichen Interaktion, deren Strukturen durch die Übermaschine des Internets mit seinen Millionen von angeschlossen Computern bzw. Nutzern geprägt wird.

An die Stelle der symbolischen Einsamkeit, wie sie der Betrachter im Cyberspace der frühen 90er Jahre oder vor dem eigenen Videobild der Closed-circuit-Installation der 70er fand, tritt nun das radikale Überangebot an Kommunikation. Das Internet scheint die technische Machbarkeit zur Erfüllung der Utopien einer Intermedia-Kunst zu liefern, da hier alle Medien und Gattungen konvergieren. Die Idee des „Netzwerks" ist älter als seine technische Realität und war schon in den 60er Jahren ein zentrales Motiv sowohl der alternativen Kultur als auch ihres Anspruchs auf politische und soziale Wirksamkeit. Nun werden mit der neuen Technologie die Ideale der 60er Jahre wiederentdeckt: Ein „offenes Kunstwerk", das erst in der Kommunikation der Teilnehmer entsteht und ein „herrschaftsfreier Diskurs" aller am Netz Beteiligten sind Grundformen der Internet-Ideologie und Ästhetik der frühen 90er Jahre. Ihr Vorbild findet diese Haltung in Projekten wie „Electronic Cafe" von Kit Galloway und Sherrie Rabinowitz, das 1984 zur Olympiade in Los Angeles verschiedene Stadtbezirke mit einem multimedialen Netzwerk verband. Ohne irgendeine Form von Inhalt zu bieten, soll alleine die Öffnung neuer Kommunikationswege nach dem Willen der Macher eine ethische und demokratische Dimension haben.[46] „Electronic Cafe" ist damit der Vorläufer aller Netzutopien, in denen ein soziales Modell in die Form von Technologie gegossen wird.

Die erfolgreichsten Projekte im Zwischenfeld von Politik und Kultur sind die seit 1994 zuerst in Amsterdam und dann in zahlreichen Städten Europas entstehenden „Digitalen Städte" und „Internationalen Städte". In ihrem Programm heißt es: „Neue zwischenmenschliche Beziehungen werden durch die Internationale Stadt initiiert und wirken auf den Alltag der realen Stadt. Im Unterschied zu anderen Medien werden neue Informationen durch sozialen Austausch entstehen."[47] Statt des „global village", das McLuhan in den 60ern propagiert, nun also eine Beschränkung auf die elektronische Nachbarschaft im regionalen Rahmen, aber mit regem Austausch zwischen den untereinander vernetzten, jeweiligen digitalen Metropolen. Viele dieser Projekte stehen bald vor der Frage, ob sie im selbstbestimmten Freiraum alternativ-künstlerischer Medienarbeit bleiben wollen oder sich ebenso wie ihr rasch boomendes kommerzielles Umfeld als Serviceunternehmen professionalisieren. Dies führte dazu, daß die prominente „Internationale Stadt Berlin" (MKI) sich durch diesen Rollenkonflikt schließlich 1997 auflöst, während die „Internationale Stadt Bremen" sich in eine Internet-Dienstleistungsfirma verwandelt.[48] Hier wiederholen sich Prozesse der professionellen Differenzierung aus der Videoszene der 80er Jahren in ihrer Abgrenzung oder Annäherung zum Fernsehen, allerdings in stark beschleunigter Form.

Spezifischer auf den Kunstkontext ausgerichtete Projekte entstehen ebenfalls in großer Zahl, ohne daß bisher ein Konsens über die Möglichkeiten von „Netzkunst" besteht.[49] Das erste wurde 1991 in New York als „The Thing" gegründet und hat seitdem zumindest zeitweise Knotenpunkte in Berlin, Frankfurt, Hamburg, Düsseldorf, Köln, London, Stockholm und Wien eröffnet. (MKI) Anfangs ist es ein rein textorientiertes Diskussionsforum mit eigener BBS-Netzstruktur abseits des Internet, für das sein Gründer Wolfgang Staehle sich auf große Namen beruft: „Beuys ging es um die soziale Skulptur, eine künstlerische Produktion, die eine Gruppe oder eine Gemeinschaft zusammen macht. The Thing ist so eine Skulptur: es realisiert die Beuyssche Idee von der direkten Demokratie, vom politischen Gemeinwesen als sozialer Struktur. Gleichzeitig stellt es eine Erweiterung des Kunstbegriffs dar."[50] Ist die Erweiterung des Kunstbegriffs also durch das geeignete Medium zu lösen, oder wird nun auch auf Künstlerseite der Paradigmenwechsel von der Ideologie der 60er zur Technologie der 90er Jahre proklamiert? Doch die zu Beginn noch vom Pionieergeist der globalen Vernetzung getragene Struktur ist heute von der Technologie überholt worden und hat sich in mehr oder weniger autonome Standorte aufgelöst.

46 Vgl. Gene Youngblood, „Der virtuelle Raum. Die elektronischen Umfelder von Mobile Image", in: Ars Electronica, Linz 1986, S. 289–302.

47 Manifest auf der Website der Internationalen Stadt Berlin, 1994.

48 Vgl. Gottfried Kerscher/Joachim Blank, „brave new city", in: Kritische Berichte, H. 1, 1998, S. 10–16, Themenheft Netzkunst.

49 Vgl. zum folgenden auch: Dieter Daniels, „Von der Mail-Art zur E-mail, Kunst der Kommunikation", in: Neue Bildende Kunst, Nr. 5, 1994, S. 14–18.

50 Staehle in: Vera Graf, „Kunst im Informationszeitalter", Süddeutsche Zeitung, 22. März 1994, S. 11.

Auch hier vollzog sich mit dem WWW der Wandel von der zweckfreien Kommunikation als theoretischem Diskurs oder Szene-Klatsch zu einer halb-kommerziellen Nutzung.

Alle kulturellen Netzprojekte der frühen 90er Jahre versuchen anfangs noch, zwei Ziele parallel zu verfolgen: Zugang zum Netz für jedermann zu schaffen und eine neue Diskurs- und Vermittlungsplattform zu installieren, die sich inhaltlich durch die Aktivitäten ihrer Mitglieder ausformt. Durch den Internetboom wird diese Koppelung von Technik und Inhalt jedoch schnell überfällig. Seit Internetzugang industriell frei Haus geliefert wird, ist mit den Pionierprojekten wie „The Thing" oder „Internationale Stadt" vielleicht auch die letzte Utopie einer Synthese von technischem und künstlerischem Fortschritt im 20. Jahrhundert von der Realität eingeholt worden.

Die Kunst ist bei dem derzeitigen Boom der Netzwerkkommunikation gewiß nur ein kleiner Nebenschauplatz. Aber daß Künstler die zentralen Probleme des Mediums frühzeitig erfassen, zeigt das von Antoni Muntadas initiierte Projekt „The File Room" (seit 1994). Es stellt ein offenes Archiv zu aktuellen und historischen Fällen von Zensur dar, daß durch seine weltweiten Benutzer ständig erweitert wird. Muntadas arbeitet schon seit den 70er Jahren mit der politischen Funktion von Massenmedien. Sein Projekt war zunächst unabhängig von einer Umsetzung ins Internet entstanden, erhält aber erst hier seine eigentliche Brisanz. Die immer wieder laut werdende Forderung nach einer Zensur im Internet, die 1996 in den USA zu einem nur knapp gescheiterten Gesetzesentwurf führte, schafft bei „The File Room" eine unmittelbaren Synthese von Medium und Message. Anfangs waren die Zugriffsraten auf seine WWW Adresse unter den Top Ten von Netzstatistiken, unmittelbar nach der Website von Microsoft!

Ein weiteres Pionierprojekt, das die Funktion des Internets als ganzes zum Thema hat, ist Ingo Günthers „Refugee Republic". (MKI) Das Projekt eines über das Internet organisierten Staats, der aus den weltweit 20 Millionen Flüchtlingen eine handlungsfähige Kapitalkraft statt einer wirtschaftlichen Belastung machen soll, mag als typische Netzutopie erscheinen. Tatsächlich wurde die Idee jedoch ebenso wie „The File Room" zunächst unabhängig vom Internet entwickelt (ab 1993) und fand dann erst im Netz ihr passendes Medium. Günther geht nicht vom Status quo aus (Wir haben jetzt das Internet, was machen wir nun als Künstler damit?), sondern entwickelt anhand eines faktischen Problems den Entwurf einer neuen Funktion des Mediums und damit eines Teils der Gesellschaft. Thomas Morus mußte 1516 für sein „Utopia" noch zur Ausflucht eines unentdeckten Inselstaats greifen, obwohl er auf die Verhältnisse im eigenen Land zielte. Günthers Staat kann dagegen ohne Territorium nur im Netz existiert und ist somit eine perfektionierte Utopie, die zugleich mit ihrem Medium auch die Mittel zur Verwirklichung benennt – auch wenn diese bis heute auf sich warten läßt.[51]

51 Vgl. Dieter Daniels, „Utopie – Wozu?" in: „Ingo Günther, Republik.com", Susanne Rennert/Stephan von Wiese (Hrsg.), Ostfildern 1998, S. 48–61.

Auch die politischen Utopien, die von höchster Stelle aus am Anfang des Netzbooms standen, so etwa „ein neues athenisches Zeitalter der Demokratie" das Al Gore für Bill Clintons Wahlkampfprogramm des Informationhighway von 1992 beschwor, sind bisher unerfüllt geblieben, haben aber dennoch viel bewirkt, wenn auch in einer anderen Richtung. Es erscheint wie die Erinnerung an eine ewig zurückliegende Epoche des Netzes, daß noch 1993 die ersten Versender von Spam-Werbemails im Internet von der Netzgemeinde mit organisierten Massenprotesten auf ihre E-mail-Adresse attackiert wurden. Seit Mitte der 90er Jahre wandelt sich das Internet von einem wertfreien Mittel des Wissenschaftsdiskurses und der Chat- und News-Groups zu einem Massenmedium mit hartem kommerziellem Verdrängungswettbewerb. Aus dem Kommunikationsmedium wird durch das multimediale WWW ein Konsum- und Broadcastmedium, welches zunehmend mit TV und Radio verschmilzt. Die großen Software- und Telekommunikationsfirmen arbeiten mit Hochdruck an der flächendeckenden Umsetzung von Multimedianetzen als Zukunftsmarkt. Bill Gates und seine Konkurrenten versuchen, die Reste der anarchischen Struktur des Netzes der Hegemonie des Corporate Business zu unterwerfen. Fast zynisch wirkt die von kommerziellen Internetprovidern in Werbebriefen an Künstler geweckte Hoffnung, mit der Einrichtung einer homepage auf der sie z. B. ihre Malerei präsentieren, endlich den Sprung zu weltweiten Berühmtheit zu schaffen. Ebenso ließe sich behaupten, der Eintrag in Telefonbuch wäre der ideale Start für eine Schriftstellerkarriere.

Zweifellos könnte das Internet eine wesentlich größere Herausforderung an das Kunstsystem sein, als alle elektronischen Medien zuvor, da es nicht nur eine neue Form der Produktion wie Video und Computer, sondern vor allem einen neuen Weg der Distribution darstellt. Seine Ubiquität widerspricht dem sozial und räumlich definierten Kunstkontext und seinem notwendig elitären Insiderdiskurs. Mitte der 90er Jahre begann deshalb die hoffnungsvolle Entwicklung neuer Strukturen sowohl auf Seiten der Kunst als auch in der Netzwerkkommunikation um die Kapazität beider Bereiche zusammenzuführen, wie das New Yorker Äda-Web oder die Wiener Public Netbase.[52] Das diese bisher weitgehend folgenlos geblieben sind, liegt an dem wechselseitigen Ausschlußprozeß zwischen Kunstdiskurs und Netzkulturdiskurs, die sich gegenseitig oft ähnliche Unterstellungen machen, ohne ihr Gegenüber wirklich zu kennen, so etwa die der Kommerzabhängigkeit, Pseudo-Progressivität, Schein-Offenheit oder Borniertheit. Deshalb ist die sogenannante Netzkunst bisher nur der kleinste gemeinsame Nenner der zwei aneinander vorbei verlaufenden Diskurse und damit die Randgruppe zweier Randgruppen.[53] Mit der Netzkunst kommt ein Paradox zu seiner letzten Zuspitzung, das die Medienkünste von

52 Äda-Web und Public Netbase gingen beide Anfang 1995 ans Netz und haben mit Künstlern WWW-spezifische Werke produziert und in einen theoretischen Kontext eingebettet. Äda Web mußte den aktiven Betrieb 1998 einstellen, weil sich der Sponsor aus der Telekommunikationsindustrie zurückzog, und wurde als im Netz zugängliches Archiv an das Walker Art Center verkauft.

53 Vgl. dazu die durch ihre wechselseitigen Mißverständnisse bezeichnende Debatte zwischen Isabelle Graw und Tilman Baumgärtel zur Netzkunst: Isabelle Graw, Man sieht, was man sieht. Anmerkungen zur Netzkunst, in: „Texte zur Kunst", Heft 32, 1998, S. 18–31; Tilman Baumgärtel, „Das Imperium schlägt zurück!", in der On-Line Zeitschrift Telepolis, 20.01.99.

Anfang an begleitet. Die Massenmedien, und vor allem das Internet, lösen alle Kontextbezüge auf. Die Kunst der Moderne hingegen ist im 20. Jahrhundert immer kontext-spezifischer und damit in ihrer Bewertung, ja sogar Wahrnehmbarkeit immer kontext-abhängiger geworden. Kunst im Internet steht deshalb vor dem Dilemma sich medial an alle, aber kontextuell an niemand zu wenden.

Die Reflexe der Umbrüche der Netzentwicklung in der Kunst sind vielfältig. Vor der Gefahr einer Kommerzialisierung dürfte die Kunst dabei vorerst noch sicherer sein, als ihr lieb ist. Die Versuche von „Netzkunst Galerien" sind meist nur nach dem Modell der konventionellen Kunstgalerien geformte virtuelle Verdopplungen und werden vermutlich dem Schicksal von Gerry Schums Fernsehgalerie folgen, der schon 1970 vergeblich versuchte, den Kunstkontext in ein Massenmedium zu transportieren.[54] (MKA) Das zeigte zum Bespiel der 1999 gescheiterte Versuch, die New Yorker Website von „The Thing" in einer Internet-Versteigerung zu verkaufen, bei der nur ca. fünf Prozent des Limits von 45 000 Dollar erreicht wurden.

Daß mit der allgemeine Vernetzung nicht die Ära der großen Freiheit, sondern des endlosen WeltWeitenWartens im WWW-Datenstau angebrochen ist, macht „www.antworten.de" (1997) von Holger Friese und Max Kossatz zum Thema. Internetprojekte wie „Dump Your Trash!" (1998) von Joachim Blank und Karlheinz Jeron sind der symbolische Grabstein der unter dem Datenmüll begrabenen Hoffnung auf Kommunikationsbefreiung. (MKI) Auf ihrem nach der Müllrecyclingfirma der ehemaligen DDR benannten Server sero.org bieten Blank und Jeron außerdem einen „re-m@ail" Service zu öffentlichen Entsorgung von unbeantworteten e-mails an. In einer Zeit, wo netzaktive User nach einer Woche Urlaub schnell über 1000 mails auf ihrem Account haben, ist ein solcher Service Realsatire auf die Selbstblockade der Kommunikationsexplosion. Diese getrost als anti-interaktiv und anti-kommunikativ zu bezeichnenden Konzepte markieren den Übergang von der Netzutopie zur Netzkritik, der sich beispielsweise an der Haltungsveränderung in der Abfolge der Schriften von Agentur Bilwet (Geert Lovink, Arjen Mulder u.a.) über den Zeitraum 1991 bis 1997 ebenso ablesen läßt wie in den Debatten auf der Nettime-Mailingliste seit 1995.[55] (MKI) Es geht in dieser künstlerisch und theoretisch formulierten Netzkritik um eine doppelte Analyse, die nicht eingelösten Versprechungen der Industrie sind ebenso Thema wie die unerfüllten eigenen Utopien. Denn Joachim Blank und Karlheinz Jeron sind ebenso wie Geert Lovink Netzpioniere der frühen 90er Jahre, die mit der Bewegung der Digitalen Städte ein kulturelles und kommunikatives Gegenmodell zur heutigen Netzbanalität entworfen haben.

54 Die Moskauer Netzkunst Galerie „Art Teleportacia" von Olia Lialina hat zwar bereits viel Presseaufmerksamkeit erhalten aber dennoch bisher nur ein eigenes Werk der Galeristin verkauft. Der private Kauf des Projekts „www.antworten.de" (MKI) von Holger Friese und Max Kossatz durch die Sammler Hannelore und Hans-Dieter Huber war immerhin der New York Times on-line eine Notiz wert.

55 Agentur Bilwet hat folgende Bücher veröffentlicht: „Bewegungslehre", 1991; „Medienarchiv", 1993; „Der Datendandy", 1994; „Elektronische Einsamkeit", 1997; vgl. auch „Netzkritik", nettime (Hrsg.), 1997, und. „Read Me! filtered by nettime. ASCII culture and the revenge of knowledge", Josephine Bosma u.a. (Hrsg.), New York 1999.

Die das Netz und vor allem die Diskussion darüber bestimmende Mischung von harter Pornographie, Polit-Radikalismus, Werbung und Propaganda haben Keith Seward und Eric Swenson auf ihrer CD-ROM „Blam! 3" komprimiert unter dem Motto „Interaktivität ist die größte Lüge!".[56] Von der Anti-Interaktivität führt ein direkter Weg zur Software-Subversion, wie sie denn unvorbereiteten Besucher etwa auf der Site oder CD-ROM von Jodi.org mit ständig neuen Schreckensbildern eines finalen Absturzes erwartet, denen er hilflos zusehen muß, um dann zu merken, daß er nur eine Simulation des nicht-simulierbaren Endes aller Simulationsmaschinen gesehen hat. Gegen Enzensbergers Thesen zu einer emanzipatorischen, demokratischen Funktion der Medien wendet Jean Baudrillard schon 1972 ein: „Die Medien sind dasjenige, welches die Antwort für immer untersagt, [...] es sei denn in Form der Simulation einer Antwort."[57] Nicht die Antworten sondern die Fragen waren laut Jochen Gerz entscheidend für den politischen Aufbruch der 68er, und die Unmöglichkeit der Antwort in den Medien zeigt sein nur aus Fragen des Publikums bestehendes Internetprojekt „Das Berkeley Orakel" (seit 1997 (MKA)). Wie am Ende des Aufbruchs der 60er Jahre das von Bruce Nauman formulierte Mißtrauen in partizipative Kunstformen steht, findet am Ende der 90er Jahre eine skeptische Revision des von der Medientechnik geprägten Interaktivitätskonzepts statt.

Der von der Industrie angestrebten Synthese zwischen Netz- und Sendemedien lassen sich auch positive Seiten abgewinnen. Dazu zählen die Ende der 90er Jahre im sogenannten „Crossculture" Umfeld von Medieninitiativen, Kunstkonzepten und Pop- oder Techno-Musik entstehenden Live-Webcastings, in denen das gute alte Broadcastingprinzip sub-kulturell neu erfunden wird. Das die Grenzen zwischen Netz- und Sendestrukturen sich auflösen, zeigt auch Achim Wollscheids Radioprojekt „Imaginary Soundscapes" (1999). (MKI) Ein kollektiv bestückbarer Klangspeicher wird von mehreren Mitspielern und eventuell auch den Zuhörern via Internet gesteuert. Die dabei enstehenden Kompositionen sind nachts im sonst programmfreien Zeitraum eines Frankfurter Radiosenders live zu hören.

Schließt sich damit der Kreis zu dem Ideal einer ästhetischen Sensibilisierung welche in die Interaktion mit den Medien hineinreicht, wie es John Cages Stück „Imaginary Landscape No. 4" schon 1951 für zwölf Radios und vierundzwanzig Ausführende beispielhaft vorführt? Sind Künstler nur die „exemplarischen Zuhörer", die uns die mediale Veränderung der Weltsicht durch einen Prozeß der Auswahl und Bündelung erkennen lassen – oder hat Kunst gerade mit den neuen Technologien wieder den Anspruch und die Möglichkeit zu einem Eingriff in die Dynamik der Entwicklung der Mediengesellschaft? Und umgekehrt: wie resistent wird der Kunstbegriff gegen die Mediatisierung aller Lebensbereiche bleiben? Oder ganz konkret auf die hier behandelte Thematik bezogen: Macht es noch Sinn, über die Bedeutung von Interaktivität in der Perspektive der Kunst

56 Vgl. Stefan Römer, „Interaktivität ist die größte Lüge", in: Texte zur Kunst, Nr. 32, 1998, S. 70–73.
57 Jean Baudrillard (1972), a.a.O., S. 91.

nachzudenken, oder reicht es, statt dessen auf die Entwicklung der Hard- und Software sowie die ständige weiterwachsende Zahl der Internetanschlüsse zu verweisen?

Das 1999 die Jury des Prix Ars Electronica den Hauptpreis in der Kategore „.net“ an das Betriebssystem Linux vergibt, mag mit der oben betreffs John Cage und Bill Gates geschilderten Differenz offener und geschlossener Systeme zu tun haben. Doch die dahinterstehende Haltung, daß Programmierung die eigentliche Kunst sei, und was Künstler damit machen zweitrangig, trifft sich mit der These Friedrich Kittlers, daß wir nur aus Unkenntnis die Erzeugnisse von Medien mit Kunst verwechseln. Das dies durch die Jury eines Kunstpreises solchermaßen bestätigt wird, kann aus der Perspektive der Kunst als überflüssige Affirmation der Technologiegläubigkeit der Medienkunst kritisiert werden, mit der die Verbindung zum Kunstkontext endgültig gekappt wird.[58] Doch aus einer kulturgeschichtlichen Sicht kann diese Entscheidung auch als ein Indiz dafür gesehen werden, daß es offenbar eine unstillbare Sehnsucht zurück in die Epoche vor der Trennung von Kunst und Technik gibt. Eine „Ars Electronica“ wäre dann die Nachfolgerin einer „Ars Inveniendi“, zu deren Bereich im Barock sowohl die Kriegkunst als auch die Wasserkunst und Feuerwerkskunst, ebenso die ersten Apparate der Rechenkunst und die bei Hofe erfolgreich vorgeführen Androiden-Automaten gehören. Genauso vermischen sich heute im Bereich der technologischen Interaktivität unverhohlene Militärinteressen mit denen der Wissenschaft und Kunst sowie einer postfeudalen Unterhaltung. Auch die zahllosen Projekte im Zwischenbereich von Kunst und Medien die den Namen Leonardo tragen, verweisen auf das gleiche Bedürfnis, den Maler, Anatomen, Festungsbaumeister und Flugapparateerfinder zum Sinnbild einer für immer verlorenen Ganzheit von Kulturleistung, Technikinnovation und Naturforschung zu stilisieren.

8. Nochmal: Ist Interaktivität eine Ideologie oder eine Technologie?

Die Sehnsucht nach dem Homo Universalis der Renaissance wird sich im Zeitalter der Wissens- und Kommunikationsexplosion auch mit Computerunterstützung nicht erfüllen lassen. Dennoch führen Computer und Vernetzung zu einer Konvergenz von bisher getrennen Feldern. Die in den 30er Jahren noch radikal getrennten Fragestellungen von Brecht und Turing, d.h. der sozialen oder technologischen Bedeutung von mediengestützer Interaktion, beginnen sich heute zu überschneiden. Ob wir mit Maschinen statt Menschen oder mit Menschen mittels Maschinen kommunizieren oder ob wir mit Menschen über Maschinen oder mit Maschinen über Menschen sprechen, wird durch die Verflechtung von menschlicher Gesellschaft und technologischer Parallelwelt immer schwerer zu unterscheiden. Das heißt auch, daß die Grenze zwischen Ideologie und Technologie unscharf wird, ja daß Technologie ein zentrales Element der Ideologie der 90er Jahre bildet.[59]

58 Vgl. dazu Armin Medosch in der On-Line Zeitschrift Telepolis, 1. 6. 99.

59 Vgl auch Jean Baudrillard, für den die Medien selbst eine Ideologie hervorbringen, statt nur ihr Mittel zu sein (s. Anm. 8).

Diese Konvergenz von Ideologie und Technologie hat sich in der gesamten Entwicklung und Diskussion von medienunterstützter Interaktivität angekündigt. Schon vor aller Medienkunst versuchen die Partizipationsformen von Happening und Fluxus, die Trennung von Produzenten und Rezipienten aufzuheben. Sie haben damit auch gegen die Konditionierung zum Konsumismus durch die Massenmedien reagiert, das zeigen der Einsatz von Radio und TV bei Cage, Paik und Vostell ebenso wie das Expanded Cinema. Aus eben dieser gleichermaßen ästhetischen, sozialen und politischen Ideologie geht die These hervor, daß sich mittels der Medien die gesamtkulturelle Tendenz zur passiven Rezeption aufbrechen ließe, vorausgesetzt diese Medien werden nicht im Interesse der Distribution von Kapital und Industrie eingesetzt, sondern können das ihnen innewohnende Potential zur Interaktion und Kommunikation entfalten: Das ist der Urspung der These von der emanzipatorischen Kraft der Medien, die sich mit erstaunlicher Gleichartigkeit in so verschiedenen Kontexten findet wie bei Enzenbergers Kritik der fehlenden Medienkompetenz der Linken von 1970 mit Rückgriff auf Brechts Radiotheorie der 30er Jahre und Weibels Aufruf zur Zukunft einer interaktiven Kunst von 1989.[60] Diese These von der emanzipatorischen Kraft der Medien findet sich auch in der sogenannten „kalifornischen Ideologie“ der 90er Jahre, wie sie das Magazin „Wired“ exemplarisch verkörpert und dem Projekte wie die „Digitalen Städte“ oder „nettime“ eine europäische Alternative gegenüberstellen wollen.[61] Doch schon mit der Wahlkampagne von Bill Clinton zum Informationhighway von 1992 kündigt sich eine entscheidenden Umkehrung an, denn nun wird die zwischen Hackertum, Spät-Hippies und Kunst- oder Politavantgarde entstandene Idee der freien Netzkommunikation in Rekordzeit zur zentralen Botschaft der Medienindustrie. Und in diesem Endstadium ist logischerweise das ursprüngliche Feindbild, das mittels mediengestützter Interaktion und Kommunikation überwunden werden sollte, in Vergessenheit gefallen: die industrielle Hegemonie der Medien als Ursache für den kulturellen Konsumismus.

Die Experimente im Labor der Avantgarde, von Bertolt Brecht über Happening und Fluxus bis zum linken Aktivismus der 60er/70er und schließlich der interaktiven Kunst der 80/90er Jahre haben alle das gleiche Resultat hervorgebracht: Die Wirkung der Medien läßt sich auf Dauer und im großen Maßstab nicht umkehren. Die These vom emanzipatorischen Potential der Medien läßt sich nur in eng begrenzten, kulturell abgeschirmten Nischen umsetzten, taugt jedoch nicht zum Wettbewerb, auch in der Ära des angeblichen Post-Kapitalismus nicht. Schon Brecht sah deshalb, daß seine andere Verwendung des Radios „undurchführbar in dieser Gesellschaftsordnung, durchführbar in einer anderen“

60 Peter Weibel sieht es 1989 so, daß die gesamte moderne Kunst auf das Prinzip des „Inter-“ hinentwickelt und macht es zu seinem Programm, sich „auf die eigentlichen utopischen sozialen Möglichkeiten“ zu konzentrieren, „welche die Technik bietet, zum Beispiel die Partizipation an und die Interaktion mit dem Kunstwerk als Modell für emanzipatorische Kommunikationsformen.“ Peter Weibel, „Momente der Interaktivität“, in: Kunstforum Bd. 103, 1989, S. 87.

61 Vgl. dazu: Richard Barbrook/Andy Cameron, „Die kalifornische Ideologie“, in: „Netzkritk“, nettime (Hrsg.), Berlin 1997. Hier wird gerade gegen die amerikanische Technikbegeisterung eine eigene europäische Position gefordert, in der sich die „High-Tech-Handwerker mit der Theorie und Praxis der bildenden Kunst wieder in Verbindung setzen.“ (S. 32).

sei.[62] Doch heute, nach dem Ende des Systemkonflikts zwischen Kapitalismus und Sozialismus, wissen wir, daß es diese andere Ordnung nicht geben wird. Wenn also der Konsumismus ein unablösbarer Effekt aller Massenmedien ist und in den scheinpartizipativen Rezeptionsformen des Zappen und Surfens erst ganz zu seiner Erfüllung kommt, dann liefe der Glaube an das emanzipatorisches Potential mediengestützter Interaktion darauf hinaus, Alkoholimus mit Schnaps zu bekämpfen. Brecht hat schon 1932 die einsame Passivität des Radiohörers mit dem schlimmsten, nämlich dem stillen Suff verglichen. Heute endet die Interaktivitätseuphorie der frühen 90er Jahre in der Katerstimmung der von Agentur Bilwet beschriebenen „elektronischen Einsamkeit“, frei nach dem Motto: „Verändere die Welt, bleib' daheim.“[63]

62 Brecht (1932), a. a. O., S. 557.
63 Agentur Bilwet, „Elektronische Einsamkeit“, Köln 1997, S. 11.

Dieter Daniels

Strategies of Interactivity

1. Ideology or technology – Brecht or Turing

Is interactivity an ideology or a technology? The question goes back to the 1930s, and can be identified in the opposing stances of Bertolt Brecht and Alan Turing. Brecht demanded in 1932: 'Change this apparatus (the radio) over from distribution to communication. [...] By submitting constant, incessant suggestions for improving the usage of the apparatus for the general good we have to rock the social foundations of this apparatus, to discuss how it is being used to further the interests of a few.'[1] From 1935 onward, Alan Turing worked on his theory of a universal machine that later culminated in the famous question: 'Can machines think?' This included the problem of possible ways of establishing a connection between artificial intelligence and human consciousness: 'We may hope that machines will eventually compete with men in all purely intellectual fields. But which are the best ones to start with? Even this is a difficult decision. Many people think that a very abstract activity, like the playing of chess, would be best. It can also be maintained that it is best to provide the machine with the best sense organs that money can buy (...) I think both approaches should be tried.'[2]

Either position had its origin in wholly divergent discourses. On the basis of pure mathematics, Turing developed the scientific fundamentals of the technological feasibility of man-machine communication up to a level where it would be impossible to distinguish one from the other. Brecht, in contrast, transposed his theory of theatre onto the media, and recognized the social and political effects of human-human communication shaped by ever-more perfect media machines. The breadth of the field marked by the cornerstones of technological as opposed to social notions of interactivity has continued to define the debate surrounding Cyberspace and the Internet and the associated question of the reciprocal influence of media technology and social structure.

2. Open or closed systems – John Cage or Bill Gates

Despite the allegedly depersonalizing force of new communications technologies, individual names today stand more than ever for ideas and programmes – in politics as much as business and the arts. This is why two names also stake out the territory for a closer examination of the ideology and technology of interactivity. The mottoes pointing to their common ground might read, 'programmes instead of

1 Bertolt Brecht, Der Rundfunk als Kommunikationsapparat, in: id., Werke, Berlin/Frankfurt a. M., 1992, vol. 21, p. 557. Due, among other reasons, to Hans Magnus Enzesberger's renewed handling of Brecht's theory of radio, which was noted by Marxist theorists like Todd Gitlin and artists like Douglas Davis, Brecht was similarly a point of reference for discourse on media and art in the USA in the 1960s and '70s.

instruments' or 'software, not hardware'. This aesthetic stance made John Cage the precursor of the New Music and intermedia art of the '60s. Bill Gates, in contrast, realized the economic potential of this perception and in the course of the '90s multimedia boom became the richest man on the planet. Certainly, either figure attached a different meaning to these statements, as becomes obvious from their radically different concepts of 'interactivity'.

Most of Cage's compositions do not define a precise musical human-instrument interaction, but open up a field of possibilities to be interpreted by the performer of his composition and producing each time, through elements of chance and variation, differing results.[3] *Some pieces modify the instruments (prepared piano) or leave the choice of instruments up to the performers. Through the performance process, the individual's freedom to modify the structure results in a social interaction in the group of musicians. This non-hierarchic form of creativity can be compared with the 'bottom-up' structure by which an open-source software such as Linux is constantly further developed by its users. In either case, it is possible to vary and re-interpret a specified code with the result that the boundary between author and user becomes fluid. The opposite model would be a 'top-down' structure as represented by the precise notation of a classical composition as well as the proprietary software developed by Bill Gates' Microsoft Corporation, for which the secrecy of the source code is the basis of a capitalist monopoly. Program users work in line with the patterns of interaction decreed by the software industry, just as the classical musical composition specifies as exactly as possible the usage of musical instruments.*

The purpose of composition, as Cage saw it, was not to deliver an optimum 'operating system' for musical instruments, but to initiate an individual and social creative process which successively detaches itself from the intentions of its author. By contrast, the software of Bill Gates and other proprietary systems keeps users in the dark about the structures 'inscribed' by its writers. A model derived from the time-honoured, idealistic notion of art – that of the deep mystery inherent to all creativity – is being kept alive solely by artificial secrecy. Instead of serving the sacred goals of the genius, it panders to the mammon of monopolists. Cage's concept of interactivity stems from an aesthetic and ideology leading to the dissolution of the boundary between author, performance and audience. That was why he deployed media technologies like radio, record, tape and, later, computer – through the information structures of such apparatus, the interference of musical

2 Alan M. Turing, 'Computing Machinery and Intelligence', Mind, vol. LIX, no. 236, pp. 433–60. See for a more in-depth analysis of Turing's concepts in comparison with Duchamp's art: Dieter Daniels, 'Duchamp: Interface : Turing, The Hypothetical Encounter Between Bachelor Machine and Universal Machine', in: 'Proceedings of the Conference Methods of Understanding in Art and Science: the Case of Duchamp and Poincaré', Rhonda Roland Shearer (ed.), Harvard, 1999.

3 Cf. John Cage, 'Composition as Process. Part II: Indeterminacy', in: Rudolf Frieling/Dieter Daniels, 'Media Art Action', Vienna/New York, 1997, pp. 27–33.

production and reception became possible. Technology could not only replace human labour, but also open up a creative sphere.[4] *For Gates, by contrast, interactivity is an economically and technologically determined pattern according to whose specifications millions structure their workflow – a view he pinpointed in an in-house paper stating that Microsoft treats human users like it does computers: it programs them.*[5]

While the computer is indisputably replacing the piano as the most-used keyboard instrument in the home, liberation from the often tortuous obligation to practise has not reached young people in an open, Cagean form but instead in the voluntary self-conditioning of interaction with industrial software such as computer games. This admittedly bold comparison serves to bridge the gap between Cage's art and Gates' technology in order to show that ultimately their conflicting models of interactivity stand for two different blueprints of society. The respective principles of openness and closedness could act as a leitmotif for the changing meaning of the term 'interactivity' from the '60s to the '90s.[6]

3. Shifting paradigms of interactivity from the 1960s to the '90s

In the 1960s, interaction among audience, artwork, and artist became a defining element of an aesthetic aspiring to the ideal of a new art-form that would leave behind established genres, categories and institutions. This artistic field is most aptly described by the term 'intermedia'. The origins of intermedia art as inspired by John Cage and moulded by Fluxus and Happening lie in the decision to replace an autonomous, finished work with an invitation to the audience to essentially self-determine its experiences with of the artwork. This 'un-bordering' was supposed to engulf the boundaries between artists and audience and those separating the genres. The suspension of the difference between production and reception in the arts has many parallels with the demand of the '68 political activists for consumers to take over the production means.

The classical, bourgeois notion of culture concedes a low ranking to the participation of spectator, reader or listener, demanding that paintings, books or concerts be enjoyed with a kindred understanding of an original work tampered with as little as possible. Popular-cultural forms – such as vaudeville, circus or, more

4 Cage wrote in 1966: 'Are we an audience for computer art? The answer's not No; it's Yes. What we need is a computer that isn't labour-saving but which increases the work for us to do ... turns us (my idea) not 'on' but into artists.' John Cage, 'A Year from Monday', London, 1968, p. 50.

5 Gates as quoted in Friedrich Kittler's lecture at the conference 'Wizards of Oz 1, Offene Quellen und freie Software', Berlin, 1999.

6 Söke Dinkla writes on this subject: 'The motto "art and life" is transformed into "art and technology".' She disregards, however, the associated shift in ideological paradigms that far surpasses the framework of art or technology. Equally, it is impossible to equate interaction based on a score written for a Happening or a Cage composition with interaction incorporated in a computer program without addressing the basic issue of man-machine interchangeability. Söke Dinkla, 'Pioniere Interaktiver Kunst von 1970 bis heute', Ostfildern, 1997, pp. 41 et seq.

recently, the techno DJ – establish intensive exchange with audiences. The attempts to make interaction a means of avant-garde art in the '60s show the desire to depart from the confines of a bourgeois culture felt to be elitist and instead influence mass culture. Further ideals can be circumscribed with Umberto Eco's notion of the 'open work', as well as the 'domination-free discourse' first expounded by the German philosopher Jürgen Habermas. The common enemy of all these artistic and theoretical approaches is the passive cultural consumerism felt to be a product of the mass media in general and of television in particular.[7]

Similar models of open interaction were therefore developed in the arts and with a view to changing the role of the media. Drawing upon Brecht in 1970, Hans Magnus Enzensberger proffered the theory that the electronic technologies harboured the potential to emancipate through non-hierarchic communications. For the same reason he saw the media, were they to be liberated from their perverted usage by the agents of capitalism, as potential stimulus and instrument of social upheaval. 'The open secret of the electronic media, the decisive political factor, which has been waiting, suppressed or crippled, for its moment to come, is their mobilizing power.' And this power would enable people to become 'as free as dancers, as aware as football players, as surprising as guerrillas'.[8] *Comparable ideals are to be found in the anti-industrial media criticism given a forum in publications such as, from 1970 onward, 'Radical Software'. The computer hacker personifies a synthesis of these utopias. With roots stretching back to the same period of unrest, the 'hacker ethic' still includes the following statement: 'You can create art and beauty on a computer.'*[9] *Just like the intermedia art of Fluxus and Happening, the political movement of the '60s took a critical approach to technology, but around 1970 the realization was dawning on activists in art and politics that an unadulterated rejection of media amounted to nothing less than self-incapacitation. The emergence of the phenomenon today known as 'media art' is rooted in this interference of social theory and mass-media technologies.*

By combining ideological strategies with technological means, the movements of the '60s were aiming to link the power of art and media. The social and

7 *Umberto Eco, for instance, in the final chapter of 'The Open Work' (1962) examines the openness of a live TV broadcast as mass-media pendant to the open structures of the avant-garde. His hope in regard to the open structures: 'These digressive annotations would then jolt the viewer out of the hypnotic spell woven by the plot, and, by distancing him from it, would force him to judge, or at least to question, the persuasiveness of what he sees on the screen.' Umberto Eco, The Open Work, tr. A Cancogni, Cambridge, MA., 1989, p. 122.*

8 *Hans Magnus Enzensberger, 'Constituents of a Theory of the Media', (1970) in: 'Video Culture', John Hanhardt (ed.), Rochester N.Y., 1986, p. 97. Reprinted from: 'The Consciousness Industry', tr. Stuart Hood, New York, 1974, pp. 95–128. Cf. Jean Baudrillard's critique of this utopia, in which he objects to a view of the media merely 'as the relay of an ideology' determined by the powers of capitalism, saying they must be grasped as 'effectors of ideology'. Jean Baudrillard, 'Requiem for the Media', (1972) in: Hanhardt, op. cit., p. 128. Reprinted from: 'For a Critique of the Political Economy of the Sign', tr. Charles Levin, St. Louis, 1981, pp. 164–184.*

9 *Cf. the history of the 'hacker ethic' according to the Website of the German Chaos Computer Club* (MKI) *and: Steven Levy, Hackers: Heroes of the Computer Revolution, New York, 1983.*

cultural utopias delivered the objective of a future media role expected to trigger a macro-change in society. This relation has been turned on its head in the '90s: media technology is now often seen as the leitmotif from which all social, cultural and economic changes shall emanate. Today, for instance, the meaning of 'interactivity' is essentially defined through the electronic media. Interface and software designs specify the framework of this technologically determined interaction from human to human via a machine, or solely between human and machine. The 'mobilizing power' of the media, in which Enzensberger was still able to discern potential for attacking the dominance of industry, has long since become fuel for advertisements plugging telecoms shares or mobile telephones and deploying the same heroic images of dancers, footballers or guerrillas

The same is true of the concept of the 'interdisciplinary', a cultural paradigm re-defined in the '90s to become one of technology. In the digital realm, the difference between text, sound and image is apparently reduced to varying data storage-space requirements. To combine various media in a single multimedia program is in line with the basic principle of digital technology, and therefore requires no aesthetic legitimization. Admittedly, there is a connection between the subdivision of artistic genres and the specific media deployed, but the belief that a shared media platform alone could facilitate or even implement a cultural exchange has proved, by and large, to be an illusion encouraged by the superficial resemblance of various interfaces.[10]

The '90s attitude that grasps social and cultural transformation as an effect of the media, contrasting with the calls in the '60s for media to be the instruments of such change, is not without historical roots. These extend from the Italian Futurists' fascination with technology to Marshall McLuhan, who already in 1964 described the media as being the de facto realization (that solely artists refused to accept) of the dreams of a new perceptual form first devised in the arts.[11] *The contemporary scientific follow-ups are such media-theoretical approaches as that of Friedrich Kittler, according to whom it is only possible to 'continue mistaking for art the output of media because the design and nuts and bolts of technical devices ensure they remain black boxes'. In Kittler's view, artists are forbidden from opening up the covers of the appliances, this privilege being reserved, 'as the warning signs make very clear, for qualified specialists. What goes on beneath the covers, in the actual circuitry, is not art but the end of the same in data processing that takes its leave of humanity'.*[12]

10 Here lies also the problem of the interference between scientific visualization and media art, as is investigated by groups like 'Knowbotic Research'. (MKI)

11 For instance in 'Understanding Media' (1964) Marshall McLuhan describes television as an instrument of synaesthetics.

12 Friedrich Kittler, Fiktion und Simulation, in: Philosophien der neuen Technologie, Ars Electronica (ed.), Berlin, 1989, p. 57.

Measured against such a view, some of the interactive forms tried out and developed in '90s media art may indeed seem naive and, above all, wholly dependent on technological specifications. Yet a glance back at the pioneering forms of artistic, media-based interaction reveals that in many cases they penetrated far below the equipment cover plates. Indeed, long before the pre-fabricated media were packed inside casing and became commodities, artists were drafting new models of perception and action that would decades later become part and parcel of mass-media routine. Walter Benjamin already saw the Dadaists' montage of language and images as anticipating the media effects used in films.[13] Ever since the Futurist movement, avant-garde art has envied technology for its effect on the masses, while at the same time displaying vast far-sightedness with regard to technological effects and evolutions. For the same reason, the debate surrounding interactive art in the '90s can be truly understood only against the backdrop of the preceding developments, especially those in the '60s.

4. Media-based interaction in intermedia art of the 1960s and '70s

Compared with the visual arts, music requires for its electronic processing considerably lower data volumes and storage capacity. That is why radio came before television, and the tape recorder before the video cassette recorder. For the same reason, numerous artistic approaches to media clearly emerged first in work with music.[14] This is also true of the notion of 'interactivity', as demonstrated by John Cage's pioneering role. Yet Cage's point of departure was not technologically defined; on the contrary, he started with silence. His piece '4'33' (1952) can be seen as the ideal 'open work' precisely due to the absence of instruments. In it, nothing is fixed, everything depends on the conditions of the respective performance. The accidental sounds of the audience and environment are the content of four-and-a-half minutes of heightened sensibility. During the same period, Cage began to devise pieces that transferred the same principle of open interaction to the deployment of electronic media. In 'Imaginary Landscape No. 4' of 1951, twelve radios are used like musical instruments to produce an interplay of composer's specification and frequency-band offerings that in the USA of 1951 no doubt sounded very different than a contemporary performance of the same score in any country. TV zapping, another form of 'interactive' media perception likewise produced in real time by individual selection, namely by 'assembling' a new 'film' from the on-air TV programmes, is based on the same synchronism and redundancy of

13 Walter Benjamin, 'The Work of Art in the Age of Mechanical Reproduction' (1935), in: id., 'Illuminations', Hannah Arendt (ed.), New York, 1969, p. 251, note 30. Enzensberger carries on where Benjamin left off when he writes, in regard to the 1960s: 'This is where the prognostic value of otherwise inessential productions, such as happenings, fluxus, and mixed-media shows, is to be found'. Enzensberger, 1970, op. cit., p. 122.

14 Umberto Eco, too, explicitly takes contemporary music as point of departure and refers to Karlheinz Stockhausen, Luciano Berio and Henri Pousseur, although John Cage is not mentioned. Umberto Eco, op. cit, available channels as Cage's 'Imaginary Landscape No. 4'. This analogy between experimental composition in the '50s and day-to-day reception in the '90s would serve as a good example of the way artistic models prefigured media effects.

Cage's approach was indeed seminal for the entire field of intermedia art in the '60s, but Happening and Fluxus scarcely picked up the media-related issues he addressed. A major exception is Nam June Paik, who in the title of his 1963 show 'Exposition of Music – Electronic Television' in Wuppertal already indicated his crossover from New Music to the electronic image. (MKA) *The various 'participation TV' models presented in that show were the first blueprint for viewer interaction with TV pictures. By manipulating the electronic circuits of normal TV sets, Paik was able to achieve complex visual structures that viewers could alter and which anticipated by decades the industry-marketed video and multimedia devices serving similar ends.*[15] *Since only one TV channel existed in Germany until (by coincidence also in 1963) a second public broadcaster, the 'ZDF', went on the air, actuating the ON/OFF switch had until then been the TV viewers' only possibility of interaction.*

The uncompromising openness and infinite indeterminacy of the Happening and Fluxus ideal of an art that has no creator/spectator hierarchy proved to be a transitory phase. Although these movements made a vital contribution towards changing the static notion of a work in the visual arts, they delivered no sustainable model for tangible results Above all, such an ideal was unable to satisfy the recipients' need for symbols and fictions. As the Happening of the '60s progressed to become the Performance of the '70s, audience interaction was either no longer desired, or else underwent severe ritualizion and formalization. Bruce Nauman expressed this change unmistakably: 'I mistrust audience participation.'[16] *Nauman's closed-circuit installation 'Live-Taped Video Corridor' of 1970, developed from Performance, can be seen as a precursor of an attitude producing the very opposite of creative participation, namely the radical conditioning of a viewer through a work that forces him to fall back on his own experience of body and image.*[17] *Artists including Dan Graham, Peter Campus and Peter Weibel used video technology in similar fashion in the '70s in order to confront viewers with*

15 *If an electronically modified TV set is fitted with a microphone, for instance, visitors can generate an oscillating pattern on the TV screen by making sounds and noises. Cf. Frieling/Daniels, op. cit., pp. 62 et seq.*
16 *Bruce Nauman, catalogue Walker Art Center, 1994, p. 77.*
17 *A corridor wide enough for only one person to walk down initially served Nauman as setting for a self-performed videotape ('Walk with contrapposto', 1968). The same corridor was then exhibited as a sculpture for visitors to walk through ('Performance Corridor', 1969), and finally, with the addition of two video monitors and a camera, became the closed-circuit installation 'Live-Taped Video Corridor' of 1970. Immediately on entering this installation, the viewer sees his own image at the other end of the corridor on one of the two video monitors, while the second monitor shows a pre-recorded tape of the empty corridor. The attempt to re-assure oneself of one's presence in the image and/or space is rendered almost impossible due to the fact that movement towards the video monitors entails movement away from the camera installed at the entrance, causing the self-image to vanish almost imperceptibly. This hopeless to-and-froing makes of the viewer a guinea pig rather than creative co-player.*

their own image by means of closed-circuit installations.[18] Such works were, together with Nauman's corridor, without doubt the first interactive installations that were suitable as art exhibits. They were no longer designed to solicit the spectator participation aspired to in the '60s, however, but constructed situations reflecting upon the relationship between viewer and medium. At the same time, they marked an attitude of resignation towards video's potential for mass-media broadcasting, perpetuating instead, in almost symbolic fashion, the 'closed circuit' of the art system.

Valie Export's 'Tap and Touch Cinema' (1968) delivered the antithesis of such essays in self-reflection through the aesthetics of the media. Describing her outdoor action as an 'expanded movie', she strapped a box to her chest and allowed passers-by to poke their hands through the curtain covering the front of the box in order to feel her breasts. 'As always, the screening takes place in the dark. Only the picture-house is a bit smaller. There's only room for two hands,' wrote Export.[19] This was an even more drastic conditioning of the viewer than in Nauman's 'Corridor', and again the boundary between public and private space was placed in question.[20] Now that the relation to the film medium had been placed on a metaphorical plane, the sensory deprivation of the seat-bound passive cinema or TV viewer was all the more distinct. As a direct sensory experience in Export's action, 'interactivity' was the counter-model to one-sided, mediated perception. The 'tactilism' the Futurists demanded back in 1921 as a way of expanding the spectrum of arts was transformed by Export into a critique of art's social role. That her street action took place in 1968 was certainly no coincidence, but expressed an aspect of the calls for a 'structural transformation in the public sphere' (to cite the title of a book by Habermas) that led to the '68 movement.

5. Fiction and function of multimedia technology and Cyberspace

Most of the examples presented so far involved interactive re-applications of media primarily serving the purposes of distribution and reproduction (video, TV, radio). The underlying artistic approaches deliberately worked against mass-media consumerism by modifying, to a less or more subversive degree, the

18 Dan Graham investigates above all the possibilities of time lags ('Present Continuous Past(s)', 1974) and the references of architecture and video image. Peter Campus works with specific video technologies such as superimposed reflections and projections in 'Interface' (1972). Peter Weibel in 'The Observation of the Observation: Uncertainty' (1973) creates a constellation of monitors and cameras such that viewers can see themselves from behind but never from the front, no matter how hard they try.

19 Valie Export, catalogue Oö. Landesmuseum, Linz, Austria, 1992, p. 258.

20 Cf. Valie Export's expanded-cinema project 'Ping Pong, A Film to play with/a player's film' (1968) in which the spectator is asked to aim a ball, with the aid of a ping-pong bat, at the black dots that emerge on, and disappear from, the film screen. This, according to Export, illustrated the 'relation of domination between producer and consumer', since even as participant, the viewer remains wholly dependent on the specifications of the film. Export's first interactive video installation 'Autohypnosis' (1973) similarly demonstrated how viewers are conditioned by asking them to run through a behavioural programme then rewarding them with canned applause on videotape.

consumption of the media in which the works were produced. From Brecht to Paik, such approaches demanded the alteration of the one-way structure of such mass media. In computer-based multimedia technology, by contrast, the interaction of user and apparatus is integrated in the medium itself. Networking makes the computer an interpersonal communication medium in which all previously separated media converge. The current technological development of networked virtual reality merges the two formerly separate development strands of computer-based simulation and communication. These spaces for a new experience, as virtual as much as they are real, are becoming tangible in the late '90s. That their roots stretch back to the '60s is evident in the way present-day ideas regarding Cyberspace were anticipated in the technological blueprints of that period, but even more strikingly in the theories regarding potential social, aesthetic and political implications.

Well into the '60s, most computers were, to briefly recapitulate the technical history, abstract computing machines used to process columns of figures and punched cards. With the introduction of the monitor, the first step was made towards visual display. The first possibility of graphic interaction in real time had emerged in the 1950s with the conjunction of visual display unit and light pen on the Whirlwind computer developed for air-defence purposes in view of the nuclear threat.[21] *The dissemination of similar principles in the '60s and '70s opened up the option of visual, intuitive, instantaneous man-machine dialogue. When in 1966 Ivan E. Sutherland linked up the head-mounted display developed for military purposes with the simple computer-generated wireframe representation of a three-dimensional space, his combination already contained the essential elements of virtual-reality technology, lacking merely faster computing speed and sufficient storage capacities. What would later turn into the Internet also began in the '60s on the basis of the decentralized ARPA Net installed in 1968 in order to safeguard military communications in the case of a nuclear attack. Both components of Cyberspace today enabling the networking of virtual spaces are therefore products of Cold War anti-nuclear defence strategy.*

There was an astonishing synchronism between such technological blueprints and the artistic theories regarding their potential. Ivan E. Sutherland's first description of an 'ultimate display', written in Harvard in 1965, shows considerable similarity to a concept for a 'bio adapter' drafted in the same year by the author Oswald Wiener in Vienna.[22] *According to Peter Weibel, this concept was*

21 *For a more detailed description of the technological development, see for instance: Peter Weibel, 'Virtuelle Realität: Der Endo-Zugang zur Elektronik', in: 'Cyberspace, Zum medialen Gesamtkunstwerk', Florian Rötzer/Peter Weibel (eds.), Munich, 1993, pp. 15–46, cf. the excerpt of the text in the present volume and the most comprehensive study to date of interactive art: Söke Dinkla, op. cit., pp. 50–62.*

22 *Cf. Ivan Sutherland, 'The Ultimate Display', Proceedings of IFIPS Congress 1965, New York, May 1965, vol. 2, pp. 506–508; id., 'Computer Inputs and Outputs', Scientific American, September 1966. Rötzer/Weibel, op. cit., pp. 18 and 25.*

the 'linguistic draft of a data suit'. Interestingly, Sutherland was working on the technical implementation of a man-machine interface while Wiener, wholly independently, was investigating the cultural consequences of a synthesis of this kind. The difference between technological practice and theoretical analysis did not lie in the belief in feasibility, but in the expectations this feasibility roused.

In this respect, Oswald Wiener began with the following finding: 'the new branches of science known by the collective term cybernetics have produced sentences that can be applied virtually unchanged to sociological matters within so short a time that it is reasonable to suspect the formulators had in mind the establishment of fundamental correlations between the requirements of technology and those of the state.'[23] The logical conclusion Wiener drew from all this was the 'liberation of philosophy through technology', by means of the 'bio adapter' that 'for the first time fulfils the healthy-heroic ideal of a homo sapiens who governs the universe, namely by drying out the cosmos on the one hand, and by liquidating the homo sapiens on the other hand'.[24]

Even if affirmative in tone, Wiener's well-nigh nihilistic scepticism contrasted with the naive enthusiasm for technology of many other artists, an attitude which was presumably closer to the utopia visions fostered by the developers of the technologies. Nicolas Schöffer's 1968 manifesto 'The Future of Art', for instance, reads: 'The information networks must be opened up for the true aesthetic products. This however requires a new art-technology and a complete transformation of the relationship between the producing artist and consuming audience. [...] Today we can envision with certainty for the future a room that replaces the small screen and wholly envelops the consumer. In this room the consumer will be surrounded by audio-visual, (olfactory, tactile) programs, will bathe in a truly, consistently aesthetic climate he is able to dose, re-assemble and program according to his own wishes. This bath will put him in a position to continuously advance and perfect himself, to sensitize, concentrate and express himself; it will lead to a new notion of human hygiene. This aesthetic hygiene is likewise indispensable for the those communities, or social groups, living in urban areas of various size.'[25] What Schöffer chose to ignore (in best Futurist fashion) was the marginal role art and artists would play in the de facto development of the world-model he outlined. Indubitably, the contemporary ear detects a sinister undertone to the technology-based 'aesthetic hygiene' he propagated.

23 *Oswald Wiener, Die Verbesserung von Mitteleuropa, Reinbek 1969/1985, p. CXXXIX. Cf. translated excerpts in: The Vienna Group, Peter Weibel (ed.), Vienna/New York, Springer: 1997, pp. 666–698.*
24 *Ibid., p. CLXXV.*
25 *Nicolas Schoeffer, Die Zukunft der Kunst – die Kunst der Zukunft, in: catalogue Nicolas Schoeffer, Städtische Kunsthalle, Düsseldorf, 1968.*

It is tempting to place the technical enhancements of man-machine interaction in relation to the 'un-borderings' of '60s art. Towards the end of the same decade, this synthesis was promoted by the first manifestations of Art & Technology.[26] *There are undeniable similarities between the technological futures mapped out by Schöffer, Sutherland and Wiener, but their theories regarding the social, psychic and political effects were radically different. We are reminded, once again, that interactivity always stands both for a technology and for an ideology. Either field has continued to overlap with the other up to the present-day. The term 'Cyberspace' was coined by science-fiction author William Gibson in the early '80s, and the emphatic, sometimes even ecstatic, books by scientists like Donna Haraway or popular authors such as Howard Rheingold were more conducive elements of '90s cyber euphoria than the general public's hands-on experiences with technology of this kind. Yet this hype, for its part, stimulated the technological developments and, above all, the need for the same. In this area, it follows, there is a very close reciprocal relationship between fictive visions (be they expressed in literature, science, or art) and the creation of the technological functions these visions describe. The fiction and function of Cyberspace evolved in a process of constant feedback.*

Nevertheless, it is possible to plainly state the real motives for the creation of VR technology, and with them the ideological background. From the 1960s onward, the practical implementation of such blueprints was financed almost exclusively by military budgets. Regardless of whether the philosophical and aesthetic designs originated from scientists, writers or visual artists, their ideological basis clearly differed from that of their practical realization. One ideology was trying to remove the aesthetic boundaries between individual and collective, or between producer and recipient, while the other – wholly contrarily – was aiming at the military transgression of a frontier shielding an enemy defined by this very ideology. Since the aesthetic ideal of un-bordering was depending upon the apparatus developed for other purposes, art was now suspected, not without justification, of recycling or even pseudo-legitimizing, military technology. Computer games, as one example, represent the broadest worldwide usage of these technologies. While as games their combinatorics give them some relation to the arts, most of them have an ideological and psychological basis making them notorious illustrations of the military origins of their technologies.[27] *If artists are unaware of the inherent contradiction of using means developed for military purposes to advance their aesthetic aspirations towards un-bordering, then they are naive at best, opportunists at worst.*[28]

26 Cf. the 'E. A. T.' (Experiments in Art and Technology) programme at Los Angeles County Museum from 1967 onward, and the catalogue of the exhibition 'Cybernetic Serendipity, the computer and the arts', Studio International, special issue, Jasia Reichardt (ed.), London, 1968.

27 Cf. Künstliche Spiele, Georg Hartwagner/Stefan Iglhaut/Florian Rötzer (eds.), Munich, 1993.

6. Examples of media-assisted interaction forms of the 1980s and '90s

'Virtual Reality and Cyberspace are '60s ideas, even if their technology was first implemented in the late '80s,' asserts Peter Weibel.[29] *Like Jeffrey Shaw and Valie Export, he counts among the artists whose work with different forms of interaction spans the divide between the approaches of the '60s and '90s. With the same statement, however, he joins Shaw and Export in ignoring the paradigm shift between the removal of aesthetic and social boundaries in the '60s and the technological interactivity of three decades later.*[30] *This might be partially explained by the fact that the notion of interactivity only re-emerged in the '90s as a result of technological development, after being almost entirely absent from the Conceptual and Minimal art dominant in the '70s, as well as from the postmodern retrospection of the '80s.*

Towards the end of the '80s, realistic 3-D animation in real time became possible thanks to higher computing speeds and storage capacities. Interfaces like data gloves and cyber helmets could now be used for physical immersion in data space, and presented the basis on which in the following decade various models were developed for the interaction of man and machine, of real space and data space. The capacity of elaborate technology was the hallmark of most of the models produced in collaboration with media institutions, universities or companies. Commentaries accompanying the art-related projects all emphasized the aspects of technical-aesthetic innovation and of the joint research conducted by engineers and artists. The emancipationist or media-critical approaches that were obligatory in the video art of the '60s and '70s now almost disappeared. Several typical models of man-machine interaction are outlined briefly below and placed in relation to parallel developments outside the field of art.

i. Interaction with a video story through multiple options

Counting among the first successful examples of technology based interactivity, these works of the '80s are strictly speaking not part of the Cyberspace domain. They connect video and computer technology in order to enable a plot with several variants and loops that, unlike linear narration, offer the viewer options for the further progression of the story. Grahame Weinbren's installations develop complex relations between several plot levels, and point towards the interactive cinema of the future ('The Erl King', 1986; 'Sonata' 1991/93). From a playfully feminist stance, Lynn Hershman addresses in her installations primarily the sexual and erotic dimension of interaction, turning the viewer into participant or voyeur

28 One rare example of congruence of technology and content was one of the first computer-controlled interactive visual artworks, namely the program 'Random War' by Charles Csuri, which on the basis of a random-generated constellation simulates the progress of a battle between two groups of soldiers. Cf. 'Cybernetic Serendipity', 1968, op. cit., p. 81.

29 Rötzer/Weibel, op. cit., p. 27.

30 See text by Valie Export in the present volume.

('Deep Contact', 1989/90; 'A Room of One's Own', 1992). The potential to expand such approaches for collective productions was demonstrated by the 'Videolabyrinth' jointly developed in 1988 by video filmers Rike Anders, Ilka Lauchstädt, Mari Cantu and programmer Martin Potthoff. Their labyrinth contains three interactive plots subject to interruption by questions, quiz assignments, or scoreboard readings. (MKI) As a West German production, it still had to rely on computer-controlled videotapes that entailed long waits between the sequences. Weinbren and Hershman, by contrast, deployed the videodisk technology that was already available in the USA but failed to succeed on the mass market. With the launch of the CD-ROM in the early '90s, the first interactive medium became commercially available, but its storage capacity was insufficient for longer video stories.

Attempts by the entertainment and TV industries to make interactive film and TV a mass medium have not succeeded so far.[31] This may be partially due to the still complicated operating conditions, but the commercial failure of all interactive mass media models to date (from CD-I to digital TV) might be taken as an indication that audiences prefer linear narration.[32] The dramatic structures of interactive narration likewise remain in the early stages. Zapping, which remains the most popular form of interaction with linear programmes, is an anarchic form of personal montage that eludes all control or structuring. Oliver Hirschbiegel's TV thriller 'Mörderische Entscheidung'('Murderous Decision') was an attempt to transform the destructive principle of zapping into a constructive method of interaction. Its two plot strands were transmitted concurrently on ARD and ZDF, the first and second German channels, in 1991. Similarly, the non-linear film 'nomad' (1998) by Petra Epperlein und Michael Tucker uses DVD technology to offer the viewer a choice among three versions running parallel to each other but allowing no interaction. (MKI)

ii. Interaction with a closed data world through which the viewer can navigate

This is the classical model of basic 3-D interaction, such as presented in Jeffrey Shaw's installations 'The Legible City' (1988) and 'The Virtual Museum' (1991). (MKI) The viewer passes through an unchangeable data landscape, which is not unlike being on a tour round a town or museum. Decisive in Shaw's works is the quality of the interface that, moving away from the keyboard or mouse, places the spectator on a bicycle or reclining chair and so enables everyday physical

31 A tendential linkage of popular culture and interactivity is also discernible in groups with a loose relation to media art such as 'Station Rose'and 'Die Veteranen'. (MKI)

32 Even before interactivity boomed in the 1990s, Ann-Sargeant Wooster wrote the following in the commendable article 'Reach out and touch someone – The Romance of Interactivity': 'Most uses of interactivity will probably be confined to mass-market populist entertainment (...) and rigidly controlled by media merchants.' In: 'Illuminating Video', Dough Hall/Sally Jo Fifer (eds.), New York, 1990, p. 302. See also on this subject Regina Cornwell, 'Interactive Art: Touching the "Body in the Mind"', in: Discourse, 14.2, Spring, 1992, p. 209.

movements to be intuitively transposed into the data world. These installations have a certain resemblance to information systems such as museum guides on CD-ROM or interactive maps that navigate a driver through the streets of an unknown city. The forerunner of all such systems was the 'Aspen Movie Map' developed in the late 1970s by the Architecture Machine Group at the Massachusetts Institute of Technology (MIT) in Cambridge. The notion of a 'virtual museum' has become particularly popular, with museum visits being deployed as metaphors in products ranging from demo programs to science CD-ROMs for a general audience. With digital technology, it would seem, the ideal medium for the 'museum without walls' ('musée imaginaire') envisioned by André Malraux is available for the first time. One way of compensating for the lack of communicative processes with the 'museum-like' data world is to heighten the illusionist quality and in this way extend the sensations to bring about a complete immersion of the viewer. Such hi-tech installations are situated on the fringes of the art context, however, and often find more appropriate appreciation as scientific visualizations.[33] These products slot into a tradition stretching back to the 19th-century panorama.[34] At the same time they make it clear that, ultimately, illusion and interaction are mutually exclusive.

iii. Interaction through body interfaces

All virtual-reality techniques constitute an expansion of perception and establish a connection between data structure and body. The development of such interfaces represents one of the most creative intersections of artistic and technological approaches in the 1990s. The classical set composed of data glove and VR spectacles proves impracticable for exhibitions, conflicting as it does with the habits of museum visitors and only able to be used by one visitor at a time. ART + COM delivered a paraphrased version of the museum situation with 'Zerseher' (1990–91) in which a Renaissance painting ('Boy Holding a Child's Drawing' by Giovanni Francesco Caroto) is dissolved as a digital reproduction through the gaze of the spectator. (MKI) An eyetracker developed for medical and military purposes records the motions of the eye within the field of vision, and in this way makes possible, at least in a symbolic destruction, the technical implementation of the active role of the art observer. Peter Weibel's installation 'The Tangible Image' (1991) permits direct, haptic access to a digital image. (MKI) This work can

33 From 1993 onward, Jeffrey Shaw collaborated with engineers and computer scientists at the Kernforschungszentrum in Karlsruhe on developing the project 'EVE – extended virtual environment', which corresponds to a viewer-interactive panorama. In 1997, Shaw and the Frauenhofer Institut, Stuttgart, jointly carried out the 'confFIGURING the CAVE' project in a 'Cave Automatic Virtual Environment' (a 3-D simulation developed for research purposes and able to be physically entered).

34 Horst Bredekamp and Oliver Grau investigate this development in the Deutsche Forschungsgesellschaft research project 'Kunstgeschichte und Medientheorien der Virtuellen Realität' conducted at the Kunsthistorisches Seminar, Humboldt University, Berlin.

also be viewed as the man-machine version of the man-man interface delivered by Valie Export's 'Tap and Touch Cinema'; again, the paradigm shift from the '60s to the '90s becomes clear.[35] *Weibel carries forward this fusion of image and spectator in 'The Curtain of Lascaux' (1993), and embeds it in a philosophical concept taking in the history of human perception from prehistoric paintings through Plato's cave to Cyberspace.*[36] (MKI) *A feedback between body and data takes place in Ulrike Gabriel's installation 'Breath' (1992/93).* (MKI) *Via a sensor belt, the viewer's breath influences the computer-generated projection of crystalline-amorphous visual structures and the soundtrack. The visuals and sound are designed to affect the viewer and initiate a bio-feedback between user and machine. Experiments with interactive choreography took the first step toward connecting human and technical action. David Rokeby's sound installation 'Very Nervous System', whose 'body-language' reaction he continuously advanced from 1983 to 1995, was a pioneering work of body-sound interaction deployed both as an exhibit for interaction with visitors and for performances with musicians and dancers. 'Electro Clips' (1994) by Christian Möller and Stephen Galloway, as well as 'Binary Ballistic Ballet' (1994) by Michael Saup and William Forsythe, were both the products of collaboration between a media artist and a choreographer.* (MKI)

iv. Data structures subject to dynamic self-development and influenced by interaction

After Turing, the ability of machines to learn was always considered to be an essential condition of Artificial Intelligence. Even on the level of low-tech, a number of models were created that assigned to a 'work' a life of its own in interaction with the spectator. Based solely on language, Peter Dittmer's installation 'The Wet Nurse' (1992–94) over the keyboard involves the user in a complex dialogue potentially culminating in the computer becoming agitated, resulting in the symbolic spilling of milk into a large glass cabinet. (MKI) *The software's conversational skills are continuously expanded and enriched through usage. Thanks to the modest storage requirements of text, no more than a PC is required, but the sculptural appeal of the whole makes up for the lack of hi-tech equipment. It is a clear demonstration of the basic principle of the Turing Test with its distinction between rational and libidinal function – while it is possible to mistake the machine for a human being in the course of a two-way conversation, no such confusion is likely to occur with the milk served by the 'wet nurse'.*

Daniela Plewe's installation 'Muser's Service' (1994–95) is likewise based on linguistic exchange. Unlike the impertinent answers of the 'Wet Nurse', however, the PC in this case provides assistance to daydreamers, or musers, by freely

35 *Peter Weibel participated as 'crowd-warmer' in Valie Export's action.* (MKA)
36 *Cf. Peter Weibel, Der Vorhang von Lascaux, in: catalogue First Europeans, frühe Kulturen – moderne Visionen, Berlin, 1993, pp. 78 et seq.*

associating between two keywords entered by the user. (MKI) That computers take over human chores is commonplace – but what about daydreams or even fundamental decisions? The latter are served by the model Daniela Plewe presents in 'Ultima Ratio', whose various modi range between 'cascades of doubts' and 'war of convictions'. (MKI) The artist states: 'In contrast to classical logic (but in unison with other AI systems), the (modified) decision-support system of Ultima Ratio tolerates contradictions and exceptions to rules. (...) The visitors are required to explain their intuition, and in doing so possibly feel the desire to continue refining, ad finitum, an ultima ratio that slips out of control again and again. It was not primarily a question of practising AI, then, but of using software and its syntactical units (rules, exceptions, contradictions) to vary and comment upon something of the culture that surrounds us.'[37]

When artists decide to incorporate self-developing dynamics into graphic-spatial displays, the technical requirements escalate. The installation 'A-Volve' (1994) by Christa Sommerer and Laurent Mignonneau invites visitors to sketch on a monitor the outline of small, artificial beings, whose subsequent brief digital lives in a virtual aquarium are guaranteed only by the pseudo-caresses of their creators. Instead of the linkage of 'art and life' propagated in the '60s, the concern is now to overlap technology with biology in order to simulate artificial life. Yet the entertainment aspect partially invalidates the character of scientific visualization that is being aimed at.

The degree to which dynamic processes in computers can be considered 'creative' was the subject of partly serious, partly ironical, debate. As early as 1985, Richard Kriesche presented the following radical theory: 'As long as natural and artificial intelligence are two separate properties, art will remain a mystery,' and their synthesis might however be achieved, 'thus rendering art unnecessary'.[38] Following this line of thinking, Turing's question, 'Can machines think?' would now have to read, 'Can machines make art?'

v. Dialogue-based models

Such concepts replace man-machine interaction with man-medium-man interaction. The simplest models are telecommunications works with live video or TV links between two exhibition sites (on different sides of the world, or across the street). Douglas Davis began in the '70s to use television for live art actions enabling in part authentic dialogue ('Talk Out!', 1972) or otherwise metaphorically, if not to say metaphysically, staging a pseudo-telepathic connection ('The Austrian Tapes', 1974). With the proper presentation, technically flawless pieces like Paul Sermon's 'Telematic Dreaming' (1992) and 'Telematic Vision' (1993) today

37 Plewe in an e-mail to the author.
38 Richard Kriesche, 'Artificial Intelligence in the Arts', Graz, 1985, p. 13; see text in the present volume.

attract maximum audience participation. (MKI) While the telematic expansion of everyday situations such as sitting on a sofa or lying in bed is unlikely to rouse technological inhibitions, the possible dialogue remains on the playful communicative level of 'hello there'. Agnes Hegedüs' installation 'Between the Words' (1995) places directly opposite each other two conversational partners, separated only by a wall housing the interface in which virtual gestures are superimposed over real physical expressions. (MKI) This lyrical approximation of virtual and face-to-face encounter became a drastic message in the 'cybersex suits' presented by the artists Kirk Woolford and Stahl Stenslie in 1994.[39] More effort, it would seem, is being put into similar models for practical application outside the art world. The press coverage granted to such experiments seems to point to a virulent area of the collective subconscious. All these dialogue-based approaches tend to exaggerate the symbolism of media connectivity. Douglas Davis, for instance, in 1975 described the feedback obtained from his work as, 'Knowing that I am involved in the evolution of a deeper, more diversified system of communication, between myself and the world and back. It has nothing to do with specific response.'[40] Fresh illustration of McLuhan's statement that 'the medium is the message', but nothing more.

vi. The 'exemplary viewer'

In the installations described so far, the visitor takes on a new role: not just spectator, but also performer. Yet this self-evident explanation of the term interactivity disregards a second, equally (if not more) important change in the viewer's role. Due to the fact that most interactive installations allow only one viewer to act, the viewer occupies a specific position and is a part of the work's completion. The spectator becomes the 'exemplary viewer', is not just one viewer among many, no longer part of a group assembled in front of a work and walking round it at individual leisure.

In the hi-tech simulations of the '90s, the exemplary viewer acts as the link between data space and the real world. The meeting between visitor and mediated image in the closed-circuit video installations of the '70s was comparable. In the Cyberspace installations, that element of self-duplication termed 'video narcissism' by Rosalind Krauss in her analysis of 1976 produces the symbolic loneliness of the viewer in virtual space.[41] The same applies to telecommunications projects in which two viewers are placed in relation to each other but the actual fascination is due precisely to the insurmountable spatial and physical separation that accom-

39 Cf. Stahl Stenslie, 'Cyber SM', and: Kirk Woolford, 'A touch at the end of the century'; both in: Lab 1, Das Magazin der Kunsthochschule für Medien, Cologne, 1994, pp. 40–43, 72–75.

40 Douglas Davis, interviewed by David Ross, in: 'Video Art, An Anthology', Ira Schneider/Beryl Korot (eds.), New York, London, 1976, p. 33.

41 Rosalind Krauss, 'Video: The Aesthetics of Narcissism', in: October, no.1, 1976.

panies the intensive connection. Along these lines, Paul Sermon's telematic linkage of two people in two beds for the purpose of televisual pseudo-physical contact ('Telematic Dreaming') is also a rejoinder to the media role shown in Valie Export's 'Tap and Touch Cinema' of 1968.

At an exhibition, the actual situation of the exemplary viewer is of course often anything but lonely. Other visitors perhaps observe the interaction, offer advice, laugh, or wait impatiently for their turn to come – queues are frequently a problem at popular shows. Jeffrey Shaw's account of an experience with his 'Legible City' during a show with late-night opening demonstrates that isolation in front of the apparatus is one of the central experiences with this form of interactivity. Suddenly, Shaw saw his own installation on its actual plane of experience – that of cycling by night through a deserted city.[42] *Loneliness, then, extends into the visual realm of the works. In none of the numerous virtual museums on offer will a visitor bump into other visitors.*[43]

Almost all of the models of interaction described so far are implemented in installations that remain bound to real space. This physical relation enables the works to be placed in art contexts with their site-specific valuation criteria of being more, or less, prominent exhibition venues. Their technical complexity, however, makes the installations considerably more difficult to transport than pictures or objects. Ironically, the price of a 3-D animation computer generally surpasses by far the potential market value of an artwork realized with the aid of the same machine. The paradoxical relation of media and market seems to be that virtual-reality pieces cannot be sold because their price is too high for the average collector or museum budget, whereas artists' videotapes were too low-priced to be taken seriously as art. Even more crucial is the fact that illustrations fail to bring over essential aspects of hi-tech installations in the way of traditional, static artworks, meaning press reviews convey only a fraction of the whole. The most elaborate media inventions are precisely the ones which exceed the capacities of the mass media, and are therefore neglected by media coverage. Ironically, the anachronistic result is that the viewer wishing to experience the actual interactive quality must travel to festivals and media-art exhibitions, just as formerly people travelled for the sake of art. The stationary interactive installation has essentially proved to be a dead-end due to these distribution problems in conjunction with its dependence on technology and the limitedness of its interaction potential.

42 *Jeffrey Shaw, 'Reisen in der virtuellen Realität', Gespräch mit Florian Rötzer, in: Kunstforum vol. 117, 1992, pp. 295 et seq.*

43 *Such virtual museums are only beginning to become potential sites of communication in the late 1990s thanks to the incipient synthesis of 3-D graphics and the Internet. Cf. Volker Grassmuck, 'Das lebende Museum im Netz', in: 'Konfigurationen zwischen Kunst und Medien', Sigrid Schade/Georg Christoph Tholen (eds.), Munich, 1999, pp. 231–251.*

188 | 189 *vii. Collective structures in the media realm*

Through the interconnection of several users as part of a collectively developed structure, the electronic realm can be transformed into a social, to some degree even public, domain. Complex communications structures of this nature began to emerge, mainly in the form of text-based systems, even before the Internet boom. Long before then, the 'cadavre exquis' of the Surrealists had already demonstrated the poetic potential of collective authorship. Roy Ascott's 'La Plissure du Texte' (1983) or John Cage's 'The First Meeting of the Satie Society' (1986) can be viewed as initial efforts at networked authorial processes by artists, followed in Germany from 1988 onward by the project 'PooL-Processing' of Heiko Idensen and Matthias Krohn.[44] (MKI)

As a collective form of communication, networked writing has now become an everyday form of discourse on the Internet. The textual worlds of the 'MUD' (Multi-User Dungeon) and 'MOO' (MUD Object-Orientated), which were originally created as networked games, are becoming part of the Net way of life together with chat rooms and mailing lists in the tradition of the once famous Californian 'The Well'.[45] *Even these game worlds, which were for a long time areas of non-compromised creativity, are now being commercialized and so duplicating to an ever-greater degree the banality of real life with their mixture of trivial conversation and heavy-handed come-ons. It makes sense, then, for a project like Evelyn Teutsch's FOOGUE (1996 onward) to use the safe world of art even in this virtual terrain, without however reproducing the art world's hermeticism but instead approaching a genuine collective spirit within the medium.* (MKI) *For her installation '[DPsNtN] = DISPLACED_PERSONS say NOTHING to NOBODY' (1997–1999), Christin Lahr conducted research in the LambdaMOO on the debates surrounding 'presence and absence, truth and falsity, gender, appearance, identity and location'. The findings are transferred to the art context by an installation in which only the static visitor can experience the overlayering of virtual and real space, making the encounter contemplative rather than interactive.* (MKI)

Physical interaction in simulated 3-D space can be combined with the information data downloaded from the Internet in elaborate installations of the type implemented by the 'Knowbotic Research' group ('Simulationsraum mobiler Datenklänge', 1993; 'Dialogue with the knowbotic south', 1994). (MKI) *The spectators enter not a pre-defined data space but a digital environment being continuously developed through several participants. It represents an attempt to find new forms of visualization for complex natural-scientific procedures such as those used in Antarctic research. By implementing the means of associative, spatial and physical experience, the artistic concern of the group is to make imaginable scien-*

44 Cf. Roy Ascott's theses on art and telematics, which although written as early as 1983, were comprehensive and concrete: 'Art Telecommunication', Heidi Grundmann (ed.), Vienna, Vancouver, 1984, pp. 25–59.
45 Cf. Sherry Turkle, 'Live on the Screen', New York, 1995.

tific and technological correlations that, due to their vast complexity, might seem to surpass the imaginative capacity. Since 1997, this field has been expanded to the analysis of urban structures. These images of 'computer-aided nature' produced at the crossover between art and scientific visualization are often seductively aesthetic, possibly even too beautiful to be true.

7. Interactivity and the Internet – the situation today

Although scientists around the world have been matter-of-coursely using the Internet for more than ten years now, the art world hit upon a new vision only with the hype that surrounded the Net boom. Artistic interest in the Internet from around 1994 onward was due mainly to the introduction of new software making the World-Wide Web multimedia-capable and opening it up for visuals and sound in addition to written communications. At the same time, interactive data carriers in the form of the CD-ROM and its successor the DVD appeared on the mass market. The faster transmission rates to be expected in the future, however, make it foreseeable that all fixed storage media will be replaced by Net distribution.

The most important effect of these new technologies is that interaction has now become an option for the mass media. Interactivity, the bright future of the media industry, is due to leave the laboratory. Restrictions on access to interactive hi-tech installations belong to the past: via telephone line or silver disk, the interactive data structures can be delivered to everybody's home. The viewer, relieved of the necessity to make romantic journeys in quest of the works, is becoming a data traveller who surfs through the Net with an elegance elevating the Californian beaches to the virtual plane.

The incisive shift of concepts is evident in the changing meaning of the central terms. 'Cyberspace' is no longer understood primarily as a projection of real space and the human body into the realm of data, but instead as a network of all communications structures. 'Interactivity' is leaving behind man-machine interaction to again become interpersonal interaction whose structures are moulded by the supra-machine of the Internet with millions of connected computers and users.

A radical overabundance of communication has replaced the symbolic loneliness experienced by the viewer in the Cyberspace of the early '90s or on meeting his own video image in the closed-circuit installations of the '70s. As a point of convergence for all media and genres, the Internet appears to supply the technical means to fulfil the utopias of intermedia art. The idea of a 'Net' is older than the technical reality; already in the '60s, it was a central motif of alternative culture and aspirations to political and social influence. The ideals of that period are now being re-discovered in view of the new technologies. An 'open work' that is generated through the communication of participants and the 'domination-free' discourse of all Net users are basic forms of the Internet ideology and aesthetics of the early '90s. This attitude found a role model in projects like the 'Electronic

Cafe' of Kit Galloway and Sherrie Rabinowitz, which joined up various districts of Los Angeles in a multimedia network for the 1984 Olympic Games. Without offering any form of content, the makers were determined to show that merely the opening up of communication channels possesses an ethical and democratic dimension.[46] 'Electronic Cafe' is thus the precursor of all Net utopias that cast a social model in a technological mould.

The most successful projects in the grey zone between politics and culture are the 'digital' and 'international' cities created from 1994 onward, first in Amsterdam and then in many other European cities. One programmatic statement read: 'New interpersonal relationships are initiated by the International City and influence everyday life in the real city. In contrast to other media, new information will be created through social exchange.'[47] The 'global village' propagated by McLuhan in the '60s was now scaled-down to regional electronic neighbourhood but with a lively exchange between interconnected digital municipalities. Many of these projects soon faced the question of whether they wanted to remain within the self-determined free space of alternative-artistic media work or, like the rest of their booming commercial environment, become professional service providers. This conflicting role led to the self-dissolution in 1997 of the prominent 'Internationale Stadt Berlin' (MKI) while its digital counterpart in Bremen became an Internet service provider.[48] Such scenarios echo – at a much faster pace — the way in the '80s the video scene split up into those who did commercial work for TV and those who continued to produce art with no further relation to the TV networks.

A number of Net projects focus on the art context, even if it is not yet generally accepted that such a thing as 'Net art' exists.[49] The first such project was 'The Thing', founded in New York in 1991, which opened at least temporary nodes in Berlin, Frankfurt, Hamburg, Düsseldorf, Cologne, London, Stockholm and Vienna. (MKI) Wolfgang Staehle, the founder of what began as a purely text-oriented discussion forum with its own BBS network structure outside the Internet, cited big names: 'Beuys was concerned with social sculpture, with art production made collectively by a group or community. "The Thing" is a sculpture of that kind – it realizes Beuys' idea of direct democracy, of the political community as a social structure. At the same time, it represents an expansion of the notion of art.'[50] Can the problem of expanding the notion of art be solved with the appropriate medium, then, or does this statement imply that artists too are now proclaiming the para-

46 Cf. Gene Youngblood, 'Der virtuelle Raum. Die elektronischen Umfelder von Mobile Image', in: Ars Eelctronica, Linz, 1986, pp. 289–302.
47 Manifesto on Website of the 'Internationale Stadt Berlin', 1994.
48 Cf. Gottfried Kerscher/Joachim Blank, 'brave new city', in: Kritische Berichte, no. 1, 1998, pp. 10–16, thematical edition on Net Art.
49 Cf. on the following also: Dieter Daniels, 'Von der Mail-Art zur E-mail, Kunst der Kommunikation', in: Neue Bildende Kunst, no. 5, 1994, pp. 14–18.
50 Staehle in: Vera Graf, 'Kunst im Informationszeitalter', Süddeutsche Zeitung, 22 March 1994, p. 11.

digm shift from '60s ideology to '90s technology? The technologies have meanwhile overtaken and split up into more or less autonomous locations structures such as that of 'The Thing', a project inspired by the pioneering spirit of global networking. In this respect, too, the WWW ushered in the shift from communications serving the non-utilitarian purposes of theoretical discourse and insider gossip to usage which is semi-commercial.

In the early '90s, all arts-related Net projects were still determined to pursue the parallel goals of creating universal Net access and installing a new platform for discourse and dissemination whose content would develop along the lines of its members' activities. The Internet boom, however, soon rendered superfluous (or outmoded) this coupling of content to technology. Now that access to the Internet is supplied free-to-domicile on an industrial basis, the demise of projects like 'The Thing' or 'Internationale Stadt' perhaps represents the victory of hard facts over the last 20th-century vision of combining technical and artistic progress.

Certainly, art is a minor player on the sidelines of the current boom in network communications. Artists, however, were anything but slow to grasp the central problems raised by the medium, as is demonstrated by 'The File Room', a project initiated by Antoni Muntadas in 1994 and still in progress. Acting as an open archive of current and historical cases of censorship, it is continuously being expanded by a worldwide body of users. Although Muntadas, who began exploring the political function of mass media in the '70s, launched the project without any thought of the Internet as its medium, it became acutely relevant on account of the Net. Due to the repeated calls for Internet censorship and the 'Communications Decency Act' that narrowly failed to become law in the USA in 1996, 'The File Room' directly synthesizes medium with message. Early Net statistics placed the project Website among the ten most frequently visited addresses, ranking directly after – remarkably — the Microsoft site.

Ingo Günther's 'Refugee Republic' is another project addressing the general function of the Internet. (MKI) *As a project aiming to make the 20 million refugees worldwide a potent capital asset rather than an economic burden, it might well appear to be a typical Net utopia. In fact, like 'The File Room' it was not conceived as a Net project (in 1993), but the Internet proved to be an appropriate medium. Günther does not base his work on the assumption of a status quo ('Now we've got the Internet, so what are artists supposed to do with it?'), but uses a concrete problem to map out a new function of the medium and, along with it, of part of society. In 1516, Thomas Moore had to use an undiscovered island state as the pretext for his 'Utopia', although he was attacking conditions in his own country. Günther's non-territorial state, by contrast, can exist only on the Internet, meaning it is a perfected utopia whose medium also designates the means of its realization – even if realization is not yet in sight.*[51]

Even the political utopias from high-ranking sources that marked the beginning of the Net boom – for instance, the 'new, Athenian age of democracy' conjured up by Al Gore for Bill Clinton's information-superhighway election campaign in 1992 – have remained unfulfilled. Their influence, however, cannot be denied, even if the results were the opposite of those intended. Although the Net community's organized mass e-mail protest in reaction to the first senders of spam mail took place as recently as 1993, the recollection is like looking back on a distant, bygone Net era. Since the mid-1990s, the value-free vehicle of scientific discourse, chat rooms and newsgroups that was the Internet has been undergoing a transformation into a mass medium with tough commercial practices. Thanks to the multimedia capabilities of the WWW, communication and interaction is giving way to broadcasting and consuming necessitating increasing fusion with television and radio. The software and telecommunications multis are investing considerable amounts in the multimedia networks they view as the markets of the future. Bill Gates and competitors are busy trying to subjugate what remains of the anarchic Net structure to the hegemony of corporate business. Commercial Internet providers seem almost cynical when they send letters to artists rousing hopes of the long-awaited chance of world fame through home-page presentations of paintings or other output. It would be equally valid to assert that being listed in a telephone directory is the ideal start for an aspiring novelist.

Indubitably, the Internet could pose a greater challenge to the art system than any of the preceding electronic media. It represents not just a new form of production (as was the case with video and computer), but first and foremost a new method of distribution. Its ubiquity contradicts the socially and spatially defined context of art and the necessarily elitist discourse of those inside the art world. This led in the mid-1990s to the promising development of new structures like the Äda-Web in New York or the Public Netbase in Vienna that encompassed the potential of both the art world and network communications.[52] *That so far these projects have remained largely without impact is due to the reciprocally exclusive discursive processes of the art and network cultures. Either side seems to have little real knowledge of the other, but the mutual reproaches sound alike: commercial dependency, pseudo-progressiveness, superficial openness, or blank arrogance. In consequence, Net art is merely the lowest common denominator in two discourses that fail to engage with each other, and as such a marginal category*

51 *Cf. Dieter Daniels, 'Utopia – What For?' in: Ingo Günther, 'Republik.com', Susanne Rennert/Stephan von Wiese (eds.), Kunstmuseum Düsseldorf, Ostfildern, 1998, pp. 48–61.*

52 *Äda-Web and Public Netbase both went on-line at the start of 1995 and produced together with artists WWW-specific works that were then embedded in a theoretical context. After its sponsor, a telecommunications company, withdrew its support, Äda Web ceased operations in 1998 and was sold to the Walker Art Center as an archive offering access over the Internet.*

caught between two fringe groups.[53] Net art represents the pinnacle of a paradox that accompanied media art from the beginning on: mass media, and above all the Internet, dissolve all contextual relationships. In the 20th century, by contrast, the art of Modernism has become ever-more context-specific and, accordingly, ever-more context-dependent in regard to evaluation, even to perceptibility. Art on the Internet thus faces the dilemma of addressing everybody by its medium, but nobody by its context.

The fast-developing Net economy is making its mark in the field of art, although the latter is possibly more immune to the dangers of commercialization than its exponents might want it to be. Most attempts at 'Net-art galleries' are nothing more than virtual duplications based on the model of conventional galleries, and will presumably share the fate of Gerry Schum's 'TV gallery', an abortive attempt in 1970 to transport the art context into a mass medium.[54] (MKA) Further evidence is offered by the unsuccessful Internet auction of the New York 'The Thing' Website in 1999: bids only reached around five percent of the limit of $ 45,000.

That general access to the congested WWW has brought the WorldWideWait instead of the promised land of freedom is the topic of a project entitled 'www.antworten.de' (1997) by Holger Friese and Max Kossatz. An Internet project such as 'Dump Your Trash!' (1998) by Joachim Blank and Karlheinz Jeron is the symbolic gravestone marking the drowning, in an ocean of data trash, of faith in liberation through communications. (MKI) On their server, named sero.org in tribute to the garbage recycling operation in the former GDR, Blank and Jeron also offer a 're-m@il' service for the public disposal of unanswered e-mails. In times when diligent users might easily find over 1,000 messages waiting when they return from a week's holiday, a service of this nature is a realistic satire on the self-blockage of the communications explosion. These concepts, which can comfortably be termed anti-interactive and anti-communicative, show the transition from Net utopia to Net critique. This shift is equally evident in the changing attitude emergent in the series of publications by Agentur Bilwet (Geert Lovink, Arjen Mulder and others) from 1991 to 1997, as well as in the debates conducted on the Nettime mailing list since 1995.[55] (MKI) As formulated in art and theory, this Net critique has two targets:

53 Cf. on this subject the debate, telling for the misconceptions on either side, conducted on Net art between Isabelle Graw and Tilman Baumgärtel: Isabelle Graw, 'Man sieht, was man sieht. Anmerkungen zur Netzkunst', in: Texte zur Kunst, no. 32, 1998, pp. 18–31; Tilman Baumgärtel, 'Das Imperium schlägt zurück!', in Telepolis (on-line journal), 20 January 1999.

54 While Olia Lialina's Net-art gallery 'Art Teleportacia' in Moscow has received plentiful press coverage, it has so far sold only one work of art (by the gallery owner). The on-line version of the New York Times did at least find worth a notice the purchase of the project 'www.antworten.de' (MKI) by Holger Friese and Max Kossatz by the private collectors Hannelore and Hans-Dieter Huber.

55 Agentur Bilwet has published the following books: 'Bewegingsleer', 1990 (engl. 'Cracking the Movement, squatting beyond the media', 1994); 'Media-Archif', 1992 (engl. 'The Media Archive', 1997); 'Der Datendandy', 1994; 'Elektronische Einsamkeit', 1997; cf. also: 'Netzkritik', nettime (ed.), 1997, and: 'Read Me! filtered by nettime, ASCII culture and the revenge of knowledge', Josephine Bosma et al. (eds.), New York, 1999.

the false promises of the software industry, and the lost utopias of the critics' own past. Joachim Blank and Karlheinz Jeron are, like Geert Lovink, Net pioneers of the early '90s whose involvement in the digital-cities movement proposed cultural and communicational alternatives to the banality rife on the Net of today.

On the CD-ROM 'Blam! 3', Keith Seward and Eric Swenson condense the mixture of hard pornography, radical politics, advertising and propaganda that characterizes the Net and, above all, the discussion surrounding it, under the motto 'Interactivity is the biggest lie of all!'.[56] A direct route leads from anti-interactivity to software subversion of the type awaiting unsuspecting viewers of the Jodi.org Website or CD-ROM. Confronted with constantly changing images of the final crash, the viewer is helpless until the realization dawns that these images simulate the non-simulable end of all simulation machines. As early as 1972, Jean Baudrillard had refuted Enzenberger's theories regarding the emancipating, democratic function of the media: 'Now, the totality of the existing architecture of the media founds itself on this latter definition: they are what always prevents response, making all processes of exchange impossible (except in various forms of response simulation)'.[57] According to Jochen Gerz, it was the questions as opposed to the answers that were crucial for the political upheaval of 1968. The impossibility of providing answers in the media is shown by his Internet project 'The Berkeley Oracle' (1997–99), which consists solely of questions from the general public. MKI *Just as the new departure of the '60s ended with Bruce Nauman's declaration of mistrust in participatory art-forms, so the '90s come to a close with a sceptical revision of a concept of interactivity moulded by media technologies.*

The merging of Internet and broadcasting aspired to by industry strategy also has gratifying offshoots in the arts field. Examples include the live Webcasts in the 'crosscultural' sphere of media initiatives, art concepts and pop and techno that amounted to an underground re-invention of the good old principles of broadcasting. Further evidence of the vanishing boundaries between Net and broadcasting structures is Achim Wollscheid's 'Imaginary Soundscapes' (a radio project since 1999). Several co-players are able to control via the Internet a sound memory unit with collective input capacity, and this programming capacity may eventually be extended to listeners. The resultant compositions go out live on air after the close of the regular daytime schedule of a Frankfurt-based radio station. MKI

Is it possible, at this point, to bring to full circle the ideal of aesthetic sensitization extending into interaction with the media as demonstrated in 1951 by John Cage's 'Imaginary Landscape No. 4' for 12 radios and 24 performers? Are artists merely the 'exemplary listeners' who allow us to recognize the media-induced

56 *Cf. Stefan Römer, Interaktivität ist die größte Lüge, in: Texte zur Kunst, no. 32, 1998, pp. 70–73.*
57 *Jean Baudrillard (1972), op. cit., p. 129.*

change of world view through a process of selection and bundling – or have precisely the new technologies restored to art the opportunity and the claim to intervene in the dynamics of the development of a media society? Conversely: how 'resistant' will the notion of art prove to be against the mediatization of all areas of life? Or, specifically in relation to the subject of this essay: does it still make sense to ponder upon the significance of interactivity from the perspective of art, or would it suffice to point out developments in the fields of soft- and hardware along with the constantly rising numbers of people who have Internet access?

The fact that in 1999 the jury of the Prix Ars Electronica chose to award the main prize in the '.net' category to the operating system Linux may have something to do with the difference between open and closed systems described above in relation to John Cage and Bill Gates. However, the underlying implication that programming is the actual art and what artists make of it will always remain secondary matches up with Friedrich Kittler's suggestion that only our ignorance makes us confuse the products of media with art. The emphatic confirmation of this theory by an art jury can be criticized, from the perspective of art, as superfluous affirmation of media art's unquestioning faith in technology and the final truncation of all links to the art context.[58] *From a cultural-historical stance, on the other hand, this decision can also be seen as indicating the unquenchable yearning to return to an age when art and technology were not separated. A festival such as 'Ars electronica' would then be the rightful successor to the 'Ars inveniendi' of the Baroque age, whose attractions included military art, water art and firework displays along with the first mechanical computing apparatus and the android automatons that so impressed court audiences. Present-day technological interactivity contains in equal parts a mixture of undisguised military interests along with elements of science and art and post-feudal entertainment. The countless projects falling somewhere between art and media and boasting the name Leonardo in their title suggests the same need to make the painter, anatomist, fort-builder and inventor of flying machines a symbol of a wholeness of cultural achievement, technical innovation and scientific research that is, indeed, forever lost.*

8. Again: is interactivity an ideology or a technology?

Even with the aid of computers, the yearning for the Renaissance Man is doomed to remain unfulfilled in these times of an explosion in knowledge and communications. All the same, computers and networking are producing a convergence of previously separated fields. The questions posed by Brecht and Turing regarding the social or technological significance of media-assisted interaction, which were radically disparate in the 1930s still, are now beginning to overlap. Due to the interweaving of human society and its digital back-up, it is becoming increasingly

58 *Cf. on this subject Armin Medosch in the on-line journal 'Telepolis', 1 June 1999.*

difficult to tell whether we are communicating with machines instead of people, or with people by means of machines, or talking to people about machines, or to machines about people. This entails a blurring of the boundary between ideology and technology, and technology is indeed a central part of ideology in the '90s.[59]

The possibility of a future convergence of ideology and technology was present throughout the development of media-assisted interactivity and the surrounding debates. Even before any media artworks had been produced, the participatory forms introduced by Happening and Fluxus were attempting to remove the boundary between producer and recipient. These movements were also a reaction against mass-media consumer conditioning, as is shown by the deployment of radio and television by Cage, Paik and Vostell, and also in the drift of Expanded Cinema. With its equally aesthetic, social and political foundation, this ideology results in the belief that by means of the media it will be possible to disrupt the macro-cultural inclination towards passive reception – provided these media do not succumb to the distribution requirements of finance and industry but can develop their inherent potential for interaction and communication. There lies the source of the proposition that the media have power to emancipate, a thesis put forward in identical form in such disparate contexts as Enzenberger's criticism of the left's inadequate media skills, written in 1970 with a nod to the Brecht's radio theories of the '30s, and Weibel's call, in 1989, for a future dominated by interactive art.[60] *The thesis of the liberating power of the media was likewise reflected in the 'Californian ideology' of the '90s, as embodied by 'Wired' magazine or the would-be alternative European projects such as the digital cities or 'Nettime'.*[61] *Bill Clinton's superhighway electoral campaign in 1992, however, already heralded a radical turnabout. In a record period of time, the idea of free network communications hatched somewhere between hackers, ex-hippies, and a small avant-garde in art and politics, became the central message of the media industry. This is why, finally, people forgot what media-assisted interaction and communication was supposed to overcome: nothing other than the hegemony of the media industry as the cause of cultural consumerism.*

Ranging from Bertolt Brecht via Happening and Fluxus to the left-wing activism of the '60s and '70s and, finally, the interactive art of the '80s and '90s, the experiments in the laboratory of the avant-garde have all produced the same

59 *Cf. also Jean Baudrillard, in whose view the media produce an ideology as opposed to merely being the means of the latter. (see footnote 8).*

60 *Peter Weibel in 1989 expressed the view that modern art as a whole was undergoing a development towards the 'inter' principle, and announced his own programme of concentrating 'on the actual, utopian social possibilities (...) offered by technology, such as participation in and interaction with the artwork as a model for emancipationist communicational forms'. Peter Weibel, 'Momente der Interaktivität', in: Kunstforum vol. 103, 1989, p. 87.*

61 *Cf. on this subject: Richard Barbrook/Andy Cameron, 'Die kalifornische Ideologie', in: 'Netzkritk', op. cit. The authors call for a specifically European position in which, in opposition to the US enthusiasm for technology, the 'hi-tech craftsmen re-connect with the theory and practice of the visual arts' (p. 32).*

findings. The influence of the media cannot be changed permanently or on a large scale. The posited liberating potential of media can be put into effect only in closely demarcated, culturally screened-off niches but – even in the allegedly post-capitalist era – will not survive against market forces. That was why Brecht deemed another usage of radio would be 'impossible to implement in this social order, feasible in another.'[62] *Now that the issue of Capitalism vs. Communism has been decided, however, we know there will be no other social order. If consumerism is an inevitable effect of all mass media, and attains ultimate fulfilment only in the pseudo-participatory receptive forms of zapping and surfing, then to have faith in the liberating potential of media amounts to much the same thing as giving an alcoholic the key to the drinks cabinet. Indeed, Brecht in 1932 compared the radio listener's isolated passivity to that of the secret drinker, that most wretched of addicts. The interactivity euphoria of the early '90s is coming to an end with the morning-after feeling of 'electronic loneliness' Agentur Bilwet summarizes with the motto, 'Change the world, and stay at home'.*[63]

Translation by Tom Morrison

62 *Brecht (1932), op. cit., pp. 556 et seq.*
63 *Agentur Bilwet, Elektronische Einsamkeit, Cologne, 1997, p. 11.*

Richard Kriesche

Artificial Intelligence in the Arts

Das Weltkunstwerk

Die Vollendung der Kunst ist die Welt als Kunstwerk. Dies ist aber auch gleichzeitig ihr Ende. Die traditionelle Kunst steht tatsächlich vor ihrem unerbittlichen Ende, während das „Gesamtkunstwerk Erde" seiner explosiven Vollendung entgegengeht. Das Ende der Kunst liest sich so: „Die Kunst heute hat keine eigene, keine spezifische Funktion mehr. Das, was immer auch als die ihre genannt worden ist – etwa Erkenntnis, Entdeckung, Katharsis, Ausdruck oder Abbildung –, wird inzwischen von Kino, Fernsehen, Psychotherapie, Phantasieland etc. weit effektiver erfüllt."[1] [...]

Die durchaus richtigen Analysen aus der Perspektive „traditioneller Kunst" und des willfährigen Kunstbetriebs übersehen, daß sich die Kultur unserer Gegenwart längst schon von dieser Kunst entfernt hat, sie übersehen, daß sich im Kontext der „digitalen Kultur" eine Kunst entwickelt, die in künstlichen und natürlichen Prozessen, Maschinen und Intelligenzen ihren Niederschlag (ihre Entsprechung) findet. Es ist eine Kunst, die an der En- und Decodierung der elektronischen/digitalen/neuronalen Kulturmuster arbeitet. „Es ist eine neue Kunst, die ganzheitlich, gleichzeitig, globalkulturell, antidisziplinär ist und auch daran glaubt, daß einer der größten Beiträge zur Zukunft der Menschheit von den Archäologen kommt."[2]

Die digitale Gesellschaft

Angesichts der „elektronischen Wirklichkeit" ist Kunst längst nicht mehr eine Materialfrage, sondern eine Digitalfrage. Kunst ist aus der Frage über die Bilder der Welt zur Befragung der Welt an sich geworden. Und nicht durch die Erzeugung von „Welt-Bildern", sondern im Kontext mit der digitalen Bildverarbeitung erfährt Kunst ihre gesellschaftliche Bedeutung bzw. ihren Auftrag.

Kunst legitimiert sich gesellschaftlich durch die den „Weltbildern" „zwangs!"-läufig eingeschriebene Logik der Unterdrückungsbilder, die allen Bildern innewohnt. „Die kritische Technologie aller fortgeschrittenen Industrienationen ist heute die Fähigkeit, Informationen zu verarbeiten, zu speichern und zu übermitteln. Zentrales kann digitalisiert werden (d.h. in den digitalen Code übersetzt werden). Das heißt, daß grundsätzlich jede Information in Maschinensprache übersetzt werden kann und rückübersetzt, über weiteste Distanzen ohne Qualitätsverlust übermittelt werden kann, übersetzt werden kann in Zahlen, Texte und Bilder (ohne die Mithilfe eines Menschen überhaupt noch in Anspruch zu nehmen). Die Bedeutung der Informationstechnologie liegt aber nicht in der Art und Weise der Informationsverarbeitung – hin zur De-formatik – sondern, daß sie auf dem konzeptionellen Niveau eine Steuerungs- bzw. Kontrolltechnologie ist, ganz im Sinne eines kybernetischen Modells zur Überwachung, Steuerung und damit zur Beherrschung eines Systems..."[3] Diese gesellschaftspolitische Dimension des digitalen Bildes ist nicht etwa diesem von außen zugesprochen, sondern dem digitalen Bild als Bildprozeß immanent gegeben. […]

„Artificial Intelligence in the Arts“ ist der Paradigmenwechsel der Kunst im Kontext des digitalen Welthintergrundes. Kunst ist nicht mehr das Herstellen von Artefakten malerischer oder elektronischer Art – Herstellen ist hinfällig –, Kunst ist das Freilegen der inneren Gesetze der digitalen Weltsicht. Darunter verstehe ich das Freilegen der Freiheiten, die durch die digitale Zweckbestimmtheit verschüttet sind. Kunst als Widerstand gegen die digitale Ökonomie. Kunst als Widerstand gegen die zweckbestimmte Digitalisierung der Weltbilder.

Der digitale Prozeß

Der Künstler wird seiner Avantgarderolle perfekt gerecht, wenn es um erste Opfer des Digitalisierungsprozesses geht. Etymologisch läßt sich dies am Beispiel des Verlustes seines Arbeitsplatzes bis zu dessen totaler Auflösung nachvollziehen. Der Arbeitsplatz des Künstlers ist heute nirgends und überall – dies ist der aktuelle Beitrag des Künstlers zur Kunst im öffentlichen Raum innerhalb der digitalen Gesellschaft. Ursprünglich war ein Studio der „Arbeitsplatz eines Malers oder Bildhauers und ein Ort für das Studium der Kunst“. Es wurde zum „Filmstudio“ und schließlich zum „Sendestudio für Radio- und Fernsehprogramme“ mit der dafür nötigen Ausrüstung.

Der Auflösung des Studios – des Arbeitsplatzes des Künstlers – ist die Auflösung der „traditionellen Kunst“ vorangegangen. Diese Auflösung des Studios bedeutet nun angesichts des „elektronischen Hintergrundes“ nicht die Nichtexistenz des Künstlerischen, wenngleich es um dessen Vertreibung geht, es bedeutet vielmehr die Nitchtexistenz des Raumes, der durch Objekte (Kunstwerke) konstituiert wird. Darüber hinaus bedeutet diese Auflösung, daß über Objekte nichts mehr „übertragen“ werden kann, zumindest keine Kunst. Die Auflösung des Studios erklärt die Welt selbst sowohl zum Studio als auch zum Kunstwerk. Es war Marshall McLuhan, der beim erfolgreichen Start des ersten Sputnik davon sprach, daß wir dadurch die Erde zu einem Kunstwerk gemacht haben. Wie für Kunstwerke typisch, wird diese Erde ein Vierteljahrhundert danach bereits künstlich am „Leben“ erhalten. Das bestehende Gesamtkunstwerk unserer Tage ist ein der digitalen Codierung ausgelieferter „Globus“. […]

Das digitale Bewußtsein

Der erste kulturelle Aufbruch in unserer Geschichte wurde mit der Entwicklung der Sprache eingeleitet. Mit ein Grund, warum die Frage nach unserer Kunst und Kultur nicht unter Ausschluß der Kommunikationsmedien gestellt werden kann. Mit aber auch ein Grund dafür, daß die Frage nach den „neuen Medien“, d.h. den „elektronischen Medien“, nicht unter Ausschluß der Sprache der Kunst und damit unseres Selbstbewußtseins gestellt werden kann. […]

Die Transmutation [von „nur wissenden Kreaturen zu Kreaturen, die wissen, daß sie wissen, was das Wesen des Selbstbewußtseins ausmacht“ (Eccles), Anm. d. Red.] nimmt erstmals vollkommen unbeabsichtigt, in der Videomaschine maschinelle Gestalt an. Denn alle Apparate und Maschinen vorher registrierten Fremdes: die Videomaschine im Video-Feedback zeigt bzw. registriert sich selbst ad infinitum, was als Voraussetzung für Selbstbewußtsein gilt. (Video bildet das Ende der Kette von Analogmaschinen, andererseits im Video-Feedback-Bild das erste Bild mit einer Art „Selbst-Bewußtsein" und damit gleichzeitig das erste Bild auf der Schwelle zum digital codierten Raum. Dies ist der eigentliche Grund, von nun an von Bewußtseinsmaschinen zu sprechen!)

Das auf zeitlich codierten Bild/Aktionspunkten beruhende „digitale Bild" ist als DAS BILD unseres „kulturellen Selbstbewußtseins" zu verstehen. [...] In diesem grundlegend „kulturellen Prozeß" verschmelzen im Code Innen- und Außenwelt dadurch, daß der Code den Raum in die zeitliche Struktur des elektronischen Welthintergrundes auflöst, wie das Bild im Bewußtsein aufgelöst wird. Hier liegen auch die Schlüsselstellen für Kunst, Videokunst, Medienkunst, für die eigentliche Bewußtseinskunst, für „AI in the Arts", denn in den eigentlichen AI-Maschinen fallen Werkzeug, Kunstwerk und Bewußtsein zusammen.

Auszug aus einem längeren Essay, erstmals veröffentlicht auf Deutsch und Englisch in: Richard Kriesche, „Artificial Intelligence in the Arts", Nr. 1 „Brainwork", Graz, Los Angeles 1985.

1 Ausstellungskatalog „Von hier aus", Kaspar König (Hrsg.), Köln 1984.

2 J.C. Eccles, „Das Gehirn des Menschen", München 1975.

3 Richard Kriesche, „Die Vertreibung des Künstlers. Kunst und Massenmedien", Österreichischer Kunsttag, Wien 1984.

Abb. Richard Kriesche, „Elektronik Milieu", DAAD-Galerie, Berlin 1984.

Richard Kriesche

Artificial Intelligence in the Arts

The global work of art

The perfection – and end – of all art lies in the whole world becoming a work of art. Traditional art is nearing its inevitable ending while on the other hand the world as an integral work of art is approaching its explosive conclusion. The end of art has been described thus: 'Today art no longer has its own specific function. Whatever functions have been ascribed to art – such as insight, discovery, catharsis, expression or representation – they are met far more effectively today by cinema, TV, psychotherapy, phantasyland, etc.'[1] [...]

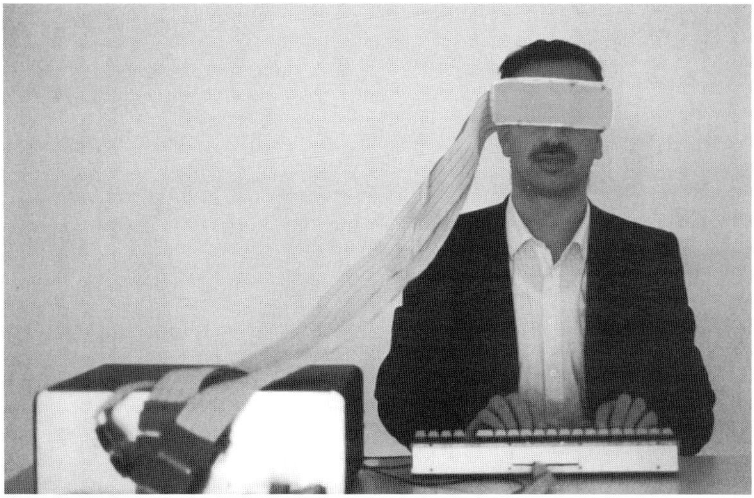

What these analyses from the perspective of 'traditional art' and the art world, correct though they are, fail to realize is that contemporary culture has long since left behind such a practice of art and that within the context of 'digital culture' a form of art is emerging which finds adequate expression in artificial and natural intelligence, processes and machines. It is a practice of art engaged in the process of encoding and decoding our electronic/digital/neuronal cultural patterns. It is a new art which is holistic, simultaneous, transcultural and interdisciplinary and which believes that 'some of the most important contributions to the future of mankind are made by archeologists.'[2]

Digital Society

In the face of 'electronic reality' art, having been a problem of materials, becomes a digital problem. From questioning our views of the world it has moved on to questioning the world itself. It is not in the production of 'world views' that the social significance, or role, of art is to be found but rather in the context of digital image processing.

The social legitimation of art derives from the repressive logic inevitably inscribed into 'world views' and inherent in all pictures. 'The critical technology of advanced industrial nations today is their ability to process, store and transmit information. The central element in this is the digital code: all information, whatever its source, can be digitalized (i. e. translated into digital code). It follows, then, that all information can be translated into machine code, transmitted over immense distances without any loss in quality and re-translated into figures, texts and images (this without any human involvement). But the significance of information technology does not lie in the mode of information processing – up to and including de-formatics – but rather in the fact that conceptually it is a technology aimed at regulation and control, in the sense that cybernetic models serve to monitor, regulate and thus control a system.'[3] This socio-political dimension of the digital process of image-making is nothing that was attributed from outside but is an inherent quality of the digital image as an image-process. [...]

'Artificial Intelligence in the Arts' represents the paradigm shift in art in response to the universal digital background. Art no longer means the production of artefacts of painterly or electronic nature – production having become irrelevant – but rather the discovery of the inner logic of a digital world view. Art seeks to uncover the liberties submerged by the strict purposefulness of the digital economy – as a form of resistance against the digital economy, against the purposeful digitalizing of our world views.

Digital Process

True to his avant-garde role, the artist is among the first to fall victim to the process of digitalization, as exemplified etymologically in the loss of his place of work and, finally, its complete dissolution. This is the artist´s contribution to public art in digital society today. A studio was originally the 'working place of a painter or sculptor and a place for the study of art'. It became a 'place where motion pictures were made' and then 'a place maintained and equipped for the transmission of radio and television programs.'

The dissolution of the studio – and thus the artist's working place – has preceded the dissolution of 'traditional art'. Given the 'electronic background', the dissolution of the studio does not imply the non-existence of the artistic, even though its elemination is the aim. What it does imply, however, is the non-existence of a space constituted by objects (i. e. works of art). What is furthermore implied in the dissolution of the studio is that 'transmission' via objects is no longer possible, at least not the transmission of art: the world itself becomes the studio and the work of art.

It was Marshall McLuhan who, after the successful launch of the first Sputnik, declared that with this we had turned the world into a work of art. Typically the world, as so many works of art, only 25 years on needs to be kept alive artificially. The integral work of art of our time is the 'globe' turned over to digitalization. [...]

Digital Consciousness

It was the evolution of language that set off the first cultural departure in the history of mankind – which is why any discussion of art and culture in our society inevitably must include the media of communication. At the same time it implies that a discussion of the 'new media', i. e. the 'electronic media', will have to include a discussion of the language of art and thus of our self-consciousness as well. [...]

Quite accidentally, I feel this transmutation ['from a being that knew into a being aware of his knowing, which is the essence of self-consciousness' (Eccles), Ed.], becomes manifest, in a machine form, in the video machine. Before that, all machines had recorded external stimuli; the video machine, however, in video-feedback represents/records itself ad infinitum, which is taken to be a condition of self-consciousness. (On the one hand video is the last link in a chain of analog machines, on the other hand video-feedback provides the first image with a kind of self-consciousness and thus the first image at the threshold of digitally encoded space. It is for this reason that henceforth we should speak of consciousness machines.)

The 'digital image' based on pixels encoded in time is THE IMAGE of our 'cultural self-consciousness'. [...] In this process, which is fundamentally a 'cultural' one, the world within ourselves and the world without merge into one since the code implies the dissolving of space into the time structure of the global electronic background, just as the image is dissolved into consciousness. These, then, are the key areas for art, for video art, media art, consciousness art, for 'AI in the Arts': it is in the AI machines that the medium, the work of art and consciousness all become one.

Excerpt from a longer essay, first published in German and English in: Richard Kriesche, Artificial Intelligence in the Arts, Nr. 1 'Brainwork', Los Angeles, Graz, 1985.

1 *Exhibition catalogue 'Von hier aus', Kaspar König (ed.), Cologne, 1984.*

2 *J.C. Eccles, 'Das Gehirn des Menschen', Munich, 1975.*

3 *Richard Kriesche, 'Die Vertreibung des Künstlers. Kunst und Massenmedien', Österreichischer Kunsttag, Vienna, 1984.*

Fig. *Richard Kriesche, 'Elektronik Milieu', DAAD-Galerie, Berlin, 1984.*

Valie Export

Differenzen der Widersprüche – Interview mit femme total

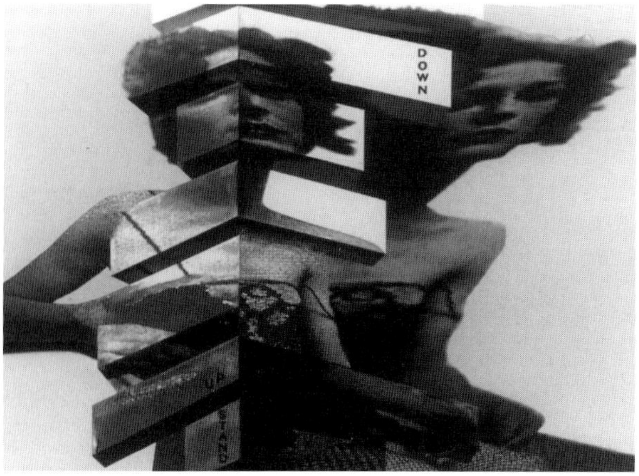

femme totale: Als Feministin hat für Sie das Thema, der Inhalt, die Aussage eines Kunstwerks große Bedeutung – feministische Kritik war ja immer auch Medienkritik. Welchen Stellenwert haben hinsichtlich der Aussagedimension die neuen, digitalen Medien? Lassen sich mit ihnen feministische, medienkritische Positionen beziehen? Gibt es für Sie ebenfalls Grenzen des Einsatzes von Computern bzw. der Beteiligung an ihrer kreativen Weiterentwicklung?

Valie Export: Wie wir wissen, war die Arbeit mit Video in den 60er und 70er Jahren für Künstlerinnen sehr wichtig, denn einerseits war das Medium noch nicht historisch, hierarchisch besetzt und andererseits gab es Auskunft über Repräsentationsformen, die im feministischen Diskurs von großer Bedeutung sind. Die Medien, die neuen Technologien, erlauben neue Auseinandersetzungen mit dem Begriff „Wahrheit", mit der Kontextualisierung von „Wahrheit", dem Begriff des Realen und dem der Natur des Realen und mit dem Begriff Natur.

Die Beteiligung an dieser Diskussion ist wichtig, um Standpunkte zu erarbeiten, zu finden. Der Ausschluß daraus wäre vielleicht „tödlich", da ja auch vielerorts das Verschwinden des Subjektes, Objektes prophezeit wird. Daß das Bild der Frau bislang Konstruktion ist, wissen wir.

Technologische Medien sind nicht nur künstlerische Werkzeuge, sie repräsentieren Kommunikations- und Beziehungssysteme, die in einem sozialen, wissenschaftlichen, philosophischen, auch ideologischen Kontext stehen. Sie dienen aber auch als Werkzeuge für Ideologie und Machtbedürfnisse. Die Technologie kreiert genauso wie andere Werkzeuge eine Ideologie, wie wir die Welt zu „lesen und schreiben" haben. Aber andererseits zeigen sie uns neue Formen der Kommunikation, der Interaktion, die wir auch innovativ betrachten können. Wie ich schon erwähnt habe, werden durch die neuen Technologien die Probleme – imaginär, real, fiktiv – in ein neues Licht gestellt. D. h., die Hierarchisierung und Polarisierung dieser Begriffe verändert sich. Die „Ontologie des Bildes", auch des Bildes der Frau steht in Frage, denn die Ontologie des Bildes baute sich bisher auf einem nicht veränderbaren Begriff des Seins auf.

Medienbilder springen aus der Ontologie. Natürlich ist die Technologie, das Ziel und die Ursache davon, nicht wertfrei. Ihre Wurzeln hat sie im Militarismus, im Kapitalismus und im Machtanspruch der patriarchalen Gesellschaft. Sie ist eine Bewußtseinsmaschine und auch eine Machtmaschine. Erinnern wir uns nur zum Beispiel an die fotografischen Aufzeichnungen von Gilbraith, die zur Kontrolle und dadurch zur besseren Manipulation und Ausnutzung der Arbeitskraft in der Fabrik dienten.

Die Massenmedien kolonisieren unser Bewußtsein, unsere Gefühle, Wünsche, Werte und Ziele zum Zweck der Manipulation. Doch Menschen sind verantwortlich für den Einsatz und die Erfindung der Technologie, sie tragen die Verantwortung der philosophischen, sozialen und politischen Beziehungen zwischen Technologie und wissenschaftlichen Erkenntnissen. Die Technologie dominiert uns nicht, wenn wir uns gegen die Dominanz wehren. Sie ist ein Teil von uns, die Technologie sind wir. Der Mensch stellt die Schlachtfelder her.

Technologie birgt in sich Gefahren und eine Macht, die uns zerstören kann. Dieselbe Technologie, die wir für die Produktion von künstlerischen Bildern verwenden, kann auch zur Vernichtung verwendet werden.

Video ist auch nicht von KünstlerInnen erfunden worden und hat trotzdem einen wichtigen Input für den feministischen Ausdruck gehabt, sowohl künstlerisch als auch sozial. Die Leistung liegt darin, humane Aspekte zu finden, das soziale und politische Bewußtsein herauszufordern. Wir sollen uns aber auch die Frage stellen, wie weit die Natur zerstört und dadurch der Lebensraum verkleinert wird für eine Bevölkerung, die sich vergrößert. Die Natur kann nicht mehr wie bisher in unserer Gesellschaft durch Aneignung der Kultur dienen. Dazu ein Zitat eines Künstlers, den die Bourgeoisie verehrt, der vom Kunstkapitalismus hoch geschätzt wird, Picasso: „Die Natur muß existieren, damit man ihr Gewalt antun kann“.

Eine subversive Anwendung der Technologien liegt darin, daß ein Bruch mit Traditionen, auch mit traditionellen Produktionsweisen, stattfindet, daß die tradierten Kunstäußerungen und der klassische Kunstbegriff verlassen werden. Es geht nicht um ausgediente Normen. Die künstlerischen Werke, hergestellt durch Medientechnologien, können daher nicht mehr mit herkömmlichen Fragen nach Ästhetik, mit herkömmlichen Analysen der Werke beantwortet werden. Mit den neuen Gestaltungsmitteln wird sich auch der Kunstbegriff ändern. Der Bruch mit der Tradition bedeutet auch einen Ausbruch daraus. Das Verlassen der traditionellen Werte und Vorstellungen ist ja auch in der feministischen Idee impliziert.

F. T.: Video galt lange Zeit als „weibliches Medium“. Was ist das „weibliche“ am Video? Und: Ist Computerkunst – betrachtet unter dem Gesichtspunkt der weitgehenden Männerdominanz in der Computerwelt – per se eine männliche Kunst, die Frauen den Zugang versperrt? Können Künstlerinnen, können Feministinnen diese Männerdomäne erobern, ohne dabei Abstriche an ihrer Kunst zu machen?

V. E.: Es gibt nichts Weibliches am Video. Die Computerkunst ist keine männliche Kunst, Kunst ist nicht weiblich oder männlich. Die Ausgangspositionen des Ausdruckes, die Inhalte, die Ansprüche, die Darstellungen können sich auf das Geschlecht beziehen, auf die Sexualität des Geschlechtes, auf die gesellschaftliche Repräsentation oder/und Nicht-Repräsentation.

Wenn eine Männerdominanz entsteht, bedeutet das aber auch, daß Frauen zu wenig versuchen, in die Medienwelt einzudringen, die Medienwelt zu verstehen und sich ihrer für ihre Ziele zu bedienen. Das ist eine harte Arbeit, denn freiwillig ist den Frauen noch nie was gegeben, zugestanden worden, denn wir leben in einem männlich dominierten Kapitalismus, in einer patriarchalischen Gesellschaft. Warum soll man Abstriche machen müssen?

Abstriche im künstlerischen Ausdruck verlangt die Kunstindustrie, der Kunstmarkt, die offizielle Kunstausstellung. Hier werden Abstriche gefordert, Ideologien vertreten, die Abstriche verlangen. Die offizielle Kulturpolitik, die Gesellschaftspolitik, fordert die Reduzierung und die Anpassung.

Will man die neuen Technologien künstlerisch benutzen, so muß sich auch das Selbstverständnis, das Bild des Künstlers, der Künstlerin ändern. Sie/er drückt sich ja nicht mehr in traditionellen Formen der Kunst aus, daher kann auch das traditionelle Künstlerinnenbild nicht mehr weiter bestehen bleiben.

Politik und Gesellschaft wünschen sich die Beständigkeit der Tradition, den konservativen Ausdruck. Also, wer innerhalb dieser Klammern bleibt, wird auch trotz Computer und anderer Technologien weiter im traditionellen Bildinhalt und -ausdruck verharren, was sich die Gesellschaft wünscht und die (Kultur-)Politik unterstützt. Denn dadurch wird die Subversion, die Infragestellung der Wahrheit und Realität überdeckt.

Die Künstlerin, die die neuen Technologien verwendet, muß nicht nur Bildinhalte verändern, sie muß auch die Form, die Produktion übernehmen, d. h., sie muß lernen, Programme, Software für die neuen Bilder zu kreieren. Die Erstellung von Software hat ebenso einen wichtigen Stellenwert wie die Erarbeitung von neuen Inhalten und Konzepten. Herstellung und Darstellung sind ein einheitlicher, künstlerischer Arbeitsprozeß.

Wer sich überlegen muß, wie die Darstellungen hergestellt werden, wird auch den Inhalten, den Aussagen mehr Aufmerksamkeit widmen. Das ist natürlich ein harter Brocken Arbeit, aber ist nicht Kunst auch Lust an der Arbeit?

F. T.: Die Suche nach dem Subjekt der Frau, nach ihrem Bild spielt in Ihren Werken eine zentrale Rolle. Cyberspace, die scheinbaren Wirklichkeiten, beinhalten starke Tendenzen des Verlustes der realen Welt, des Körpers, der Sinnlichkeit. Wie würden Sie vor diesem Hintergrund die historische Dimension der „Subjekt"werdung der Frau in der Kunst, in der Gesellschaft betrachten? Stellt diese Tendenz der Entsinnlichung, die auch auf eine Art der Erlebnisstruktur setzt, späte Legitimation für das dar, was in den 70er Jahren Body Art, also Kunst unter Einbeziehung des lebendigen Körpers wollte?

V. E.: Ich hoffe, daß der zukünftige Cyberspace nicht den Verlust der Sinnlichkeit bedeutet, im Gegenteil, ich wünsche und erwarte eine Ausweitung der Sinnlichkeit, neue und andere Formen der Sinnlichkeit.

Doch jedes Neue ist auch verbunden mit einem Verlust. Unsere reale Welt ist doch eine programmierte Welt, eine von verschiedenen Umständen abhängige Welt, die jeder von uns verschieden real oder irreal erlebt. Die Technologie expandiert den menschlichen Körper in Weiten, die bisher unvorstellbar waren. Es kann aber auch die Weite des Verlustes bedeuten. Die Grenzen der Sinne und deren Wahrnehmungen werden ausgedehnt, unsere Körper erfahren eine Extension. Warum sollte deshalb unser Erleben des Körpers verschwinden, warum sollte ein Verlust des Körpers eintreten, wie häufig prophezeit wird?

Wird es im Cyberspace Geschlechtertrennung geben? Es kommt auf die Programme, auf die Modelle an, die die virtuellen Räume schaffen. Können im virtuellen Raum nicht auch neue gesellschaftliche Modelle geschaffen werden? Auf jeden Fall hängt es davon ab, wer die Modelle schafft. Doch auch die Technologien haben an der Sichtbarmachung der Frau als Subjekt mitgewirkt, wie sie von den Frauen selbst eingesetzt wurden, analysiert wurden. Ich möchte es nicht Subjektwerdung der Frau nennen, denn dies hieße, daß es die Frau als Subjekt nicht gegeben hat.

Ihr Subjektstatus in Kultur und Gesellschaft ist fragwürdig – die alten Subjektvorstellungen, sie zur Unterdrückung beigetragen haben, gilt es aufzubrechen. Das von den Massenmedien bestimmte und von der Kultur auferlegte Bild der Frau zu dekonstruieren und durch das eigene Selbst zu bestimmen, ist die feministische Intention.

Body Art und die Benutzung von Technologien erlauben es, die Geschichte der Frau in der Beziehung Objektiv/Subjekt auch in einem öffentlichen Raum zu problematisieren. Expanded Cinema und teilweise Body Art hatten dieselben Ziele wie Cyberspace heute.

Konzept und Intention meiner Body-Performances und Expanded-Cinema-Arbeiten aus den 60er und 70er Jahren waren es, neue Formen der Kommunikation zu erschließen und zu verwirklichen, den Körper als Zeichen und Informationsträger zu zeigen, als persönliche und soziale Information und eine Interaktion zwischen Körper und Technologie herzustellen.[1] [...]

Heute kann das elektronische Double schon auf mich reagieren. Für mich ist das alles sehr spannend. Ich sehe darin auch die Weiterführung der Arbeiten aus den 60er und 70er Jahren, eine Weiterentwicklung der Partizipation zur Interaktion. Ich kann mir ebenso auch vorstellen, daß „brain waves“ die Gestaltung, Zusammenstellung und Abfolge von Bildern beeinflußen und verändern können. Eine Vorstellung schon aus den 60er Jahren, die jetzt mit der interaktiven Technologie erneut in den Blickpunkt rückt.

In der Ich-Inszenierung des Körpers stellt sich auch die Frage nach der weiblichen Identität und nach dem eigenen Selbst. Expanded Cinema und teilweise auch mit Technologie verbundene Body-Performances haben virtuelle Räume geschaffen, die die Wahrnehmung, die Wahrnehmung der Wirklichkeit, auch des realen Körpers, verändert. Wie es so ebenfalls das Programm von Cyberspace ist.

In der Darstellung des Selbst ist die eigene Erfahrung der wichtigste Ausgangspunkt. So können auch die neuen Technologien und die Erfahrungen damit neue, andere, noch unbekannte, hybride Möglichkeiten der Technologie erweitern.

Sie zeigen uns auch verschwimmende Differenzen zwischen Natürlichem und Künstlichem, zwischen Geist und Körper, zwischen der Bestimmung durch das Selbst-Bewußtsein und der Bestimmung von außen, der Fremdbestimmung.

Das künstliche Bild verändert die Wahrnehmung von Wirklichkeit. Es gibt jedoch keinen Totalitätsanspruch der Wahrheit der Wirklichkeit, weder vom feministischen noch vom sozio-politischen und kulturellen Standpunkt. Wir müssen uns mit allen Widersprüchen, die aus unserem Weltbild, aus dem historischen Bild der Zeit entstehen, beschäftigen.

Wichtig ist dabei, die Differenzen der Widersprüche zu erkennen, nicht das Lösen dieser Widersprüche.

Aus einem Gespräch mit Valie Export von 1992, University of Wisconsin und Dortmund, veröffentlicht in: „Feministische Streifzüge durch's Punkte Universum", Hutschenreuther/Schurian – femme totale (Hrsg.), Edition Filmwerkstatt, Dortmund 1993, S. 27–35.

1 Valie Export verweist in der Folge auf „Hyperbulie" (1973) sowie „Bewegungsimaginationen" (1974) (Anm. d. Red.).

Abb. Valie Export, „Stand Up Sit Down", digitale Fotografie, 1989; Valie Export, „Selbstporträt mit Stiege und Hochhaus", digitale Fotografie, 1989.

Valie Export

Differences in the Contradictions – Interview with 'femme totale'

femme totale: *As a feminist, the subject, the content, the message of an artwork is of great importance – feminist criticism, of course, was always also media criticism. What value do new, digital media have regarding the relevance of their message? Can they adopt feminist, media-critical positions? Do you also have limits as to how much a computer can be used or limit participation in their further creative development?*

Valie Export: *As we know, work with video in the '60s and '70s was very important for female artists because, on one hand, the medium was not yet permeated by history or hierarchy and, on the other hand, there was information on forms of representation that are very important in feminist discourse. The media, the new technologies, allow new analyses of the concept of 'truth', of the contextualization of 'truth', the concept of the real, the nature of the real, and the concept of nature.*

Participation in this discussion is important in order to work out and determine standpoints. Exclusion from this could possibly be 'deadly' considering that the disappearance of the subject, object is being prophesied in many places. We know that the image of woman has been a construct until now.

Technological media are not just artistic tools. They represent systems of communication and relationships that are in a social, scientific, philosophical, and ideological context. But they also serve as tools for ideology and the desire for power. Technology creates an ideology of how we are to 'read and write' the world just like other tools. But on the other hand, they also show us new forms of communication, of interaction, which we can also view with innovation. As I already mentioned, new technologies shed new light on the problems, be they imaginary, real or fictive. This means the hierarchisation and polarisation of these concepts change. The 'ontology of the image' as well as the image of the woman is in question because, until now, the ontology of the image has been built upon an unchangeable concept of being.

Media images are not part of ontology. Of course, technology, its goal and motive, is not unbiased. It is rooted in militarism, capitalism and patriarchal society's claim to power. It is a consciousness machine and also a power machine. Let us think back to the photographic recordings of Gilbraith, for instance, which assisted in the control and consequently the better manipulation and use of the factory work force.

Mass media colonize our consciousness, our feelings, desires, values and goals for the purpose of manipulation. But people are responsible for the use and invention of technology. They carry the responsibility of the philosophical, social and political relationships between technology and scientific discoveries. It does not dominate us if we defend ourselves against dominance. It is part of us. We are technology. The human being produces the battle fields.

Technology holds dangers and a power that can destroy us. The same technology we use for the production of artistic images can be used for destruction.

Video was not invented by artists, but still had an important input for feminist expression, artistically as well as socially. The accomplishment lies in finding humane aspects, challenging social and political consciousness. We should also ask ourselves how much of nature is being destroyed, decreasing the habitat of a population that is increasing. Nature can no longer serve society, as it has until now, by being assimilated by culture. With this in mind, a quote from an artist admired by the bourgeoisie and who is highly valued by art capitalism, Picasso: 'Nature must exist so that we can do violence to it.'

A subversive employment of technology is breaking with tradition and also with traditional means of production, leaving behind inherited artistic statements and the classical conception of art. It is not about norms that have been exhausted. Artistic works produced with media technologies can no longer be answered with conventional questions of aesthetics, with conventional analyses of the works. With new tools for creating works, the conception of art will also change. The break with tradition also means breaking free from it. Departing from traditional values and ideas, of course, is also implied in the feminist idea.

F. T.: *Video was considered a 'female medium' for a long time. What is 'female' about video? And: Is computer art – seen from the point of view of an extensive male dominance of the computer world – per se a male art that bars women entry? Can female artists and feminists conquer this male domain without compromising their own art at the same time?*

V. E.: *There is nothing female about video. Computer art is not a male art, art is neither female nor male. The starting point of the expression, the contents, the standards, the presentations can be related to gender, to the sexuality of the gender, to social representation and/or non-representation.*

If male dominance takes place it also means that women are not trying hard enough to penetrate the media world, to understand the media world and to use it for their own goals. That is also hard work because women were never given or granted anything for free and because we live in a capitalist society dominated by men, in a patriarchal society. Why should one have to make compromises?

Compromises in artistic expression are demanded by the art industry, the art market, the official art exhibition. This is where compromises are called for. Official cultural politics and social politics demand reduction and assimilation.

If new technologies are to be used artistically, the way an artist sees him/herself must change – the image of the male or female artist. S/he no longer expresses herself or himself in the traditional forms of art. That is why the traditional image of an artist can no longer continue.

Politics and society desire the constancy of tradition, the conservative expression. Thus, whoever stays within these parentheses will also persist with traditional image content and image expression despite the computer and other technologies. This is desired by society and is supported by (cultural) politics because it covers up the subversion, the questioning of truth and reality.

The female artist utilizing the new technologies does not just have to change image content, she must also take over the form, the production. This means she must learn to create programs and software for new images. Producing software has an equally important status as working out new content and concepts. Production and presentation are a unified, artistic work process.

Whoever has to think about how presentations will be produced will also dedicate more attention to the contents and messages. That is a difficult task, of course, but is art not also the desire to work?

F. T.: *The search for the subject of the woman, for her image, plays a central role in your work. Cyberspace, virtual realities, contain strong tendencies toward the loss of the real world, the body, sensuousness. With this in mind, how would you view the historical dimension of the woman becoming a subject in art and society. Does this tendency toward desensitizing, which also counts on a sort of event culture, present a late legitimacy for what was wanted with Body Art in the '70s – meaning art including the living body?*

V. E.: I hope future Cyberspace does not mean the loss of sensuousness. On the contrary, I desire and expect an expansion of sensuousness, new and other forms of sensuousness.

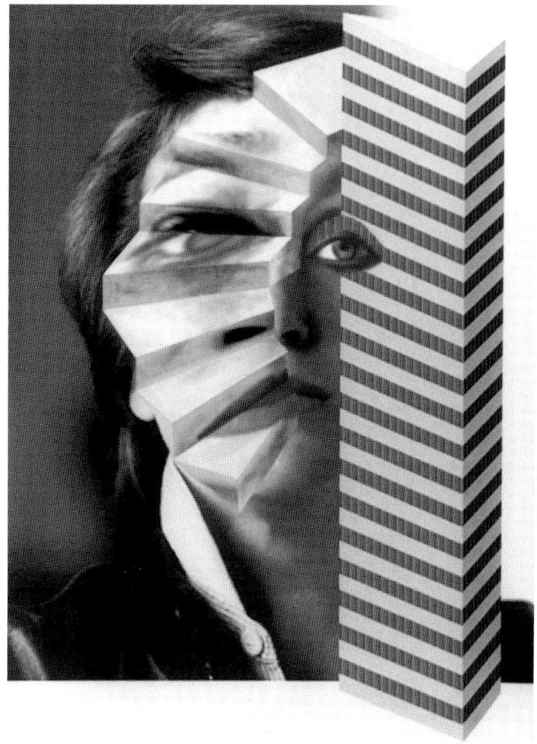

Everything new is also tied to a loss. Our real world is a programmed world, a world dependent upon various conditions that each of us experiences differently – real or unreal. Technology expands the human body to frontiers that have been inconceivable until now. It can also mean the frontier of loss. The boundaries of the senses and their perception are being stretched, our bodies experience an extension. Why should this cause our experience of the body to disappear? Why should a loss of the body occur, as is often prophesied?

Will there be a division of gender in Cyberspace? It depends upon the programs, on the models created by virtual spaces. Could a new social model not also be created in virtual space? It definitely depends on who creates the models. But the technologies have also contributed to the visibility of the woman as a subject – the way they were used and analysed by women themselves. I do not want to call it the woman becoming a subject because this means the woman was not a subject beforehand.

Her subject status in culture and society is questionable – the old conceptions of the subject that contributed to oppression are what must be broken open. Deconstructing the image of the woman that is defined by mass media and inflicted by culture and defining this image through one's self is the feminist intention.

Body Art and the use of technologies allow the history of the woman in the objective/subject relationship in a public space to be questioned. Expanded Cinema and Body Art, in part, had the same goals as Cyberspace does today.

The concept and intention of my body performances and Expanded Cinema works from the '60s and '70s was to create and realize new forms of communication, to show the body as a sign and carrier of information as personal and social information, and to produce an interaction between the body and technology.[1] [...]

Today, the electronic double can already react to me. For me, that is all very exciting. I see the continuation of the work of the '60s and '70s in this, a further development from participation to interaction. I can also imagine that brainwaves will be able to influence and change the formation, compiling and sequence of images. An idea that was already conceived in the '60s that is now moving into view again with interactive technology.

In the ego-production of the body the question of female identity and one's own self is also raised. Expanded Cinema and partly also body performances that are connected to technology have created spaces that change perception, the perception of reality, and the real body. Just like Cyberspace's agenda.

In the presentation of the self, personal experience is the most important starting point. This way, new technologies and also the experience with them expand new, different, yet unknown, hybrid technological possibilities.

They also show us the blurring differences between natural and artificial, between determination by one's own consciousness and the determination from outside, the foreign determination.

The artificial image changes the perception of reality. There is, however, no claim to the totality of the truth of reality, neither from the feminist nor from the socio-political and cultural standpoint. We must deal with all the contradictions that are produced by our image of the world by the historical image of time.

It is important in this process to recognise the differences in the contradictions, not the solutions for these contradictions.

From a conversation with Valie Export in 1992, University of Wisconsin and Dortmund, first published in: 'Feministische Streifzüge durch's Punkte Universum', Hutschenreuther/Schurian – femme totale (ed.), Edition Filmwerkstatt, Dortmund, 1993, pp. 27–35; translation by Rosanne Altstatt.

1 *Valie Export refers during the following to 'Hyperbulie' (1973) as well as 'Imaginations of Movement' (1974). – Ed.*

Figs. *Valie Export, 'Stand Up Sit Down', digital photograph, 1989; Valie Export, 'Self-portrait with staircase and high-rise', digital photograph, 1989.*

Peter Weibel

Virtuelle Realität: Der Endo-Zugang zur Elektronik

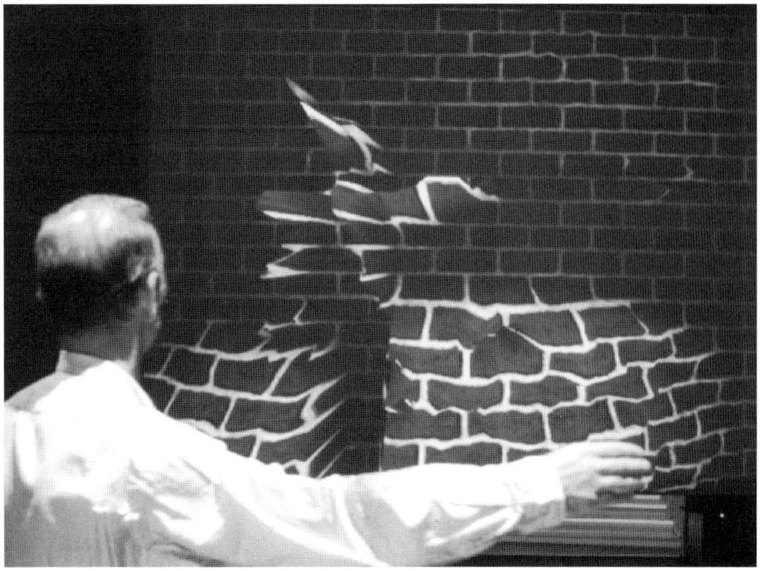

Was mit der Erfindung der Perspektive in der Renaissance und der Erfindung der Gruppentheorie (Helmholtz-Lie Gruppen) im 19. Jahrhundert begann, nämlich die Einsicht, daß die Erscheinungen der Welt vom Standpunkt des Beobachters in einer gesetzmäßigen Weise abhängig sind, hat sich im elektronischen Zeitalter verallgemeinert. Die Beobachter-Relativität der Perspektive hat sich im elektronischen Zeitalter zur Betrachter-Objektivität des elektronischen Raums verallgemeinert. Die Welt verliert insgesamt ihren klassischen Objektcharakter und wird allein „Beobachter-objektiv" (Otto E. Rössler). Dadurch wird die technische Welt zunehmend Gegenstand artifizieller Manipulationen (von der künstlichen Intelligenz bis zum künstlichen Leben). Die computererzeugten virtuellen Räume sind die bis dato besten Modelle der bloß Beobachter-objektiven elektronischen Welt. Die Medien sind also nicht Masken, Mappings, Modelle, welche die Welt und die „objektive" Wirklichkeit abbilden, nachbilden oder simulieren, sondern Meßketten, welche die Realität Beobachter-gerecht (human?) vorbilden und konstruieren. Die elektronischen Medien arbeiten nicht nur am Verschwinden der natürlichen Welt durch maschineninduzierte Effekte, sondern gleichzeitig auch an der asymmetrischen Konstruktion einer neuen künstlichen und humaneren Wirklichkeit. In der elektronischen Medienwelt, wo die „Schnittstelle" zwischen Beobachter und Objekt einer Manipulation zugänglich ist, wird klar, daß der Beobachter nicht nur eine Verzerrungsquelle ist, sondern daß der Beobachter auch an der Erschaffung der Welt teilnimmt, partizipatorisch an ihr Anteil hat. In Wheelers partizipatorischem

Universum wird sogar behauptet, nur ein beobachtbares Phänomen ist ein Phänomen[1]. Daraus und bereits aus Bohr folgt eine berühmte Beschränkung der Beobachtung. Die Beobachtung der Beobachtung erzeugt eine Pseudodiffusion. Da jede Beobachtung (Messung) die Welt verzerrt, ist auch eine vollständige Selbstbeobachtung nicht möglich, wahrscheinlich auch keine vollständige Selbsterkenntnis.

Eine Beschränkung der Selbsterkenntnis des Beobachters impliziert aber auch die Unschärfe bei der externen Beobachtung. Eine meiner frühesten Closed-circuit-Videoinstallationen, nämlich „Beobachtung der Beobachtung: Unbestimmtheit" (1973)[2], wo eine Konfiguration von Kameras und Bildschirmen so aufgestellt ist, daß der Betrachter sich zwar stets im Bildschirm sieht, aber immer nur verzerrt, nämlich von hinten, hat dieses Problem bereits thematisiert. Damit der Betrachter sich von vorne sehen kann, muß er sich den Gesetzen des Interface anpassen und selbst ko-variant werden, wie die interaktive Videoinstallation „Kruzifikation der Identität" (1973) zeigt. Der Betrachter ist bei dieser Echtzeit-Installation im Bild, aber nur um den Preis der Ko-Varianz.

In meiner frühesten Videoarbeit „The Endless Sandwich" (1969) ist der Betrachter nur einer in einer Meßkette, d.h. in einer Kette von Beobachtern. Es wurde also ein Beobachter-Ensemble eingeführt. Zwischen den Elementen (individuelle Beobachter) der Meßkette springt ein Fehler, ein Rauschen, pseudoreversibel von einer tieferen Modellwelt zur jeweils nächsthöheren Modellwelt, was in unserer Realität nicht möglich scheint, aber de facto simuliert wurde, weil bei der TV-Ausstellung 1972 in Österreich das Sendesignal für kurze Zeit geändert wurde, so daß jede(r) Österreicher(in) ebenfalls aufstehen mußte, um den gestörten TV-Apparat zu richten. Ein quantenmechanisches Modell der Welt, wo das Beobachtete zwischen den verschiedenen, in sich konsistenten Welten hin und her springt.

In einer langjährigen Reihe von Perspektive- und Beobachter-orientierten Arbeiten, wo vor allem die Kamera die Position des inneren Beobachters einnimmt, der die Verzerrungen (die „verzerrten Gleichzeitigkeits-Hyperflächen") nicht wahrnimmt, die also nur vom externen Beobachter, dem Menschen, wahrgenommen werden, der sich aber gleichzeitig auf dem Bildschirm, in der Modellwelt der Kamera, des künstlichen inneren Beobachters, befindet, wurde die Beobachter-Relativität der Welt demonstriert. Der Beobachter bewegt sich in virtuellen Räumen, die allerdings nicht von ihm, dem externen Beobachter, konstruiert sind, sondern nur vom internen Beobachter, der Kamera. Die Kamera konstruiert aus verschiedenen verzerrten Raumsequenzen die Illusion eines kontinuierlichen klassischen Raums auf dem Bildschirm, in dem sich der externe Beobachter bewegt, der aber gleichzeitig die Künstlichkeit der Konstruktion erkennt und die Entzerrung vornimmt.

„Imaginärer Raum" (1979) ist der Beginn einer Serie, wo der Betrachter im künstlichen Bildraum sich bewegt, sozusagen auf der Endo-Seite der Schnittstelle wie auch auf der Exo-Seite. Die eine Kamera nimmt verzerrte Linien auf dem realen Boden auf, eine zweite Kamera nimmt andere, komplementäre Linien auf. Beide Kameras senden ihre Signale durch einen Mischer, wo sie zusammengesetzt werden. Vom Mischer gehen die komponierten Signale zum Bildschirm, wo sie einen virtuellen Raum künstlich konstruieren. Der Betrachter bewegt sich dann im virtuellen wie im realen Raum. „Der Traum vom gleichen Bewußtsein aller“ (1979) zeigt diese Problematik der Perspektive- und Beobachter-Relativität wie auch die Frage, ob es eine exo-objektive Seite jenseits der Beobachter-Relativität gibt. Perspektive-Relativität, virtuelle Räume, die zwei Ebenen der Realität („Exo“ und „Endo“) zeigen auch die Closed-circuit-Videoinstallationen „Imaginärer Raum 5“ (1982), „Video Labyrinth“ und das „Österreich-Zimmer“ (1982). Eine raffinierte, verzerrte und „nicht-lokale“ Überlagerung von realem und virtuellem Raum stellt die Closed-circuit-Videoinstallation „Scanned Space“ (1990) dar, wo ebenfalls zwei Kameras und Gegenstände in diversen Räumen ein virtuelles Gesamtbild, das nur auf dem Monitorschirm existiert, komponieren. Das Gegenteil, eine tiefere Modellwelt bzw. mediale Kunstwelt, die im realen Raum enthalten ist, aber für den Beobachter paradoxerweise unzugänglich ist, simuliert die Videoinstallation „Inverser Raum“ (1977), ein unbetretbarer virtueller Raum. Eine Kamera war nämlich in einer Black Box neben dem Monitor versteckt, die innen abgeschirmt und beleuchtet war, so daß die Kamera als innerer Beobachter ein Foto des Raumes, das an der Wand der Black Box befestigt war, in den Bildschirm live transmittieren konnte.

Die Ankunft der digitalen Technologie erlaubte mir um 1990, die mit Video in den 60er Jahren begonnene Arbeit, die Erforschung der Welt des inneren Beobachter, der Welt als Interface, die Konstruktion virtueller Räume und Realitäten weiterzuführen. Eine neue Serie begann. In „Das tangible Bild“[3] wurde zum Beispiel ein berührungsempfindlicher Bildschirm eingeführt, der in einem Raum stand, an dessen einem Ende die Betrachter vor einer mit cartesianischen Koordinaten überzogenen Wand standen und wo an der gegenüberliegenden Wand die Projektionsfläche war. Berührten die Beobachter den blinden Bildschirm aus Gummi des freistehenden Monitors mit der Hand und verformten ihn, wurde auch das Livebild des Betrachters entsprechend verformt. Weder das Bild noch die Beobachter wurden berührt, sondern nur das Interface. Die Beobachter waren Teil des Systems, das sie beobachteten, sie befanden sich im Bild, in der Datenmenge des Bildes. Eine nicht-lokale Verzerrung, in einer Art Dislokation (Displacement), die fernkorreliert war, verzerrte auch das Bild. Die Veränderung des Interface veränderte auch das Bild. Jede Berührung des Bildschirms, hinter dessen Gummifläche Sensoren sind, gibt Informationen an eine Dialbox und an den Computer VGX weiter. Analoge Signale werden in digitale übersetzt. In diesen Computer werden über einen Videoframer auch die Livebilder einer Videokamera eingegeben. Hier werden ebenfalls analoge Videosignale in digitale umgewandelt. Dort beeinflussen sich die Ziffernsequenzen, die aus dem blinden Bildschirm wie aus der Kamera kommen. Das digital prozessierte und veränderte Livebild wird wieder in analoge Videosignale rückverwandelt. Die VGX Graphics Pipeline leitet diese weiter an den Videobeamer, der die in Echtzeit digital verarbeiteten Bilder auf die Leinwand projiziert. Durch diese Konfiguration entsteht der Effekt, daß jedes Pressen, Verzerren und Manipulieren an der Gummifläche des Bildschirms auch das reale projizierte Bild in Echtzeit genau in der gleichen Weise und am gleichen Ort verzerren. Jede Bewegung und

Berührung des Gummibildschirms verformt das Bild an der Wand. So ist der Betrachter wirklich im Bild, nämlich als Teil der digitalen Datenmenge, während sein Körper disloziert im Echtraum bleibt. Dies ist der Endo-Zugang zur Elektronik. Der Beobachter interagiert in Echtzeit mit dem Bild des Raumes, in dem er sich selbst befindet. Er manipuliert live das virtuelle Raumbild des realen Raumes. Dieses Raumbild scheint wie bei einem Luftballon direkt der Gummibildschirm zu sein, dessen (reale) Verzerrung auch die (virtuellen) Verzerrungen des Projektionsbildes bewirken. In einer folgenden Version „Cartesianisches Chaos“ (1991) wurde ein mit Sensoren ausgestatteter Fußbodenausschnitt (statt des Gummibildschirms) aus Holzplatten konstruiert. Der stetige Druck auf die Fußbodenplatten wurde in digitale Signale konvertiert, welche das computeralgorithmierte (computererrechnete) Bild einer Wasserfläche kontrollierten. Der Raum, in dem sich der Beobachter befand und auf dessen Boden er stand, wurde in der Projektion verkehrt wiedergespiegelt, so daß der Beobachter, der sich im realen Raum innerhalb des Raumes befand, im virtuellen projizierten Raum auf diesen Raum von außen als externer Betrachter blicken konnte. Der Raum wirkte nun wie eine offene Box, auf deren Decke auf der Außenseite sich die Wasserfläche befand. Jede Bewegung, jede Pressung auf dem Holzboden löste analoge, fernkorrelierte Wellenbewegungen der Wasseroberfläche aus. Die Leinwand wirkt wie ein flüssiger Schirm. Jede Bewegung auf der horizontalen (festen) Ebene scheint, ohne daß die Leinwand bzw. das Bild der Wasserwellen berührt wird, Wasserwellen in Bewegung zu bringen, als ob der Betrachter unsichtbare Steine in das Wasser würfe. Da das Wasser ein dynamisches System ist, konnten die Wellenbewegungen so hochgeschaukelt werden, daß sie in einen chaotischen Zustand gerieten, so daß sich das Bild selbst zerstörte (die Wellen schwappten über und überschwemmten das Bild). Das Programm begann dann wieder von vorne.

Hier wird zusätzlich zu dem Problem der Beobachter-zentrierten Interaktion spezifisch auch die Frage nach der Differenz zwischen Beobachter und Umgebung gestellt. Der Beobachter erscheint als Ko-Verzerrungsquelle und die Differenz zwischen Beobachter und Umgebung kann daher keine absolute mehr sein, sondern auch nur Beobachter-relativ. Die Unentrinnbarkeit einer bloßen Beobachter-Objektivität der Umwelt (Environment) wird befreiend erlebt.

Das Schlußkapitel mit Bezug zur eigenen künstlerischen Arbeit aus dem längeren theoretischen Text, abgedruckt in: „Cyberspace“, Florian Rötzer/Peter Weibel (Hrsg.), München 1993, S. 15–46.

1 J.A. Wheeler, „Beyond the Blackhole“, in: „Some Strangeness in Proportion“, H. Woolf (Hrsg.), 1980, S. 340–375.

2 (MKA) sowie die folgenden Arbeiten: „Kruzifikation der Identität“ (1973), „The Endless Sandwich“ (1969), „Der Traum vom gleichen Bewußtsein aller“ (1979).

3 Mit Bob O'Kane. (MKI)

Abb. Peter Weibel, „Die Wand, der Vorhang (Grenze, die), fachsprachlich auch: Lascaux“ (1994) Künstlerhaus Wien, 1999, Foto: Christian Wachter;
Peter Weibel, „Zur Rechtfertigung der hypothetischen Natur der Kunst und der Nicht-Identität in der Objektwelt“ (1992).

Peter Weibel

Virtual Reality: the Endo-approach to Electronics

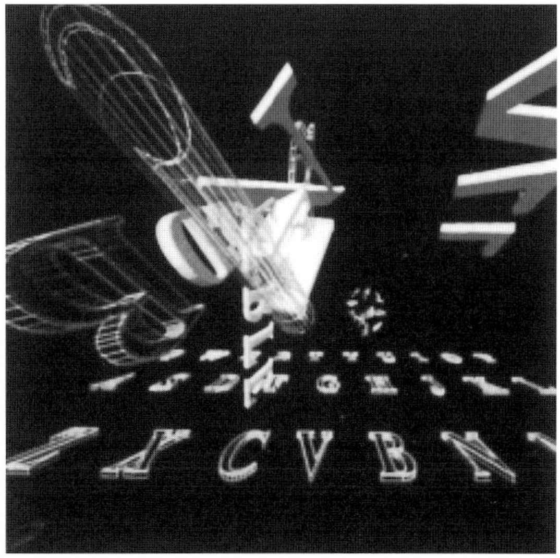

What began with the discovery of perspective during the Renaissance and the invention of group theory (Helmholtz-Lie groups) in the 19th century, namely, the insight that the manifestations of the world are dependent upon the observer's standpoint in accordance with certain theoretical principles, became a general principle in the electronic age. The observer-relativity of perspective was generalized as viewer-objectivity in the electronic age. The world as a whole loses its classical object character and becomes an 'observer objective' (Otto. E. Rössler) alone. Through this, the technical world increasingly becomes an object of artificial manipulations (from artificial intelligence to artificial life). Virtual spaces created by a computer are the best models of the mere observer-objective electronic world to date. This makes media not just masks, mappings, or models which illustrate, imitate or simulate the world and 'objective' reality, but measuring chains that prefigure and construct an example of reality that is observer-friendly (human?). Electronic media not only work on the disappearance of the natural world through machine-induced effects, but also work on the asymmetrical construction of a new artificial and more humane reality at the same time. In the electronic media world where the interface between observer and object is accessible for manipulation, it is made clear that the observer is not only a source of distortion, but that the observer also takes a participatory part in the creation of the world. In Wheeler's participatory universe it is even asserted that only an observable phenomenon is a phenomenon[1]. A famous limitation of observance is deduced from this, which Bohr had also already arrived at. The observance of observing produces a pseudo-diffusion. Since every observance (measurement) distorts the world, total self-observation is impossible and there is probably also no total self-knowledge.

But a limitation of the observer's self-knowledge also implies that the external observation is probably out of focus. One of my earliest closed circuit video installations 'Observation of the Observation: Uncertainty' (1973)[2] already dealt with this problem: the configuration of cameras and screens is set up so that the viewer always sees himself on screen, but only distorted, namely, from behind. In order for the viewer to see himself from the front he must adapt himself to the laws of interface and become a co-variant himself as was shown with the interactive video installation 'Crucifixion of Identity'. The viewer is part of the image produced by this real-time installation, but only at the price of co-variance.

In my earliest video work, 'The Endless Sandwich' (1969), the viewer is only one link in a measuring chain, meaning in a chain of observers. Thus, an observer-ensemble was established. Between the elements (individual observer) of the chain an error – roaring and pseudo-reversible – jumps from a lower model world to each of the next higher model worlds. This did not seem possible in our reality, but was simulated de facto when the broadcasting signal was changed for a short time during the 1972 TV exhibition in Austria causing all the viewers in the country to stand up and adjust their television sets. A quantum-mechanic model of the world where what is observed jumps back and forth between the various worlds that are consistent within themselves.

During a series of perspective-oriented and observer-oriented works made over a period of several years the observer-reality of the world was demonstrated. Here, the camera, above all, assumes the position of the inner observer who does not perceive the distortions (the 'distorted simultaneity hyperplanes'), which can then only be perceived by the external observer, the human being who finds himself on the screen: in the model world of the camera – the artificial inner observer. The observer moves in virtual spaces that are not constructed by the observer, but by an internal observer instead: the camera. The camera constructs the illusion of a continual classical space on the screen through various distorted spatial sequences in which the external observer moves about simultaneously recognizing the artificiality of the construction and mentally correcting the distortion.

'Imaginary Space' (1979) is the beginning of a series where the observer moves in an artificial image-space, which could be considered on the endo-side of the interface as well as on the exo-side. The first camera records distorted lines on the real floor and a second camera records other complementary lines. Both cameras send their signals through a mixer where they are combined. From the mixer, the composed signals are sent to the screen where they artifically construct a virtual space. The viewer then moves in virtual as well as real space. 'The Dream of Everyone Having the Same Consciousness' (1979) shows this problem of perspective and observer-relativity. Perspective-relativity, virtual spaces, the two levels of reality (exo and endo) are also shown in the closed circuit video installations 'Imaginary Space 5' (1982), 'Video Labyrinth' and the 'Austria Room' (1982). A refined, distorted and 'non-local' overlapping of real and virtual space is depicted by the closed-circuit video installation 'Scanned Space' (1990), which also has two cameras and objects in diverse spaces that compose a virtual 'Gesamtbild' that only exists on the monitor screen. The opposite, a lower model

world or an artificial world of media that is included in real space, but paradoxically inaccessible for the observer, is simulated by the video installation 'Inverse Space' (1977), a virtual space which cannot be entered. A camera was hidden in a 'black box' set next to the monitor. The box was covered and illuminated from the inside so that the camera, as an inner observer, could carry out a live on-screen transmission of a photo of the space that was attached to the wall of the black box.

The arrival of digital technology allowed me around 1990 to continue the work that had begun with video in the '60s – research on the world of the inner observer, the world as an interface, the construction of virtual spaces and realities. A new series began. In 'Tangible Image'[3], for instance, a touchscreen was incorporated that stood in a space. On one end of the space a viewer stood in front of a wall covered with Cartesian co-ordinates. On the opposite end was the projection area. If the viewer touched the free-standing monitor's blind rubber screen with his hand and changed its shape, the viewer's live image would be accordingly misshaped. Neither the image nor the observer was touched, only the interface. The observers were part of the system they observed. They found themselves in an image, in the image's data. A non-local distortion also distorted the image in a type of displacement which was correlated from afar. The transformation of the interface also transformed the image. Every touch of the screen, which had sensors behind its rubber surface, sends information to a dial box and further to the computer VGX. Analog signals are translated into digital signals. In this computer live images from a video camera are fed in from a video framer. Here, analog video signals are also transformed into digital signals. The sequences of digits coming from the blind screen as well as the camera interfere with each other. The digitally processed and transformed live image is transformed back into analogue video signals. The VGX graphics pipeline sends these on to the video projector that projects the images, which are digitally processed in real time, onto the screen. Through this configuration the effect is produced that every touching, distortion and manipulation of the screen's rubber surface also distorts the real, projected image in real time, in the exact same manner and in the same place. Every movement and touch of the rubber screen misshapes the image on the wall. This way, the observer really is part of the image, namely, as part of the digital data, while his body remains displaced in the real space. This is the endo-approach to electronics. The observer interacts in real time with the image of the space he is in. He manipulates the virtual image space of the real space – live. This image space seems to be the rubber screen itself ike a balloon. And the screens (real) distortions also cause the (virtual) distortions of the projected image. In a later version, 'Cartesian Chaos' (1991), part of the floor (instead of the rubber screen) was constructed out of wooden panels and equipped with sensors. The constant pressure on the floor panels was converted into digital signals that controlled the computer-algorithmed (computer-calculated) image of a water surface. The space the viewer found himself in and on the floor of which he stood was reversed and reflected in the projection so that the observer, who was inside the real space, could look in the virtual projected space at this space from outside as an external viewer. The space now seemed like an open box with the water surface on the outside of its lid. Every movement, every pressure on the wooden floor caused analogue wave movements on the surface of the water that were correlated by remote. The screen seems like a liquid screen. Every movement on the horizontal (solid) level seems to put the waves in motion without the screen or the image of the waves having been touched – as if the viewer was throwing invisible stones into the water. Since water is a dynamic system the wave movements can be worked up to the point of going into a chaotic condition, destroying the image itself (the waves splashed and flooded the image). Then the program started over again.

Here, in addition to the problem of observer-centred interaction, the question of the difference between observer and environment is specifically raised. The observer appears as an additional source of distortion and the difference between observer and environment can then no longer be an absolute difference, but rather simply observer-relative. The inescapability of a mere observer-objectivity of the environment is experienced in liberation.

Final chapter, referring to Weibel's own artistic works, of the longer theoretical text, printed in: Florian Rötzer/Peter Weibel (eds.), 'Cyberspace', Munich, 1993, pp. 15–46; translation by Rosanne Altstatt.

1 J.A. Wheeler, 'Beyond the Blackhole', in: 'Some Strangeness in Proportion', H. Woolf (ed.), 1980, pp 340–375.

2 (MKA) also for the following references: 'Crucifixion of Identity' (1973), 'The Endless Sandwich' (1969), 'The Dream of Everyone Having the Same Consciousness' (1979).

3 With Bob O'Kane. (MKI)

***Figs.** Peter Weibel, 'The Wall, the Curtain (Border, the), technical terminology also: Lascaux' (1994) Künstlerhaus Wien, 1999, photo: Christian Wachter; Peter Weibel, 'Concerning the Justification of the Hypothetical Nature of Art and the Non-identity in the Object World' (1992).*

Knowbotic Research

......slamming

......schnittstelle

Information ist das, was in Bewegung ist, auf der Durchreise mit unbestimmtem Ziel; es erhält kurzfristig Bedeutung, wenn jemand eingreifen kann, indem er versucht, die Informationen für sich zu verwerten, indem er sie umbaut, verändert, etwas hinzufügt, etwas herausnimmt, um sie wieder auf die Reise zu schicken.

Uns interessiert besonders die Schnittstelle zwischen der Tätigkeit mit der Information und der parallelen Relation zur Tätigkeit eines anderen Eingreifenden. Wie reagiert ein jeweils anderer auf die gleiche Art von Information? Und was entsteht parallel an verschiedenen Orten als Wechselwirkung in der Tätigkeit mit der Information?

......übersetzung

Im Projekt „Dialog with the Knowbotic South" reflektierten wir die Übersetzung einer Natur in die zweite, die sogenannte Computer Aided Nature, die auf der technologischen Wahrnehmung beruht.

Mittlerweile denke ich, ist das Konzept des Übersetzens für uns nicht mehr so interessant. Die besessene Arbeit der Wissensapparate, das, was man schon weiß, in einen angeblich neuen Kontext übersetzen zu wollen, das schon bestehende Wissen ständig neu zu interpretieren... – dagegen sträuben sich unsere Arbeiten. Uns geht es einfach gesagt darum, die Leute dafür zu sensibilisieren, daß jeder etwas setzen kann. Heute stehen genug Codes zur Verfügung und jeder kann selbst seine eigenen Bausteine suchen, den Mut zum Risiko haben, selbst etwas zu setzen, gepaart mit sozialer Kompetenz.

......unsichtbarkeit, maschine

Das Problem ist die Sichtbarkeit. Wenn man über den öffentlichen Raum nachdenkt, ist das meiste nicht mehr im sichtbaren Bereich. Wenn wir über unsichtbare Abläufe verhandeln möchten, bieten sich natürlich die Möglichkeiten der Maschine an. Aber nicht, indem man sich an diese Web-Oberflächen drängen läßt, sondern konkret maschinelle Konzepte ins Auge faßt. Und das heißt konkret: Wenn ich nur noch Fragmente zur Verfügung habe und das Ganze überhaupt nicht mehr restituieren und zusammendenken kann, ermöglicht mir die Maschine, an verschiedenen Orten aufzutauchen und zu reflektieren, Position zu beziehen oder zu überprüfen, ob ich etwas machen kann – wenn nicht, um zu verschwinden, um sofort

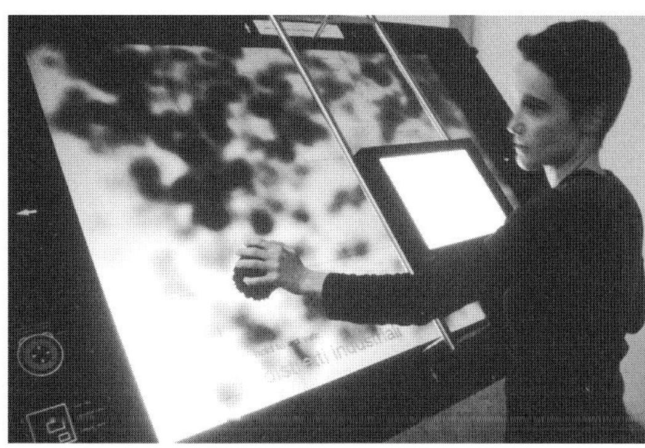

wieder von einer anderen Seite aufzutauchen. Dieses ständige Fluktuieren, eine unruhige und kollaborative Suchbewegung: Wo kann ich einsteigen, wo kann ich was initiieren, wo kann ich auch auf andere konstruktiv reagieren, wo verschwinde ich besser – das charakterisiert immaterielles Arbeiten.

......praxis

Man braucht nicht mit der Unbedingtheit anzutreten, daß künstlerische Arbeit ausschließlich immer das Poetische oder das Politische/Soziale/Technologische im Auge haben muß, wir können das eine oder andere zeitweise außer acht lassen. Also sechzig Jahre sind lang genug, daß alles, was noch nicht gelöst ist, wieder auftaucht und sagt: „Das Problem gibt's noch!" Es geht nichts verloren, in keinem Arbeitsprozeß.

Statements von Christian Hübler (Knowbotic Research) aus einem Gespräch mit Andreas Broeckmann und Heiko Idensen am 5. September 1997 in Kassel am Rande des Kongresses „Konfigurationen. Zwischen Kunst und Medien", aus der CD-ROM zum Buch: „Konfigurationen zwischen Kunst und Medien", Sigrid Schade/Georg Christoph Tholen (Hrsg.), München 1999.

Abb. Knowbotic Research: „10_dencies", Fotos: Franz Wamhof.

Knowbotic Research

......slamming

......interface

Information is on the move, on its way through to an unknown destination; it acquires short-term significance when people can intervene by trying to make use of information for themselves, by altering it, changing it, adding something, taking something away, and then sending it back on its travels again.

We are particularly interested in the interface between activities involving information and the parallel relation to the activities of another person who is intervening. How does another person react to the same kind of information? And what emerges in parallel in different places in the form of an interaction during information-related activities?

......translation

In the project 'Dialog with the Knowbotic South' we reflect on translating one kind of nature into another, so-called computer-aided nature, which is based on technological perception.

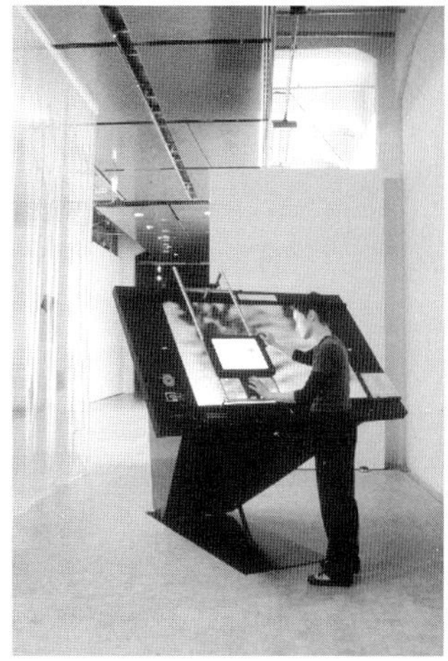

I am beginning to think that the concept of translation is no longer so interesting for us. Knowledge systems strive obsessively to translate something that people already know into an allegedly new context... – Our works resist that kind of thing. Put simply, we are concerned to make people aware that everyone can make a statement. There are enough codes available today, and people can find their own building bricks, and find the courage to make a statement themselves, coupled with their social competence.

......invisibility, machine

The problem is visibility. Think about public space: most of it is no longer visible. If we want to negotiate about invisible sequences of events, of course the facilities offered by machines are available to us. But don't let's be forced on to the surface on the Web, take a concrete look at mechanical concepts instead. And in concrete terms this means: if I have only fragments at my disposal and cannot restore the whole, or think it together again, the machine makes it possible for me to pop up in different places and reflect, take up a position or check whether I can do anything – if not to disappear and then to pop up again from the other side. This constant fluctuation, a restless and collaborative searching movement: where can I make a start, where can I initiate something, where can I react constructively to others, where can I disappear better – this is what an immaterial approach to work is about.

......practice

It is not necessary to start off from the absolute standpoint that artistic work must exclusively address poetic matters, or political/social/technological concerns, we can forget the one or the other from time to time. And so 60 years are long enough for everything that has not been solved to pop up again and say 'We've still got this problem!' Nothing is lost, in any working process.

For the present volume, Christian Hübler (Knowbotic Research) re-edited his statements taken from a conversation with Andreas Broeckmann and Heiko Idensen on 5th September 1997 in Kassel on the fringe of the 'Konfigurationen. Zwischen Kunst und Medien' congress; the entire text is published on the CD-ROM accompanying the book: 'Konfigurationen zwischen Kunst und Medien', Sigrid Schade/Georg Christoph Tholen (eds.), Munich, 1999; translation by Michael Robinson.

Figs. *Knowbotic Research: '10_dencies', photos: Franz Wamhof.*

Peter Dittmer

Schalten und Walten (Die Amme)

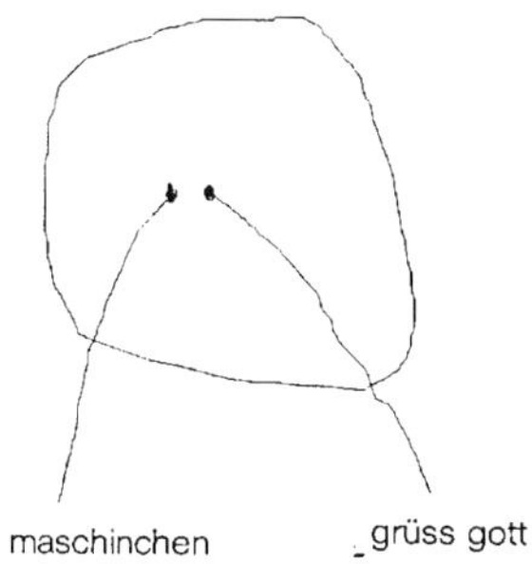

Die „Amme“ ist eine Arbeit aus dem Zyklus „Schalten und Walten“.

Ihr Thema ist die **Barriere**.

• Cordon sanitaire

Die Barriere steht zwischen einem möglichen (aber nicht notwendigen) Ereignis (Kunst/schmackhaft), zur Verfügung gestellt in einem Objekt (Behelf), und dem möglichen Betrachter (Griff nach der Sache) vor dem Objekt. Das Objekt schafft den Bedingungsrahmen, sowohl für den Vorgang als auch für die Barriere selbst.

Die Barriere folgt in ihrer Funktion dem Vorbild des Schalters. Die (vornehme) Aufgabe des Schalters ist es, das Ereignis vor dem unaufhörlichen Ereignen und seiner unvermeidlichen Verschluderung zu bewahren.

Der **schwierige Schalter** ist der Garant des Konjunktivs (Hätte/Könnte). Er gibt der Ereignisarmut eine Form, indem er das Ereignis, dem er verwaltend und vorzugsweise verhindernd vorsteht, jederzeit im Rahmen der Wahrscheinlichkeit erhält. Die jeweilige Form des Schalters begründet den jeweils hinreichenden Anlaß, der zum Schalten führt.

• schwierig insofern, als daß die Bedienung und das Resultat ungewiß bleiben: Gebrauchsverübelung

So ist die „Amme“ ein Objekt der Verwaltung, der Verhinderung, der Ablenkung, der **stillen Ökonomie**. Die „Amme“ ist auch eine ökonomische Groteske.

• autistischer Expressionismus; Präsenz im Versteck

Daneben aber: interaktive Installation, begehbarer Text/Text überhaupt, Computerspiel, Orakel, semantischer Pappkamerad und die **einfachste aller Vorstellungen** zum Computer.

Und der weiteste Bogen zwischen Verworrenheit und lakonischem Affekt.

• der unbestreitbarste Sprung über das Werkzeughafte muß die Widerrede sein; glückliche Naivität

Vor der „Amme“ stand die Frage, wie denn, falls **Prozesse/Vorgänge** in ein Kunstobjekt eingebracht werden, deren unvermeidliche(r)(s) Anfang/Ende/Unterbrechung bestimmt werden kann.
Denkbare Auflösungen des pausenlosen Passierens waren: Anwesenheit des Publikums, Abwesenheit des Publikums, fester Zeitplan, **Logik aus dem Off** (Tiere!), vertrackte Physik, Zufall, gefordertes Verhalten am Objekt (Rezipient an der Schnur), samt aller vorstellbaren Sensorik und Knopf im Raum.
Der aus dem Denkbaren gewählte Ansatz zur „Amme“ war, daß Sprache/Verhandlung den Schalter zum Schalten verführt.
Ausschlaggebend für die Wahl, die geschärfte Unschärfe der Sprache selbst, Heiterkeit, das Interesse an der **Variation der Wahrnehmung** vor einer scheinbar stabilen Situation, Überlegungen zum Raum und zur Ökonomie des Raums (Landwirtschaft) und eine Theorie des Schaltens, die sich in der Nachbarschaft von Apparaten unvermeidlich einstellt.

• alles, was sich, nicht statisch, in einem zeitlichen Rahmen abspielt, Handlungen, Abläufe mit potentiellem AN und potentiellem AUS

• Eigenwilligkeiten aus systemfremdem Interesse und/oder Bedürfnis; Schaltertiere: Ereignisförderung und Ereignisvermeidung durch Ortsveränderung (Trampeln)

• d. i. die hemmungslose Interpretation

Inzwischen ist der verwaltete Vorgang vollständig zu nur mehr einem **Zeichen** für ein Ereignis geschrumpft und der hypertrophe Schalter-Verwalter hat das Interesse vollständig okkupiert.
Aber es scheint weiterhin wichtig, daß im Zentrum aller Sprachblasen ein reales Geschehen verbleibt (Nageln).

• das, wäre es nicht mittlerweile so stark im Verhandlungsdiskurs verankert, beliebig durch ausführlichere Vorgänge ausgewechselt werden könnte

Das Gespräch mit dem Computer unterliegt keiner offenen Beschränkung außer der, daß es über die Tastatur zu führen ist. In der bisherigen Ausstellungskonstellation gerät ihm das allerdings eher zum Vor- als zum Nachteil.
Die **Verlangsamung der Eingabe** stärkt die Intention hinter der Platitüde.

• Dramatisierung und Verkappung der Äußerung; der Punkt, an dem beschlossen wird, daß die Eingabe reif für die Preisgabe an den Apparat ist (Enter), erweist sich als dramaturgisch effektiv

Der Computer täuscht sprachliche Kompetenz vor, das macht die „Amme“ zu einer Arbeit auch über die Behelfe der Kommunikation.
Nur dann, wenn der Computer schwach wird, orientiert er sich lexikalisch, in besseren Momenten versucht er, **Haltungen** zu identifizieren und seinerseits über eine sprachlich vermittelte Haltung seine Entgegnung zu formulieren.

• manchmal wird deutlich erkennbar, wie die Subtexte beider Seiten den öffentlichen Text überlagern; das geht oft über den gängigen Subtext – hier Angriff, dort Notwehr – weit hinaus

Im Computer stehen sechs Vehikel der Sprachproduktion bereit:
1. Die Programmaschine, d.i. der Manager der Vorgänge (der große Riemen).

2. Der Identifikationsapparat, d.i. ein Wort-, Wortgruppen- und **Gestrüpp** grammatikalischer Haltungen, der die Erkennung der Eingaben versucht.
3. Das Urteil über die Situation, d.i. eine Kontextverfolgung und eine **resümierende Selbsteinschätzung**; hier liegt das eigentliche Schalt-Zentrum.
4. Der Reaktionsapparat, d.i. eine Entscheidungsmaschine, die den Zugriff auf den reaktiven Vorrat und die Taktik der Erwiderung steuert.
5. Der Widerredevorrat, aus dem die Widerrede genommen wird, bzw.
6. Der Widerredebildungsapparat, der eine Koordinierung von Lexika und Bildungsvorschriften zur **Konstruktion** der Widerrede nutzt.

• eine Ballung lapidarer Taktiken, deren Überschaubarkeit stetig abnimmt

• auch der Grad der Milchnähe

• dieser Teil hat an Bedeutung verloren, da er nur zu unverbindlichen Resultaten führte, zu einer – nicht gewünschten – Entindividualisierung

Da die „Amme" in der Kunst (also zumindest außerhalb ziel- und nutzverpflichteter Praxis) siedelt, ist sie befreit von der Verpflichtung anderer kommunikativer Software zur seriösen Hantierung mit möglichst globalen Kenntnisanhäufungen und logischer Redlichkeit.
Rahmensetzungen werden befolgt wie übergangen. Überraschende **Gewichtungen** (Größenwahn) entwickelten sich frühzeitig zum Kern einer der Entgegnungstaktiken, parallel zur Pulverisierung des Konzepts zugunsten diverser Methoden pragmatischen Verhaltens.

• Klein und Groß, Bedeutend und Unbedeutend, enge und weite Bezüglichkeit; Vorsprung durch Frappage

Der Apparat behauptet sich als einheimisch im Gespräch. Sein Gegenüber bleibt geduldeter Besuch. Unter dieser Prämisse kann der Apparat die exklusive Zulässigkeit seiner Position behaupten (d.i. den Spieß umdrehen).

Das Gestrüpp ist die beherrschende Form.
Der Gestus ist ein latent feindlicher.
Wann Was Wie eintrifft, wird durch den Gesprächsverlauf bestimmt.
Das Gespräch kann hin zum Ereignis verlaufen oder weg von oder nebenher.
Das Gespräch selbst ist der Schalter. Es schafft die Bedingung für AN und AUS.
Das Schalt-Gespräch behandelt **Dies und Das** oder das zu schaltende Ereignis.

• in der Mehrzahl richtet sich der Diskurs auf die angezweifelte Sprachfähigkeit des Apparats

Der Träger des Ereignisses ist zufällig ein Glas **Milch**.

• das Milchglas steht, eingeschlossen durch eine Vitrine, auf einem darüber hinaus leeren Tisch (der nur auf seiner Unterseite, mittels diverser Konstruktionen, bedeutende Anstrengungen vermuten läßt (Brimborium)), und das Ereignis ist, daß das Glas umgeworfen wird, die Milch auf dem Tisch verplempert, das Glas sich aufrichtet, gefüllt wird und wieder dasteht wie zuvor

Das Milchglas steht, latent umgeworfen, für das Schaltbare, das Umworbene, für eine auswechselbare Konsequenz des Schaltens. Das Ereignis ist, daß die Kunst am Milchglas exerziert wird.
Die Kunst ist, (wann und warum oder:) daß (überhaupt) das Ereignis am Milchglas exerziert wird.
Die Kunst wird weniger beansprucht, weil das Publikum sich im Vorraum (Gespräch) aufhält. Das Publikum wird abgelenkt, weg von der Kunst, und zerstreut.
Die Kunst ist flüchtig; der Schalter sitzt breit vor der Kunst. Das Publikum vergißt manchmal über dem Schalten die Kunst.
Das Publikum wird manchmal mit der Kunst belohnt und manchmal mit der Kunst **bestraft**.
Das Publikum will nicht immer die Kunst sehen (schöne Ökonomie).

• so war im ursprünglichen Ansatz die Milchverplemperung eigentlich als zu vermeidender Lapsus angelegt

Die Arbeit an der „Amme“ sollte beendet sein, wenn das Glas aufhört umzufallen, obwohl es weiter fallen könnte. Die Sache bliebe auf dem potentiellen Sprung, ohne aber weiter vom Schalter erlöst zu werden (der Konjunktiv steht glänzend da).

Das Sprechen zum Computer ist (vorderhand) ein nutzloses Sprechen, (oft) ein öffentliches Sprechen, ein Sprechen als Karambolage und manchmal auch ein Sprechen mit einer Erwartung, die nicht näher zu beschreiben ist.
Mit wem man spricht, ist nicht offensichtlich; vordergründig ist es der Apparat – aber das ist ja nun Quatsch. Also es bleibt offen.

Erstmals veröffentlicht in: Peter Dittmer, Dokumentation zur Installation „Die Amme“, Berlin 1997.

Abb. Peter Dittmer, „Die Amme“, Minima Media – Medienbiennale, Leipzig 1994, Foto: Uwe Walter.

Peter Dittmer

Managing Things ('The Wet Nurse')

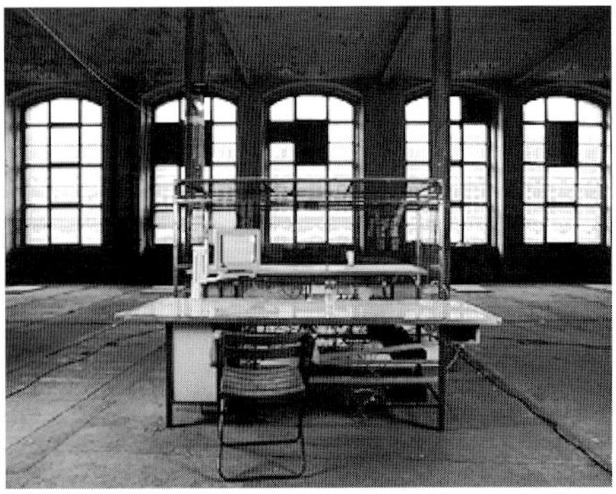

The 'Wet Nurse' is a work from the cycle 'Managing Things'. The theme is the ***barrier****.*

• *Cordon sanitaire*

The barrier comes between a possible (but not necessary) event (art/tasteful), made available in the form of an object (aid), and the possible observer (reaching for the thing) looking at the object. The object creates the framework of conditions, both for the process and also for the barrier itself.

The barrier works on the model of the switch. The (distinguished) role of the switch is to protect the event from happening ceaselessly and from being unavoidably wasted.

The ***difficult switch*** *is the guarantee of the subjunctive (could/would). It gives form to the poverty of the event, by keeping the event before which it stands, administering and preferably preventing, with the bounds of probability at all times. The form of the switch in each case justifies the cause, adequate in each case, that leads to switching.*

• *difficult to the extent that use and result remain uncertain: use taken amiss*

Thus the 'Amme' is an object of adminstration, of prevention, of distraction, of the ***silent economy****. The 'Amme' is also an economic grotesque.*

• *autistic Expressionism, presence in hiding*

But at the same time: an interactive installation, a text that is accessible to pedestrians/a text above all, computer game, oracle, semantic cardboard figure and the ***simplest of all ideas*** *about the computer.*

And the widest possible span between confusion and laconic emotion.

• *the most indisputable leap over the tool-like quality must be the argument; happy naïveté*

Before the 'Amme' came the question of how then if ***processes*** *are introduced into a work of art, their unavoidable beginning/end/interruption can be determined.*
Possible resolutions to the ceaseless occurrence of events were: presence of the public, absence of the public, fixed timetable, ***logic from off-stage*** *(animals!), complicated physics, chance, required behaviour when faced with the object (recipient on a lead), along with all imaginable sensory technology and button in the space.*
The approach to the 'Amme' chosen from those conceivable was that language/negotiation tempts the switcher to switch. A crucial feature of the choice is, the focused lack of focus of language itself, gaiety, interest in the ***variation of perception*** *when faced with an apparently stable situation, considerations about space and the economy of space (agriculture) and a theory of switching that inevitably starts up when near an apparatus.*

• everything that happens, non-statically, within a time-frame, actions, sequences with a potential ON and a potential OFF

• independence of mind arising from interests and/or needs that are alien to the system; switch-animals; event promotion and event avoidance by change of location (trampling)

• i. e. uninhibited interpretation

In the mean time the administered process has shrunk completely to be nothing but a ***sign*** *standing for an event and the hypertrophic switcher/manager has come totally to the forefront of interest.*
But it still seems important that a real centre of interest remains at the centre of all the speech bubbles (nailing).

• which, if it were not now so firmly anchored in the negotiation discourse, could be changed at will for more detailed processes

Conversation with the computer is not restricted to any open restriction other than the fact that it has to be conducted via the keyboard, though in the previous exhibition constellation this was considered to be more of an advantage than a disadvantage. ***Slowing down the input*** *reinforces the intention behind the platitude.*

• dramatizing and disguising the statement; the point at which the decision is taken that the input is ready to be abandoned to the machine (Enter) turns out to be dramatically effective

The computer pretends to be linguistically competent, which makes the 'Amme' into a work about communication resources.
The computer resorts to being lexical only when it becomes weak, in its better moments it tries to identify ***attitudes*** *and for its part to formulate its reply via an attitude that is conveyed in language.*

• it is sometimes quite clear how the subtexts from both sides interfere with the public text; this often goes well beyond the usual subtext – attack here, self-defence there

The computer offers six language production vehicles:
1. the program machine, i. e. the manager of the processes (the big belt).
2. The identification apparatus, i. e. a word, word-group and ***tangled undergrowth*** *of grammatical attitudes that attempt to recognize the input.*

• an accumulation of terse tactics that become increasingly less manageable

3. A judgement about the situation, i. e. a pursuit of the context and a ***summarizing self-assessment****; this is where the actual switching-centre is to be found.*

• also the degree of closeness of the milk

4. The reaction apparatus, i. e. a decision-making machine that controls access to the reactive stock and the reply tactics.
5. The stock of repartees, from which the repartee is drawn, or
6. The repartee building apparatus, which co-ordinates lexical items and formation precepts to ***construct*** *the repartee.*

• this part has lost some significance as it led only to non-binding results, to an – undesirable – de-individualization

As the 'Wet Nurse' is based in art (in other words at least outside practice that is committed to aims and ends), it is freed from other communications software's commitment to busying itself seriously with accumulations of knowledge that are as global as possible and logical honesty.
Restrictions are pursued and ignored. Surprising ***weightings*** *(megalomania) developed at a very early stage to become the core of one of the reply tactics, in parallel with pulverizing the concept in favour of various pragmatic behaviour methods.*

• small and large, significant and insignificant, broad and narrow frames of reference; getting ahead by striking

The machine insists that it is at home during the conversation. The person talking to it remains a tolerated visitor. Given this, the machine can assert exclusive admissibility for its position (i. e. turn the tables).

The tangled undergrowth is the dominant form.
The gesture is latently hostile.
When what happens how is determined by the course of the conversation.
The conversation can lead on to the event or away from it or alongside.
The conversation itself is the switch. It creates the conditions for ON and OFF.

The switch-conversation deals with ***this and that*** *or the event that is to be switched on.*
The carrier of this event is, as it happens, a glass of ***milk****.*

The glass of milk stands, latently knocked over, for something switchable, something courted, for an interchangeable consequence of switching.
The event is that art is made to happen to the glass of milk.
The art is (when or why or) that the event is made to happen to the glass of milk.
Art is less in demand because the public is spending its time in the anteroom (in conversation). The public is distracted, moved away from art, has its mind taken off it.
Art is fleeting; the switch sits easily in front of art. Sometimes the public forgets art because of the switching.
The public is sometimes rewarded with art and sometimes ***punished*** *with art.*
The public does not always want to see art (a fine economy).

Work on the 'Amme' was intended to be over when the glass stops falling over, although it could fall further. The matter would remain potentially poised, but without being further released from the switch (the subjunctive is splendidly appropriate).
Speaking to the computer is (for the time being) useless speaking, (often) public speaking, speaking as a collision and sometimes also speaking with an expectation that cannot be described any more closely. It is not obvious whom one is speaking to; superficially it is the machine – but of course that is nonsense. And so it remains open.

• the majority address doubts about the machine's linguistic abilities
• the glass of milk stands, confined in a glass case, on a table that is otherwise completely empty (and that only suggests significant effort – hoo-ha – on its underside, by means of various structures), and the event is that the glass in knocked over, the milk spilt all over the table, the glass stands up, is filled and then stands there again just as it had before

• thus in the original approach the spilling of the milk was actually set up as a faux pas to be avoided

Taken from the unpublished documentation on the installation 'The Wet Nurse': Peter Dittmer, Schalten und Walten (Die Amme), Berlin 1997.

Figs. *Peter Dittmer, 'Die Amme', Minima Media – Medienbiennale, Leipzig, 1994, photo: Uwe Walter.*

Philip Pocock

Eine Beschreibung von „The Equator and Some Øtherlands"

Klappe 1 – In meinem Zimmer, Karlsruhe, 19. August
Mehrmals habe ich mich hingesetzt, um diese Präsentation aufzuschreiben, sogar in mehreren Ländern. Sie ist nicht fertig geworden. Stattdessen habe ich ein paar Anfänge, die vielleicht dazu führen, „A Description of the Equator and Some Øtherlands" (MKI) zu beschreiben; ein langer Titel, besser bekannt unter den Aliassen „The Equator" und „Øtherlands"...

Klappe 2 – Zimmer 45, Lee Garden Guest House, Kowloon City, Hongkong, 16. August
„The Equator" ist ein Wort... „The Equator" ist ein sozialer Generator, das Potenzial für die virtuelle Gemeinschaft, eine Verbindungsmaschine... „The Equator" ist eine Gruppenautobiographie, ein Beat-Tagebuch... „The Equator" ist weder Linie noch Kreis... „The Equator" ist eine Zone geteilter Mehrdeutigkeit... „The Equator" ist ein undurchsichtiges Informationsnetz... „The Equator" ist ein Film, den ich gerne von anderen gedreht sehen möchte... „The Equator" ist Nachdenken über das Ende der Kunst, wie wir sie kennen... „The Equator" ist eine reine Ausstellung militärischer Hardware und nebenbei angefallener Software... „The Equator" ist dezentralisierte Demokratie... „The Equator" ist Widerstand mit anderen Mitteln... „The Equator" ist Unterscheidung als Übereinstimmung... „The Equator" ist die Geographie des Geistes... „The Equator" läuft nicht im nächsten Kino, sondern in Ihnen.

Klappe 3 – Im Intercity zwischen Köln und Karlsruhe, 18. Februar
Paradigmen wechseln, vom Mechanischen zum Medialen, von „Dingheit" zu „Istigkeit". Es ist dieses Verlangen, dieses Empfinden des Mangels an „Istigem", das Legionen von Studenten motiviert hat, dort fortzufahren, wo der Kalte Krieg aufgehört hat, nämlich kostenlose Software zu schreiben, damit die Menschen ins Internet einsteigen können.

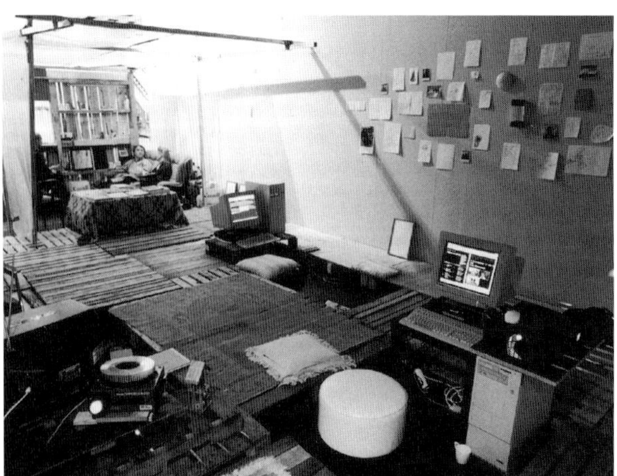

Klappe 4 – Lion Hotel, Kampala, Uganda, 21. Juni
Zu meiner Schande muß ich gestehen, daß ich erwartet hatte, man würde uns bei unserer Ankunft auf dem Flughafen in Entebbe ausgelassen und mit lauter Musik empfangen. Stattdessen wurden wir von einer tiefen Stille empfangen, einer Stille, die sagte: Ich weiß, was für Boden unter diesen Füßen ist.

Wir lernten eine Gruppe Studenten kennen. Da es dort so gut wie keine Mittelschicht gibt und sie nicht wie die meisten auf der Straße lebten, mußten sie aus der herrschenden Klasse kommen. Ihr Englisch war besser als meins und ihr politisches Engagement ging weit über das meinige hinaus. Zwei davon schlossen sich unserem Team an – Andrew und Jude. Innerhalb von zwei Sekunden begriffen sie, worum es in „Øtherlands" geht. Vielleicht helfen sie mir beizeiten aus meiner Schuld. Ich hoffe es. Ich halte den Technostress nicht aus.

Ich bin die Kritik leid, die wir in der Presse bekommen, einer Art Kritik, wie sie auch John Cage gegenüber geäußert wurde. Man beklagte, seine Musik sei willkürlich, zufällig. Das wird auch über unseren Film gesagt. Cage versuchte, den Klang zu befreien; so wie wir versuchen, den Dreh zu befreien. Er wollte den Klang aus dem Korsett der Komposition befreien, von der Kontrolle des Komponisten; so wie wir die Filmaufnahme von der Kontrolle des Regisseurs befreien wollen. Das Problem mit Computern ist nur, daß nicht genug Afrika in ihnen steckt. (Dank an Brian Eno)

Klappe 5 – In meinem Zimmer, Karlsruhe, 3. Januar

Netzwerke – und „Øtherlands" ist nur eins davon – sind nichts Neues. Man betrachte nur einmal seinen eigenen Körper. Oder eine römische Straße, gekoppelt mit Gutenbergs Druckerpresse. Als ein Europäer 1872 die Quelle des Nils neu entdeckte, teilte er es der Welt per Telegramm aus Uganda mit. Darin stand: „Der Nil ist erledigt." Heutzutage ist ein Netzwerk eine vereinbarte Umgebung, eine in beiden Richtungen befahrbare Straße. Die brennende Frage allerdings lautet: wie lange noch?

Klappe 6 – Sun Sun Hotel, Sing-Singapur, 6. August

Hierher mußte ich kommen, um zu begreifen, wie enttäuschend Architektur sein kann. [...] Unheilbarer Wahnsinn. Sing-Singapur, hundert Prozent Stadt, keine Veränderung seit 1984. Und nun wollen die Stadtväter den Cyberspace urbanisieren. Sie nennen es Singapur 2000: ein Netzterminal in jedem Heim. Doch Nomaden sind unerwünscht. Jeder Zugang erfolgt über einen zentral überwachten Proxy-Server. Ein städtisches Internet für das blitzblanke Singapur.

Klappe 7 – Café Gloria, Köln, 4. Mai

Meine Geschichte hinter „The Equator" – und es gibt noch andere – ist zweigeteilt. Ein Teil liegt fast fünf Jahre zurück, der andere über 250 Jahre. Ein exzentrischer Reisender namens Pococke reiste in den 40er Jahren des 18. Jahrhunderts den Nil hinauf, quer durch Ägypten und durch Palästina. Wegen anschließender Kriege sind manche seiner Zeichnungen von Gebäuden und Plätzen deren einzige noch existierende Dokumente. Er faßte sie in einem Buch unter dem Titel „Beschreibung des Orients und einiger anderer Länder" zusammen. Es war nicht die vage Verwandtschaft, die mich ansprach; so erfuhr ich nur von ihm. Was mich ansprach, war seine Herangehensweise, Reisen gleichzeitig als Kunst und Information zu verstehen; ja, mehr noch, seine spezifisch unspezifische Betrachtungsweise von Reisezielen, wie sie in der verschwommenen Wortwahl zum Ausdruck kommt: einige andere Länder. Es wurde mir klar, daß ihm geographisches Terrain weniger wichtig war als vielmehr die Geographie im eigenen Kopf. Seine Reise hatte also nicht die Bedeutung, sich an unbekannte Orte zu begeben, sondern unbekannte Orte in sich selbst zu entdecken, ins Innere zu reisen. Und genauso ist es im Cyberspace.

Rückblende – 1977. Gregory Battcock schreibt in seinem Essay „Kunstexpress": „Die Luftfahrtindustrie scheint dem falschen Prinzip zu folgen, nämlich jenem, die Leute möglichst schnell von einem Ort zum anderen zu fliegen. Ein anderes Prinzip wollen sie nicht wahrhaben – das wichtige Prinzip, niemanden überhaupt irgendwohin zu verfrachten. Der künftige Begriff des Reisens, und darum geht es eigentlich, ist in erster Linie der nicht zweckgerichtete, unwirtschaftliche und sinnlich-geistige Begriff von Kunst selbst. In diesem Sinne wird das Reisen als „Reisen" im Großen und Ganzen genauso wichtig wie die Kunst wichtig war (ist) als „Kunst"."

Klappe 8 – Stadtrand, Industriegebiet, irgendwann zu Anfang des Frühjahrs

Mit einem Satz springt er aus dem Auto, in einer Hand die große Sporttasche, und steuert nach oben. Ins Fitness-Studio. Heute sind Krafttraining und Po dran. Ja, sein Körper ist ihm wichtig. Tatsächlich sieht er aus, als bestünde er nur noch aus Nackenmuskeln. Er ist ein Körpermensch, kein Kopfmensch. […]

Klappe 9 – Später am selben Tag, Köln, 4. Mai

Der zweite Teil meiner Geschichte hinter „Øtherlands" beginnt am 1. Juni 1993. An jenem Morgen, als Felix Huber und ich einen Laptop und eine Digitalkamera in den Kofferraum eines Kadetts Baujahr '64 packten und gen Osten fuhren ans Schwarze Meer. Unsere Bilder und Texte schickten wir in die entgegengesetzte Richtung, zurück entlang der Telefonkabel, wie wir sie längs der Straße installiert sahen, zurück irgendwohin zur Biennale in Venedig. Ich weiß nicht wohin. Ich war nie dort. Ich glaube, als die Ausstellung eröffnet wurde, hatten wir gerade das Wasserkraftwerk und Museum am Eisernen Tor besichtigt, das unter einer Brücke liegt, die Serbien mit Rumänien verbindet. Im „Black Sea Diary" ging es um Zeitlinien, Touristengeschwafel und Übertragungsfehler. Alles gesund und wohlauf am „Equator".

Klappe 10 – Spät abends in meinem Zimmer, Karlsruhe, 19. August

Ein Netzkünstler muß sich umgehend mit dem formalen Charakter eines Netzwerks auseinandersetzen: mit einer vereinbarten Umgebung, einer flachen sozialen Hierarchie, mit der annähernden Unmöglichkeit eines Anspruchs auf Autorenschaft oder Autorität, mit einem fehlenden Zentrum, fehlender Linearität, fehlender Zensur, mit einem Pseudoraum, dem Ego anderer, mit weniger Aufmerksamkeit gegenüber dem Kunstobjekt und mehr Aufmerksamkeit gegenüber dem Objekt der Kunst, nämlich dem Kunstbetrachter. Und außerdem besteht ein Netz vor allem aus Löchern; also Vorsicht, man kann leicht durch die Maschen fallen. Glauben Sie mir, falsche Interpretationen, mangelhafte Verständigung, fehlerhafte Verbindungen gehören alle dazu. Keine Ausreden. In homöopathischen Dosen können solche Mängel dazu beitragen, eine Menge Online-Jammer zu kurieren. Es hilft, sich Beuys' Maxime vor Augen zu führen: „Denken gleich Form". Was McLuhan ohne jegliche Pop-Attitüde predigte, bedeutet dasselbe. Beim Entwickeln von Netzstrategien finde ich diesen Gedanken hilfreich.

In der Netzkunst, falls Kunst überhaupt der passende Ausdruck dafür ist, geht es um die Schaffung von Inhalten, für mich jedenfalls. Ein Netzkünstler, der weniger an den Manierismen einer Technodesign-Ästhetik interessiert ist, sondern eher über den reinen

Inhalt nachdenkt, stößt schnell auf großen Widerstand. Wie man sieht, ist die Welt der Kunst etwas aus der Übung gekommen, was Inhalte betrifft. Nach Jahrzehnten einer Kunstproduktion, die zum großen Teil für Inhalte außerhalb ihrer eigenen immerwährenden ästhetischen Codes keinen Sinn hatte, scheint Inhalt zum Wagnis geworden zu sein. Vielleicht ist es dieser Gedanke, der dem Diskurs um die documenta X zugrunde liegt. Das hoffe ich. Wie dem auch sei, das Risiko, auf das sich ein Netz-Künstler einlassen muß, bedeutet, Kunst wieder mit INHALT zu versehen. Die Gefahr für das Kunstmilieu liegt darin, daß die Wiedereinführung von Inhalten die Kunst gleichzeitig wieder der Welt öffnet, daß sie heraustritt aus dem geschlossenen Zirkel eines privilegierten, ästhetischen Diskurses. Ich glaube, jetzt habe ich ein paar Freunde verloren.

Klappe 11 – Noch etwas später, Köln, 4. Mai

Die Saga vom zweiten Teil hinter „Øtherlands" setzt sich fort im Jahre 1995, als Felix und ich eine weitere Reise unternahmen.

„Arctic Circle" war eine zweifache Reise: einerseits auf verlassenen Straßen Kanadas in Richtung Polarkreis, über ihn hinaus und an ihm entlang, durch eine der letzten tiefen Wildnisse dieses Planeten; andererseits luden wir gespielte Szenen und echte Informationen – oder war es umgekehrt? – hoch auf die überfüllte Infobahn, wobei wir Homepages einrichteten auf einem Server namens „The Thing" in New York. Virtuelle Mitreisende schlossen sich uns an. Ebenso ein paar Anhalter, wodurch die Reise, die in der banalen Art der 70er Jahre begann, zu einem Melodram der 90er Jahre nach Art David Lynchs wurde.

„Arctic Circle" war eine Untersuchung zweier Arten von Einsamkeit: die eine, in der unermeßlichen Weite der Natur „verschollen" zu sein, einer Weite, in der man sich nicht mehr willkommen fühlt, wohl aus gutem Grund; und die zweite, vor einem Computerbildschirm zu sitzen und zu versuchen, sich in den gleichermaßen unermeßlichen Cyberspace dahinter einzuklinken. Alltag, Rollenspiele und Videomitschnitte, und das nur, um dann abends im Wagen zu sitzen und alles auf dem Bildschirm noch einmal vorüber ziehen zu lassen – das war schon was. Irgendwie wurde dann die virtuelle Reise immer wichtiger, und wir fingen an, für die Aufzeichnungen auf dem Monitor zu leben. Nach zwei Wochen Fahrt war alles, was wir taten, für diesen kleinen Bildschirm. Es gab kein Draußen-vor-dem-Fenster mehr. Wir taten alles im Hinblick auf seine spätere Existenz auf dem Schirm. Als wären wir Fiktion. Alles war Fiktion, wie real es auch tatsächlich sein mochte. Diese Beobachtung über das Wesen von Inhalten in der Netzkunst haben wir für „Øtherlands" übernommen.

Klappe 12 – Cathay Pacific Flug Nr. 289, Hongkong – Frankfurt; nach der digitalen Landkarte auf dem großen Bildschirm an Bord befinden wir uns nördlich der Hochebene von Tibet, 16. August

„Øtherlands" ist wirklich schwer zu beschreiben. So etwas hat es bis dahin nicht gegeben. Es ist ein Spiel, ein Film, eine Newsgroup, ein Low-fidelity-Video, Kunst im Internet. Als George Lucas nach interaktiver Filmproduktion gefragt wurde, antwortete er, das könne unmöglich funktionieren, die Psychologie sei zu verschieden. Er sagte, das wäre so, als würde er ein Buch lesen, während er mit seinem Sohn Ball spiele, und meinte noch,

es sei als würde man gleichzeitig schwimmen und fliegen. Oh, und das, glaube ich, nennt man Tauchen. In „Øtherlands" muß man eintauchen, um es für sich erlebbar zu machen…
Klappe 13 – documenta, Café in der Kunsthalle, später Nachmittag, 22. August
[…] „The Equator" braucht eine staatliche Politik, die ein Menschenrecht garantiert, das Recht auf Online-Bildung. Wir müssen doch auch keine Privatlehrer bezahlen, damit unsere Kinder Lesen lernen. Internet-Demokratie, eine sich selbst regulierende dezentralistische Demokratie, die globale Gesellschaft können nur entstehen, wenn die Trennlinie zwischen jenen, die über das Wissen, sich im Internet zurechtzufinden, und über die Mittel für einen Anschluß verfügen, und jenen, die das nicht haben, durchlässig wird. Das wünsche ich mir.

„The Equator" hat mehr Kritik von innen nötig. Die lautesten Kritiker von außen, wie Der Spiegel oder die FAZ, wären besser beraten, ihre Fragen und ihre kritische Haltung online anzubringen statt auf Papier. Sonst werden ihre zeitweise berechtigten Bedenken tatsächlich wahr.

„The Equator" benötigt keine digitalen Städte mehr. Falsche Metapher. Nehmen wir Wildnis, Ursuppe. Städte bringen Konformität, Kontrolle und Gesetze. Sie bringen Stasis, Stasis bringt Aufbewahrung und Lagerhaltung, Lagerhaltung bringt Inventare, Inventare bringen Einkaufszentren und die Ansammlung von Menschen an der gleichen Stelle bringt puren Konsum und pure Entfremdung, gleichgültig wie „Metro" eine „Polis" auch sein mag.

„The Equator" bedarf einer transparenten Technologie, die eine Kehrtwendung macht, technisches Fachwissen umgeht und zurückkehrt zur frühesten Technologie, noch bevor ein Mensch vor 2,2 Millionen Jahren einen Stein aufhob und daraus ein Werkzeug fertigte, zurück zur Urtechnologie, zur sozialen Technologie – zu anderen Menschen.

Vortrag als Teil von „100 Tage, 100 Gäste", documenta X, Kassel, 63. Tag, 22. August 1997. Während der Film „Øtherlands" aus dem Internet projiziert wurde, las Philip Pocock aus seinem Tagebuch und beteiligte sich gleichzeitig an einem Internetchat mit seinen abwesenden Mitautoren sowie Teilnehmern aus dem Publikum an Computerterminals vor Ort. Für ein Real-Player-Video dieses Gesprächs siehe: http://www.mediaweb-tv.de/dx/0822/gaeste_frame_e.html. Der hier leicht gekürzt abgedruckte Text entspricht Datenstrom eins der zwei parallelen Datenströme.

Abb. Philip Pocock/Udo Noll/Florian Wenz/Felix Huber, „A Description of the Equator and Some Øtherlands", Installationsansicht, Skulpturenausstellung, Art Cologne und Premierentage, Galerie Brigitte Schenk, Köln, 1998.

Philip Pocock

A Description of 'The Equator and Some Øtherlands'

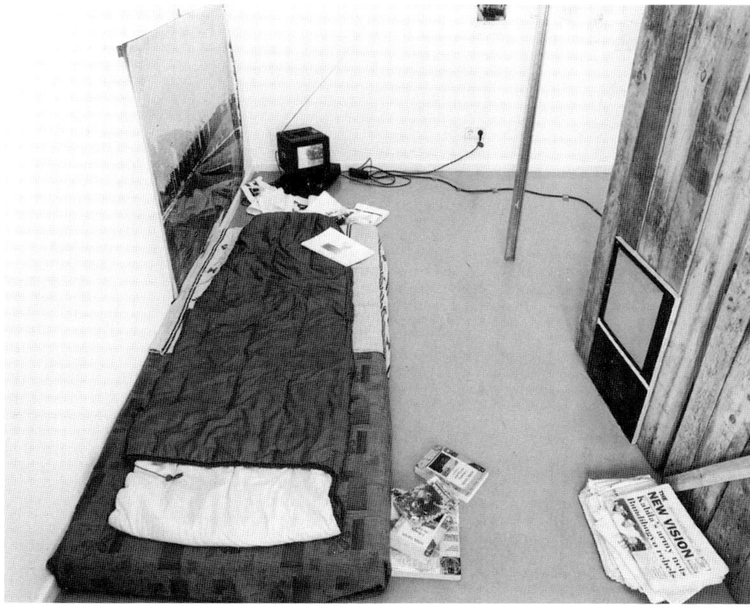

Take 1 *– in my room, Karlsruhe, 19 August*

I sat down to write this presentation several times, even in several countries. I never finished it. So what I have are a few beginnings, which may add up to describe 'a description of the equator and some øtherlands' (MKI)*, a long title, better known by its two aliases, the 'equator' and 'øtherlands'...*

Take 2 *– room 45, Lee Garden guest house, Kowloon city, Hong Kong, 16 August*

The 'equator' is a word... The 'equator' is a social generator, the potential for virtual community, a connecting machine... The 'equator' is a group autobiography, a beat diary... the 'equator' is not a great line or circle... The 'equator' is a zone of shared ambiguity. The 'equator' is an opaque grid of information... The 'equator' is a film I'd like to see made by someone else. The 'equator' is thinking about the end of art as we know it. The 'equator' is a pure exhibition of military hardware and software spin-offs... The 'equator' is decentralized democracy. The 'equator' is resistance by other means. The 'equator' is difference as identity... The 'equator' is the geography of mind. The 'equator' is playing at a cinema not near you but in you.

Take 3 *– on the intercity between Cologne and Karlsruhe, 18 February*

Paradigms are shifting. From the mechanical to the medial. From thingness (dingheit) to isness (istigkeit). There is this desire, this perceived lack of the isly (istig), which has motivated legions of students to pick up where the cold war left off and write free software to get people connected to the internet.

Take 4 *– Lion Hotel, Kampala, Uganda, 21 June*

I'm embarassed to say I expected high fives and loud music at the airport when we landed in Entebbe. Anyway, what greeted us was unbroken silence, a silence that said: I know what ground is under these feet.

We've met a bunch of students. Since there is little to no middle class here, and they don't live like most øthers, by the side of the road, they have to come from the ruling class. Still their English is better than mine, and their political engagement far beyond my own. Two of them joined our team – Andrew and Jude. They got the 'øtherlands' idea in two seconds. Maybe they'll relieve me of my ©ore duty in due course. I hope so. I can't stand the techno-stress.

And I'm tired of the 'Cage criticism' we're getting in the press, John Cage that is. They used to complain that his music was arbitrary, random. That's what they're saying about our movie. He tried to free sound, like we're trying to free the shot. To free sound from – no pun intended – the cage of composition, free from the control of the author, like we're freeing the shot from the control of the director. The problem with computers is that there's not enough Africa in them. (courtesy Brian Eno)

Take 5 *– in my room, Karlsruhe, 3 January*

Networks – and 'øtherlands' is just one more – are nothing new. Just look at your body. Or look at the roman road coupled with Gutenberg's press. When European man rediscovered the source of the Nile in 1872, he telegraphed it to the world from Uganda. It read: 'the nile is settled'. Now a network is a negotiated environment, a two-way street. The burning question is: for how much longer?

Take 6 *– Sun Sun Hotel, Singsingapore, 6 August*

I had to come here to understand how disappointing architecture can be. [...] terminal madness. Singsingapore, 100 % urban, no change since 1984. And now the city fathers want to urbanize cyberspace. They call it Singapore 2000, a network terminal in every home. No nomad wanderers allowed though. Every access is over a centrally censured proxy server. An urban Internet for spit and polish Singapore.

Take 7 *– Cafe Gloria, Cologne. 4 May*

My story behind the 'equator' – and there are øthers – is two-fold. One dates back almost five years, the øther more than 250. An eccentric traveller named Pococke journeyed up the Nile, across Egypt and through Palestine in the 1740s. Some of his drawings of architectural sites are their only remaining records due to subsequent wars. He collected them into a book called: 'A description of the east and some other countries'. What I related to was not his vague kinship, that was only how I found out about him. What I related to was his take on travel-as-art-as-information, and even more, his specifically unspecific view of destinations, impli-

cit in his fuzzy choice of words: 'and some other countries'. It became clear to me that geographical terrain was not his point as much as his own geography of mind. His travel was so not about locating himself in new spaces, but locating new spaces in himself, travelling to destinations within. That's just like cyberspace.

Flashback – 1977, Gregory Battcock writing in his essay 'Art Express': 'The airplane industry seems to be exploiting the wrong principle, mainly that of getting people from one place to another quickly. They defy another principle – the important principle of not getting anybody anyplace at all. The future idea of travel and what it is all about is, mainly, the functionless, uneconomic sensual/cerebral idea of art itself. Thus travel becomes important 'as travel' in much the same way that art was (is) important "as art".'

***Take 8** – on the outskirts of town – the industrial zone, sometime earlier this spring*

He jerks out of the car, one hand on his big bag, and heads up. To the fitness studio. Today it's power and 'po'. Yes, he is connected to his body. In fact, it's like he's turned into the back of his neck. All of him. He's a body person. Not a 'Kopfmensch'.[1] [...]

***Take 9** – later that day, Cologne, 4 May*

The second fold in my story behind 'øtherlands' begins on 1 June, 1993, in the morning, when Felix Huber and I tossed a laptop and a digital camera into the back of a '64 Kadett and drove east to the Black Sea. Our images and text travelled the øther way, back along the telephone wires we could see planted along the roadside, back to somewhere at the biannual in Venice. Don't ask me where. I was never there. I think when the show opened, we had just toured the iron door hydroelectric plant and museum under a bridge linking Serbia with Romania. 'Black Sea Diary' was about time lines, tourist bubbles, and transmission errors. All alive and well along the 'equator'.

***Take 10** – late at night in my room, Karlsruhe, 19 August*

The net-artist has to, right off the bat, confront the formal characteristics of a network: a negotiated environment, a flattened social hierarchy, little or no claim to authorship or authority, no center, no linearity, no censure, fakespace, øtherselves, less attention paid to the art object and more attention paid to the object of the art, namely the recipient. And a net is still more holes than anything else, so beware, it's easy to fall through. Take it from me. Misinterpretations, miscommunications, misconnections are all a part of it. No excuses. In homeopathic doses, they can cure a lot of online woes. It helps to think of Beuys' maxim: 'thinking equals form'. It says the same thing Mcluhan preached without any pop attitude. I find that helpful in developing net strategies.

Net-art, if art is the appropriate term at all, is about putting up content, at least for me. For the net-artist, less interested in the mannerisms of a techno-design aesthetic, and more concerned with bare naked content, great resistance is ready to pounce. You see the art world is out of practise as far as content is concerned. After decades of artmaking, much of which was oblivious to content, outside of its own perpetual aesthetic codes, content appears to be a risk. Perhaps it is this gambit that underpins the discourse surrounding documenta X. I hope so. Anyway the gamble that the net-artist must take is to put content back into art. The danger for the art world is that putting content back into art puts art back into the world, and out of the closed loop of privileged aesthetic discourse. I guess I just lost a few friends.

Take 11 *– still later, Cologne, 4 May*

The saga of the second fold behind 'øtherlands' continues in 1995, when Felix and I did another travel. 'Arctic Circle' (MKI) *was a double travel: on the one hand, up along lost highways in canada to, along and over the arctic circle, through one of the planet's last deep wildernesses; on the other hand, we uploaded fictional performances and real information – or was it the other way around? – up onto the crowded infobahn, building homepages on a server called 'The Thing' in New York. Virtual co-travellers tagged along. So did a couple of hitchhikers, turning what began in the vein of '70s banality into the likes of a '90s Lynchian melodrama.*

'Arctic Circle' was an investigation into two types of loneliness: one, 'lost' in a vast natural space, a space where one feels no longer welcome, for good reason perhaps; and, two, sitting in front of a computer screen trying to connect to the equally vast cyberspaces behind it. Living, performing and videotaping, only to sit in the van at the end of the day to see it all go by again on the screen was quite something. Somehow the virtual travel took over, and we began to live for the reruns on the screen. Everything we did after two weeks on the road was for that little screen. There was no more out the window. Everything we did anticipated its life on the screen. We were like fiction. Everything was fiction, no matter how real it really was. We've dragged this observation on the nature of net-art content into 'øtherlands'.

Take 12 *– Cathay Pacific flight no. 289, Hong Kong – Frankfurt, according to the digital map beamed on the big screen on-board, we're heading north of the plateau of tibet, 16 August*

'øtherlands' is really hard to describe. There are no precedents. It's a game. It's a movie. It's a newsgroup. It's lofi video. It's network art. When George Lucas was asked about interactive moviemaking he said: impossible. It can't work. The psychologies are too different. He said it would be like his reading a book while playing ball with his son. Then he said it's like swimming and flying at the same time. Oh, I think they call that diving. 'øtherlands' is something you have to dive into to make it work for you...

Take 13 *– documenta halle café, late afternoon, 22 August*

[...] the 'equator' needs a public policy that guarantees a human right, the right to on-line literacy. We don't have to pay private tutors to teach our children how

to read. Net-democracy, a non-centralist self-regulating democracy, a global society, can only evolve should the hard-line between those with the power to navigate, the means to connect, and those without, is softened. This is my wish.

The 'equator' needs more critique from within. Its loudest detractors from without, like 'Der Spiegel' and 'FAZ'[2] *would be better served to raise issues and maintain a critical discourse online rather than in print. otherwise, their sometimes genuine concerns become self-fulfilling prophecies.*

The 'equator' needs no more digital cities. Wrong metaphor. Try wilderness, ur-soup. Cities bring conformity, control and outright law. They bring stasis, stasis brings storage and warehousing, warehousing brings inventory, inventory brings shopping malls, and warehousing people in the same place brings pure consumption and alienation, no matter how 'metro' a 'polis' may be.

The 'equator' needs transparent technology, looping back, bypassing technique to the earliest technology, even before someone picked up a stone and shaped an extension, a tool 2.2 million years ago, back to the ur-technology – social technology. Øther people.

Lecture as part of '100 days 100 guests', documenta X, Kassel, 1997: day 63 – 22 August, 1997. While the 'Øtherlands' Internet hypermovie was being projected, Philip Pocock switched between this and a live irc-chat set up for the occasion between his co-authors in remote locations and audience members at terminals in the room, while he read from his diary. For a RealPlayer video of this talk see: www.mediaweb-tv.de/dx/0822/gaeste_frame_e.html. The text printed here corresponds to stream one of the two parallel streams.

1 *The German word 'Po' is colloquial for posterior, 'Kopfmensch' similar to 'talking head'. – Ed.*

2 *Two major German newspapers (FAZ – Frankfurter Allgemeine Zeitung).*

Fig. *Philip Pocock/Udo Noll/Florian Wenz/Felix Huber, 'A Description of the Equator and Some Øtherlands', installation view, sculpture exhibition, Art Cologne and 'Premierentage', Galerie Brigitte Schenk, 1998.*

Joachim Blank, Karlheinz Jeron

Information.Recycling

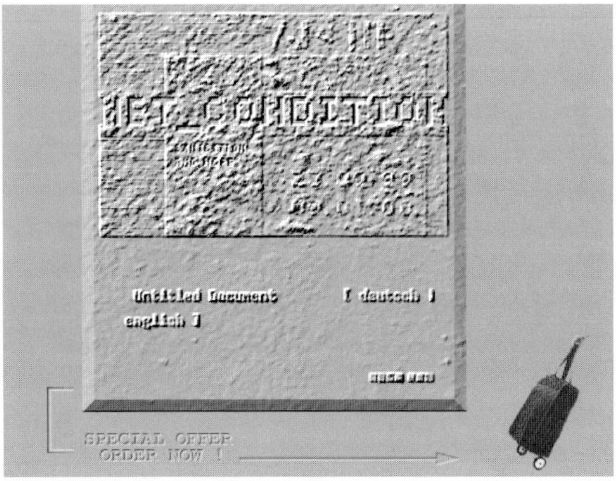

Die Wahrheit über Internet. Man klickt auf irgendein Wort und weiß nicht was passiert, aber man weiß nicht, ob es passiert, weil man eines dieser Wörter getroffen hat oder weil das passiert, was passiert wäre, wenn man die Entertaste gedrückt hätte.

Das Thema „Information.Recycling/Information.Smog“ beschäftigt uns seit 1996, als wir die Internetarbeit „without_addresses“ realisierten.

Das Internet ist keine Parallelwelt mehr. Wahrscheinlich war es das, wenn überhaupt, nur für kurze Zeit, als die Freaks noch unter sich waren.

Das Internet ist eine Art Spiegel dessen, was sich außerhalb abspielt. Netz und reale Welt sind schon jetzt miteinander verwoben, wie auch ein Leben ohne TV in unserer Gesellschaft nicht mehr vorstellbar ist.

Das Internet ist ein riesiger Fundus an Daten, der sich immer wieder erweitert, den niemand überschauen kann und vielleicht auch gar nicht will. Wir begreifen das Internet als unendliche Ansammlung von Trash, Homepages als Existenzbeweise, Absurditäten und Mißverständnissen.

Gerade die scheinbar selbstverständlichen Dinge, die sich politisch, ästhetisch rund um das Internet ereignen, werden von uns aufgegriffen und verarbeitet.

Die Faszination des nicht faßbaren Neuen ist durch übersteigerte Erwartungen in den letzten beiden Jahren verloren gegangen. Das Internet ist ein Bestandteil der uns alltäglich umgebenden Kommunikations- und Informationstechnologie geworden:

Internet ist ein „gutes Stück Realität“.

Schätzungen von Netzkennern zufolge wird es in zehn Jahren Trillionen von Objekten mit „nützlicher“ Information geben.

„Egal, um wieviel besser das Netz in Zukunft organisiert sein mag, es kann mit dem Wachstum der Information nicht mehr Schritt halten.“ (Bob Johnson, Analyst bei Dataquest) Mit solchen Mengen wird kein traditionelles Werkzeug jemals fertig. Auch Softwareagenten retten die Netzgemeinde nicht vor dem Informations-Overkill.

Bewältigung dieser Probleme ist nicht Gegenstand unserer Arbeit.

Informationen im Internet sind für uns Sekundärrohstoffe. Wir übertragen das erfolgreiche Recycling von Sekundär Rohstoffen der Sero AG auf digitale Medien und benutzen in diesem Sinne „sero“ als signifikanten Namen für unseren Internetserver.[1]

Die Schwerpunkte des Kreislaufwirtschafts- und Abfallgesetzes (KrW-/AbfG):

Vermeiden kommt vor Verwerten, Verwerten vor Beseitigen • Abfälle müssen verwertet werden • Produzenten von Wirtschaftsgütern haben eine abfallrechtliche Produktverantwortung • Abfallbesitzer und Abfallerzeuger müssen ab einer bestimmten Größenordnung Abfallwirtschaftskonzepte und Abfallbilanzen erstellen.[2]

„without_addresses“ und „DUMP YOUR TRASH!“ (MKI) nutzen das Internet als Kopiermaschine. Minimale Interaktion der virtuellen Besucher mit den oben genannten Arbeiten startet Softwareagenten, die automatisch im Internet verfügbare Hypertexte entsprechend der Benutzereingabe sammeln und in neuer Form aufbereitet auf einer Website zur Verfügung stellen.

Die Resultate erinnern an individuelle Objekte aus der „Realwelt“, wie z. B. in Steintafeln geschlagene Inschriften („DUMP YOUR TRASH!“) oder handgeschriebene Briefe mit Tintenflecken („without_addresses“).

Diese digital generierten Dokumente werden durch handwerklich-manuelle Produktion in Form von hochwertigen Ausdrucken oder in Stein gemeißelten Inschriften repräsentiert. Eigentlich sind wir diesen Prozeß in die andere Richtung gewohnt. Das reale Objekt wird digitalisiert und nicht umgekehrt.

Wir versuchen, den digitalen Arbeiten wieder einen Raum zu geben, so daß sie unabhängig von ihrer Form wahrgenommen werden als eine Art Sprache.

Wir unterwandern das Prinzip der Informationsgesellschaft, daß alles glaubhafter ist, wenn es auf dem Bildschirm erscheint, weil es als Information wahrgenommen wird.

„In der Informationsgesellschaft wird das gesamte Wissen der Welt zu einem digitalen Archiv. Abgelegt in Datenbanken, zugänglich über Telekommunikation.“ (Telekom)

Die Vorstellung, man könne blitzschnellen Zugang zu allen nur denkbaren Informationen bekommen, ist von größter Faszination.

Die euphorischen Versprechungen der Telekom holen uns bei diesem Traum ab und lassen uns vergessen, was wir vermutlich wissen: Dieser Traum kann nicht in Erfüllung gehen, und zwar nicht, weil die Speicherkapazitäten noch nicht ausreichen oder weil die Rechner noch nicht schnell genug sind oder weil es ein gigantischer finanzieller und arbeitsmäßiger Aufwand ist. Er kann schon allein deshalb nicht in Erfüllung gehen, weil dieser Begriff von Information eindimensional und rein technisch ist.

Der Wunsch beruht auf dem unerfüllbaren Wunsch nach Verwischung der grundlegenden Differenz zwischen Realität und Information über Realität. Auch das perfekt digitalisierte Monitorbild in höchster Auflösung ist nicht die vollständige Information über das Bild. Information ist für uns nicht die vermeintlich objektive Abbildung von Realität, sondern Zugriff und Perspektive auf Realität, also ein Instrument des subjektiven Interesses.

Erstmals veröffentlicht in: „netz.kunst“, Jahrbuch für moderne Kunst 98/99, Nürnberg 1999, S. 92–99.

1 http://sero.org

2 Sero AG, http://www.sero.de

Abb. Blank/Jeron, „sero.org“, Screenshot.

Joachim Blank, Karlheinz Jeron

Information.Recycling

The truth via the Internet. You click on some word and you don't know what's happening but you don't know whether it's happening because you clicked on this word or because something's happening that would have happened if you pressed the Enter key.

We have been dealing with the subject 'Information.Recycling/Information.Smog' since 1996, when we created the Internet work 'without_addresses'.

The Internet is no longer a parallel world. It probably was one, if only for a short time, when the freaks were still on their own.

The Internet is a kind of mirror of what is going on outside it. The Net and the real world are interwoven with each other now, just as it is no longer possible to imagine a life without television in our society.

The Internet is a gigantic stock of data that is constantly expanding, that no one can assess in full, and perhaps no one wants to. We see the Internet as an infinite accumulation of trash, home pages as a proof of existence, absurdities and misunderstandings.

We pick up and work on the things that seem to be taken for granted in particular, things that happen politically and aesthetically all over the Internet.

The fascination of new things that are not comprehensible has been lost in the past two years as a result of excessive expectations. The Internet has become a component part of the communication and information technology that surrounds us every day:

The Internet is a 'good piece of reality'.

According to estimates by net connoisseurs, in ten years there will be trillions of objects with 'useful' information.

'It doesn't matter how much better the Net is organized in future, it cannot keep up with information growth.' (Bob Johnson, Dataquest analyst) No traditional tool can handle these quantities. Even software agencies cannot rescue the Net community from information overkill.

Our work is not intended to deal with these problems.

For us, information on the Internet is secondary raw material. We transfer Sero AG's successful recycling of secondary raw materials to digital media and in this sense use 'sero' as a significant name for our Internet server.[1]

The main provisions of the Circulation Management and Refuse Act: Avoidance comes before utilization, utilization before disposal • Refuse must be utilized • Producers of management goods have a responsibility to products under refuse law • Individuals possessing and creating refuse over a certain quantity must draw up refuse management concepts and refuse balances.'[2]

'without_addresses' and 'DUMP YOUR TRASH!' (MKI) *use the Internet as a photocopier. Minimal interaction by the virtual visitors with the above-mentioned works launches software agents that collect user inputs automatically on the Internet in accordance with available Hypertexts and make them available on a web site in a new form.*

The results are reminiscent of individual objects from the 'real world', like for example inscriptions carved on stone tablets ('DUMP YOUR TRASH!') or hand-written letters with ink-blots ('without_addresses').

These digitally generated documents are presented by craftsmanlike-manual production in the form of high-quality printouts or inscriptions chiselled in stone. Actually we are used to this process working in the opposite direction. The real object is digitalized and not vice versa.

We are trying to give space back to the digital works again, so that they are perceived independently of their form as a kind of language.

We are undermining the principle of the information society that everything is more credible if it appears on a screen because it is perceived as information.

'In the information society all the knowledge in the world becomes a digital archive. Stored in data banks, accessible by telecommunications.' (German Telekom)

The idea of having ultra-rapid access to all possible information is of the greatest possible fascination.

Telekom's euphoric promises pick us up from this dream and make us forget something that we presumably know: this dream cannot come true, and that is not because the memory capacity is not yet adequate or because the computers are not yet fast enough or because it would require enormous investment in terms of time and work. It cannot come true simply because the view of information is one-dimensional and purely technical.

The desire is based on the unrealizable desire to blur the fundamental difference between reality and information about reality. Even the digitalized image on the monitor, perfect and in the highest possible resolution, is not complete information about the image. For us information is not the supposed objective illustration of reality, but access to and a view of reality, in other words an instrument of subjective interest.

First published in: 'netz.kunst', Jahrbuch für moderne Kunst 98/99, Nuremburg, 1999, pp. 92–99; translation by Michael Robinson.

1 *http://sero.org*

2 *http://www.sero.de*

Fig. *Blank/Jeron, 'sero.org', screenshot.*

Ingo Günther

Der Künstler als Informant

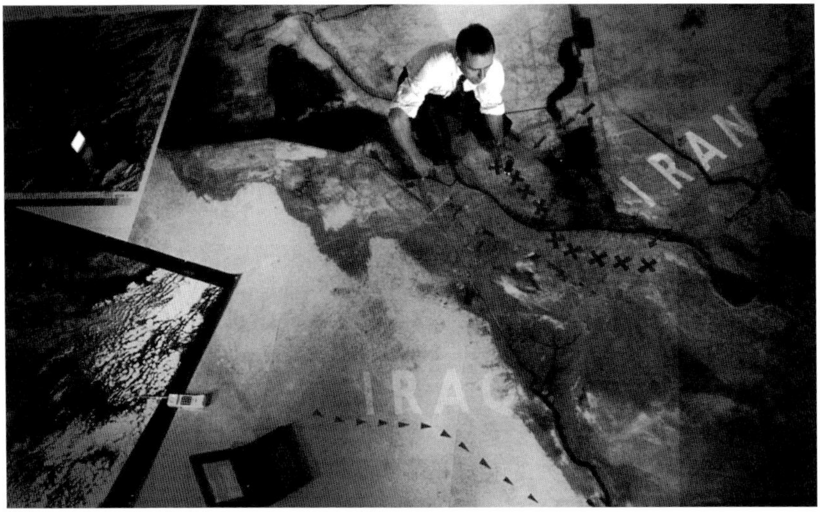

Medien besiegen Material – Kunst betrügt Natur – CNN illustriert Krieg – TV stiehlt Realität – Erinnerung prädestiniert Erleben – Kunst versöhnt Mythos und Geschichte – Künstler scheitern mit Erfolg – Das weströmische Reich besiegte das oströmische – Kunst kommt von Freiheit – Freiheit fordert Verantwortung – Krieg ist Geschichte – Kriege sind Tagesordnung – Künstler ist Botschaft – Material ist Luxus – Technologie verbirgt Freiheit – Fernsehen konstituiert kollektives Bewußtsein – Fraktale Strukturmodelle ersetzen euklidische Beweisketten – Kunst bleibt Kunst – Töten ist internationale Sprache – Imagination ist Macht – Tod wird aus dem Krieg verbannt

I.

Von der Kunst erwarte ich, daß sie einen ihrer traditionellen Aufträge wahrnimmt, nämlich dem Unaussprechlichen – übergreifend und suggestiv – Form und Ausdruck zu verleihen. Wenn Kunst geholfen hat, die metaphysische Welt darzustellen und zu interpretieren, dann sollte man vielleicht jetzt erwarten können, daß sie in der Lage ist, die meta-mediale Welt zu beschreiben, wenn nicht sogar zu prägen.

Nach kontinuierlichen, stabil und kontrollierbar erscheinenden Jahren der Nachkriegszeit scheint die Weltgeschichte nun neue Geschwindigkeitsrekorde aufstellen zu wollen: Die Weltbevölkerung wächst dramatisch; das nukleare bipolare Gleichgewicht ist verloren; Demokratie ist herausgefordert, sich international und supranational zu beweisen; die einst vor sich hinschlummernde UNO ist überarbeitet; das globale Bewußtsein und globale Strukturen wachsen in gleichem Maße, in dem die Welt in nationale und Stammesgruppen zerfällt, während Gentechnologie und Medien konventionelle Vorstellungen nationaler Grenzen erschüttern; Finanzmanagement und Schwerindustrie setzen auf Simulationstechnologien; Information überfordert materialistisches Ökonomieverständnis... die Liste läßt sich fortführen.

All das summiert sich zu einem Komplex von Herausforderungen – in besonderem Maße für Künstler.

Globale Angelegenheiten schließen fast per definitionem Spezialistentum aus. Künstler sind privilegiert und gleichzeitig geschlagen mit dem, was ich als künstlerische Freiheit bezeichne. Ein relativ großer Teil von Künstlern in der (noch) „westlichen Welt“ kann sich auf verschiedenste öffentliche und private Fonds stützen, so daß ein Minimum an Unabhängigkeit garantiert erscheint.

Unter diesen Voraussetzungen befinden sich Künstler in einer außergewöhnlichen Position innerhalb der Gesellschaften: Künstler könnten als Supernormalbürger in die gesellschaftliche Pflicht genommen werden, denn Künstler haben keine Vorgesetzten, allenfalls Galerien, die diese Funktion übernehmen könnten; Künstler sind weder an wissenschaftliche Methoden gebunden, noch an die Verwendung bestimmter Instrumente; sie werden auch nicht durch journalistisches Ethos oder durch die Regeln einer Zunft oder Partei eingeschränkt. Sie sitzen auch nicht auf einem Stuhl, von dem sie gefeuert werden könnten. Ein Künstler kann sogar Desaster, eigene Inkompetenz oder sein Scheitern in der „realen Welt“ in einen Kunstwelt-Erfolg verwandeln – wie es einige vorgemacht haben. Nichts behindert sie – es sei denn ihr eigenes Gewissen und vielleicht die eigene romantische Vorstellung vom armen Poeten. Um es mit den Worten von Paul Feyerabend zu sagen: „Anything goes“ – für die Künstler mehr als für jede andere gesellschaftliche Gruppe.

All diese künstlerischen „Freiheiten“ (ein etwas absurder Plural) addieren sich jedoch zu einer besonderen „Verantwortung“. Hier liegt ein Imperativ verborgen, der zudem aus den technisch-operationellen Möglichkeiten des Individuums erwächst. Die (aus meiner kurzen eigenen historischen Perspektive) traditionell zynische europäische (oder vielleicht eher skeptische deutsche) Haltung gegenüber Politik und Technologie ist einer lebendig interpretierten und inspirierten Demokratie/Politik nicht zuträglich. Die Machtlosigkeit als Selbstschutz vor der Verantwortung ist hausgemacht. Auch die Künstler und natürlich auch die Kunstkritiker und Kuratoren sind daran aktiv beteiligt. Mit dieser Herausforderung umzugehen, ist keinesfalls lediglich eine Frage ihrer Wahrnehmung allein. Forderungen (wie die naive Forderung nach einer Versöhnung von Kunst und Technologie) sind mit Leichtigkeit aufgestellt, die Erfüllung aber ist eine, sich im praktischen Sinne vielleicht sogar als unmenschlich erweisende, Utopie.

Der künstlerische Prozeß entzieht sich der Einsehbarkeit. Das Dilemma beginnt mit den oft unklaren und stark divergierenden Ausgangspunkten und einer fast per definitionem vorhandenen Einzelkämpferrolle des Künstlers: Das Individuum und Schluß. Arbeitsteiligkeit, so wie es der Umgang mit komplexen Technologien erfordert, ist ausgeschlossen. Selbst Künstlerpaare haben da ihre Schwierigkeiten. Künstlerische Praxis, auch im Hinblick auf inhaltlich komplexere Sujets, erfordert aber Kooperation. In der Tradition von Nam June Paik, einem Visionär und Erfinder, arbeitet kaum ein „anerkannter Künstler“ des Kunstbetriebes. An komplexen, aber relevanten Themen scheitern die traditionell eigenbrödlerischen Künstlermentalitäten, sie bleiben stecken, wo nur Teams mit angemessener Geschwindigkeit weiterkommen. Die Kunst kann sich nicht an der Finanzkraft messen, die hinter Forschungsprojekten steht, und schon gar nicht mit den Ergebnissen.

Die besondere Disziplin, die der Umgang mit Medien erfordert, erlaubt nur wenigen Künstlern adäquat mit ihnen umzugehen. Dieser Umgang scheint eine besondere, vielleicht sogar antikünstlerische oder nichtkünstlerische Mentalität zu verlangen.

Konnte ein Manzoni noch wütend seine Leinwand aufschlitzen oder ein anderer ins nicht gelungene Bild ein Loch treten, so erweist sich jeder unkontrollierte physische Akt dem Instrument oder dem elektronischen Produkt gegenüber meist als fatal. Und selbst wenn Nam June Paik aus einer kontrollierten Zerstörung der Fernsehtechnologie eine ganze Werkphase schöpfen konnte, die sich bezeichnenderweise gerade beim deutschen Publikum besonders wohlwollender Rezeption erfreute, war sie doch bemerkenswerterweise nie fundamental und immer sehr diszipliniert, technologiegerecht und -immanent.

II.

Nicht nur die Geschwindigkeit, mit der Forschung zu Ergebnissen kommt, nimmt zu, sogar die Umsetzung dieser Ergebnisse in Produkte wird mit dramatischer Geschwindigkeit vollzogen. Es scheinen lediglich Vermarktungsinteressen zu sein, die eine noch schnellere Umsetzung von Erkenntnis und Wissen in Produkt und Kapital dämpfen.

Dennoch scheint eine Tendenz universell zuzutreffen: Mit der Entstehung neuer Technologien werden zunächst de-facto Kapazitäten in Bereichen geschaffen, die normalerweise einer nationalen und internationalen juristischen Regelung unterliegen, diese aber grundsätzlich erst nach einem Zeitraum der unregulierten Praxis nach sich ziehen bzw. provozieren.

Diese neuen Bereiche, durch billige, benutzerfreundliche, audiovisuelle High-Tech-Instrumente (von Satelliten bis zu handtellergroßen Videocamcorder-Einheiten) eröffnet, können frei erforscht/exploriert werden – für eine gewisse Zeit. Erst nach Monaten oder Jahren und einiger Verwirrung und etlichen Expertisen, sind die Implikationen und Effekte dieser Technologieanwendung und -ausnutzung so offensichtlich, daß vor allem zentralistische und autoritäre Regierungen sich nicht nur genötigt, sondern auch in der Lage sehen, Kontrolle auszuüben: Für etliche Regime solcher Couleur, so mag man annehmen, kam und kommt die Informationstechnologieflut zu schnell und zu plötzlich. Hätten sie doch vor Jahren ihren McLuhan gelesen. […]

III.

Täglich müssen wir uns selbst auf Bildschirmen ertragen: Von den Monitoren der Überwachungssysteme im Kaufhaus bis hin zum selbstgeschossenen Heimvideo auf dem eigenen Fernseher.

Bürger der westlichen Welt verbringen heute einen großen Teil ihres Lebens in unmittelbarer Nähe eines Fernsehgerätes, Monitors oder gedruckter Information. Das trägt nicht nur zu einem guten Teil zu unserer täglichen audiovisuellen Wahrnehmung bei, sondern konditioniert unter Umständen die gesamte Wahrnehmung.

Fernsehnachrichten, oft schon von dramatischer Thematik, haben – wenn gut aufbereitet – den Unterhaltungswert eines Kinofilmes. In Kinofilmen wiederum werden zunehmend Nachrichtenformate benutzt und Magazin- und Nachrichtensendungen haben schon nachgespielte Sequenzen gesendet, sogenannte „dramatizations of actual events". Die Grenzen zwischen Dokumentiertem, Rekonstruiertem und Fiktionalem verschwimmen in einem Bilderpool der Realitätspräsentationen.

Wenn Feuerbach noch behaupten konnte, „der Mensch ist, was er ißt", hieße es inzwischen nicht bezeichnender, „er denkt, was er sieht"?

Die heutige Fernsehtechnologie – überall in Farbe und dann in HDTV und Stereo (letzteres ist bei den großen amerikanischen Fernsehsendern schon Standard) – ist nur noch wenige Schritte von 3D entfernt. Fernsehen kann sich dann – endlich – fast nahtlos in die sogenannte Realität wiedereinblenden.

Wir werden mehr und mehr anfällig für ein Leben mit und in elektronischen Informationssystemen, wenn „reale", also direkte, Kommunikation zu teuer wird und elektronische Bildschirme und Antennen Standard werden (wie sie es bereits in vielen Bereichen des täglichen Lebens sind). Keine Wahl, denn Materie ist Luxus. Ein Luxus der wenigen.

Wenn Künstler die vorhandenen Medienstrukturen für ihre Arbeit benutzen wollen, müssen sie über eine Kooperationsfähigkeit und -bereitschaft hinaus eine grundsätzliche Kompatibilität mit den Medienstrukturen an den Tag legen, bis zu dem Punkt, an dem sie sich als alles andere verstellen – bloß nicht als „Künstler" enttarnen lassen. Auch das kann unter künstlerische Arbeit fallen: vorgespielte Kompatibilität – also eine Art Performance.

Sobald die Arbeit des Künstlers in die Fänge der Massenmedien gerät, unterliegt sie nicht mehr den Gesetzen der Kunsthistoriker – der Schutz, der sich allein schon aus dem Kunstanspruch ergibt, geht verloren, die Arbeit ist auch in eine andere ökonomische Sphäre getreten und wird als Sache und Information gekauft, womit der Künstler-Autor – er wird im journalistischen Kontext prinzipiell eher als Übermittler und weniger als Schaffender angesehen – regelrecht verschwindet.

Der Künstler-Journalist ist von der Gnade eines größeren Systems abhängig, eines Systems mit eigenen Regeln und seinen ganz eigenen Vorstellungen von dem, was es da gerade als vermeintlich (vielleicht aber auch wirklich) nicht-künstlerisches Produkt erworben hat, und wie dieses am besten zu gebrauchen/einzusetzen ist. Timing, Kontext und Kommentierung können mit Leichtigkeit die Arbeit verzerren, sie sogar ganz und gar auf den Kopf stellen. Aber dann wiederum können Autoren und auch der Künstler-Journalist von guten Redakteuren profitieren. Das ist unter ungewohnten Umständen enorm frustrierend oder aber eben besonders herausfordernd. (Von einem guten Galeristen würde man ähnliches erwarten.)

Innerhalb der Kunstwelt wird der Künstler offiziell mit mehr Respekt behandelt. Vielleicht ist es aber eher das Werk, das sich eines gewissen Schutzes erfreut. Von der Idee zur Realisation bis zur Präsentation hat der Künstler das letzte Wort und kann im Zweifelsfall seine Arbeit sogar zurückziehen. Aber einmal in den Fängen der Medienwelt ist die Arbeit außer bzw. unter fremder Kontrolle.

Aber genausowenig funktioniert das Kunstsystem als Medium: Es scheitert als Informationsmedium angesichts zeitsensitiver Information. Wer würde schon ernsthaft eine Ausstellung besuchen, um etwas über das Schicksal der Kurden zu erfahren? Oder auch nur das Neueste über Entwicklungen in der Nuklearphysik oder Gentechnologie? Hier empfehlen sich CNN oder der „Scientific American", keine Frage.

Kunststücke erweisen sich als Einbahnstraßen in der medialen Nachrichtenlandschaft einer inaktiven Welt. Dazu trägt bei, daß man Kunst schlecht oder überhaupt nicht zitieren kann, es sei denn durch den Autor selbst. Nicht komplizierte Copyright-Regeln schrecken von solch einem Versuch ab, sondern vor allem eine kunstmarktinspirierte Moral und Konvention: Der Künstler ist schließlich die Botschaft, nicht das, was er sagt.

Ist es denn nicht ein impliziter kultureller Anspruch unserer westlichen, freiheitlichen Gesellschaften (und genauso der künstlerischen Avantgarde), daß Kunst auch außerhalb der protektiven Kunstwelt überleben und funktionieren können sollte? Wäre es nicht lohnend, zu erfahren und exemplarisch zu zeigen, welche politische Wirksamkeit und Wirklichkeit doch von kleinen Gruppen und selbst Einzelnen ausgehen kann, speziell in europäischen Gesellschaften, wo Machtlosigkeit des Individuums nationales Erbgut und Glaube ist? Ist es nicht letztlich eine künstlerische Aufgabe, die immanenten Kräfte, die in jedem Stück hochtechnologischen Konsumguts schlummern oder in öffentlich zugänglichen Systemen nur darauf warten, benutzt zu werden, auch tatsächlich zu benutzen? Hier, so meine ich, liegen mögliche Aufgaben für die Supernormalbürger, die Künstler in unseren Staaten.

(Noam Chomsky hat vor fast 20 Jahren schon beobachtet, daß der größte Teil signifikanter und relevanter Information offen zugänglich ist, jeder sich also ohne Eindringen in geheime Unterlagen informieren kann. Man muß nicht Spion spielen. Allerdings ist inzwischen wichtige, zugängliche Information in einem Wust anderer Information so versteckt, daß viele sicher vorziehen würden, einen altmodischen Panzerschrank zu knacken.)

Die Voraussetzungen für künstlerisches Eingreifen liegen in der Ent- oder Dematerialisierung der westlichen und bald auch der osteuropäischen Gesellschaften. Globaler Realität kann man sich nur durch Modell und Medien nähern, sie sekundär zu erfahren und zu verstehen versuchen (und globale Realitäten haben wachsenden Einfluß auf uns). Das war sicher nie anders, nur ist die Welt, deren Bedingungen wir unterliegen und deren Verständnis für uns von Wichtigkeit ist, in dem Maße gewachsen, in dem die Welt andererseits zunehmend kleiner und enger geworden ist. Das individuelle Universum eines jeden Bürgers dieser Welt wird also zunehmend komplex und global. Vom „Global Village" sind wir gleichsam noch weit entfernt: Viele Dörfer aber gibt es mittlerweile, deren internationale Interdependenz es erfordert, über die Nachbarn informiert zu sein. Die schützende Isolation der geographischen Distanz ist unbedeutend und verloren gegangen: Der medialen Nähe kann man nicht mehr ausweichen. Alle Menschen werden Brüder? Nein, alle Menschen werden Nachbarn. Die Rekonstruktion der Realität, die die Totalität der simultanen Präsenz aller Nachbarn erforderlich macht, gelingt in zunehmenden Maße (audiovisuell) überzeugender. So läßt sie sich ausschnitthaft in appetitlichen Häppchen simulieren und nachvollziehen. Information läßt sich um so vieles leichter bearbeiten und bewegen als Materie (man spricht schon von Daten-Highways). Elektronik läßt sich scheinbar in an Wunder grenzende Dimensionen endlos miniaturisieren. Die Wirklichkeit wird gespalten und verschiebt sich. Also weg mit der Kanone, her mit der Kamera und dem Sender.

Sehr dramatisch kann diese Entwicklung schon jetzt in ihrem Einfluß auf kriegerische Auseinandersetzungen beobachtet werden: Krieg übers Fernsehen, wie besonders eindrucksvoll von Nahost-Terroristen demonstriert. Die Aktionen erscheinen oft geradezu für das Fernsehen inszeniert. Krieger mit Medienbewußtsein, nicht von Generälen, sondern von Regisseuren geführt. Nach jeder Beiruter Entführung gab es sogleich ein Videoband für die internationalen Medien. Der telegene situationistische Terrorakt bezieht seine Kraft durch die millionenfache Vervielfältigung via internationales Fernsehen.

Selbst die mediale Teilnahme an der relativ simplen und unblutigen Besetzung und Geiselnahme der amerikanischen Botschaft 1979 in Teheran provozierte die amerikanische Öffentlichkeit bis an den Rand der Kriegsbereitschaft. Die gescheiterte militärische Rettungsaktion „Desert One" illustriert wiederum gut, wie sicher doch „media war" (Soft-ware/war) und wie gefährlich, unwägbar (und aufwendig), wenn nicht prinzipiell unmöglich, Hard-ware/war sein kann.

Der Tod eines kleinen Kindes, über Massenmedien verbreitet, bringt einen fast unüberbietbaren Schwall von emotionaler Teilnahme und Identifikation mit dem Opfer. Er erinnert an eine biblische Dimension. Jemand stirbt pars pro toto – für all die Zuschauer. Der Fernsehbürger hält sich selbst für gesetzestreu und unschuldig und im Prinzip nicht verantwortlich für irgendetwas außerhalb seiner vier Wände, für machtlos und in der Quintessenz für das Opfer selbst. [...]

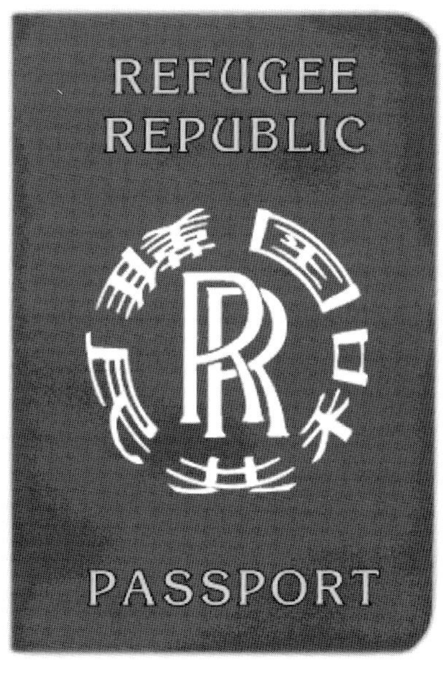

In einer ent- oder dematerialisierten Welt ist eher die Referenzinformation über die Verhältnisse entscheidend, als die Verhältnisse selbst. Tatsächlichkeit und Realitätsbreite werden nur über Medien erreicht und formen unser kollektives Bewußtsein, nämlich die Ebene, auf der Veränderungen angestrebt werden können.

Wie einst Gold und Edelsteine erfolgreich durch Papiergeld ersetzt wurden und nun auch durch elektronisches wie Kreditkarten und Teletransfers, so werden sich in absehbarer Zeit auch andere Aspekte unseres Lebens in Richtung eines tatsächlichen Informationszeitalters entwickeln, in dem die Macht der Imagination mit Leichtigkeit die Welt der Dinge überflügelt.

Und genau wie Papiergeld – theoretisch wenigstens – durch Goldreserven in Fort Knox gedeckt ist, so bin ich sicher, daß die UNO dankend die Weltpotentiale an ABC-Waffen für alle an einem sicheren Platz hüten wird – bis das „Weltspiel" vorbei ist.

Die Herausforderung besteht darin, eine internationale Kommunikations-Währung intuitiv verständlich, emotional und weltweit zugänglich, zu erschaffen: Quintessentiell eine künstlerische Aufgabe.

Und schließlich haben grenzüberschreitende Medien für die Revolutionen in Osteuropa eine Schlüsselrolle gespielt. Sie war so entscheidend, daß man nicht behaupten kann, daß wir schlicht den Sieg des Kapitalismus über den Kommunismus erlebt haben, sondern eher den Triumph der Medien über das Material. Eine Welt ist zerfallen, die auf Materialismus gebaut war, und der Glaube, daß die Materie das Bewußtsein bestimmt. Das Gegenteil jedoch scheint inzwischen der Fall zu sein.

In einer Welt, in der Fernsehen unser individuelles und kollektives Bewußtsein konditioniert, ist Information entscheidend und hat Imagination die Macht. Was könnte sich ein Künstler anderes wünschen?

Abgedruckt in: „Interface 1", Klaus-Peter Dencker (Hrsg.), Hamburg 1992, S. 85–91; geringfügig überarbeitete Fassung eines Textes von 1990.

Abb. Ingo Günther, „Übung für Winterlandschaft", 1987; Ingo Günther, Pass der „Refugee Republic"; Ingo Günther, „Erde" in 80 Sprachen (Globus #66).

Ingo Günther

The Artist as Informant

Media defeat material – art betrays nature – CNN illustrates war – TV steals reality – memory predetermines experience – art reconciles myth and history – artists successfully fail – the Western Roman Empire defeated the Eastern Roman Empire – art derives from freedom – freedom requires responsibility – war is history – wars are agenda – artist is message – material is luxury – technology conceals freedom – television constitutes collective consciousness – fractal structure models replace Euclidian lines of reasoning – art remains art – killing is international language – imagination is power – death is banished from war

I.

I expect art to fulfil one of its traditional tasks, that of giving form and expression to the unspeakable – comprehensively and suggestively. If art has helped to represent and interpret the metaphysical world, one should perhaps be able to assume now that it is in a position to describe the meta-media world, or even shape it.

After the steady, seemingly stable and controllable years of the post-war period, world history now seems to be trying to set new speed records: the world population is growing dramatically; the bipolar balance of nuclear power is gone; democracy is being challenged to prove itself internationally and supranationally;

the once dormant UN is now overworked; global awareness and global structures are growing to the same extent that the world is breaking up into national and tribal groups, while genetic engineering and the media are shaking up conventional notions of national boundaries; financial management and heavy industry are betting on simulation technology; information overtaxes a materialistic comprehension of the economy... the list could go on.

All this adds up to a complex of challenges – and particularly for artists.

Global affairs almost by definition exclude any specialized expertise. Artists are privileged and at the same time stricken with what I call artistic freedom. A relatively large proportion of artists in the (still) 'Western world' can rely on various public and private funds, so that a minimum of independence seems to be guaranteed.

Given these conditions, artists find themselves in an unusual position within society: artists as super-normal citizens could be expected to perform social duties, since artists do not have superiors, at best galleries that could fulfill this function; artists are neither tied to scientific methods nor obliged to use particular instruments; they are not restricted by the ethical values of journalism or by the rules of a guild or party. They are also not sitting at a desk that they could suddenly be asked to clear. Artists can even transform disaster, their own incompetence or failure in the 'real world,' into success in the art world – as some have demonstrated. There is nothing to stop them – except their own conscience and perhaps their own Romantic notions of the poor poet. To use Paul Feyerabend's words: 'Anything goes' – for artists more than for any other group of society.

But all these artistic 'freedoms' (a somewhat absurd plural) add up to a particular 'responsibility.' There is a concealed imperative here that also derives from the technical and operational possibilities of the individual. The (seen from my own brief historical perspective) traditionally cynical European (or perhaps rather sceptical German) attitude towards politics and technology is not beneficial to inspired democracy/ politics that is open to lively interpretation. Powerlessness is a self-imposed method of protecting oneself from responsibility. Artists, and of course art critics and curators, are actively involved in this. Addressing this challenge is by no means merely a question of being aware of it. Demands (such as the

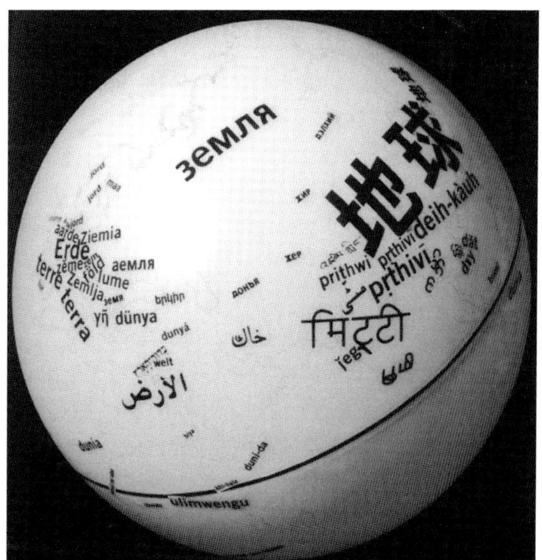

naïve demand for a reconciliation between art and technology) are easily made, but fulfilling them proves to be a utopian dream, and one that, in practical terms, could even turn out to be inhuman.

The artistic process eludes comprehensive examination (or: transparency?). The dilemma originates in starting-points that are often unclear and divergent, and in the role of the artist that is almost by definition that of a lone fighter: the individual and that's that. The division of labour required by the use of complex technologies is out of the question. Even artists' couples collaborating on a project have difficulties with this. Artistic practice, however, requires co-operation, particularly when it comes to highly complex subjects. There is scarcely a single 'recognized artist' in the art business who works in the tradition of Nam June Paik, a visionary and inventor. The traditionally eccentric and solitary artistic mentalities fail when faced with complex but relevant themes, they get stuck at points where only teams can make progress at an appropriate speed. Art cannot stand comparison with the financial power that is backing research projects, and it definitely cannot compete with their results.

Due to the particular discipline that the use of media requires, only a very few artists are able to appropriately handle media. Their use seems to require a special, maybe even anti-artistic or non-artistic, mentality.

While an artist like Manzoni could still slash his canvas in a rage, or another could kick a hole in an unsuccessful painting, any uncontrolled physical act usually turns out to be fatal as far an instrument or electronic product is concerned. And even though Nam June Paik was able to transorm the controlled destruction of television technology into whole phase of his work – a phase that, tellingly, enjoyed a particularly favorable reception by the German public – this destruction was remarkably enough never fundamental, and always very disciplined, appropriate and inherent to the technology.

II.

Not only does research arrive at its conclusions with increasing speed, but these conclusions are also translated into products at a dramatic pace. Only marketing interests seem to slow down an even more rapid translation of insights and knowledge into products and capital.

But there seem to be one tendency that is universally applicable: when new technologies come into being, this at first creates de facto capacities in areas that are normally subject to national and international legal provisions, which in practice only emerge or are provoked after a period of unregulated practice.

These new areas, opened up by cheap, user-friendly, high-tech audio-visual instruments (from satellites to palm-sized camcorder units), can be researched and explored freely – for a certain amount of time. Only after months and years, some confusions and many expert reports, the implications and effects of this appli-

cation and exploitation of technology become so obvious that centralist and authoritarian governments, in particular, not only feel obliged to impose controls, but also find themselves in a position to do so: for many of these regimes, the flood of information technology comes too quickly and too suddenly, or so one might assume. If only they had read their McLuhan years ago. […]

III.

On a daily basis, we have to put up with ourselves on screen: from the monitors of the department store surveillance system to the home videos on our own television screens.

Citizens of the Western world spend a large part of their lives today in the immediate vicinity of a television set, a monitor, or some printed matter. This does not only contribute a great deal to our daily audio-visual perceptions, but probably conditions our perception in general.

Television news, which often deals with very dramatic subject matter in the first place, can be as entertaining as a movie – if it is well prepared. Then again, movies increasingly use news formats, and TV news magazines and programs have already broadcast reenacted sequences, so-called 'dramatizations of actual events.' The boundaries between the documented, reconstructed and fictional are blurred in the image pool that represents reality.

If Feuerbach could still assert that 'a man is what he eats,' would it not be more accurate now to say 'he thinks what he sees'? Today's television technology – everything in color and then in HDTV and stereo (the latter is already standard among the large American television networks) – is only a few steps away from 3D. Then television will finally be able to blend almost seamlessly with so-called reality.

We are becoming increasingly susceptible to life with and in electronic information systems, if 'real,' in other words direct, communication becomes too expensive, and electronic screens and aerials become standard (as they already are in many spheres of everyday life). No choice, since material is luxury. A luxury for the few.

If artists want to use existing media structures for their work, they have to go beyond a certain ability and readiness to co-operate and show that they are fundamentally compatible with the media structures, up to the point of pretending to be anything but themselves – by all means avoiding to be found out as 'artists.' But even that can be classified as artistic work: faked compatibility – in other words, a kind of performance.

As soon as an artist's work gets into the clutches of the mass media, it is no longer subject to the laws of the art historians – the protection provided by the claim to produce art is lost, the work has also moved into a different economic sphere and is bought as an object and information, at which point the artist-

author – in the journalistic context, he is seen primarily as a transmitter rather than a creator – completely disappears.

The artist-journalist is dependent on the mercy of a larger system, a system with its own rules and unique ideas about what it just has acquired as a supposedly (and perhaps really) non-artistic product, and how this is best to be used/brought into action. Timing, context and comment can easily distort the work, and in fact turn it upside down. But then again, authors and even the artist-journalist can benefit from good editors. Under unfamiliar circumstances, that can be enormously frustrating or particularly challenging. (You would expect a good gallery-owner to have a similar effect.)

Within the art world, the artist is officially treated with more respect. But perhaps it is really the work that enjoys a certain amount of protection. From the idea to its realization and presentation, the artist has the last word and in case of doubt can even withdraw his work. But once it is in the clutches of the media world, the work is out of his control, or in someone else's control.

But the art system does not function as a medium either: it fails as an information medium when faced with time-sensitive information. Who could seriously be expected to visit an exhibition in order to learn something about the fate of the Kurds? Or even about the latest developments in nuclear physics or genetic engineering? In this case, you turn to CNN or the 'Scientific American,' no doubt about it.

Artistic endeavours turn out to be one-way streets in the media landscape of an inactive world. A contributing factor here is that one can only quote art poorly, or not at all, unless it is through the author. It is not complicated copyright laws that scare people away from such an attempt, but above all morals and conventions inspired by the art market: ultimately, the artist is the message, not what he/she says.

Is it not an implicit cultural claim of our free Western societies (and equally, of the artistic avant-garde), that art should be able to survive and function outside the protective art world? Would it not be rewarding to experience and show in an exemplary fashion how much political clout and credibility can originate from small groups and even individuals, especially in European societies where the powerlessness of the individual is a national inheritance and creed? Is it not ultimately one of the artist's tasks to actually use the immanent forces slumbering in every item of high-tech consumer goods or simply waiting to be used in publicly accessible systems? I feel that this is where possible tasks lie for the super-normal citizens, the artists, in our states.

(Noam Chomsky observed almost 20 years ago that by far the greatest part of significant and relevant information is publicly accessible, so that anyone can become informed without needing to fathom classified documents. We do not have to play the spy. However, important, accessible information is by now so deeply

hidden in a jumble of other information that many people would certainly prefer to crack an old-fashioned safe.)

The pre-requisites for artistic intervention are to be found in the dematerialization of Western and soon also Eastern European societies. We can only approach global reality through models and the media, experience it second-hand and seek to understand it (and global realities have an increasing influence on us). This has certainly always been the case, it is just that the world, which subjects us to its conditions and is so important for us to understand, has grown to the same extent that it has become increasingly small and cramped. The individual universe of every citizen of this world is thus getting increasingly complex and global. We are still far removed from the 'global village': but there are now many villages whose international interdependence requires that we are informed about our neighbours. The protective isolation of geographical distance is insignificant, lost: we can no longer evade the proximity created by the media. All human beings are becoming brothers? No, all human beings are becoming neighbours. The reconstruction of reality required by the totality of the simultaneous presence of all neighbours is becoming increasingly successful (audio-visually). It can be simulated and understood in excerpts, in tasty little bites. Information can be processed and moved much more easily than material (we are already talking about data highways). It seems that electronics can be infinitely miniaturized down to dimensions that border on the miraculous. Reality is split and shifting. So get rid of the gun, bring in the camera and the transmitter.

In very dramatic form, this development can already be observed in its influence on military conflicts: war via television, as terrorists in the Middle East have demonstrated in a particularly impressive way. Their campaigns often seem to have been specially staged for television. Media-conscious warriors led by directors rather than generals. After every hostage-taking in Beirut, a videotape was immediately available for the media. The telegenic situationist act of terror draws its force from being duplicated a million times via international television.

Even the media involvement in the occupation and hostage in the American embassy in Teheran in 1979, which was relatively straightforward and without bloodshed, pushed the American public to the verge of preparing for war. The failed military rescue attempt called 'Desert One,' on the other hand, illustrates how safe 'media war' (software/war) and how dangerous (and costly), if not altogether impossible, hardware/war can be.

The death of a little child, broadcast by the mass media, produces an almost unparalleled surge of emotional involvement and identification with the victim. It has an almost biblical dimension. Someone dies pars pro toto – for all the viewers. Television citizens see themselves as law-abiding and innocent, and in principle not responsible for anything outside their four walls, powerless, and essentially as the victim itself. [...]

In a dematerialized world, the piece of information referring to the circumstances is more vital than the circumstances themselves. Actuality and breadth of reality are achieved only through the media and shape our collective consciousness, the level on which changes can be aspired to, that is.

In the same way in which gold and precious stones were successfully replaced by paper money, and now again by electronic devices like credit cards and teletransfers, other aspects of our lives will in the foreseeable future develop towards an actual information age, where the power of imagination can easily transcend the world of things.

And just as paper money – theoretically at least – is covered by gold reserves in Fort Knox, I am certain that the UN will be glad to watch over the world potential in ABC weapons in a safe place for everyone – until the 'world game' is over.

The challenge lies in creating an international communications currency that is intuitively comprehensible, and emotionally accessible from all over the world: in essence, a task for artists.

And finally, the media's potential to cross boundaries played a key role in the revolutions in Eastern Europe. It was so crucial that we cannot claim to have simply witnessed the victory of capitalism over Communism, but rather the triumph of media over material. A world built on materialism has collapsed, as well as the belief that matter determines consciousness. But now the opposite seems to be the case.

In a world in which television conditions our individual and collective consciousness, information is crucial and imagination has power. What else could an artist desire?

Taken from: 'Interface 1', Klaus-Peter Dencker (ed.), Hamburg, 1992, pp. 85–91; slightly revised version of a text from 1990; translation by Michael Robinson.

Figs. *Ingo Günther 'Winter landscape practice', 1987; Ingo Günther, 'Refugee Republic' passport; Ingo Günther, 'Earth' in 80 languages (globe #66).*

PONTON

European Mobile Art Project – Die neue Eloquenz im öffentlichen Raum

Theorie – Radio – Kabel – Satelliten – TV – Roboter – Computer-Network

Team und Einzelner: Das PONTON-Projekt läßt Arbeit in mehreren Varianten zu: 1. als Teamwork, bei dem mehrere Personen zusammenarbeiten können, 2. als Einzelteams, die unabhängig voneinander ihre Projekte realisieren, 3. als einzelne Person. Das Nebeneinander, nicht Übereinander von Dilettanten, Professionellen und Anfängern fördert eine gegenseitige Befruchtung und Inspiration.

Ästhetik und Philosophie, Radio und TV: Keine fixe Programmgestaltung, keine Nachrichtensendungen, fast keine Zensur, Zufallsprinzip, eigene Werbegestaltung, selbstbestimmt, Lokalsender mit internationalem Anspruch. Aus visuellen und akustischen Experimenten, Collagen und Mixes assoziiert der Wahrnehmende seine eigene Welt. Auf der Basis vorproduzierter Sendungen entstehen durch Überarbeitung und Liveintervention Programme, die auch Zufälle und Stimmungen berücksichtigen. Durch die bereits im Konzept enthaltene zeitliche Begrenzung verhindern wir Routine und Bürokratenkultur. Die verdichtete Wirklichkeit des Bildschirmes läßt das wirkliche Leben verblassen. Unsere Bilder sind nicht die unendlich schöne Hure einer geliehenen Wirklichkeit. Der Orgasmus war doch nur digital reproduziert und wird nicht realer durch High Definition TV. Die Pornographie, Sucht ins Detail des Menschenfleisches und Maschinenmaterials (statisch). Die Technik wird immer ein Problem bleiben, gestört durch die Beschaffenheit des natürlichen Material und die Launen des Klimas. Video/Fernseher: Verwandlung von elektrischem Strom in die künstliche Wirklichkeit. „Ich hab's mit eigenen Augen gesehen."

Copyright/Nachahmer: Der Erfolg hat viele Väter, Original und Fälschung. Wir sind das beste Copyright. Gestern Underground – heute Fashion – morgen Kommerz. Form und Inhalt nicht verwechseln. Alle Fälscher scheiterten an sich selbst. Bisher wurden die Ergebnisse früherer Experimente als Versatzstücke eines neuen Designs inhaltslos verbraten. There is no free meal. Wir machen auch nichts Neues, aber unsere Sendungen werden nicht durch das Korsett einer pluralistischen Programmgestaltung relativiert. Experimentierküche: Bei uns kochen Sie auch eine 24-stündige Sendung.

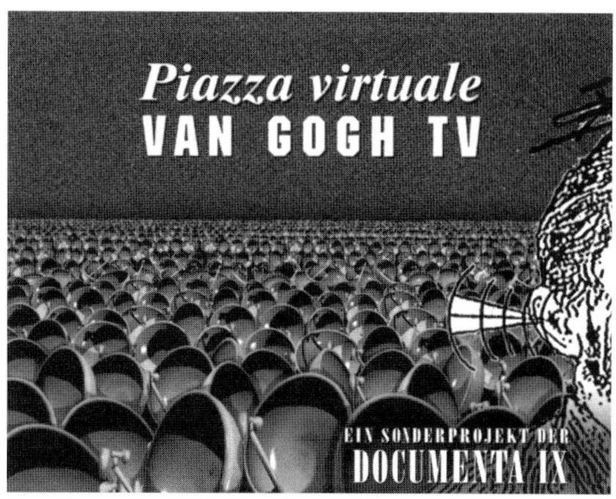

Eigenes Radio und TV: My Castle is my Job – my Job is my Home and my Home

is my Radio. Die Macht der Medien nicht unterschätzen und aus Faulheit deligieren. Handwerk – die Axt im Haus erspart den Zimmermann. Praktische Erfahrung des eigenen Schrebergartens ist nicht zu ersetzen. Warnung: Auch PONTON ist Mediamystik und ohne Katalysator in der Öffentlichkeit unterwegs. „Der moderne Mensch ist launisch, muß immer überrascht und bei Laune gehalten werden. So haben wir die permanente Verführung akzeptiert, betrügen, reizen und bieten permanenten Service, um die Leute bei der Stange zu halten, von geistiger Massage bis Holzhammer sind alle Mittel erlaubt, um Inhalte verständlich an den Mann zu bringen. Es wird kunstvoll genervt und Minuten später wird Honig ums Maul geschmiert, bis die Leute süchtig sind, sogar uns als Tapete brauchen, dann erfolgt der zweite Schritt des professionellen Drogendealers, sie müssen zahlen oder etwas dafür tun. Sanfte Gewalt zwingt die Zuhörer und Zuschauer aus dem Haus, geil gemacht, müssen sie ihre Körper in Bewegung setzen, Medienhappenings, Feste, Aufgaben und normales Kontaktmagazin treibt sie zu den PONTON-Veranstaltungen, wo sie brutal zur Arbeit gezwungen werden, und endlich sehen sie einen Sinn in ihrem Leben und freuen sich, daß ihnen gesagt wird, was zu tun ist. Mit diesem Betrug oder dieser Bauernfängerei oder Normalkriminalität sind wir zwar nicht glücklich, auch die pure technische Geilheit vieler behagt uns nicht so sehr; der Virus von etwas anderem bleibt stecken und animiert zur Wiederholung und zu konkreterem Leben als indirektem Medienkonsum."

Globales Dorf: Radio/TV strahlt lokale Resourcen in den Äther. Unsere Lokalität ist Europa: Das einzigartige Konglomerat noch nicht vermengter Kulturen. Mit eigenem Stil und Bewußtsein, Don Quijote als Gegengewicht zum Kulturkolonialismus, Gott sieht alles außer Details.

Das Digital: Der Drang zum DIGITAL: Die Problemlösung von 1. Herstellung, 2. Speicherung, 3. Verarbeitung – die Lemminge stürzen sich ins Meer der Bits und Bytes, diese sind einfacher zu handhaben als der Mensch selbst. Im Mittelpunkt steht die Befreiung des Geistes und nicht der Abbilder. Gegenzug: Identifizierbarkeit des Bildes als solches, Rückkehr zum Analog. Die professionell organisierte Simulation der perfekt nachgestellten Natürlichkeit. Die Animation der Vorbilder bis zur totalen Illusion der Realität. Der Islam als analoge Kultur.

Archiv Volkswirtschaft: PONTON aus volkswirtschaftlicher Sicht. Arbeitsplatzbeschaffung, Schule und Ausbildung im neuen Stil. Förderung von Künstlern im multimedialen Bereich. Wachstum des geistigen Bruttosozialproduktes als pädagogisches Anliegen. Indem PONTON über ein eigenes Milieu und Potential verfügt, ist es entwicklungsfähig und expansiv im Sinne einer gesellschaftlichen Grundlagenforschung.

Netzwerk: Verbund von Radio/TV/Computer/Telefon. Nett worken. Das Ideal ist noch lange nicht erreicht in Europa, wenn, dann nur kommerziell als Kontaktmagazin (Minitel) oder sozial motiviert als Chatterbox, Schlafplatz in Amsterdam, London, Paris, Rom, und Kommunikation als Vorwand in der Kunst.

Reaktion der Medien: OFFENE KANÄLE: Jeder kann sagen, was er will, keiner hört es. Bewußter Illusionismus, Demokratie – im Geschrei der Masse ertrinkt die Stimme des einzelnen. PRIVATSENDER: Der ewige BBC-Komplex im Schatten der Werbung,

Investitionen können von der Steuer abgesetzt werden. Zuviel Butter auf zuwenig Brot, die nun endlich privatisierte Umweltverschmutzung (gelinde gesagt). MEDIEN: Versuch einer metaphysischen Sinnfrage: Brauchen wir denn überhaupt Kunst? Die Kultivierung des Experiments zur eigenen Anregung (Sport) ist ein Resultat von Verbürokratisierung (Rundfunkgebühren). Am Ende des Vertrauens in bewährte professionelle Techniken stehen leblose Konserven im Archiv und werden vollautomatisch von Robotern zu einem Programm zusammengestellt. POLITIKER: Delegieren die Entscheidung an die Großverlage und Medienkonzerne, das politische Konzept der Dezentralisation geht verloren zugunsten der normierten Ästhetik. Bejahend bis zum nächsten Mediengesetz. KUNST-SZENE: Kukident-3-Phasen-Reiniger. PRESSE: fällt bei jeder Schlägerei in Ohnmacht, unterstützt Nelson Mandela und war noch nie in Südafrika.

Service und Entertainment: Das einzige, was gesamtgesellschaftlich ernstgenommen werden kann, ist die neuartige Bestimmung von Service und Entertainment. Die zwei heiligen Kühe (Dauer und Geschwindigkeit), die vor den Karren (TV/Radio) gespannt sind, lassen wir frei weiden. Wirtschaftliche Überlegungen und Unterhaltung rechtfertigen nicht Verdummung und Beschlagnahme der menschlichen Gedankenwelt mit Bild und Ton. Wir amüsieren euch nicht zweimal zu Tode.

Sponsorenkultur – Finanzierung Aktien: Das PONTON-Projekt wird zum Teil durch Sponsoren wie Industrie und Wirtschaft, Veranstalter und öffentliche wie private Geldgeber getragen. 1989 werden Aktien im MS-DOS-Format aufgelegt.

Praxis: Das PONTON-Projekt in seinen Erscheinungsformen bei Festivals, Stadtfesten, Messen, Kongressen, Universitäten und bei eigenen Arbeiten: Medienbus: Ein Großraumbus als Studio oder Konferenzraum • Container City: Wohncontainer als Skulptur und Arbeitsräumlichkeit zu einer City zusammengestellt. Container für: 1. Konferenzraum, 2. Büro, Verwaltung, Technik, 3. Bar und Disco, 4. Computerstudio, 5. Radio- oder TV-Studio, 6. Sanitäre Anlagen, 7. Aufnahmestudio. • Mobile Einheit: Ein Kraftfahrzeug mit technischem Equipment zur Ton- und Bildbearbeitung und -übertragung • Informationsbüro: Information, Ausstellung, Videoscreening, Vorträge. [...]

PONTON-SAT: PONTON hat sich eingehend mit der Nutzung von Medien für künstlerische Zwecke befaßt. In logischer Fortsetzung wird PONTON diese Arbeit auch auf Satelliten erweitern. Dazu bieten sich ausgediente Satelliten wie der deutsche TV-Sat an. Die Deutsche Bundespost hat im November '87 einen direkt zu empfangenden Satelliten, den TV-SAT, in einem geostationären Orbit positioniert. Die Mission war ein Fehlschlag, weil sich im Orbit eines der beiden Solarpanele zur Stromversorgung nicht entfaltete. [...]

Recycling: Am Satelliten sind wahrscheinlich noch ein oder zwei Kanäle nutzbar. Dazu muß der Satellit von der Bundespost in seiner Lage stabilisiert und mit hoher Genauigkeit ausgerichtet werden und bleiben. Die Übertragung zum Satelliten erfolgt von mobilen Stationen, der Empfang mit handelsüblichen Empfängern. Später kann die Steuerung des Satelliten auch von der mobilen Einheit aus übernommen werden. Damit wird ein Recycling bereits aufgegebener High-Tech-Produkte zu weiterer Nutzung möglich. Da der

Satellit bereits abgeschrieben ist, ist seine Verwendung auch für ein Projekt möglich, das sich normalen Kosten-Nutzen-Kalkulationen entzieht.

Kunst im öffentlichen Weltraum: PONTON-SAT ist ein offener Kanal für künstlerische Projekte in Europa. Er ermöglicht es einer großen Zahl von Personen und Institutionen, an kulturellen Ereignissen teilzunehmen, die vom mobilen PONTON-Team mit einer entsprechenden Sendeantenne auf den Satelliten übertragen werden. Damit wird erstmals ein angemessener Rahmen für Kunst im öffentlichen Raum geschaffen, da es sich um eine europaweite Übertragung handelt, deren Begrenzung nicht die eines Fernsehsenders oder eines lokalen Kabelnetzes ist. Zugleich ermöglicht es der europäischen Videokunst, sich aus dem Gefängnis archivierter Cassetten zu einem lebendigen Medium zu entwickeln.

Delirium: PONTON-Delirium. Ein weltweiter Kurzwellensender. Ein Tanker umgebaut als schwimmendes PONTON.

Erstmals veröffentlicht mit weiteren Informationen zu PONTON in: Katalog Europäisches Medienkunstfestival, Osnabrück 1988.

Abb. Ponton, Van Gogh TV, „Piazza virtuale", documenta 9, Kassel 1992, Plakat.

PONTON

European Mobile Art Project
The New Eloquence in the Public Sphere

Theory – Radio – Cable – Satellite – TV – Robots – Computer-Network

Team and Individual: *The PONTON project offers different ways of work: 1. teamwork, where several persons can work together, 2. the individual teams, who realize their projects independently, 3. the individual. Not the hierarchy but the team of amateurs, professionals and beginners supports mutual stimulation and inspiration.*

Aesthetics and Philosophy – Radio and TV: *No fixed programmes, no news services, nearly no censorship, the principle of coincidence, own advertising, self-determined, local station with international standards. Through visual and acoustic experiments, through collages and mixes the observer associates his own world. On the base of preproduced programmes other programmes are created through revision and live intervention, which also consider coincidences and* *atmosphere. Through the limitation of time, which is already in the concept, we avoid routine and a culture of bureaucrats. The condensed reality on the screen makes real life look pale. Our pictures are not the incredibly beautiful whore of a borrowed reality. The orgasm was only a digital reproduction and does not become any more real through High Definition TV. Pornography, the addiction to details of human flesh and machine material (static). Technology will always remain a problem, disrupted by the composition of the natural material and the moods of the climate. Video/TV: transformation of electric current into the artificial reality: 'I've seen it with my own eyes.'*

Copyright/Imitators: *Success has many origins, original and fake. We are the best copyright. Yesterday underground – today fashion – tomorrow commerce. Form and content are not to be confused. All forgers fail because of themselves. Up to now the results of earlier experiments have been traded as set pieces of a new design lacking content. There is no free meal. We do not create anything new and our programmes do not create anything new and our programmes do not get qualified through the corset of a pluralistic structure of programmes. Experimental kitchen: with us you are cooking a 24-hour programme.*

Own Radio and TV: *My castle is my job – my job is my home – my home is my radio. Don't underestimate the power of media and delegate because of laziness. Craftmanship – self-help is the best help. Practical experience in your own plot of ground can not be replaced. Warning: also PONTON is media mysticism and is moving around in the public without catalyst. 'The modern individual is moody, needs to be surprised and to be kept in a good mood at all times. Therefore, we accept the permanent seduction, the lies, the provocation, and the permanent service to keep people happy: all means, from brain massage to sledgehammer method, are allowed in order to make the contents understood. In a very artistic way we get on people's nerves just to butter them up minutes later, until they become addicted, and need us even as a wallpaper, then follows the second step of the professional drug trafficker, they make them pay or work it off. Gently but firmly the audience is forced to leave their houses, craving, they need to get their bodies moving, happenings, festivals, work and the Kontaktmagazin drive them to PONTON, where they are brutally forced to work, and finally they see the meaning of their lives and are happy that someone is there to tell them what to do. We are not exactly happy with this cheat or swindle or ordinary crime, also the sheer technical craving of many does not please us, but the virus of something else is there and encourages the repetition and a more real life as indirect consumption of media.'*

Global Village: *PONTON radio/TV sends local resources into space. Our location is Europe: the only conglomeration of cultures that have not been mixed yet. With own style and awareness, Don Quixote as counterweight to the cultural colonialism. God watches everything except for Dallas.*

The Digital: *The urge for THE DIGITAL: solution of problems 1. manufacturing, 2. storing, 3. processing – the lemmings throw themselves into the sea of bits and bytes, which are easier to handle than man himself. In the centre is the liberation of the intellect and not that of the image. Countermove: identification of the image as such, return to the analogue. The professionally organized simulation of naturalness. The animation of ideals to the complete illusion of reality. The Islam as an analogous culture.*

National Economy Archive: *PONTON from the view of the national economy: provision of jobs, school and education with new methods. Support of artists in the field of multimedia, growth of the intellectual gross national product as a matter of education. While PONTON has its own milieu and potential, it is capable of development and is expansive in the sense of fundamental social research.*

Network: *Combination of radio/TV/computer/telephone. Networking. The ideal has not been achieved yet in Europe, if then only commercially as a contact magazine (Minitel) or socially motivated as chat-box, sleep-ins in Amsterdam, London, Paris, Rome, and communication as a pretext in art.*

Reaction of Media: *OPEN CHANNELS: everybody may say what they like, nobody will hear. Deliberate illusionism, democracy – with the screaming of the mass the voice of the individual will die. PRIVATE CHANNELS: the eternal BBC-complex in the background of advertising, investments can be deducted from tax. Too much butter on too little bread, the pollution finally gone into private hands (putting it mildly). MEDIA: attempt of metaphysically questioning meaning: do we need art at all? The cultivation of the experiment for your own encouragement (sports) is the result of a mad bureaucracy (radio licence fees). At the end of the confidence in reliable techniques you find canned dead material in the archives, programmes fully automatically put together by robots. POLITICIANS: delegate the decision to the large publishing companies and media companies, the political concept of decentralization gets lost in favour of standardized aesthetics. Affirmative until the next media law. ART SCENE: Kukident 3-phase cleanser. PRESS: suffers from fainting fits any time there is a brawl, supports Nelson Mandela and has never been to South Africa yet.*

Service and Entertainment: *Only the new definition of service and entertainment can be taken seriously with regard to society as a whole. Let the two sacred cows (length and speed), harnessed to the cart (TV/radio), graze free. Economic considerations and maintenance do not justify the dulling and confiscating of the human world of thoughts with picture and sound. We don't amuse you to death twice.*

Sponsorship – Financing and Shares: *The PONTON project is financed by sponsors like industry and economy, promoters and public as well as private sponsors. PONTON does also advertising and publishes them. In 1989, shares in MS-DOS format will be issued.*

Practise: *PONTON manifests itself at festivals, celebrations, fairs, conferences, universities and in its own work: Media-Bus: a large capacity-bus as a studio or conference room • Container City: living containers as a sculpture and as room for work projects, put together as a city; container for: 1. conference room, 2. office, administration, technology, 3. bar and disco, 4. computer studio, 5. radio or TV studio, 6. sanitary facilities, 7. recording studio • Mobile Unit: A vehicle with technical equipment to edit sound and picture programmes • Information Office: Information, exhibition, video screening, lectures. [...]*

PONTON-SAT: *PONTON has studied in detail the use of media for artistic purposes. As a logical consequence PONTON will extend this work to satellite. The obvious place for this work is the German ex-satellite TV-Sat. [...]*

Recycling: *Probably one or two channels of the satellite can still be used. But to this end it has to be stabilized in its position by the German Federal Post Office and to be adjusted with extreme accuracy remaining lined up. The transmission to the satellite works through mobile stations, the reception through customary receivers. In the future the control of the satellite can be taken over by the mobile unit. This shows the possibility of recycling high-tech products which are not working any more for further use. As the satellite has been written off already, it can now be used in a project which lies beyond the general calculations of cost-to-price ratio.*

Art in Public Space: *PONTON-SAT is an open channel for artistic projects in Europe. It makes it possible for a great number of persons and institutions to take part in cultural events, which are transmitted by the mobile PONTON team with an appropriate aerial to the satellite. For the first time an adequate framework for art in public sphere has been created because this time the programme is spread all over Europe not limited like TV or the network of local cable. Furthermore, it enables the European video art to leave the imprisonment in the archives and to develop into a vivid media.*

Delirium: *PONTON-delirium. A worldwide short wave transmitter. A container ship built into a floating PONTON.*

Reprinted as first published (with additional information on PONTON) in: 'European Media Art Festival' (catalogue), Osnabrück, 1988.

Fig. *Ponton, Van Gogh TV, Piazza virtuale, documenta 9, Kassel, 1992, poster.*

Heiko Idensen, Matthias Krohn

PooL Processing – Ein interaktives Medienprojekt

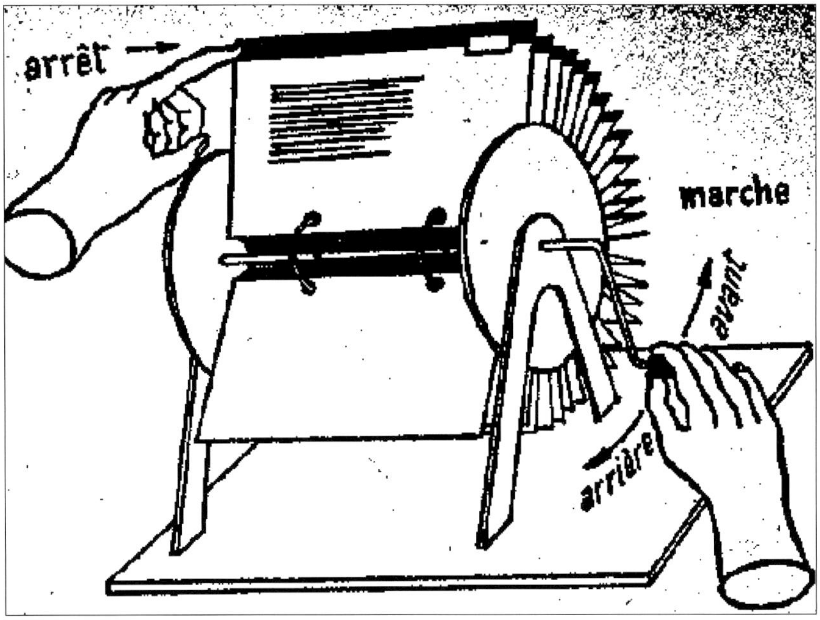

PooL – Das PROJEKT

Ausgehend von der Frage, inwieweit ein offensiver Gebrauch informationsverarbeitender Maschinen neue ästhetische Produktionsweisen eröffnen kann, haben wir ein interaktives Datenbanksystem für den Themenbereich Medienkunst aufgebaut. Es versammelt theoretische wie literarische Texte aus den unterschiedlichsten Bereichen und ermöglicht dem Benutzer ein Lesen quer durch die verschiedenen Textsorten und Themenbereiche. HYPERTEXT: Starre hierarchische Strukturen von Datenbanken versuchten wir, durch assoziative Schlagwortregister zu durchbrechen, um – im Gegensatz zum linearen Lesen – einen tatsächlich interaktiven DIALOG zu ermöglichen. Dieses intertextuelle Feld soll gleichzeitig zum Weiterschreiben und Kommentieren des Gelesenen animieren. Ergänzt wird der Text-PooL durch ein Archiv von Computergrafiken, zum Teil animiert, die während des Festivals produziert und präsentiert werden.

Langfristig gesehen, plant unsere AGENTUR FÜR ÄSTHETISCHE INFORMATION ein BILD/TEXT-Archiv zur Medienkunst, das über ein offenes HYPERTEXT-System im NETZWERK betrieben wird und interessierten Usern als Produktions- und Kommunikationsinstrument dient.

PooL – FRAGEN

Die Theoretisierung der „Neuen Medien" (Simulation, Immaterialität etc.) reduziert den Umgang mit den neuen Apparaturen auf ein reines Rezeptionsproblem. Aber uns interessieren diese Maschinen, nebst Soft-WAREN vorwiegend auf der Ebene der PRODUKTION:

– Wie lassen sich OFFENE KUNSTWERKE mit ihnen produzieren?

– Welche Arten des DIALOGS, des SPRECHENS, des FRAGENS und ABFRAGENS, LESENS und SCHREIBENS werden möglich durch die Zugriffs-/Verknüpfungs-/Recherche-Verfahren des Computers?

– Welche neuen ästhetischen Formen entstehen aus Verknüpfungs- und Verschaltungsmöglichkeiten von WORT/BILD?

– Was passiert auf der Ebene der ästhetischen Produktion, wenn Produktion/Verknüpfung/Publikation in einen Akt und in einer Produktionseinheit zusammenfallen?

– Wie ist der mögliche Faschismus der neuen MEDIEN (INPUT = OUTPUT = TOTALE KONTROLLE der zentralisierten SENDEAPPERATUREN) durch dialogische Kopplung und einen freien Zugang zu allen Terminals zu unterwandern?

– Wie kann die EINBILDUNGSKRAFT/POESIE in diesen Verknüpfungen arbeiten?

– Was bedeuten, wohin zeigen die technischen Bilder?

– Welche neuen VERKEHRSFORMEN sind möglich?

Endlich muß das Gerede aufhören, wie sich die Verbreitung informationsverarbeitender Maschinen auf die Psychologie und die Biologie des Menschen auswirkt – auch mit einer Immunisierungsstrategie in bezug auf die „softe" Einführung dieser Maschinen in alle Bereiche des Lebens unter der Herrschaft einer binären Logik haben wir nichts im Sinn! Die Installation eines KUNST-NETZWERKS ist keine auf die reinen Schaltungsmöglichkeiten von Maschinen/Medien reduzierbare Frage. Erst in sozialen Situationen und durch Einbeziehung eines komplexen Kontextes ist ein Ausbrechen aus den Rückkopplungszirkeln möglich. Didaktische/museumspädagogische Konzeptionen, rein kunstimmanente Ansprüche, UTOPIEN einer totalen telematischen Gesellschaft, die lediglich Marketingphilosophien der EDV-Industrie ins Ästhetische übersetzen, helfen dort nicht weiter, wo den Konnektionsmöglichkeiten der Apparate keine ebenso hohe geistige Mobilität der Benutzer gegenübersteht. Eben diese ist gefragt: INTER-FACE ist ganz wörtlich zu nehmen. Connect it!

Dieser mit Zitaten und Querverweisen zu Schlagworten wie Rückkopplung, Gleichschaltung, Umkehren, Feed-Back, Tastendrücken, Dialog, Metaphernmaschine, multiples Buchobjekt, Hypertext, Lesemaschinen, Rhizom und vielem mehr gespickte Text konnte aus Platzgründen nur auszugsweise abgedruckt werden. Er ist vollständig publiziert in: Katalog Europäisches Medienkunstfestival, Osnabrück 1989, S. 178–190.

Abb. Heiko Idensen/Matthias Krohn, Illustrationen zu „Imaginäre Bibliothek" (1990): J. E. Fassio, „Maschine, um Roussel zu lesen" (1924); Rhizom von Convallaria Multiflora, in: Gilles Deleuze/Felix Guattari, Rhizom, Berlin 1977.

Heiko Idensen, Matthias Krohn

PooL Processing

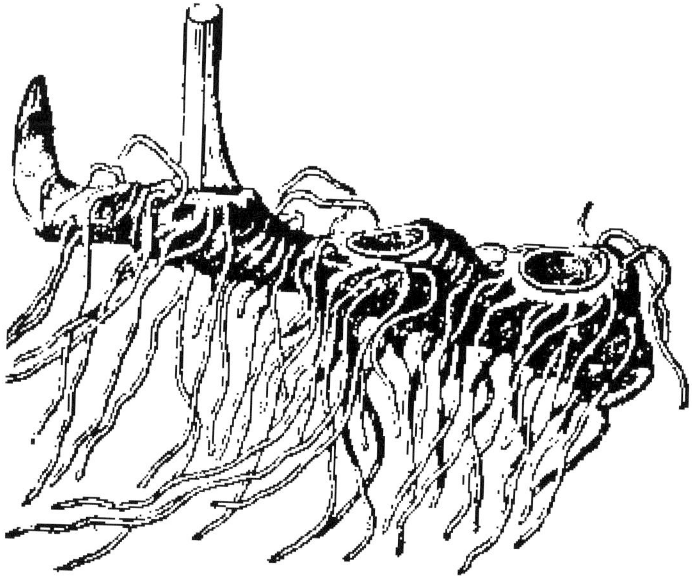

Fig. 2. Rhizom von Convallaria multiflora

PooL – The PROJECT

Based on the question of to what extent an active use of information processing machines can open new aesthetic means of production, we have established an interactive data bank system for the topic of Media Art. It compiles theoretical as well as literary texts from widely different areas and enables the user to read through a broad spectrum of different types of texts and topics. HYPERTEXT: We have attempted to interrupt rigid hierarchy structures of data banks with associative keywords in order to make a truly interactive DIALOGUE possible, in contrast to linear reading. This intertextual field should simultaneously inspire continual writing and commentary on the text. The Text-PooL is supplemented with an archive of computer graphics, some of which are animated, that will be produced and presented during the festival.

In the long run, our AGENCY FOR AESTHETIC INFORMATION plans an IMAGE/TEXT archive for Media Art that will be operated by an open hypertext system in the network in order to serve interested users as a vehicle of production and communication.

PooL – QUESTIONS

The theorization of 'New Media' (simulation, immateriality etc.) reduces the way new equipment is dealt with to purely a problem of perception. But we are mostly interested in these machines, including soft-WARE, on the level of PRODUCTION:

– how can OPEN WORKS OF ART be produced with it?

– what kinds of DIALOGUES, of SPEAKING, of QUESTIONING and TESTING, WRITING and READING will be possible with the computer's access/connection/search systems?

– which new aesthetic forms arise from the possibilities of connecting and linking TEXT/IMAGE?

– what happens on the level of aesthetic production if production/connection/publication are integrated into one act and one unit of production?

– how can the possible fascism of NEW MEDIA (INPUT = OUTPUT = TOTAL CONTROL of centralized BROADCASTING SYSTEMS) be subverted through dialogical linkage and free access to all terminals?

– how can the IMAGINATION/POETRY work within these connections?

– who do the technical images mean and where do they point to?

– what new TRANSMISSION SYSTEMS are possible?

Idle talk about how the spreading of information processing machines affect human psychology and biology must finally end. We also do not have an immunization strategy regarding the 'soft' induction of these machines into all areas of life under the sovereignty of a binary logic in mind! The installation of an art network is not a question that can be reduced to the mere possibilities of wiring machine/media. Breaking out of feedback loops is first possible in social situations and through the inclusion of a complex context.

Didactic/museum pedagogic conceptions, purely art-immanent standards, utopias of a total telematic society that simply translate the marketing philosophy of the data processing computer industry are not helpful where the possibilities for the connection of equipment is confronted with the user's mental mobility, which is not as advanced. This is what is required: INTER-FACE is to be taken quite literally. Connect it!

The complete version of this abridged text, which is peppered with quotations and references to keywords such as feedback, synchronization, reversing, keyboarding, dialogue, metaphor machine, multiple book object, hypertext, reading machines, Rhizome and much more is published in: 'European Media Art Festival' (catalogue), Osnabrück, 1989, pp. 178–190; revised translation by Rosanne Altstatt.

Figs. *Heiko Idensen/Matthias Krohn, illustrations for 'Imaginäre Bibliothek' (1990): J. E. Fassio, Machine for Reading Roussel (1924); Rhizome of Convallaria Multiflora, in: Gilles Deleuze/Felix Guattari, Rhizom, Berlin, 1977.*

Wolfgang Staehle

The Thing – Interview von Jan Avgikos

Jan Avgikos: Sie sind Künstler und haben ein interaktives Netzwerk unter dem Namen „The Thing" ins Leben gerufen. Ganz unmittelbar denkt man an John Carpenters Film desselben Namens. Doch anstatt über Horror sollten wir vielleicht über die Zukunft, den Cyberspace und über Formen interaktiver Technologien sprechen, die wir zwar in Worte fassen, aber uns noch gar nicht recht vorstellen können. „The Thing"?

Wolfgang Staehle: Ich war die gängigen Kanäle leid, über die in der Kunst Informationen verbreitet werden. Um an wirkliche Insiderinformationen zu gelangen, muß man an eigentümlichen Wanderungen teilnehmen und dem Troß zur documenta folgen, zu dieser Biennale, zu jener Biennale, nach SoHo, Köln, wohin auch immer. „The Thing " ist der Versuch, ein anderes Netzwerk aufzubauen, das viel leichter zugänglich und unabhängig von bestimmten Orten oder zeitlich begrenzten Ausstellungen ist. Hoffentlich wird es bewirken, daß der Informationsaustausch dezentralisiert und ausgeweitet wird.

J.A.: Als „The Thing" zum ersten Mal ans Netz ging, gab es eine Diskussion über Identität, darüber, wie sich die Leute zu erkennen geben würden. Zum Teil beruht der Reiz jedes Online-Netzes auf seiner Anonymität. Kein Körper, kein Gesicht, kein Geschlecht, kein Umfeld. Nichts als leuchtende Worte auf dem Bildschirm.

W.S.: Nun, die Sache hat zwei Seiten. Wenn jemand wirklich darauf besteht, kann er anonym bleiben oder sich einen Decknamen geben, aber „The Thing " unterstützt das nicht. Mir jedenfalls wäre es lieber, wenn die Leute für ihre Aussagen auch einstünden und die Konsequenzen auf sich nähmen.

J.A.: Schön und gut, das wünschen Sie sich…

W.S.: Klar. Man kann jederzeit zu America Online gehen, wo man jeden beliebigen Namen annehmen kann. Haben Sie sich schon mal mit „Parfüm" unterhalten?

J.A.: „The Thing" ist kunstspezifisch. Das bedeutet, daß der Diskurs bezüglich verbreiteter Vorstellungen von Kunst zentralisiert ist. Wie kann man einen Diskurs als Kunstdiskurs erkennen?

W.S.: Es gibt Foren, auf denen man sich darüber austauschen kann, was im Kreis der Galerien gerade aktuell ist. Doch das Hauptaugenmerk liegt darauf herauszufinden, inwieweit Diskurs und Transaktionen in einem Netzwerk wie „The Thing" auch tatsächlich unsere Beziehungen verändern und was für soziokulturelle Auswirkungen das mit sich bringt. Es ist eine sehr wirksame und unmittelbare Art des Informationsaustauschs. Geschwindigkeit ist von größter Bedeutung.

J.A.: Der Ausdruck „unmittelbar" oder „Unmittelbarkeit" taucht zur Zeit ziemlich häufig auf. Einerseits kann man sagen, daß interaktive Medien in dem Sinne unmittelbar sind, daß sie das Problem körperlicher Entfernung beseitigen und so einen direkten und spontanen Diskurs ermöglichen. Andererseits ist es sicher so, daß sie an die Stelle der „Unmittelbarkeit" des Körpers treten.

W.S.: Hinter jeder Auffassung steht eine Person, deren Körper jedoch nicht faßbar ist. Diese Abwesenheit stellt etwas anderes in den Vordergrund: die Meinung, den Gedanken, das soziale Konstrukt, das sich aus der Interaktion entwickelt. Mein Interesse liegt hauptsächlich am dabei entstehenden sozialen Kontakt, einem Kontakt, der sich von dem in der Welt der Kunst verbreiteten gänzlich unterscheidet.

J.A.: Und wie unterscheidet sich in Ihren Augen diese neue Art des gesellschaftlichen Austauschs von dem überall vorherrschenden?

W.S.: Gesellschaftliche Beziehungen werden wesentlich fließender, da sich die Subjekt-Objekt-Beziehungen ständig verlagern. Autor und Leser, Erzeuger und Verbraucher, die Unterschiede verschwimmen. Es gibt keine statische Hierarchie und keine vordefinierte Rollenverteilung mehr.

J.A.: Ich weiß, Sie verfechten eine Art Egalitarismus gegenüber dem Elitendenken, daß Ihrer Meinung nach gegenwärtig in der Kunst grassiert.

W.S.: Die Kunst war früher sachbezogener. Heute ist der zeremonielle Aspekt wichtiger als das Kunstwerk. Das Kunstmilieu nimmt sich selbst dermaßen ernst!

J.A.: Warum nicht? Abgesehen von der Tatsache, daß Kunst außerhalb bestimmter Zirkel nur von sehr wenigen ernst genommen wird, steht eine Menge auf dem Spiel, philosophisch, intellektuell…

W.S.: Aber wie bewahren Sie diese Qualitäten? Um weitere Marginalisierung zu vermeiden, müssen Kunstpraxis und -diskurs in den virtuellen Raum von Information und Theorie eingebracht werden, dem derzeit interessantesten kulturellen Diskurs.

J.A.: Cyberspace, virtueller Informations- und Theorieraum. Wie würden Sie diesen Raum beschreiben?

W.S.: Wie John Perry Barlow einmal bemerkte, ist Cyberspace das Gleiche, als ob man telefoniert. Ich weiß nicht, wenn ich ihn jetzt zu definieren versuche, lache ich morgen darüber. So rasant verändert er sich.

J.A.: Schon, doch könnte man so auch dokumentieren, wo wir im Hinblick darauf gerade stehen. Wenn man sich die Technik am Ende des 19. Jahrhunderts und die damals entstandenen Utopien anschaut, stellt dann die „Datenautobahn" der interaktiven Medien unseren heutigen utopischen Horizont dar?

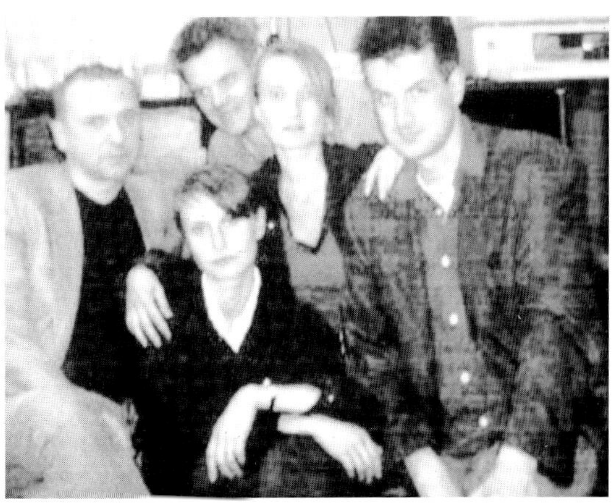

W.S.: Die Zukunft ist schon da. Plötzlich merke ich, daß ich mit Softwaredesignern und Telekommunikationsingenieuren zusammenarbeite, und zwar bei Projekten und in „Räumen", in die sich noch kein Künstler vorgewagt hat.

J.A.: Da tun sich neue Welten auf, im Augenblick jedoch noch ohne allzu viele Bilder – auch ohne Körper. Hingegen wird dieser Raum von Tausenden von Stimmen bevölkert. In meinen Augen paßt das zum gegenwärtigen Interesse am „Realen“, dem Verlangen danach, dem Besorgtsein darum. Darin wiederum finden die Arbeiten von Hans Haacke in den 60er Jahren ihren Widerhall, in denen er soziale Systeme und Realzeit in die Kunst einführte. Zur Zeit wird das als „Kontextualismus“ bezeichnet. Viele behaupten, daß eine Kunstpraxis, die auf sozialen Zusammenhängen und Strukturen aufbaut, den Problemen künstlerischer Darstellung und objektorientierter Produktion ausweicht. Wenn wir den Kunstbegriff in ein Netzwerk einführen oder ihn in die Ausdrucksweise von Interaktion, Transaktion und Unmittelbarkeit übersetzen, begeben wir uns dann nicht auf ausgetrampelte Pfade? Der Jargon mag zwar neu sein, ebenso die Technologie, doch sind sich die Impulse nicht ganz ähnlich?

W.S.: Mein Problem mit vielen sogenannten „kontextuellen“ Arbeiten ist, daß sie dem Status quo mit so viel Respekt begegnen. Sie haben sich in dem vergeblichen Versuch festgefahren, die „gesellschaftliche Praxis“ mit dem „Event“ in der Galerie zu versöhnen. Im besten Fall sind sie analytisch zu nennen, gleichwohl bleiben sie stets innerhalb des Systems. „The Thing“ dagegen versucht, eine ganz neue Infrastruktur für die Herstellung und Verbreitung von Kunstwerken aufzubauen.

J.A.: Mag sein, aber wenn jemand Kunst macht und sie anschließend in ein Netzwerk einschleust, wie Peter Halley das in „The Thing“ getan hat, ist sie irgendwie ein Surrogat, weil die Darstellung zwar in Beziehung zu seinem Bild existiert, das Kunstobjekt selbst jedoch nicht vorhanden ist.

W.S.: Ich verstehe Peter Halleys Arbeit nicht als Surrogat. Schließlich ist sie in jenen Stromkreisen angelangt, die sie bis dahin nur abgebildet hat. Sie ist zum Ausgangspunkt zurückgekehrt.

J.A.: Ob es sich um Objekte oder um Körper handelt, ich glaube, daß sich der Raum, den wir als Informations- bzw. Theorieraum bezeichnen, durch fundamentale Leere auszeichnet. Ich komme zurück zum Gedanken der abwesenden Körper, der körperlosen Stimmen, der Geschlechtslosigkeit. Der Text wird zum Körperersatz, zur Stimme ohne Körper, zum Abbild ohne Gegenstand. Er ist Surrogat dessen, was er nicht ist. Ist das die Vorstellung, die den Grundstein bildet für eine neue Theorie und Praxis der Kunst in der entstehenden Informationsgesellschaft?

W.S.: Das Objekt ist nicht vorhanden. Doch die Abwesenheit des Objekts ermöglicht die Anwesenheit der Idee, der Vorstellung, des Zeichens. Für Beuys war das Objekt ein „Vehikel“, das den Inhaber mit dem Denken des Künstlers in Verbindung setzt. Wozu der Umweg, wenn man zur Gedankenwelt eines Künstlers direkten Zugang haben kann? [...]

Abgedruckt in: „Lacanian Ink“, No. 8, Spring, New York 1994; Übersetzung: Markus Weidemann.

Abb. „The Thing“, Köln 1992, Gruppenfoto (von links nach rechts: Wolfgang Staehle, Katharina Jakobsen, Frank Bitzer, Andrea Wagener, Michael Krome); Wolfgang Staehle, Sysop „The Thing“, 1993.

Wolfgang Staehle

The Thing – Interview with Jan Avgikos

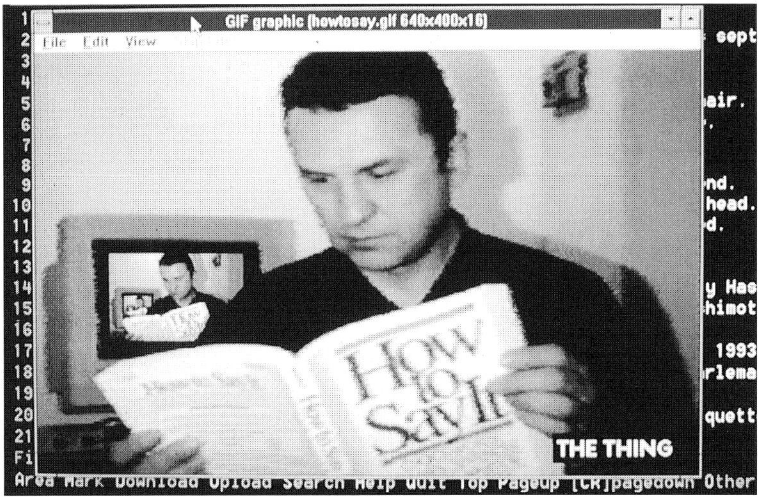

Jan Avgikos: *You are an artist, and you also initiated an interactive network known as The Thing. One immediately thinks of John Carpenter's film of the same name, but instead of horror perhaps we should talk about the future, Cyberspace, and forms of interactive technologies that we can conceptualize but not yet quite imagine. The Thing?*

Wolfang Staehle: *I was tired of the regular channels for disseminating information in the art world. To obtain real inside information you have to participate in strange migration patterns and follow the crowd to documenta, this Biennial, that Biennial, SoHo, Cologne, wherever. 'The Thing' is an attempt to set up another kind of network, one much more freely accessible and free from specific sites and temporal locations. Hopefully, its effect will be to decentralize and broaden information exchange.*

J. A.: *When 'The Thing' first started, there was some discussion about identity – how people would identify themselves. Part of the appeal of any on-line network is anonymity. No body, no face, no gender, no context. Nothing except glowing words on the screen.*

W. S.: *Well, that's a two-sided story. If people really insist, they can be an anonymous or use code names, but it's discouraged on 'The Thing'. I, for one, would like people to stand for what they say and take the consequences.*

J. A.: *Well, that's your desire...*

W. S.: *Sure. People can always go to America On-Line, where you can take any name. Ever talk to Perfume?*

J. A.: *'The Thing' is art-specific, which means the discourse is centralized in relation to conventional ideas about art. How do we identify a discourse as an 'art discourse'?*

W. S.: *There are forums where people can talk bout what's happening on the gallery circuit. But the main focus is on trying to define how discourse and transactions on a network like 'The Thing' actually alters our relationships, and what kind of socio-cultural effects this brings along. It's a very efficient and immediate way of exchanging information. Speed is of the essence.*

J. A.: *That term 'immediate', or 'immediacy', certainly is popping up a lot these days. On one hand, we could say that interactive media is immediate in that it supersedes problems with physical distance and thus facilitates a direct an spontaneous type of discourse. On the other hand, it certainly displaces the 'immediacy' of the body.*

W. S.: *Behind each voice there is a person, but the body is distant. This absence brings something else into the foreground; the voice, the idea, the social construct evolving from the interaction. My main interest is in the sociality that evolves, a sociality quite different from the one which exists in the art world.*

J. A.: *And how do you see that new social order differing from prevailing world?*

W. S.: *Social relations become very fluid as subject/object relations shift constantly. Author/reader, producer/consumer, the distinctions blur. No more static hierarchy and predefined roles.*

J. A.: *I know that you advocate a type of egalitarianism over the elitism which you consider rampant in the art world at the present time.*

W. S.: *Art used to be much more issue oriented. Now the social part is more important than the work itself. The art world takes itself so seriously!*

J. A.: *And why not? Aside from the fact that very few people outside of the art world take art seriously, quite a lot is at stake, philosophically, intellectually...*

W. S.: *Yes, but how do you preserve those qualities? To avoid further marginalization art practice and discourse must be brought into information/theory space – the most interesting cultural discourse now.*

J. A.: *Cyberspace. Information/theory space. How would you describe that space?*

W. S.: *As John Perry Barlow once remarked, 'Cyberspace is when you're talking on the telephone.' I don't know, if I try to define it today I laugh about it tomorrow. It's developing so fast.*

J. A.: *Yes, but it could also serve as a type of document of where we are right now in relation to it. Look at technology at the end of the 19th century and the claims that were made with respect to utopianism. Hasn't the information 'superhighway' space of interactive media materialized as our new utopian horizon?*

W. S.: *The future has already arrived. Suddenly I find myself working with software designers and telecommunication engineers on projects and in 'spaces' no artist has gone before.*

J. A.: *It's a bold new frontier, yet one without a whole lot of pictures at the moment. Or bodies either. Yet, it's a space animated by thousands of voices. I see this as pertinent to contemporary interest in, and desire for, and anxiety over 'the real', which echoes Hans Haacke's work in the '60s in introducing social systems and real time into art. It's current code name is 'contextualism'. Many claim that an art practice grounded in social contexts and structures obviates the problems of artifice, and object-oriented production. When we introduce the notion of art into a network, or transpose it in terms of interactivity, or transactivism, or immediacy, aren't we treading old ground? The lingo might be new, and so might the technologies, but aren't the impulses quite similar?*

W. S.: *The problem I have with much so-called 'contextual' work is that it treats the status quo with so much respect. It's bogged down in the vain attempt to reconcile 'social practice' with the 'event' in the gallery. It's analytical at its best, but it always remains system imminent. 'The Thing' on the other hand attempts to create a whole new infrastructure for the production and dissemination of work.*

J. A.: *Yes, but when you make art and send it into the network, as Peter Halley has done on 'The Thing', in a way it exists as a surrogate because it is rendered in relation to his painting and constitutes the absence of the art object.*

W. S.: *I do not see Peter Halley's piece as a surrogate. It has finally arrived in the circuits it was merely depicting until then. It has now come to a full circle.*

J. A.: *Whether objects, or bodies, I think that we refer to as information/theory space is one constituted by a profound absence. I return to the idea of absent bodies. Disembodied voices. Elimination of gender. The text becomes the half-life of the body. The voice without a body. The image without an object. It is a surrogate of that which it is not. Is it this concept which will serve as foundation for a new theory and practice of art for our emerging information society?*

W. S.: *The object is absent. But the absence of the object allows for the presence of the idea, the concept, the sign. For Beuys the object was a 'vehicle' which connected the owner to the mind of the artist. Why the detour when you can access the mind of the artist directly? [...]*

First printed in: 'Lacanian Ink', no. 8, Spring, New York, 1994.

Fig. *'The Thing', Cologne, 1992, group photo (from left to right: Wolfgang Staehle, Katharina Jakobsen, Frank Bitzer, Andrea Wagener, Michael Krome), Wolfgang Staehle, Sysop 'The Thing', 1993.*

Diana McCarty, Pit Schultz

Netz Kritik – Interview von Tjoss May

Tjoss May: „nettime“ ist eine moderierte Mailing-Liste. Das heißt, daß Du als Moderator einerseits die Aufgaben übernimmst, die Diskussion am Laufen zu halten, die Mitglieder zum Schreiben animierst, aber auch in der Pflicht stehst, die eingehenden Texte zu kontextualisieren und zu selektieren, damit die Diskussion nicht in die Beliebigkeit abrutscht. Meiner Meinung nach bewegst Du dich damit auf einem ziemlich schmalen Pfad, zwischen bewußt initiierter Themengebung und den sich aus den eingehenden Beiträgen eher „zufällig“ ergebenden Themenmöglichkeiten. Wie organisierst Du das? Wie entwickeln sich die jeweiligen Topics?

Pit Schultz: Zu den Topics ist zu sagen, daß wir mit einer Liste von Hauptthemen angefangen haben – die waren sozusagen die grundlegenden Issues – und auch mit einer Liste von Schreibern. Geert Lovink mit den anderen Amsterdammern, die ihre spezielle Form von Medientheorie oder besser Medienpraxis haben, dann Heath Bunting, Vuc Cosic, Diana McCarty, Nils Röller und ein Haufen Italiener natürlich aus verschiedenen Teilen Italiens. Ich glaube, man muß „nettime“ vor allem als eine offene Redaktion sehen. Eine Art „Gift economy“, eine Art von Ringtausch, zu betreiben, ist nicht immer ganz einfach. Sie kann ausarten, z. B. wenn man anfängt, sich mit Geschenken zu überbieten oder mit falschen Geschenken ankommt, das heißt, mit Texten, die man sich zusammengeklaut hat und dann sagt: „Hier, ganz toll“. Als Moderator gilt es, entsprechend sensibel zu sein, auf Zeichen zu achten und vorauszusehen, wo sich kritische Punkte oder Potentiale ergeben könnten. Indem man zum Beispiel auch Leute anschreibt und sie fragt, was sie zu diesem oder jenem Text denken. Das ist ein bißchen so, wie bei einer Band mitzumachen: Man spielt eine Melodie vor und die anderen steigen entweder mit ein oder finden es eben blöd. Wir haben von Anfang an gesagt, daß wir Kritik als eine produktive Kraft ansehen, ohne dabei außerhalb des Mediums zu stehen, was damals, vor allem in Deutschland tatsächlich sehr unpopulär war, da man eine „objektive“, kritische Distanz wahren wollte. Ein reicher Erfahrungsschatz aus Situationismus, verschiedenen Avantgardeformen im Kunstbereich, Konzeptkunst und Kontextkunst waren ebenfalls ganz wichtig.

Dann politischer Aktivismus und Philosophie, Theorie, Journalismus. Uns geht es allerdings hauptsächlich auch darum, eine europäische Position zu beziehen. Man kann „nettime“ schon eine Art Eurozentrismus vorwerfen.

T. M.: Bei „nettime“ gilt es, statt der Exegese von Texten die Texte umzuleiten und zu verschalten, nicht zu interpretieren, sondern zu rekombinieren, das heißt das klassische Repräsentationsmodell aufzubrechen und durch immer wieder neue Verweisungszusammenhänge zu ersetzen. Das erinnert doch sehr an postmoderne Konzepte.

P. S.: Ich habe – klar – viel Deleuze gelesen und auch den ganzen Kram davor, also Baudrillard, Foucault, Derrida, Bourdieu, was man eben so gelesen hat, wobei ich nicht sagen kann, daß ich das alles komplett rezipiert habe. Ich fand es aber eher störend, daß solche Sachen zu einem Jargon geführt haben, bei dem man bestimmte Keywords draufhaben mußte. „nettime“ war eher ein Ausbruch aus dieser Theorieschiene. Es war für mich ein Anreiz, wie man hochqualitative Texte zusammenbringen kann. Einfach auch mal selbst anfangen zu produzieren, nicht immer nur zu rezipieren. Viele der postmodernen Theorien über die Informationstechnologien bewahrheiten sich zwar, aber nicht so, wie sie geplant waren. Es ist z. B. blöd, wenn man sagt: Hier ist das Rhizom, dort ist das World Wide Web. Das World Wide Web hat zwar Rhizomqualität, aber es hat nicht die revolutionäre Befreiungen gezeitigt, die das Rhizom legendärerweise mit sich führen soll. Das spannende ist die Differenz von Theorie und Praxis. Wenn die Theorie nur noch die Praxis in der Zukunft beschreibt, dann ist das doch einfach die klassische Avantgarde. Und damit total modernistisch. Wir haben immer mehr gemerkt, daß wir im Grunde in einer weiteren Moderne leben, der Netzmoderne, mit ihrer Euphorie von diesem Volk, Cyberspace, Cyborgs, multiple Identitäten usw. Und auch die Netzkunst hat sich möglicher avantgardistischer Muster bedient bzw. hat sie rekombiniert.

T. M.: Zeichnet sich im Umgang mit Sprache eine Veränderung ab, die analog zu einer gesellschaftlichen Veränderung stehen könnte?

P. S.: Klar. Es gab einige Interventionen von Leuten, die z. B. Texte gefaked, das heißt, Announcements gemacht haben zu Veranstaltungen, die dann nicht stattfanden, oder auch unter falschen Autorennamen geschrieben haben. Diese Aktionen waren auf der einen Seite zwar sehr produktiv, auf der anderen Seite aber natürlich auch verheerend, was das Vertrauensverhältnis anbelangte. Es ergab sich sozusagen eine eigene Binnendiskursivität, in der es darum ging, den „Glauben an E-Mail“ zu reflektieren, das System von komischen Reputationslisten, das sich ganz automatisch aufbaut, zu unterwandern. Das alles war dann nicht mehr Netzkritik, sondern „nettime-Kritik“, Diskussionen über die eigenen Ideologien von „nettime“. Daneben ging es darum, eine Ebene zu finden, auf der man den Text auch als künstlich akzeptiert, also nicht nur als existentialistische Willensäußerung, die ihre eigene Subjektivität konstruiert.

T. M.: „nettime“ scheint, wenn man sich die Liste der Teilnehmer anschaut, weitgehend männlich dominiert zu sein. Woran liegt das?

Diana McCarty: Auf der Liste der Subskribenten bei „nettime“ gibt es eine Menge Frauen, aber sie sind nur eingeschrieben, ohne sich an den Diskussionen aktiv zu beteiligen. Ich habe ein paar Frauen gefragt, woran das liegt, und fand es interessant zu hören, daß sie glauben, wenn sie etwas Gutes geschrieben haben, es dann auch verkaufen zu müssen. Wenn es nicht gut genug ist, um Geld dafür zu bekommen, dann ist es auch nicht gut genug, es mit den anderen auf der Liste zu teilen. Das bedeutet aber, den Wert eines Tauschsystems nicht anzuerkennen, in dem das, was man gibt, eben nicht mit Geld bezahlt wird, sondern vielmehr einen Raum eröffnet, über die traditionelle Idee der Machtverortung nachzudenken und sich zu fragen, wie man sich selbst einrichten kann. Der Hauptgrund für die Zögerlichkeit der Frauen ist vielleicht, daß sie nicht wissen, wo sie wirklich stehen. Männer denken viel schneller, daß ihre Meinung wertvoll genug ist, um von vielen Menschen gehört zu werden. Sie sind eher von sich überzeugt.

In diesem Sinne stellte die „Faces-Liste" ein Experiment dar: zu sehen, was in der anderen Situation eines „female network" passiert. Was interessant ist: Viele der theoretischen Texte, die auf die Liste gesetzt werden, bleiben dort unbeantwortet. Das heißt nicht, daß ein Austausch über Texte bei Frauen nicht stattfindet, aber das passiert nur privat. Sehr selten auf der Liste . Ich habe „Faces" aber nicht als Gegenentwurf zu „nettime" ins Leben gerufen, sondern um nach einem Lösungsweg der Probleme zu suchen, die sich in der Schweigsamkeit der Frauen auf „nettime" zeigte.

T.M.: Ist das nicht manchmal frustrierend, wenn man feststellt, daß man immer wieder Nischen für Frauen schaffen muß? Oder verhält es sich eher im Gegenteil so, daß der unvereinbare Unterschied akzeptiert wird, und man froh darüber ist, daß es nun Möglichkeiten der Vernetzung gibt, durch die sich Frauen nun besser organisieren und austauschen können?

D.M.: Ja, die Frustration war schon oft da. Vor allem wenn ich auf verschiedene Veranstaltungen ging und dort immer vor allem Männer antraf. Und trotzdem denke ich auch, daß ich mit „Faces" zumindest ein großes Problem lösen konnte: Als ich früher versuchte, Workshops oder Vortragsreihen zu organisieren, war es immer ganz einfach, Männer für bestimmte Themen zu finden. Hingegen über Frauen nachzudenken, als die „richtige" Person für bestimmte Themen, war sogar für mich sehr schwierig. Und das hat sich durch „Faces" geändert. Denn jetzt kenne ich Arbeiten von Frauen und weiß, in welchen Bereich sie gerade tätig sind. Auf der praktischen Ebene hat „Faces" meiner Meinung nach also funktioniert.

T.M.: Ein wichtiger Aspekt in der Organisation von „nettime" ist es, daß sich die Teilnehmer immer wieder auch in der „realen" Welt treffen. Kann man sagen, daß bei den Treffen eher das dialogische, sich an die „Wirklichkeit" anknüpfende, auf den Mailing-Listen eher das diskursive, „nach vorläufigen Wahrheiten Ausschau haltende" Moment zählt? Und inwieweit bedingen oder verändern sich die beiden Momente?

P.S.: Mittlerweile ist „nettime" ein Kanal, in dem 1 000 Leute hängen und der über eine Filterarbeit funktioniert. Um dieses „collaborating filtering" möglich zu machen, müssen sich die Leute untereinander vertrauen. Die Treffen waren dazu da, einen sozialen Zusammenhang zu schaffen, und dadurch den Inhalt überhaupt erst zu ermöglichen. Das hat natürlich immer etwas Dialogisches, genauso etwas Intimes, wenn auch als eine konstruierte Form von Intimität. Wir haben nie an komplett virtuelle Identitäten geglaubt. Zwischen Menschen laufen immer auch andere Kommunikationen ab, die weder diskursiv, noch digital, noch sonst irgendwie sprachlich zu fassen sind.

D. M.: Es gab eine Zeit bei „nettime", die sehr utopistisch geprägt war. Ich denke, daß es trotz „Wired" innerhalb der Kreise von Personen, die zusammenkamen, diesen naiven Glauben gab, daß sich das Medium als revolutionäres Werkzeug gebrauchen ließ, für etwas, das nie so richtig definiert und auch ohne daß darüber offen diskutiert worden war. So ein Glaube, daß mehr passieren könnte. Außerdem war es immer sehr aufregend, jemanden zu treffen, den Du aus der „Online-Welt" kanntest. Aus diesem ganzen Spannungsfeld heraus ergab sich eine unglaubliche Menge positiver Energie, die zu Freundschaften und Arbeitsgemeinschaften auch jenseits des Mediums, und jenseits der Liste führte, die bis heute andauern.

T. M.: Gibt und gab es Themen, die sowohl nach und vor der inhaltlichen Richtungsänderung hin zu einer „politischen Ökonomie der neuen Medien" immer wieder auf den Tisch kommen?

P. S.: Es wird immer deutlicher, daß vielleicht nicht nur die Probleme, sondern eben auch deren Lösungen aus dem Netz heraus sich entwickeln. Man hat auf der einen Seite die Virtualisierung des Kapitals. Aber aufgrund der extremen Akkumulation von Kapital, das flüssig gemacht und in virtuellen Beträgen von Bank zu Bank springt, eröffnen sich Möglichkeiten, in ganz anderer Größenordnung Finanzströme zu manipulieren. Durch die Informationstechnologie lassen sich völlig andere Formen in Firmen im Netz realisieren. Viele Leute bei „nettime" sehen darin ein utopisches Element, etwas, das überwunden werden muß, und daß es bereits Anzeichen für neue Formen von Ökonomie gibt. Wir haben jetzt auf der ganzen Welt, außer in den USA, eine Rezession. Diesen Kollaps mitzudenken, ist auch immer ein Thema bei „nettime" gewesen. Wenn Du Dich im Netz bewegst, dann kannst Du natürlich auf die Seite der Gewinner setzen, an der neuen Ökonomie mitarbeiten, auf den Aktienmarkt gehen, im Extremfall sogar in eine Firma einsteigen und etwas Profit machen. Was sich daran anschließt, ist die ganze Frage von Ungleichheit, die sich nun aber nicht mehr nur auf die Leute bezieht, die nicht das Privileg haben, am Netz sein zu können, sondern auch innerhalb des Internet vorherrscht. Denn dort entsteht ein Unterschied zwischen Informationsreichtum und Informationsarmut, wodurch die Frage aufgeworfen wird, wem das Wissen im Endeffekt gehört. Ich glaube, das ist eine der Grundfragen von „nettime", die immer wieder auftaucht. Eine der Uraltfiguren im Netz. Es gibt die amerikanische Bewegung der „Cyber Rights", die sich vor allem mit den Fragen Copyright und Privacy beschäftigen, wobei die Problematik des Copyright leider in Vergessenheit geraten ist, so daß jetzt Privacy das Hauptthema darstellt. Wenn man sich überlegt, daß zum Beispiel die ganzen Banktransaktionen über ID-Cards laufen, durch die das Individuum markierbar ist, dann bekommt Privacy einen recht doppeldeutigen Sinn. „nettime" ist ein Beispiel für eine funktionierende Ökonomie ohne Einfluß von Geld. Hier wird im kleinen ein realisierter Kommunismus in Marktform zur Durchführung gebracht, was mit dem vergleichbar ist, was im Bereich von Free Software passiert: Stichwort Linux, da ist so etwas im Kern, was eine völlig inverse Ökonomie werden kann, im weitesten Sinne eine Informationsökonomie, die eben nicht mehr direkt von Geld übercodiert ist. Und das ist eigentlich eine sehr spannende Sache, die auch „nettime“ immer wieder versucht, auf den Tisch zu bringen, denn es handelt sich hierbei um ein Experiment, das noch nicht abgeschlossen ist, aber möglicherweise, wenn es noch weiter ausgebaut und perfektioniert wird, Microsoft den Kragen kosten könnte.

T. M.: Wie steht ihr zu eurem letzten Buch, das ihr herausgegeben habt?

D. M.: Auf der einen Seite war das Buch sehr enttäuschend für mich, bezogen auf das, was wir eigentlich vorhatten oder was wir unter besseren Arbeitsbedingungen, besseren Softwarelösungen, mit ein bißchen mehr Zeit und Geld hätten erreichen können. Aber letztendlich ist trotz allem ein Buch mit einem breiten Spektrum von Information auch für eine Leserschaft entstanden, die nicht bei uns auf der Liste eingeschrieben ist. Insofern haben wir auf der inhaltlichen Ebene das erzielt, was wir wollten.

P. S.: „nettime“ hatte lange Zeit so einen häretischen, protestantischen Ansatz, gegen diese Grundideologie von Informationstechnologie vorzugehen – also gegen jede Form von Technikfetischismus, der das Wachstum der Informationstechnologie immer so an der Missionarsgrenze vorantreibt –, weshalb „nettime“ schon fast so etwas wie eine Bewegung war. Die Situation sieht jetzt allerdings nicht mehr so aus, wie noch vor ein paar Jahren, als die Dualitäten zwischen den Cyberpropheten und den Netzkritikern noch viel klarer waren. Jetzt gibt es viel mehr Leute, die das Netz auf aufgeklärte Weise nutzen und sehen, was die Vor- und Nachteile sind. Und im Grunde steht jetzt die Frage an, was aus Netzkritik wird, in dieser weniger euphorischen, sondern mehr pragmatischen Phase. In diesem Zusammenhang ist das Buch so ein Punkt, an dem wir das Kapitel Netzkritik in dieser Fragestellung, glaube ich, abschließen werden. Das Buch ist zwar kein Grabstein, sondern eher ein Schlußstein. Ich weiß nicht so genau, wo sich das alles weiter hinentwickeln wird. Das hängt auch von den Sachen ab, die von den Leuten kommen werden.

Als Idee während der Biennale von Venedig 1993 geboren, ist die Mailingliste „nettime“ (http://www.nettime.org/), ein moderiertes Textforum mit über 1 000 Subskribenten, das sich vor allem der Netzkritik jenseits aller Technikeuphorie widmet. Interview mit zwei der Aktivisten von „nettime“, Pit Schultz und Diana McCarty, auch Initiatorin von „Faces“, einer Mailingliste nur für Frauen, abgedruckt in: „De:Bug“, Nr. 22, April 1999, S. 30f.

Abb. ASCII Zeichen.

Diana McCarty, Pit Schultz

Net Criticism – Interview with Tjoss May

Tjoss May: *'nettime' is a moderated mailing list. That means as moderator you take on the tasks of keeping a discussion going, animating the members to write, but also have the duties of contextualizing incoming texts and selecting them so the discussion doesn't slip into triviality. In my opinion, this makes you walk a rather narrow path between consciously initialized topics and the possibilities of topics that result from the submitted contributions more by 'chance'. How do you organize that? How do each of the topics develop?*

Pit Schultz: *As for the topics, it can be said that we began with a list of main themes – they were what could be called the fundamental issues – and also with a list of writers. Geert Lovink and the other Amsterdamers who have their special form of media theory or better said, media practice, then Heath Bunting, Vuc Cosic, Diana McCarty, Nils Röller and a bunch of Italians who are, of course, from various parts of Italy. I believe that, above all, you have to see 'nettime' as an open editorial board. Operating a sort of 'gift economy' or potlatch is not always easy. It can degenerate, for instance, when you begin to outbid yourself with gifts or come with false gifts, meaning with texts you created by stealing bits from all over and then saying, 'Here, it's great.' As moderator you have to be accordingly sensitive, look for signs, and predict where critical points or potential may ensue by writing to people and asking them what they think about this or that text. That's a little like participating in a band: you play a melody and the others either jump in or think it's stupid. We have said from the beginning that we see criticism as a productive power while staying within the medium, which at the time, especially in Germany, was actually very unpopular because you were to keep an 'objective' critical distance. A rich treasure of experiences of situationism, various forms of the avant-garde in the arts, Concept Art and Context Art were also very important – then political activism and philosophy, theory, journalism. For us, it's mainly about also taking a European position. You could accuse 'nettime' of a certain amount of Eurocentrism.*

T. M.: *At 'nettime', instead of an exegesis of the texts, it's about forwarding and connectng them, not interpreting, but recombining them instead. This means* *breaking open the classical model of representation and replacing it with constantly new referential contexts. That is very reminiscent of a postmodern concept.*

P. S.: *I have – of course – read quite a bit of Deleuze and also all the stuff that came before it: Baudrillard, Foucault, Derrida, Bourdieu, whatever you just picked up, although I can't say I totally assimilated it. I always found it disturbing that such things led to a jargon that meant you had to use certain key words. 'nettime' was more of an escape from this theory circuit. It was an incentive for me to see how high-quality texts could be brought together. Simply beginning to produce instead of always just assimilating. Much of postmodern theory on information technologies hold true, but not how they were planned. For instance, it's stupid to say, 'Here is the Rhizome. There is the World Wide Web.' The World Wide Web does indeed have a rhizomatic quality, but it didn't bring the revolutionary liberation that the Rhizome was legendarily supposed to bring with it. The exciting thing is the difference between theory and practise. When theory no longer does more than describe practise in the future then its just the classical avant-garde. And that is totally modern. We have increasingly noticed that we live in a continued Modern Era, the Net Modernity with its euphoria of these people, Cyberspace, Cyborgs, multiple identities and so on. And net.art also took advantage of possible avant-garde patterns or recombined them.*

T. M.: *When dealing with language, does a change become apparent that could be seen as analogue to social change?*

P. S.: *Of course. There were some interventions by people who faked texts, for instance. That means they made announcements for events that never took place or wrote under a false name. These actions were very productive on one hand, but on the other they were, of course, also disasterous as far as a trusting relationship is concerned. It resulted in what could be called a separate inner discursiveness about reflecting on the 'belief in e-mail', undermining the system of odd reputation lists that had built up automatically on its own. All that was no longer net criticism, but 'nettime criticism', discussions on 'nettime's' own ideologies. Apart from that it was also about finding a level on which the text was also accepted as artificial, not just as an existential expression of the will that constructs its own subjectivity.*

T. M.: *When you look at the list of participants, 'nettime' seems to be mostly male-dominated. Why is that?*

Diana McCarty: *There are quite a few women on the list of 'nettime's' subscribers, but they are only listed without taking an active part in the discussions. I asked a few women why that is and found it interesting to hear that they believe if they wrote something good they also had to sell it. If it's not good enough to receive money for it then it's also not good enough to share with the others on the list. That means, though, not accepting the value of a barter system in which what is given is not paid for with money. Instead, what you give opens a space where* *the traditional idea of power placement can be contemplated and where you can ask how to situate yourself. The main reason for the women's hesitation may be that they don't really know where they stand. Men think much faster that their opinion is valuable enough to be heard by many people. They are much more convinced of themselves.*

In this sense, the 'Faces List' (a mailing list for women) presents an experiment: seeing what happens in a different situation with a 'female network'. What's interesting is that many of the theoretical texts that were set on the list remain there unanswered. That doesn't mean an exchange over texts by women doesn't take place, but that it happens privately. Rarely on the list. I didn't bring 'Faces' to life as an alternative plan to 'nettime', but in order to find a path for a solution to the problems that were shown by the silence of the women on 'nettime'.

***T. M.:** Can't that be frustrating when you ascertain that you constantly have to create niches for women? Or is it just the opposite, that the irreconcilable difference is accepted and you are happy there is a possibility for women to network through which they can better organize themselves and exchange ideas?*

***D. M.:** Yes, the frustration was often there. Especially when I went to different events and met mostly men there. In spite of this, I still often think that I solved at least one great problem with 'Faces'. When I used to attempt to organize workshops or lecture series it was always very easy to find men for certain subjects. But then coming up with women who are the 'right' person for certain subjects was difficult even for me. And that has changed through 'Faces' because I now know works by women and know what area they are active in right now. On the practical level 'Faces' has worked, in my opinion.*

***T. M.:** An important aspect of the organization of 'nettime' is that the participants meet from time to time in the 'real' world. Could it be said that it's the moment of the dialogue, of linking to 'reality', that counts at the meetings, and on the mailing lists the discursive moment of 'looking for transient truths' is more important? And how much do both moments cause or change each other?*

***P. S.:** In the meantime, 'nettime' has become a channel watched by 1,000 people and which functions through filtering work. In order to make this 'collaborative filtering' possible people must trust each other. The meetings were held in order to create a social context and make the content at all possible. That always has something of a dialogue and something intimate just as well, even if it's an artificial form of intimacy. We have never believed in completely virtual identities. Other forms of communication that are neither discursive nor digital, but can always be somehow captured in language constantly take place between people.*

***D. M.:** There was a time at 'nettime' that had a very utopian feeling. I think that despite 'Wired', within the circles of persons who came together there was this naive belief that the medium could be utilised as a revolutionary tool for something that was never really defined – and this without it ever being openly* *discussed. It was a belief that could happen more often. Besides, it was always very exciting to meet someone you knew from the 'on-line world'. An unbelievable amount of positive energy was generated from this area of conflict which led to friendships and joint projects, existing also beyond the medium and beyond the list, and which have lasted until today.*

T. M.: *Were and are there topics that have been repeatedly brought up – before as well as after the content's change to a 'political economy of new media'?*

P. S.: *It is increasingly clear that the Net may develop not just the problems, but also their solutions. On one hand there is the virtualization of capital. But due to the extreme accumulation of capital that is liquidated and jumps from bank to bank in virtual amounts, possibilities of manipulating the flow of finance on an entirely different scale are opened up. Through information technology, completely different forms of companies can be realized on the Net. Many people at 'nettime' see a utopian element in this, something that has to be overcome. They also see that there are already signs for a new form of economy. We now have a world-wide recession – except for the USA. Keeping this collapse in mind has always been a subject at 'nettime'. When you move through the Net you can, of course, bet on the side of the winner, work on the new economy, go on the stock market, or in the extreme case, even go in on a company and make a profit. What follows this is the whole question of imbalance that is no longer related to the people who don't have the privilege of being on the Net, but that also prevails within the Internet. It is there that a difference between information wealth and information poverty is produced, throwing out the question of who owns knowledge in the end. I believe that this is one of the fundamental questions of 'nettime' that repeatedly arises. One of the ancient figures in the Net. There is the American movement of 'cyber rights', which is mostly concerned with questions of copyrights and privacy, although the problem of copyrights has unfortunately been forgotten so now privacy represents the main problem. If you consider, for instance, that all bank transactions are carried out with ID cards with which an individual can be labelled, then privacy has a truly double meaning. 'nettime' is an example of a functioning economy without the influence of money. Here, a miniature communism in market form is set up, which can be compared to what is happening in the area of free software: the keyword is Linux. There is something in its core that could become a completely inverted economy, or in the most extended sense, an information economy that is no longer directly coded by money. And this is actually a very exciting thing that 'nettime' repeatedly attempts to bring up because it deals with an experiment that is not yet finished, but if it is further expanded and perfected could cost Microsoft its shirt.*

T. M.: *How do you view the last book you published?*

D. M.: *On one hand, the book was very disappointing for me considering what we actually intended or what we could have achieved under better working con-*

ditions, better software solutions, and with a little more time and money. But in the end and despite everything a book with a very wide spectrum of information was produced that is also for a readership that is not registered on our list. In this respect we achieved what we wanted on the level of content.

P. S.: *'nettime' took such a heretical, Protestant approach to these fundamental ideologies of information technologies for a long time – against every form of technology fetishism that always pushes the growth of information technology toward the border of being a missionary – which is why 'nettime' was almost something of a movement. The situation now no longer looks like it did a few years ago when the dualities between the cyber prophets and the Net critics were much more clear. There are now many more people who utilize the Net in a much more informed manner and who see what the advantages and disadvantages are. The basic question now is what will become of Net criticism in this less euphoric, but very pragmatic phase. In this context the book is a point at which I believe we will end the chapter of Net criticism in this form. The book isn't a tombstone, but more of a keystone. I don't know exactly what this will develop into. That depends upon the things that come from the people.*

As an idea born during the 1993 Venice Biennale, the mailing list 'nettime' is a moderated mailing list for Net criticism, collaborative text filtering and cultural politics of the Net – http://www.nettime.org/. Pit Schultz founded 'nettime' together with Geert Lovink, Diana McCarty initiated 'Faces', a mailing list for women. Published in the German magazine: 'De:Bug', 22 April, 1999, pp. 30–31; translation by Rosanne Altstatt.

Fig. *ASCII character.*

Christoph Schlingensief u.a.

Liebe Freundin, lieber Freund

„Klug ist NICHT, wer keine Fehler macht, sondern, wer sie schnell zu verbessern versteht." (Bertolt Brecht, „Die Maßnahme", 1928)

„Stark ist, wer keine Fehler macht, stärker ist, wer aus seinen Fehlern lernt." (Boris Becker, „Die A-Klasse", 1998)

Liebe Freundin, lieber Freund,

einen Jahreswechsel wie den übernächsten, erlebt man nur einmal in 1 000 Jahren, trotzdem wird es sein wie immer an Silvester, man nimmt sich was vor, aber es ändert sich nichts, es geht alles so weiter wie bisher. Wir sind wie Züge, die, auf Schienen gesetzt, nie oder selten entgleisen. Das ist ordentlich und beruhigend, aber auch tödlich langweilig. Die Richtung, in die wir so zwangsläufig rollen, haben wir uns nicht ausgesucht, sie ist vorgegeben, und zwar jede Kurve und jeder Stop. Und der Zielbahnhof ist, das ahnen wir schon lange, für jeden derselbe: das Grab. Dafür, daß wir in einem freien Land leben, ist das eigentlich ganz schön wenig. Wo sind denn unsere Wahlmöglichkeiten? Vielleicht werden Sie einwenden: Wir haben bei 160 TV-Programmen so viele Wahlmöglichkeiten, daß uns Hören und Sehen vergeht. Ich aber sage Ihnen, es vergehen Ihnen nicht nur Hören und Sehen, sondern auch sämtliche anderen Möglichkeiten, die in Ihnen schlummern. Die Wahl zwischen Fernsehkanälen hat den gleichen Haken, wie die Wahl zwischen politischen Parteien. Sie wählen immer Andere und Anderes, nie sich selbst! Eigentlich komisch. Diese Gesellschaft beruht doch auf Privategoismus, warum wählt man dann nie sich selbst? Sie drücken Ihre Fernbedienung oder machen Ihr Kreuzchen, Sie wählen nicht, was Sie wollen, sondern das, was andere wollen. Ja, die müssen mir aber gefallen, sonst wähle ich einen anderen (Kanal, und die Quoten fallen), werden Sie vielleicht sagen, aber das nützt Ihnen nichts. Sie können sich als König (Kunde) fühlen, um den sich alles dreht, aber in Wirklichkeit sind Sie ein Arbeitsloser, der dasitzt und zusieht, wie andere was machen.

Macht Fehler

Du weißt schon wie das geht.

CHANCE 2000
www.chance2000.com

Deutschland ist zweigeteilt: in die, die fernsehen, und die im Fernsehen. Der Mensch ist, was er tut. Wer also nichts tut als Fernsehen, ist auch nichts anderes als ein Fernseher. Falls er noch arbeitet, nützt ihm das auch nichts: Die Arbeit gehört der Firma und nicht ihm. Das heißt, eigentlich ist er gar nicht da. Aber das darf nicht sein. Das Volk kann doch nicht einfach verschwinden und das wahre Leben den Kunstfiguren überlassen! Deshalb fordern wir Sie auf, gehen Sie auf Sendung! Machen Sie mal was! Was ist egal. Hauptsache Sie können es vor sich selbst vertreten. Natürlich wird es eine Pleite werden, wenn Sie selbst was machen. Aber eine Pleite, die von Herzen kommt, ist besser als eine Million, an der Scheiße hängt. Das nächste Jahrtausend kommt, mit Ihnen oder ohne Sie. Sie haben es in der Hand! Wir geben Ihnen einige Tips und Hinweise, etwas aus Ihrem Leben zu machen. Es ist das einzige, das Sie haben. Wir helfen Ihnen gerne. Freiheit ist, grundlos etwas zu tun, das kann gut oder böse sein. Wir haben uns diesmal für das Gute entschieden.

Ihre Chance 2000

Entnommen einem Leporello zur Wahlaktion „Chance 2000", Texte von Carl Hegemann/Dietrich Kuhlbrodt/Christoph Schlingensief, Volksbühne am Rosa-Luxemburg-Platz/Chance 2000 (Hrsg.); vgl. auch den Materialband und Reader zur Aktion: „Chance 2000", J. Finke/M.Wulff (Hrsg.), Stuttgart 1998.

Abb. Christoph Schlingensief u.a.: Handzettel „Chance 2000", courtesy Volksbühne am Rosa-Luxemburg-Platz, Berlin.

Christoph Schlingensief et al.

Dear Friend

'The clever person is NOT one who never makes mistakes, but one who knows how to correct them quickly.' (Bertolt Brecht, 'The Measures Taken', 1928)

'It is strong to make no mistakes, but stronger still to learn from your mistakes.' (Boris Becker, 'The A-Class', car advertisement, 1998)

Dear Friend,

We only experience a New Year like the next-but-one once in a 1,000 years, but it will still be just like it always is on New Year's Eve. You do something, but nothing changes, everything goes on the same as ever. We are like trains that seldom or rarely come off the rails once they have been put on them. This is tidy and reassuring, but also deadly boring. We have not chosen the direction in which we are moving so inevitably, it is prescribed, every bend and every stop. And the terminus, we have sensed this for some time, is the same for everyone: the grave. This is really not very much, given that we live in a free country. Where are the possible choices? Perhaps you will object: we have so many possible choices with our 160 TV channels that we are losing our senses. But I am telling you that your are not just losing your senses, but all the other possibilities that slumber within you. Choosing between television channels has the same snags as choosing between political parties. You are always choosing other people and other things, never yourself! It's funny actually. This society is built on private egotism, so why do we never choose ourselves? You press your remote control or put your cross, yet you're not choosing what you want, but what other people want. Well, I have to like them, or I'd choose something different (a different channel, and the ratings fall), you will perhaps say, but that doesn't help you. You can feel that you (customer) are a king with everything revolving round you, but in reality you are an unemployed person sitting there and watching how other people do it.

Germany is divided into two – those who watch TV and those who are on TV. Man is what he does. And so anyone who does nothing but watch television is nothing other than a television watcher. If he's still working, that's no use to him: the work belongs to the firm and not to him. This means that actually he is not there at all. But that does not have to be. The nation cannot simply disappear and leave real life to the unreal characters! And so we insist that you go on a programme! Just do something! It doesn't matter what it is. The main thing is that you can justify it to yourself. Of course it will be a flop if you do something yourself. But a flop that comes from the heart is better than a million with crap on it. The next millennium will come with or without you. It is in your hands. We are giving you a few tips and hints about how to make something of your life. It is the only thing you have. We would be pleased to help you. Freedom means doing something that can be good or bad for no reason. We have decided on good this time.

Your Chance 2000

Taken from a concertina folder on the 'Chance 2000' election campaign, texts by Carl Hegemann/Dietrich Kuhlbrodt/Christoph Schlingensief, Volksbühne am Rosa-Luxemburg-Platz/Chance 2000 (eds.); cf. also the volume of material and reader on the campaign: 'Chance 2000', J. Finke/M.Wulff (eds.), Stuttgart, 1998; translation by Rosanne Altstatt.

Fig. *Christoph Schlingensief et al.: 'Chance 2000' flyer, courtesy Volksbühne am Rosa-Luxemburg-Platz, Berlin.*

Ausgewählte Bibliografie
Selected Bibliography

Die jeweils aktuellste oder umfassendste Literaturhinweis zu den in „Medien Kunst Interaktion" versammelten KünstlerInnen und Werken sowie weiterführende allgemeine Literatur aufbauend auf der Bibliografie MKA.

Für biographische Informationen zu den Autoren siehe MKI und den Anhang von „Medien Kunst Aktion". Zusätzliche Informationen über die Künstler, Festivals und Institutionen sind abrufbar unter: http//www.goethe.de/medienkunstnetz

Continuing the bibliography of MKA, the most up-to-date or comprehensive references concerning the artists and works included in 'Media Art Interaction' and selected further reading are listed.

For biographical information on the authors, see MKI and the appendix of 'Media Art Action'. For additional information on the artists, festivals and institutions, visit: http//www.goethe.de/medienkunstnetz

Künstlermonographien/*Artists' monographies*

Thomas Bayrle, BIG BOOK, Köln 1992

Samuel Beckett, Teleplays, Stan Douglas (Hrsg./ed.), Vancouver Art Gallery, Vancouver 1988

Gábor Bódy 1946–1985, Lazló Beke, Miklós Peternak (Hrsg./eds.), Budapest 1987

Klaus vom Bruch, Video-Installationen, Kestner Gesellschaft, Hannover 1990

John Cage, Europeras 1 & 2, Oper Frankfurt, Frankfurt/M. 1987

Carlfriedrich Claus, Sprachblätter und Texte 1961–1994, Berlin 1995

Gerd Conradt, Der Videopionier – Sechs Stadtteilgeschichten zur Stadtteilsanierung 1973–1983, in: Kunstforum 77/78, 1985, S.158–161

Lutz Dammbeck, Herakles Konzept, Berlin 1997

Dellbrügge/de Moll, Schreiben über Kunst, Stadtgalerie Saarbrücken, 1991

Die Tödliche Doris, Kunst – The Deadly Doris Art, Wolfgang Müller/Martin Schmitz (Hrsg./eds.), Berlin 1999

HP Karl Dimke, Eine KünstlerTheorie der Universellen Maschine, Hamburg 1995

(e.) Twin Gabriel, Limonade. Von Afrika (Homepages), NBK Berlin, 1996

Heinz Emigholz, Krieg der Augen – Kreuz der Sinne, Kassel 1991

Valie Export, Split Reality, Museum Moderner Kunst, Wien 1997

Terry Fox, works with sound, Bernd Schulz (Hrsg./ed.), Stadtgalerie Saarbrücken, Heidelberg 1999

Dieter Froese, Unpräzise Angaben (Not a Model for Big Brother's Spy-Cycle), Kunstmuseum Bonn, Bonn 1987

Adib Fricke, The Word Company, Vol. I–III, Berlin 1997 (III)

Jochen Gerz, Das Berkeley Orakel, Hans-Peter Schwarz (Hrsg./ed.), ZKM Medienmuseum, Düsseldorf 1999

Jochen Gerz, Res Publica. Das öffentliche Werk 1968 bis 1999,Ostfildern 1999

Bettina Gruber – Maria Vedder, Katalog Skulpturenmuseum Marl, Marl 1989

Eva Grubinger, group.sex, Berlin, New York 1998

Ingo Günther, Republik.com, Susanne Rennert/Stephan Wiese (Hrsg./eds.), Kunsthalle Düsseldorf, Neues Museum Weserburg Bremen, Ostfildern 1998

Alexander Hahn, Rats – Ratten, DAAD, Berlin 1994

Agnes Hegedüs, Katalog Zentrum für Kunst und Medientechnologie, Karlsruhe 1995

Jörg Herold, Filmbox, Sechs Schmalfilme von 1985–1989, Künstlerhaus Schloß Balmoral, 1996

Carsten Höller, Neue Welt, Museum für Gegenwartskunst, Basel 1998

Ute Hörner/Mathias Antlfinger, Two Lives. Dialogues – Über die Kommunikation mit dem Computer, NGBK (Hrsg./ed.), Berlin 1999

Rebecca Horn, Buster's Bedroom, Zürich u.a. 1991

Stephan von Huene, What's wrong with culture? – Kland und Mediaskulpturen aus den 90er Jahren, Heidelberg 1998

Christian Jankowski, Mein erstes Buch, Frankfurt/M. 1998

Rolf Julius, air, Museum of Contemporary Art, Helsinki 1995

Annebarbe Kau, Video, Installation, Zeichnung/Drawing, Akademie Schloß Solitude, Stuttgart 1993

Werner Klotz, Kunstverein Braunschweig (Hrsg./ed.), Braunschweig 1996

Knowbotic Research, IO_dencies – questioning urbanity, Artlab 7, Tokyo 1999

Richard Kriesche, Artificial Intelligence in the Arts. Nr. 1 Brainwork, Graz, Los Angeles 1985

project rooms: Mischa Kuball, Gérard A. Goodrow (Hrsg./ed.) Köln 1997

Christina Kubisch, Zwischenräume, Stadtgalerie Saarbrücken, Saarbrücken 1996

Edmund Kuppel, Fotos Film Maschinen, Badischer Kunstverein, Karlsruhe 1986

Christin Lahr/Vera Frenkel, Virtualität des Verschwindens. Kunst Museum Computer, NGBK, Berlin 1997

Eric Lanz, Prix Breguet d'Art Contemporain 93, Fribourg 1993

J. M. Laurids/Chris Mattheus, Feedings 1991–93, Hans-Joachim Weihrauh/Ingeborg Schedel (Hrsg./eds.), Ifak Berlin, Berlin 1995

M + M, ein + aus, Suermondt Ludwig Museum, Aachen 1998

Benoit Maubrey, Die Audio Gruppe, Berlin 199??

Carsten Nicolai, Polyfoto, Institut für moderne Kunst Nürnberg, Galerie für Zeitgenössische Kunst Leipzig, Nürnberg 1998

Marcel Odenbach, Ach, wie gut, daß niemand weiß, Udo Kittelmann (Hrsg./ed.), Kölnischer Kunstverein, Köln 1999

Nam June Paik, Fluxus/Video, Wulf Herzogenrath (Hrsg./ed.), Kunsthalle Bremen, Bremen 1999

Pipilotti Rist, Himalaya : Pipilotti Rist. 50 kg (nicht durchtrainiert), Köln 1999

pro T, Der Fernseher ist der Gipfel der Guckkastenbühne, München 1983

Julian Rosefeldt/Piero Steinle, News, Heidelberg 1998

Ulrike Rosenbach, Die einsame Spaziergängerin, Göttingen 1998

Sabine Schäfer, Topophonien, Karlsruhe 1994

Christoph Schlingensief, Chance 2000. Materialband, J. Finke/M.Wulff (Hrsg./eds.), Stuttgart 1998

Volker Schreiner, Videoarbeiten 1988–1998, Deutsche Akademie Villa Massimo (Hrsg./ed.), Rom 1998

Jeffrey Shaw, Gebrauchsanweisung – A User's Manual. Von Expanded Cinema zur Virtuellen Realität, Heinrich Klotz (Hrsg./ed.), Ostfildern 1996

Roman Signer, Biennale di Venezia 1999, Bundesamt für Kultur (Hrsg./ed.), Bern 1999

Station Rose, 1st decade, Wien 1998

Rosemarie Trockel, Werkgruppen 1986–1998, Köln 1998

Timm Ulrichs, Der detektorische Blick, NGBK, Berlin 1997

Peter Weibel, Bildwelten 1982–1996, Romana Schuler (Hrsg./ed.), Wien 1996

Herbert Wentscher, Katalog Kunstverein Freiburg, Freiburg 1994

Georg Winter, Ukiyo Camera Systems – Handbuch der Kameratechnik, Renate Wiehager/Knut Nievers (Hrsg./eds.), Köln 1999

Ausstellungen, Anthologien/
Exhibitions, anthologies

Ars Viva 1997/98 – Medienkunst, Kulturkreis des BDI (Hrsg./ed.), Ostfildern 1997 (Heike Baranowsky, Eva Grubinger, Daniel Pflumm, Heidi Specker, Wawrzyniec Tokarski)

Art + Telecommunication, Heidi Grundmannm (Hrsg./ed.),Wien/Vancouver 1984

Artintact, Zentrum für Kunst und Medientechnologie Karlsruhe (Hrsg./ed.), Ostfildern, seit 1994

Axis – Auf der elektronischen Bühne Europa. Eine Auswahl aus den 80er Jahren, Vera und Gabor Bódy (Hrsg.), Köln 1986

Tilman Baumgärtel, [net.art] Materialien zur Netzkunst, Nürnberg 1999

Connected Cities, Söke Dinkla (Hrsg./ed.), Lehmbruck-Museum, Duisburg 1999

Cyberfeminist International, Kassel 1997, S. 60–64

Cyberspace, Florian Rötzer/Peter Weibel (Hrsg./eds.), München 1993

dagegen – dabei: Texte, Gespräche und Dokumente zu Strategien der Selbstorganisation seit 1969, Hans-Christian Dany/Ulrich Dörrie/Bettina Sefkow (Hrsg./eds.), Hamburg 1998

Digital Arts Edition, Zentrum für Kunst und Medientechnologie Karlsruhe (Hrsg./ed.), Ostfildern, seit 1998

Söke Dinkla, Pioniere Interaktiver Kunst von 1970 bis heute, ZKM Edition, Ostfildern 1997

Electronic Art Syndrom, EAS 92, Lux Logis e. V. (Hrsg./ed.), Berlin 1992

Der elektronische Raum, Axel Wirths (Hrsg./ed.), Kunst- u. Ausstellungshalle der Bundesrepublik Deutschland, Ostfildern 1998

Experimentalfilm in Deutschland in den 80er Jahren, Goethe-Institut, München 1990

Experimentalfilm in Deutschland in den 90er Jahren, Goethe-Institut, München 1996

Das Experimentalfilm-Handbuch, Ingo Petzke, Deutsches Filmmuseum, Frankfurt/M. 1989

Extension – Das Netz als Material und Gegenstand, Hamburger Kunsthalle, Hamburg1997

First Europeans, Frühe Kulturen – moderne Visionen, Berlin 1995 (Klaus vom Bruch, Alba D'Urbano, Ulrike Gabriel, Ingo Günther, Peter Weibel u. a.)

Gegenbilder – Filmunderground in der DDR, Karin Fritzsche/Claus Löser (Hrsg./eds.), Berlin 1996

Geniale Dilletanten, Wolfgang Müller (Hrsg./ed.), Berlin, 1982

Annette Hünnekens, Der bewegte Betrachter, Köln 1997

Hyperkult. Geschichte, Theorie und Kontext digitaler Medien, Martin Warnke, Wolfgang Coy, Georg Christoph Tholen (Hrsg./eds.), Frankfurt/M. 1997

Im Zentrum der Peripherie – Kunstvermittlung und Vermittlungskunst in den 90er Jahren, Marius Babias (Hrsg.), Dresden, Basel 1995

Infermental 1980–1986, Vera Bódy (Hrsg./ed.), Köln 1986

In Medias Res, René Block/Angelika Stepken (Hrsg./eds.), Berlin 1998

Inklusion – Exklusion. Versuch einer neuen Kartografie der Kunst im Zeitalter von Postkolonialismus und globaler Migration, Peter Weibel (Hrsg./ed.), Köln 1997

Institut für Neue Medien an der Städelschule 1990–94, Frankfurt/M. 1996

Klangkunst, Sonambiente Festival für Hören und Sehen, Akademie der Künste Berlin (Hrsg./ed.), München, New York 1996

Künstliche Spiele, Georg Hartwagner/Stefan Iglhaut/Florian Rötzer (Hrsg./eds.), München 1993

Lab, Jahrbuch der Kunsthochschule für Medien, Köln 1994 ff.

Make it funky: Crossover zwischen Musik, Pop, Avantgarde und Kunst, Ulrike Groos (Hrsg./ed.), Jahresring 45, Kulturkreis des BDI, Köln 1998

Mediale, Ausstellungs- und Festivalkatalog, Hamburg 1993

Medien Kunst Aktuell. Video, CD-ROM, Internet in Deutschland 1994–97, Rudolf Frieling (Hrsg./ed.), Goethe-Institut/Zentrum für Kunst und Medientechnologie Karlsruhe, München 1998

Mixed Pixels. Students of Paik, Kunstmuseum Düsseldorf (Hrsg./ed.), Düsseldorf 1996

Neues Video aus der BRD, Museum für Gegenwartskunst, Basel, 1987

net_condition, Timothy Druckrey/Peter Weibel (Hrsg./eds.), Boston 2000

Netzkritik. Materialien zur Internet-Debatte, nettime (Hrsg./eds.), Berlin 1997

netz.kunst, Jahrbuch für moderne Kunst 98/99, Nürnberg 1999

Netzkunst, kritische berichte, Zeitschrift für Kunst- und Kulturwissenschaften, Sonderheft, Vol. 26, 1998, Nr. 1

On the Air – Kunst im öffentlichen Datenraum, Transit (Hrsg./ed.), Innsbruck 1993

Online – Kunst im Netz, steirischer Herbst (Hrsg./ed.), Graz 1993

Ortsbegehung 4: Body of the message. Sandra Becker, Blank & Jeron, Daniel Pflumm, Neuer Berliner Kunstverein/Inke Arns (Hrsg./eds.), Berlin 1998

Perspektiven der Medienkunst = Media art perspectives, Hans Peter Schwarz/Jeffrey Shaw (Hrsg./eds.), Symposium 'Neue Medien – Neue Kriterien?' ZKM MultiMediale 4, Ostfildern 1996

Photographie nach der Photographie, Hubertus von Amelunxen/Stefan Iglhaut/Florian Rötzer (Hrsg./eds.), Siemens Kulturprogramm, Dresden, Basel 1996

RAM: Realität, Anspruch, Medium, Kunstfonds e.V. (Hrsg./ed.), Bonn/Karlsruhe 1995

Read Me! Filtered by nettime – ASCII Culture and the Revenge of Knowledge, Josephine Bosma et. al. (Hrsg./eds.), New York 1999

Die Stillen. Klangräume – Klanginstallationen – Klangwelten, Skulpturenmuseum Glaskasten, Marl 1994

Studio Akustische Kunst – 155 Werke 1968–1997, Westdeutscher Rundfunk (Hrsg./ed.), Köln 1997

Telepolis – die Zeitschrift der Netzkultur, Nr. 0, Mannheim 1996

TV Kultur. Fernsehen in der Bildenden Kunst seit 1879, Wulf Herzogenrath et al. (Hrsg./eds), Amsterdam, Dresden 1997

Video Folkwang und Video im Kölnischen Kunstverein, Friedemann Malsch (Hrsg./ed.), Essen, Köln 1989–1992

Video in Kunst und Alltag, Vera Bódy/Peter Weibel (Hrsg./eds.), Köln 1986

Videokunst Multimedia e. V., Berlin 1996 (Künstlerlexikon Berlin)

Videokunst in NRW, Sekretariat für gemeinsame Kulturarbeit NRW (Hrsg./ed.), Köln 1988

Vom Holzschnitt zum Internet. Die Kunst und die Geschichte der Bildmedien von 1450 bis heute, René Hirner (Hrsg./ed.), Ostfildern 1997

Festivalkataloge/*Festival catalogues*

Europäisches Medienkunstfestival (EMAF), Osnabrück 1988 ff.

Interface, Hamburg, 1992 ff.

Internationale Kurzfilmtage Oberhausen, Oberhausen 1954 ff.

Internationaler Videokunstpreis, Karlsruhe/Baden-Baden 1992–1998 (ab 2000: internationaler medienkunstpreis)

Kasseler Dokumentarfilm- und Videofest, Kassel, 1984 ff.

Marler Video-Kunst-Preis, Marl 1984 ff.

Medienbiennale, Leipzig 1992, 1994

Multimediale, Zentrum für Kunst und Medientechnologie, Karlsruhe 1989–1997

Siemens Medienkunstpreis, München, Karlsruhe 1992–1997

transmediale/VideoFest, Berlin 1988 ff.

Videonale Bonn, Bonn 1984 ff.

Impressum
Credits

Autoren, Konzept/*Authors, concept:*
Rudolf Frieling, Dieter Daniels

Herausgeber/*published on behalf of:*
Goethe-Institut zur Pflege der deutschen Sprache im Ausland und zur Förderung der internationalen kulturellen Zusammenarbeit e. V.,
ZKM Zentrum für Kunst und Medientechnologie Karlsruhe

Projektleitung/*Project management:*
Rudolf Frieling (ZKM),
Norbert Spitz (Goethe-Institut)

CD-ROM

Konzept/*Concept:*
Dieter Daniels, Rudolf Frieling, Sybille Weber, Christian Ziegler

Redaktion, Koordination/*Editor, co-ordination:*
Sybille Weber

Texte/*Texts:*
Inke Arns (IA), Cathrin Backhaus (CB), Söke Dinkla (SD), Dieter Daniels (DD), Rudolf Frieling (RF), Astrid Sommer (AS), Sybille Weber (SW), Reinhard W. Wolf (RW)

Übersetzungen/*Translations:*
Markus Weidemann (Deutsch/*German*)
Mitch Cohen, Michael Foster, Tom Morrison, Michael Robinson (Englisch/*English*)
Monique Rival (Französisch/*French*)
Valentín Cózar, María Garcia Freire, Claudia Giannetti, Rosa Sala (Spanisch/*Spanish*)

Design, Videodigitalisierung, Programmierung/ *Design, video digitizing, programming:*
Christian Ziegler

Assistenz/*Assistants:*
Susanne Schneider (Datenbank/*Database*),
Dominika Szope (Biografien/*Biographies*)

Buch/*Book*

Konzept/*Concept:*
Rudolf Frieling, Dieter Daniels

Redaktion/*Editor:*
Rudolf Frieling

Lektorat/*Copy editors:*
Tom Morrison (Englisch/*English*),
Sybille Weber (Deutsch/*German*)

Übersetzungen/*Translations:*
Markus Weidemann (Deutsch/*German*)
Rosanne Altstatt, Tom Morrison, Michael Robinson (Englisch/*English*)

Graphik-Design/*Graphic design:*
Christine Odermatt, André Stauffer

Satz/*Layout:*
Philip von Winterfeldt

Printed in Austria

Druck- und Bindearbeiten/*Printing and binding:*
A. Holzhausens Nfg., A-1070 Wien

Gedruckt auf säurefreiem, chlorfrei gebleichtem Papier – TCF/*Printed on acid-free paper and chlorine-free bleached paper*

Die Deutsche Bibliothek – CIP Einheitsaufnahme
Ein Titeldatensatz für diese Publikation ist bei Der Deutschen Bibliothek erhältlich.

SPIN: 10752780
ISBN 3-211-83422-2
Springer-Verlag Wien New York

SpringerKunst

Hans Ulrich Reck, Harald Szeemann (Hrsg.)

Junggesellenmaschinen

Erweiterte Neuausgabe
1999. VI, 357 Seiten. Zahlreiche Abbildungen.
Format: 17,3 x 27,7 cm. Broschiert DM 78,–, öS 546,–
ISBN 3-211-83353-6. Ästhetik und Naturwissenschaften: Medienkultur

Als eines der bedeutendsten Ausstellungsunternehmen in der zweiten Hälfte dieses Jahrhunderts markieren die „Junggesellenmaschinen" zugleich einen Höhepunkt in Harald Szeemanns „Museum der Obsessionen".
Diese grundlegend erweiterte Neuausgabe des längst vergriffenen Kataloges macht anhand ergänzender Materialien Kontext, Ökonomie und Rezeption des Unternehmens exemplarisch zugänglich. Ein ausführlicher Anhang erörtert aus heutiger Sicht den Stellenwert der „Junggesellenmaschinen" im Hinblick auf das Phantasma der digitalen Netze und das Universum der technischen Bilder, aber auch im Hinblick auf philosophische, erkenntnistheoretische und politische Bedingungen der Gegenwart.

Mit Texten, Dokumenten und Beiträgen von: Renate Bauer, Marc Le Bot, Bazon Brock, Michel Carrouges, Michel de Certeau, Jean Clair, Peter Gente, Peter Gorsen, Konrad Klaphek, Gilbert Lascault, Jean-François Lyotard, Günter Metken, Alain Montesse, Armand Neven, Meret Oppenheim, Heidi Paris, René Radrizzani, Hans Ulrich Reck, Eberhard Roters, Arturo Schwarz, Michel Serres, Harald Szeemann, Oswald Wiener, Siegfried Zielinski.

SpringerWienNewYork

Sachsenplatz 4–6, P.O.Box 89, A-1201 Wien, Fax +43-1-330 24 26
e-mail: books@springer.at, **Internet: www.springer.at**
New York, NY 10010, 175 Fifth Avenue • D-14197 Berlin, Heidelberger Platz 3
Tokyo 113, 3–13, Hongo 3-chome, Bunkyo-ku